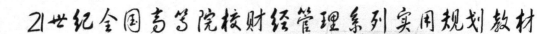

21世纪全国高等院校财经管理系列实用规划教材

兼并与收购

主　编　陶启智

北京大学出版社
PEKING UNIVERSITY PRESS

内容简介

本书为全国高等院校经济管理专业"十二五"规划教材的金融系列教材之一,是金融专业的重要选修课程"公司并购"的配套教材。本书全面、深刻地分析和阐述了欧美在公司并购领域的前沿金融理论、最新学术研究成果与案例分析,并运用这些知识深入浅出地分析中国的并购案例。本书共分为8章:第1章介绍公司治理,作为承接"公司金融"课程与"公司并购"课程的核心内容;第2章对公司并购进行了概括介绍;第3、4、5章分别介绍了并购的经济学动机、特征、法律与法规;第6章介绍恶意并购和与之相关的策略;第7、8章介绍广义上的公司并购,即公司重组与私募股权基金。

本书作为金融专业的选修课教材,理论与实践并重,不仅适用于金融、经济、工商管理类的本科教学,也适用于研究型的金融学硕士、博士教学,同时为金融专业硕士、MBA以及金融机构管理人员培训提供实务方面的指导。

图书在版编目(CIP)数据

兼并与收购/陶启智主编. —北京:北京大学出版社,2014.3
(21世纪全国高等院校财经管理系列实用规划教材)
ISBN 978-7-301-22567-7

Ⅰ. ①兼… Ⅱ. ①陶… Ⅲ. ①企业兼并—高等学校—教材 Ⅳ. ①F271

中国版本图书馆 CIP 数据核字(2013)第 109596 号

书　　名：	兼并与收购
著作责任者：	陶启智　主编
策 划 编 辑：	王显超
责 任 编 辑：	翟　源
标 准 书 号：	ISBN 978-7-301-22567-7/F · 3631
出 版 发 行：	北京大学出版社
地　　　址：	北京市海淀区成府路 205 号　100871
网　　　址：	http://www.pup.cn　新浪官方微博:@北京大学出版社
电 子 信 箱：	pup_6@163.com
电　　　话：	邮购部 62752015　发行部 62750672　编辑部 62750667　出版部 62754962
印 刷 者：	北京京华虎彩印刷有限公司
经 销 者：	新华书店
	787 毫米×1092 毫米　16 开本　16 印张　360 千字
	2014 年 3 月第 1 版　2017 年 10 月第 2 次印刷
定　　价：	32.00 元

未经许可,不得以任何方式复制或抄袭本书之部分或全部内容。
版权所有,侵权必究
举报电话: 010-62752024　电子信箱: fd@pup.pku.edu.cn

21 世纪全国高等院校财经管理系列实用规划教材

专家编审委员会

主 任 委 员 刘诗白

副主任委员 （按拼音排序）

      韩传模　　　　李全喜　　　　王宗萍
      颜爱民　　　　曾　旗　　　　朱廷珺

顾　　　问 （按拼音排序）

      高俊山　　　　郭复初　　　　胡运权
      万后芬　　　　张　强

委　　　员 （按拼音排序）

      程春梅　　　　邓德胜　　　　范　徵
      冯根尧　　　　冯雷鸣　　　　黄解宇
      李柏生　　　　李定珍　　　　李相合
      李小红　　　　刘志超　　　　沈爱华
      王富华　　　　吴宝华　　　　张淑敏
      赵邦宏　　　　赵　宏　　　　赵秀玲

法 律 顾 问 杨士富

丛 书 序

我国越来越多的高等院校设置了经济管理类学科专业，这是一个包括经济学、管理科学与工程、工商管理、公共管理、农业经济管理、图书档案学6个二级学科门类和22个专业的庞大学科体系。2006年教育部的数据表明，在全国普通高校中，经济类专业布点1518个，管理类专业布点4328个。其中除少量院校设置的经济管理专业偏重理论教学外，绝大部分属于应用型专业。经济管理类应用型专业主要着眼于培养社会主义国民经济发展所需要的德智体全面发展的高素质专门人才，要求既具有比较扎实的理论功底和良好的发展后劲，又具有较强的职业技能，并且又要求具有较好的创新精神和实践能力。

在当前开拓新型工业化道路，推进全面小康社会建设的新时期，进一步加强经济管理人才的培养，注重经济理论的系统化学习，特别是现代财经管理理论的学习，提高学生的专业理论素质和应用实践能力，培养出一大批高水平、高素质的经济管理人才，越来越成为提升我国经济竞争力、保证国民经济持续健康发展的重要前提。这就要求高等财经教育要更加注重依据国内外社会经济条件的变化，适时变革和调整教育目标和教学内容；要求经济管理学科专业更加注重应用、注重实践、注重规范、注重国际交流；要求经济管理学科专业与其他学科专业相互交融与协调发展；要求高等财经教育培养的人才具有更加丰富的社会知识和较强的人文素质及创新精神。要完成上述任务，各所高等院校需要进行深入的教学改革和创新，特别是要搞好有较高质量的教材的编写和创新工作。

出版社的领导和编辑通过对国内大学经济管理学科教材实际情况的调研，在与众多专家学者讨论的基础上，决定编写和出版一套面向经济管理学科专业的应用型系列教材，这是一项有利于促进高校教学改革发展的重要措施。

本系列教材是按照高等学校经济类和管理类学科本科专业规范、培养方案，以及课程教学大纲的要求，合理定位，由长期在教学第一线从事教学工作的教师编写，立足于21世纪经济管理类学科发展的需要，深入分析经济管理类专业本科学生现状及存在的问题，探索经济管理类专业本科学生综合素质培养的途径，以科学性、先进性、系统性和实用性为目标，其编写的特色主要体现在以下几个方面：

（1）关注经济管理学科发展的大背景，拓宽理论基础和专业知识，着眼于增强教学内容与实际的联系和应用性，突出创造能力和创新意识。

（2）体系完整、严密。系列涵盖经济类、管理类相关专业以及与经管相关的部分法律类课程，并把握相关课程之间的关系，整个系列丛书形成一套完整、严密的知识结构体系。

（3）内容新颖。借鉴国外最新的教材，融会当前有关经济管理学科的最新理论和实践经验，用最新知识充实教材内容。

（4）合作交流的成果。本系列教材是由全国上百所高校教师共同编写而成，在相互进行学术交流、经验借鉴、取长补短、集思广益的基础上，形成编写大纲。最终融合了各地特点，具有较强的适应性。

（5）案例教学。教材具备大量案例研究分析内容，让学生在学习过程中理论联系实际，特别列举了我国经济管理工作中的大量实际案例，这可大大增强学生的实际操作能力。

（6）注重能力培养。力求做到不断强化自我学习能力、思维能力、创造性解决问题的能力以及不断自我更新知识的能力，促进学生向着富有鲜明个性的方向发展。

作为高要求，财经管理类教材应在基本理论上做到以马克思主义为指导，结合我国财经工作的新实践，充分汲取中华民族优秀文化和西方科学管理思想，形成具有中国特色的创新教材。这一目标不可能一蹴而就，需要作者通过长期艰苦的学术劳动和不断地进行教材内容的更新才能达成。我希望这一系列教材的编写，将是我国拥有较高质量的高校财经管理学科应用型教材建设工程的新尝试和新起点。

我要感谢参加本系列教材编写和审稿的各位老师所付出的大量卓有成效的辛勤劳动。由于编写时间紧、相互协调难度大等原因，本系列教材肯定还存在一些不足和错漏。我相信，在各位老师的关心和帮助下，本系列教材一定能不断地改进和完善，并在我国大学经济管理类学科专业的教学改革和课程体系建设中起到应有的促进作用。

刘诗白

2007 年 8 月

刘诗白 现任西南财经大学名誉校长、教授，博士生导师，四川省社会科学联合会主席，《经济学家》杂志主编，全国高等财经院校资本论研究会会长，学术团体"新知研究院"院长。

前　言

自从改革开放以来，中国经济持续保持了高速增长的势头。伴随着2007年美国金融危机爆发、2011年欧债危机、中国国内经济滞胀，以及人民币升值的压力，中国经济的出口导向型的增长模式已经走到了十字路口。中国经济迫切地需要转型，一方面，只有扩大内需才能支撑经济的增长以抵消因欧美经济疲软而减少的中国商品出口，另一方面，中国只有通过获得国外先进的技术、设备、人才等资源，才能够增强中国企业的核心竞争力，以实现可持续发展。

为了获得国外的技术、市场、原材料等资源，越来越多的央企和大型民营企业开始在公司并购的国际市场上崭露头角，然而，由于对国际通行的并购的经济学原理、并购的法律法规、并购的文化缺乏了解，中国企业在国际上的并购行为屡屡受挫，少数"成功"的并购却成为逆向选择的结果，致使一些国内专家学者以阴谋论来解释欧美对待中国企业并购的态度。事实上，在欧美国家，企业和政府对于跨国公司并购的游戏规则是公开、透明、连贯的，并且多数国家的游戏规则相近。如果能够通过正确的方式，系统地学习欧美在公司并购领域的前沿金融理论、最新学术研究成果与案例分析，用欧美通行的思维方式来客观分析和看待并购，中国企业在国际舞台上将取得巨大的成功。

中国经济发展固然有自己的特点，但是在公司并购方面学习国际先进理论和经验、走国际化的道路是大势所趋。目前中国自主出版的关于公司并购的教材，知识结构陈旧、内容布局不合理、案例空洞老化，学生不能学以致用；而中国翻译出版的国外教材也存在着理论偏深、案例偏浅、不具有实用性等特点。

本人编写这本教材具有两方面的有利条件：第一，本人在英国对公司治理和公司并购有过长期的学术研究和跟踪，有机地将欧美在公司并购方面的学术领域的前沿理论和实证研究与教材知识相结合，并系统性的整理出自己的独到见解。第二，本人根据教授"公司金融"和"公司并购"两门课程的经验，对国外与国内的理论与实践进行了有机结合，总结出最能让学生有效地掌握和吸收相关知识的内在逻辑体系。最终，本人在英美最新出版的一系列高校教材和专业论文的基础上，撰写出版这本教材，将国外最前沿的、最实用的公司并购的理论与案例系统性地介绍给中国高校学生，使他们能够按照西方金融界的思维来分析和看待并购，迅速地学以致用，推动中国企业在国际并购市场上的实践，以利国家经济利益的最大化。

学习本书的前期预备课程为"宏观经济学"、"微观经济学"与"公司金融"，后期课程为"另类投资"(Alternative Investments)。"公司并购"这门课程是欧美国家商学院金融专业的高级选修课程，是公司金融学术研究的重要领域，"兼并与收购"部门也是华尔街各大投资银行盈利最丰厚、收入最高的部门之一。本书适用于金融、经济、工商管理类的本科教学，也适用于研究型的金融学硕士、博士教学，同时对金融专业硕士、MBA及金融机构管理人员培训提供实务方面的指导。教师在授课过程中，可根据学生的具体情况和不同的专业要求进行课时安排。实践型的教学，建议配合 Economist，Financial Times，Wall Street Journal，Bloomberg 等资源进行案例分析；学术型的教学，建议配合 The Journal of Finance，The Journal of Financial Economics 英文期刊与 Thomson One Banker 数据库进行研究辅导。

本书第 1 章内容为公司治理，是"公司金融"与"公司并购"课程之间的重要过渡知识。第 2 章内容是并购的概述，包括并购的概念、历史、程序、顾问及评价并购是否成功的方法。第 3 章内容是并购的经济学动机，从管理学理论、经济学理论以及公司金融理论方面分析了并购的各种原因。第 4 章内容是并购的特征，主要介绍了并购的分类、支付方式、行业相关性、跨国并购、相对规模等特点。第 5 章是法律与法规，主要介绍了美国、英国、欧盟的公司法、内幕交易法、反托拉斯法、会计准则、与公司并购法。第 6 章内容是恶意并购，包括恶意并购的原因、并购双方的进攻与防御策略。第 7 章内容是公司重组，从广义上介绍了公司重组的几种形式以及经济学动因。第 8 章内容是私募股权基金，介绍了私募股权基金的运作方式以及在中国的发展。

本书由西南财经大学陶启智担任主编。参与本书的编写人员还包括李远芳、李亮、徐妙妙、夏显莲、王绪龙、朱翔龙、薛晓良、李熹、熊君佩、叶馨、曾畅。

感谢北京大学出版社为本书出版所做的工作。

由于作者水平有限，书中疏漏之处在所难免，恳请广大专家和读者给予批评指正，以便在本书再版时加以补充完善。

编　者
2014 年 1 月

目　录

第 1 章　公司治理 1
1.1　公司治理的背景 2
1.1.1　企业的组织形式 3
1.1.2　代理人问题 5
1.2　公司治理的机制 6
1.2.1　合同 6
1.2.2　激励合同 6
1.2.3　法律保护 7
1.2.4　机构投资者 7
1.2.5　恶意收购 8
1.3　公司治理的缺陷 9
1.3.1　萨班斯—奥克斯利法案 9
1.3.2　董事会 10
1.4　公司治理的实证发现 11
1.4.1　CEO 权力与 CEO 薪酬 12
1.4.2　CEO 权力与公司规模 12
1.4.3　CEO 权力与董事会规模 12
1.4.4　CEO 权力与对外并购数量 12
1.4.5　CEO 权力与对外并购时的股价 12
1.4.6　CEO 薪酬与公司反收购措施 13
本章小结 13
习题 13

第 2 章　公司并购概述 16
2.1　公司并购的概念 17
2.2　公司并购的历史 18
2.2.1　引发公司并购浪潮的原因 19
2.2.2　第一次公司并购浪潮(1897—1904 年) 19
2.2.3　第二次公司并购浪潮(1916—1929 年) 24
2.2.4　第三次公司并购浪潮(1965—1969 年) 26
2.2.5　第四次公司并购浪潮(1984—1989 年) 34
2.2.6　第五次公司并购浪潮(1992—2000 年) 37
2.2.7　第六次公司并购浪潮(2004—2007 年) 39
2.2.8　卷土重来(2008 年～至今) 41
2.3　公司并购的程序 44
2.3.1　寻找交易对象 44
2.3.2　意向书 44
2.3.3　进行尽职调查 44
2.3.4　制作最终协定 45
2.3.5　签署合同 45
2.4　并购的顾问 45
2.4.1　投资银行家 45
2.4.2　律师 46
2.4.3　会计师 47
2.4.4　股票经纪人 47
2.4.5　公共关系顾问 47
2.4.6　战略和人力资源咨询师 47
2.4.7　环境咨询师 47
2.4.8　精算师 48
2.5　并购的评价方法 48
2.5.1　诊断研究法 48
2.5.2　高管访谈法 49
2.5.3　事件研究法 50
2.5.4　会计研究法 54
本章小结 55
习题 55

第 3 章　公司并购的经济学动机 57
3.1　微观经济学假说 58
3.1.1　规模效应 58
3.1.2　视野效应 59
3.1.3　学习效应 59
3.2　咨询分析工具 60

  3.2.1 成本收益分析法..................60
  3.2.2 内外部市场因素..................60
  3.2.3 固定与可变成本分析法......60
  3.2.4 机会成本分析法..................60
  3.2.5 波特五力模型......................60
  3.2.6 SWOT 分析法.....................61
  3.2.7 BCG 矩阵分析法................62
 3.3 增长理论..63
  3.3.1 通过收购实现快速增长......63
  3.3.2 经济增长与收益的权衡......63
  3.3.3 国际范围内的增长及
     跨国收购..........................64
 3.4 协同效应..64
  3.4.1 营运协同..............................65
  3.4.2 财务协同效应......................66
 3.5 博弈论..67
  3.5.1 连续博弈中的纳什均衡......68
  3.5.2 博弈论与兼并......................69
 3.6 公司战略..70
  3.6.1 通行的竞争策略..................70
  3.6.2 基于资源视角的竞争策略......70
  3.6.3 公司的资源..........................71
  3.6.4 组织能力..............................71
  3.6.5 资源和能力的依赖
     路径——DNA 与并购......72
  3.6.6 基于资源竞争的并购..........72
  3.6.7 价值链和资源、能力的共享......73
 3.7 税收与杠杆率......................................73
  3.7.1 共同保险假说......................73
  3.7.2 剩余举债能力假说..............74
  3.7.3 财务盈余假说......................75
  3.7.4 承诺策略假说......................75
 3.8 代理人理论..75
  3.8.1 自由现金流假说..................76
  3.8.2 自恃假说..............................77
 3.9 财富转移..79
 本章小结..80
 习题..81

第4章 并购的分类与特征..................82
 4.1 并购的分类..83
  4.1.1 横向并购..............................83
  4.1.2 纵向并购..............................84
  4.1.3 联合并购..............................86
 4.2 支付方式..87
  4.2.1 支付方式的分类..................87
  4.2.2 支付方式的经济学假说......88
 4.3 行业相关性..90
  4.3.1 行业相关性的假设..............90
  4.3.2 行业分类标准......................91
 4.4 跨国并购..92
 4.5 相对规模..96
 4.6 恶意性..96
 本章小结..97
 习题..97

第5章 法律与法规..................................99
 5.1 特拉华州反收购法案........................100
  5.1.1 州立反收购法的起源........101
  5.1.2 特拉华州反收购法............101
 5.2 内幕交易..102
  5.2.1 内幕交易的定义................102
  5.2.2 SEC 第 10b-5 规则............102
  5.2.3 1988 年内幕交易及证券欺诈
     执行法..............................103
 5.3 美国反托拉斯法................................105
  5.3.1 谢尔曼反托拉斯法............105
  5.3.2 克莱顿法............................106
  5.3.3 联邦贸易委员会法............106
  5.3.4 塞勒—克福弗法................107
  5.3.5 哈特—斯科特—罗迪诺
     反托拉斯改进法..............107
  5.3.6 1968 年司法部并购
     指导意见..........................108
  5.3.7 1982 年司法部指导意见......108
  5.3.8 1984 年司法部指导意见......109
  5.3.9 1992 年并购指导意见........110
 5.4 英国反托拉斯法................................110
  5.4.1 公平贸易办公室................111
  5.4.2 竞争委员会........................112

目　录

5.5 欧盟反托拉斯法 112
　5.5.1 罗马条约 112
　5.5.2 欧洲共同体并购规定 113
5.6 会计准则 114
　5.6.1 国际会计准则第 22 条 ... 114
　5.6.2 英国会计准则 114
　5.6.3 美国会计准则 116
5.7 公司并购法 118
　5.7.1 英国公司并购法案 118
　5.7.2 欧盟并购指导条例 121
　5.7.3 美国威廉姆斯法案 123
5.8 中国的并购法律 129
　5.8.1 《证券法》 129
　5.8.2 《上市公司收购管理办法》 .. 131
　5.8.3 《中华人民共和国
　　　　反垄断法》 132
本章小结 134
习题 135
本章附录 136

第 6 章　恶意并购 144
6.1 友好并购与恶意并购 146
6.2 主并公司的策略 147
　6.2.1 立足点 147
　6.2.2 非正式门票 148
　6.2.3 熊抱 148
　6.2.4 要约收购 149
　6.2.5 代理权争夺 150
6.3 目标公司的防御策略 154
　6.3.1 并购前的未雨绸缪 154
　6.3.2 毒丸 154
　6.3.3 交错选举董事会 156
　6.3.4 超级多数条款 156
　6.3.5 公平价格条款 156
　6.3.6 双资本结构 157
　6.3.7 金色降落伞 157
　6.3.8 雇员持股计划 157
　6.3.9 焦土政策 158
　6.3.10 皇冠上的宝石 158

　6.3.11 绿票讹诈 158
　6.3.12 反垄断法 159
　6.3.13 反收购 159
　6.3.14 分手费 160
本章小结 160
习题 160

第 7 章　公司重组与杠杆收购 162
7.1 公司重组与杠杆收购概述 .. 164
　7.1.1 公司重组及其动因 164
　7.1.2 杠杆收购及其动因 164
7.2 剥离 165
　7.2.1 剥离的定义 165
　7.2.2 剥离的动因 165
7.3 分立 167
　7.3.1 分立的定义 167
　7.3.2 分立的动因 168
7.4 股权出售 170
　7.4.1 股权出售的定义 170
　7.4.2 股权出售的动因 170
　7.4.3 股权出售与 IPO(首次公司
　　　　发行)、分立的比较 171
7.5 公司重组操作 172
　7.5.1 选择重组方式 172
　7.5.2 公司重组后可能出现的
　　　　问题 173
7.6 杠杆收购 174
　7.6.1 杠杆收购的历史 174
　7.6.2 杠杆收购的特点与分类 176
　7.6.3 杠杆收购的参与者与
　　　　目标公司 177
　7.6.4 杠杆收购的融资特点 182
　7.6.5 杠杆收购的退出机制 189
本章小结 190
习题 190

第 8 章　私募股权基金 192
8.1 私募股权基金概述 193
　8.1.1 私募股权基金的概念与
　　　　历史 193

8.1.2 私募股权基金的组织形式 195
　　8.1.3 私募股权基金的类型 197
　　8.1.4 私募股权基金的收益分析 198
8.2 私募股权基金的运作 201
　　8.2.1 第一阶段：项目的筛选与
　　　　　尽职调查 202
　　8.2.2 第二阶段：谈判签约及
　　　　　完成收购 205
　　8.2.3 第三阶段：收购后增值服务及
　　　　　退出投资 209
8.3 私募股权基金在中国的历史与
　　发展 214

　　8.3.1 私募股权基金在中国的
　　　　　发展历史 214
　　8.3.2 中国主要私募股权基金的
　　　　　发展现状 217
　　8.3.3 中国私募股权基金行业的
　　　　　变化趋势 221
　　8.3.4 中国私募股权基金面临的
　　　　　挑战 224
本章小结 225
习题 226

附录 228

参考文献 232

第 1 章 公司治理

教学目标

通过本章学习,掌握公司治理的基本概念、背景、机制和缺陷。

教学要求

知识要点	能力要求	相关知识
公司治理的背景	(1) 掌握企业的三种组织形式 (2) 理解代理人问题在公司治理中的意义	(1) 单一业主制、合伙制、公司制 (2) 委托—代理关系
公司治理的机制	(1) 理解合同机制在公司治理中的作用 (2) 理解激励合同机制对于管理层的作用 (3) 掌握法律保护机制的意义 (4) 掌握机构投资者的制约机制 (5) 理解恶意收购对管理层的约束	(1) 合同 (2) 机构投资者 (3) 恶意收购 (4) 赢家的诅咒
公司治理的缺陷	(1) 理解萨班斯—奥克斯利法案的背景 (2) 掌握董事会制度的缺陷	(1) 萨班斯—奥克斯利法案 (2) 董事会制度
公司治理的实证发现	(1) 了解CEO权力与CEO薪酬的关系 (2) 了解CEO权力与公司规模的关系 (3) 了解CEO权力与董事会规模的关系 (4) 了解CEO权力与对外并购数量的关系 (5) 了解CEO权力与对外并购时的股价的关系 (6) 了解CEO薪酬与公司反收购措施的关系	(1) CEO权力 (2) 反收购措施

> 那些股份公司的总经理们管理着他人而不是自己的钱财,可以料想,他们不会像那些私有合伙人时刻警惕地关注着自己的福利一样,去关注公司的福利。
>
> ——亚当·斯密

兼并与收购

基本概念

公司治理　代理人问题　萨班斯-奥克斯利法案

安然公司破产案

安然公司(Enron)在 2000 年被福布斯列为美国周转率前十名的公司。安然公司公布的截至 2000 年 12 月 31 日的年度财务报告表明，它赚取了 9.79 亿美元的惊人利润，任何投资者都无法将如此漂亮的财务业绩与它下一年的破产联系起来。

安然公司的最终破产归因于两个因素，一个是能源行业的不景气，而另一个则是它"得心应手"的 SPEs (special purpose entity, "特别目的账目")的会计手法。安然公司通过使用 SPEs 来隐藏经营业务产生的巨额损失，让外界误以为损失被第三方承担。事实上，第三方是虚构出来的，而所有的损失仍然由安然公司承担。2001 年 10 月，安然公司宣布了一项 10 亿美元的非经常性损失和 12 亿美元的股东权益的减记。10 月下旬，安然公司又公布了另一项会计问题，使它的价值减少了 50 万美元。同时，外界认为安然公司的竞争对手 Dynegy 即将收购它，但是到了 11 月，安然公司的债务问题使得 Dynegy 放弃收购。同年 12 月，安然公司宣布破产，成为当时世界上金额最大的破产案。

事后看来，安然公司的董事们在 SPEs 和财务报表上的造假并没有被投资者认真质疑过。安然公司的审计师安达信会计师事务所(Andersen)不仅从来没有质疑过安然公司的董事们和 SPEs，它的员工还在东窗事发后用碎纸机销毁与安然公司有关的一切重要证据以摆脱自己的干系，这最终导致安达信会计师事务所被竞争对手收购。

点评：

安然公司破产的丑闻再次强调了在商界重塑诚信的重要性：公司的董事们应当诚信行事，而公司的审计师也应当严格地质询公司董事，不应当因为惧怕得罪重要的客户就羞于启齿。美国监管机构吸取了安然公司破产的教训，并且在 2002 年通过了著名的 Sarbanes-Oxley 法案以堵住因会计造假而产生的公司治理漏洞，然而公司治理的丑闻层出不穷，世通公司(WorldCom)破产案再一次震惊世界。事实说明，代理人问题是永远不可能消除的，道高一尺、魔高一丈，猫捉老鼠的这种游戏将永远进行下去，公司治理作为唯一的法宝，将指引我们不懈地和公司造假行为进行斗争，以最小化代理人成本。

1.1　公司治理的背景

公司治理(corporate governance)是一个统称，它描述了公司经营的参与者之间，特别是股东与管理层之间，共享权利与义务的方式。公司金融(corporate finance)指的是公司的决策与股价变动之间的关系。由于两者都是在代理人问题(principal-agent problem)的框架下探讨如何最大化股东价值，在金融学领域，公司治理和公司金融这两个术语经常被等同使用。严格地讲，公司治理突出的是一种机制，研究不同的法律体系、公司章程、会计制度、股权结构、薪酬机制等如何约束管理层，以最小化代理成本；公司金融突出的是一种决策，研究融资方式、股利分配、股票回购、资本结构、并购重组等如何约束管理层，以最大化股票价值。

1.1.1 企业的组织形式

企业(enterprise)最基本的组织形式有三种：单一业主制(sole proprietorship)、合伙制(partnership)和公司制(corporation)。

1. 单一业主制

单一业主制指的是企业由单一个体所拥有的企业组织形式。在此形式下，单一个体是企业唯一的所有者，但是企业可以雇佣员工进行经营管理。

与公司制相比较，单一业主制有四个优势。

(1) 企业的创立相对容易。唯一的所有者不必经过他人同意，只要自己有意愿，随时都可以创立企业。

(2) 管制较少。在欧美国家，政府对单一业主制企业的管制较少或者根本没有管制，多数国家还对单一业主制企业提供减免税或创业资金的支持。例如，英国规定，如果家庭旅馆 B&B(Bed and Breakfast)的营业床位小于六个，则不需要向政府登记注册，也不需要缴税。

(3) 单一业主存留所有的利润。由于企业的所有者唯一，单一业主个人将获得企业的全部利润，而不需要与其他人分享。

(4) 只缴纳个人所得税。与公司相比，单一业主制企业不需要缴纳公司税，而只需在个人层面缴纳所得税。

相对于公司制，单一业主制存在四个劣势。

(1) 企业受单一业主生命期限的限制。因为企业只拥有一个所有者，所以如果所有者的生命终止或因故不能继续经营，单一业主制企业的经营也就自然终止了。

(2) 权益资本局限于单一业主的自有资金。单一业主为企业的唯一所有者的性质说明企业没有向其他投资者进行股权融资，而权益资本的唯一来源就是业主的自有资金。

(3) 企业承担无限连带责任。根据法律规定，单一业主制企业承担无限连带责任。因此，一旦企业面临经济纠纷或者赔偿，企业的资产和业主的个人财产都属于索赔对象。

(4) 权益转让相对困难。如果单一业主要转让企业权益，通常需要找到另一位单一业主整体接手企业，相对于公司出让部分股权的方式，难度要大很多。

2. 合伙制

合伙制指的是企业由两个或两个以上的合伙人所拥有的企业组织形式。在此形式下，合伙人是企业的所有者，但是企业可以雇佣员工进行经营管理。律师事务所、会计师事务所、投资银行和私募股权(详见第8章)通常以合伙制企业的形式运作。相对于公司制企业，合伙制企业的优点和缺点与单一业主制企业基本相同。

合伙制企业的所有者被称为合伙人(partner)，合伙人通常可以分为普通合伙人(general partner)和有限合伙人(Limited Partner)。一般合伙人不但为企业的所有者，还参与企业的日常运作。根据因果关系，因为企业的决策是由一般合伙人做出的，因此一般合伙人对企业的债务承担无限连带责任。有限合伙人虽然为企业的所有者，但是不参与企业的日常运作，因此对企业的债务承担的责任仅限于合伙出资额。美国法律规定，即使在合伙章程中身份为有限合伙人，但是一旦有限合伙人积极介入企业日常运作，则同样需要承担无限连带责任。

因为企业只缴纳个人所得税，并且合伙人的薪酬不受外部监督，因此合伙制企业在薪酬激励机制上相比于公司通常具有更多优势。高盛集团(Goldman Sachs)曾是一家合伙制企业，因此薪酬比其他华尔街公司制投资银行具有更高的吸引力。为扩大经营规模，高盛集团于1999年改制为上市公司。因沿袭之前的合伙制文化，高盛集团继续保持了员工的高薪酬制度。在2007年金融危机爆发之后，因为一系列备受争议的看空交易及接受美国政府的100亿美元纾困基金，高盛集团的高薪酬制度成为政客、媒体、纳税人批评的焦点。

3. 公司制

公司制指的是企业的所有权和经营权分离的一种企业组织形式。跟其他企业组织形式相比，公司制是最为常见的企业组织形式。corporation一词来源于拉丁语Corpus，意思是"一群人的团体"(a body of people)。关于公司的起源，最早可追溯到古罗马帝国和古印度的孔雀王朝。在中世纪的欧洲，地方政府和教会通常以公司制的形式存在，如伦敦市政厅和教皇领导的罗马天主教。目前有文献记载的最早的营利性公司是瑞典1347年成立的Stora Kopparberg矿业公司。荷兰东印度公司是殖民主义时期最著名的公司。

企业创造利润最基本的三个因素是企业家(entrepreneur)、资本(capital)和劳动力(labour)。企业家的聪明才智、卓识远见、开拓进取与管理水平是企业盈利必不可少的因素，而优秀的企业家又是世界上最稀缺的元素，因此欧美大学的商学院通常设有"企业家精神"(entrepreneurship)这个研究方向。正所谓"千军易得，一将难求"，像史蒂夫·乔布斯这样的人始终是世人追求的企业家典范。资本指的是企业经营的资金来源，包括权益和借债，而作为权益所有者的公司股东则是公司治理和公司金融的重要研究对象。劳动力指的是企业所雇佣的员工，他们在企业家的指挥下，将资本或资本购得的原材料转化为产品或者服务，为企业赚取利润。

公司制将企业的所有权(即资本所有人的权益)与经营权(企业家对企业的管理权)分离，既给企业发展提供了无可比拟的优势，又产生了无法消除的问题。与单一业主制和合伙制相比，公司制具有如下优势。

(1) 所有权与经营权分离。所有权与经营权的分离是人类历史上划时代的革命。它使得股东(资本所有者)与管理层(企业家)的角色分开，使他们有效地发挥各自的优势，毕竟，既拥有巨额资金又具备管理天赋的人凤毛麟角。以1602年成立的荷兰东印度公司为例，欧洲大批贵族拥有可观的财富，在听闻印度遍地是黄金的传闻以后，都希望通过探险和贸易方式获得东方的财富，但是受限于当时地理知识和科技水平，很少有贵族敢于亲身冒险。欧洲同时又存在如电影《加勒比海盗》里面的杰克船长一类的冒险家(现在被称为企业家)，他们拥有丰富的探险经验和管理团队的技能，但是缺乏资金。贵族与冒险家以契约的方式成立了早期的公司，资本与企业家的结合使得殖民主义成为一种成熟的营利性商业模式。

(2) 永续经营。公司制使得企业的经营周期不再受限于所有者个人的生命周期。只要政府批准的公司经营有效期足够长，企业持续盈利不破产，在理论上，一家公司的生命是无限的。

(3) 有限责任。与单一业主制和合伙制相比，公司制企业所有者不需要再为企业的经营承担无限连带责任，股东所面临的全部风险就是企业的权益(资本金)。如果企业面临的法律诉讼金额超过权益，仅需通过破产法庭执行破产清偿程序，股东不需要再为自己的家庭财产担忧。有限责任和破产清偿制度免除了股东的后顾之忧，使得股东和管理层敢于创业，这也是西方国家不断涌现出优秀企业的重要原因。我国虽然在1993年就颁布了《中华人民共和国公司法》(以下简称《公司法》)，但是由于执行方面的原因，破产清偿无法得到有效执行，"公司制"并不与国际接轨。近年来，由于民间借贷资金链断裂，许多通过高利贷借债的公司经营不善，但又无法通过法律途径来破产清偿，在承担无限连带责任的情况下，为了保证人身安全，公司所有者只能选择"跑路"。

(4) 权益转让相对容易。公司制使得企业所有者权益的转让相对容易，股东对股权的转让或变更不影响公司的经营。对于上市公司而言，非大宗股权交易通常是通过电子化交易完成的，交易双方不知道也不需要知道自己的交易对手是谁。

(5) 筹资更容易。公司制使得企业筹资的对象更广、规模更大，这也是许多成功的家族企业和合伙制企业最终选择上市的原因。

公司制同时又存在着一些劣势。

(1) 所有权与经营权分离。所有权与经营权分离，既是公司制的最大优势，又是它的最大劣势。这种分离带来的最大问题就是代理人问题，它指的是公司管理层以牺牲股东利益为代价来最大化自己的利益，这会在稍后的部分详细讨论。

(2) 双重税收。与单一业主制和合伙制不同，公司制企业面临政府双重征税。在企业层面，公司需要就利润上缴公司税；如果公司将留存收益对股东进行分红，股东在个人层面还需要缴纳个人所得税(在美国称为 tax on ordinary income)。双重征税直接减弱了公司制的吸引力。

1.1.2 代理人问题

代理人问题(principal-agent problem)建立在委托—代理关系之上。委托人(principal)雇佣代理人(agent)为其利益行事，则构成了委托—代理关系。房东雇佣房屋中介为其出租或者出售房屋，或者股东雇佣管理层为其经营公司，都是委托—代理关系的体现。

代理关系所产生的问题被称为代理人问题。代理人问题具体指管理层以牺牲股东利益为代价以最大化自己的利益。代理人问题的产生归结于以下三个因素。

(1) 所有权与经营权的分离。公司为股东所有，但是为管理层经营，因此所有权与经营权是分离的。

(2) 股东与管理层利益不一致。经典经济学理论认为，每个个体都遵循效用最大化原则，而任何个体之间的利益都不可能完全一致，不论是父母与子女、丈夫与妻子、兄弟与姐妹等，都存在利益分歧。股东和管理层之间也理所当然地存在利益分歧。

(3) 人都是邪恶的。西方的国际政治学观点认为，每个人生下来都是邪恶的，这与儒家"人之初，性本善"的观点截然相反。国际政治学强调，虽然每个人都是邪恶的，但是可以通过受教育向善或者至少将邪恶的一面隐藏起来；此外，邪恶的每一个人实现社会利益最大化的方式是向善，因为彼此都了解对方的邪恶，所以如果大家都以诚相待的话，可以降低交易成本，实现社会效用最大化。这就可以解释为什么我们观察到西方发达国家的国民素质和道德水准普遍偏高，不是因为每个人都天真纯善，而是因为实现社会进步的唯一方式是以诚相待。

将以上三个因素综合在一起，可以推断出，因为所有权与经营权的分离，股东与管理层利益势必不一致，邪恶的管理层为了最大化自己的利益，必然以损害股东的利益为代价。这种代价就是在信息不对称情况下的代理人成本(agency costs)。代理人成本包括间接成本和直接成本。间接成本指的是管理层因错过投资机会给股东带来的损失。直接成本既包括了管理层直接的花销，如用公司资金住五星级酒店、购买喷气式飞机的成本，又包括了监督成本，如股东聘请会计师事务所对公司账目进行审计的费用。Michael C. Jensen 和 William H. Meckling 在他们 1976 年的经典论文 *Theory of the Firm: Managerial Behavior, Agency Costs and Ownership Structure* 中系统性地分析了公司股东和管理层之间的代理人问题。

由于造成代理人问题的三个因素无法改变，股东只能想方设法最小化代理人问题，而任何机制都无法彻底消除代理人问题。股东约束管理层的机制包括正反两方面，即"萝卜加大棒"。正面的包括薪酬激励和提拔，负面的包括代理权争夺和公司并购。

1.2　公司治理的机制

不论在实务界还是理论界，人们都一直在探索约束管理层，即最小化代理人成本的机制，这些探索渐渐演变成一门成熟的学科，称为"公司治理"。公司治理的内涵十分丰富，可以包含如下内容。

(1) 在公司内部建立适当的控制体系以确保资产的安全。
(2) 避免任何个人权利过大。
(3) 协调公司董事会(board of directors)、管理层、股东和其他利益相关者的关系；
(4) 确保公司最大化股东利益和保障其他利益相关者的利益；
(5) 提高公司的透明度和问责制。

狭义的公司治理研究的是股东与管理层之间的问题，而广义的公司治理可以涉及公司的任何利益相关者之间的问题。公司治理演变出五大机制以制约管理层，这五大机制是合同(contracts)、激励合同(incentive contracts)、法律(legal protection)、机构投资者(institutional investors)和恶意收购(takeovers)。但是，五大机制均存在重大缺陷。

1.2.1　合同

股东通过与管理层签订合同来约束管理层的行为。股东似乎可以通过完整的合同来详细规定管理层可以做什么、不可以做什么，这样一来，代理人问题应该就消除了。

但事实上，合同不可能是完整的。第一，股东不是先知，无法准确预料未来的所有不确定性，因此，股东无法将所有情况及处理办法均事先写进公司章程和雇佣合同。第二，即使股东能够预测未来的不确定性，书写和印制完整的合同也是成本无限的，正所谓"上有政策，下有对策"，无论股东将合同制订得多么详尽，管理层总能找到办法钻空子。因此，合同这种机制无法消除代理人问题。

1.2.2　激励合同

激励合同可以吸引管理层按照股东的意愿行事。激励方式包括正面的股权、股票期权等，也包括反面的解雇威胁。

俗话说，"有钱能使鬼推磨"，激励合同似乎可以确保管理层言听计从。实际上，人类"贪得无厌"的本性在很大程度上抵消了激励合同的作用。安然公司在2001年破产之前，董事会成员的平均薪酬为380 619美元。按当年购买力平价计算，这是极高的薪酬。但正是这种高激励机制，诱发董事会成员参与会计造假，以获得更高的个人收入。所以，激励合同也无法消除代理人问题。

1.2.3 法律保护

如果公司管理层违反了公司法或其他任何法律条款，股东和其他利益相关者都可以通过法律程序来惩处管理层。法律就像一把悬在管理层头上的宝剑，随时起着威慑作用。但是，诉诸法律的成本是非常高昂的。

公司股东最重要的法律权利就是对公司的重大事务进行投票表决。对于股东来说，无论是通过邮寄方式投票表决，还是亲自参加股东大会，成本都是不可忽略的。往返机票、住宿费由股东自己承担，而公司在会议上的花销减少了公司的净利润，因而间接地减少了留存收益或者股利。沃伦·巴菲特(Warren Buffett)管理的伯克希尔哈撒韦公司(Berkshire Hathaway)于2012年5月5日在内布拉斯加州(Nebraska)召开的年会，一共召集到3.5万名股东参加；如果将所有股东作为一个整体，召开这次年会的费用可谓不菲。

当股东和管理层不得不在法院对弈时，双方就需要承担高昂的诉讼费用。在发达国家，诉讼费用主要被花在聘请律师(lawyer)上面。

如果投票表决的成本对股东来说还可以接受，那么代理权争夺(proxy fight)的成本就是天价了。代理权争夺指的是股东通过在董事会获得足够多的席位，将现有管理层替换成对自己有利的人；如果要在董事会获得席位，就必须持有足够多的股票，因此对股东来说成本高昂。国美电器的代理权争夺，从2010年9月28日股东进行第一轮代理权争夺的投票，至2011年3月9日国美电器发布陈晓离职的消息，历时超过5个月。

综上所述，法律保护并不能彻底消除代理人问题。

1.2.4 机构投资者

对于一家公司来说，少数持有大量股票的股东，比大量持有微不足道股份的股东，更能有效地监督管理层。这些少数持有大量股票的股东，被称为机构投资者，或者大股东。机构投资者在监督管理层时，有两点明显的优势：第一，机构投资者比小股东更了解金融、会计和公司治理的专业知识。第二，机构投资者手里集中掌握的投票权，足够对管理层构成威慑作用。

以英国和美国为代表的资本市场的特点是，股东数量众多，但是每个股东持有的股份微不足道。以德国和日本为代表的资本市场的特点是，股票被集中在少数的大银行和财团手中。实证研究发现，英美上市公司的公司治理效果和文化远远优于德日。英国人迈克尔·伍德福德(Michael Woodford)于2011年10月1日被任命为日本奥林巴斯集团首席执行官(chief executive officer, CEO)。他在上任后的几天内，便从普华永道的财务报表里面发现了奥林巴斯集团隐藏了20年的财务造假行为，于10月12日向董事会提出质疑，却在10月14日被董事会罢免。随即，伍德福德向媒体揭露了奥林巴斯集团的财务造假，并引发了日本历史上最大的上市公司地震。从奥林巴斯集团的案例看来，机构投资者对上市公司管理层的监督作用一定在某些地方存在严重的缺陷。

机构投资者对公司治理存在的负面作用主要有如下三方面。

(1) 机构投资者有可能剥削小股东。上市家族企业和控股股东通常通过金字塔控股结构和关联交易来剥削小股东。例如,某家族通过金字塔结构控制了 A 上市公司 30%的股份,并且为 A 公司第一大股东;同时,该家族还拥有一家非上市公司 B。如果该家族操纵 A 公司以高于市场价的价格从 B 公司购入资产,或者以低于市场价的价格将 A 公司的资产销售给 B 公司,则该家族需要承担 A 公司在该项目上 30%的损失,却从 B 公司获得了该项目 100%的利润,而 A 公司的中小股东需要承担该项目 70%的损失。

(2) 当一家公司的两个机构投资者持有的股份接近但是意见相左时,它们就成为了强有力的竞争对手。他们必须拉拢管理层才能在董事会制衡对手,这会使得原本被用来制约管理层的机构投资者反而成了被管理层绑架的对象。

(3) 机构投资者会有剥削债权人的动机。Copeland,Weston 和 Shastri(2005)认为,公司股东可以通过分发股利(dividend payout)、稀释索取权(claim dilution)、资产替换(asset substitution)及投资不足(under-investment)这四种方式来剥削债权人的利益。具体来讲,分发股利会减少公司的资产与潜在投资机会;公司增发更高级的债权会稀释现有债权人对资产的索取权;公司可以将安全的资产替换成危险性高的资产;公司预计现金流不足以偿还银行贷款的情况下,会放弃具有正净现值的投资机会。

由此可见,机构投资者无法完全消除代理人问题。

1.2.5 恶意收购

如果一家公司持续经营不善,那公司的股价就会下跌到低谷,使公司成为其他公司抄底收购的对象。当收购要约被目标公司(卖家)的管理层拒绝,该收购就被定义为恶意收购(详见第 6 章)。主并公司(买家)可以绕过目标公司的管理层,以要约收购(tender offer)的方式直接向目标公司的股东购买股票。一旦并购成功,主并公司通常会辞退目标公司的管理层,因为目标公司之前的经营不善是由管理层引起的。这种并购和辞退的威胁,使上市公司的管理层兢兢业业地工作以防止股价下跌和被收购的命运。所以,恶意收购会对公司治理产生正面作用。

但是,公司并购对主并公司来说成本非常高昂,让他们有所顾虑,这反而使得经营不善的公司管理层在某种程度上高枕无忧。主并公司的高成本来自于三个方面。

(1) 主并公司需要支付股票溢价。根据美国 1968 年威廉姆斯法案(Williams Act 1968),主并公司在完成"立足点"(toeholds)股票收购以后,如果想要控股 50%以上,必须以要约收购的方式直接向目标公司的股东收购剩余的所有流通股票。因为股票的控制权是非常重要的,要约收购的价格往往高于股票交易所的价格,这种价差被称为收购溢价。一般来讲,美国公司并购的平均溢价水平为 60%左右,这使得很多潜在的主并公司望而却步。

(2) 主并公司会面临"赢家的诅咒"(winner's curse)。一家公司收购另一家公司的时候,通常会遇到很多竞争性买家一起竞标,目标公司和它的股东根据竞标价格的高低决定是否出售股份及将股份出售给谁。为了在竞标中胜出,主并公司需要给出足够高的竞标价格以击败竞争对手,胜出者的最终出价往往高于目标公司的真实价格及并购带来的协同效应价值,因而主并公司面临"赢家的诅咒",这使得主并公司在并购的时候出价慎重。

(3) 并购通常会使得主并公司杠杆率上升。现金会给公司带来流动性的好处,但是现金不能带来收益。因此，一家公司在留足日常现金流之后，会将其余的现金用来做长期投资，并不会在账目上保留大量现金或流动资产。如果并购的巨大交易规模需要支付大量的现金，公司就只有通过借债来筹措现金，这会使得公司杠杆率上升，增加公司的破产成本。所以，主并公司不会轻易进行并购。

综上所述，并购会使得不称职的管理层有所顾忌，但是高昂的并购成本使得不称职的管理层在一定程度上可以高枕无忧。

1.3 公司治理的缺陷

1.3.1 萨班斯—奥克斯利法案

为了应对安然等上市公司引发的公司治理和会计丑闻，美国立法机构于 2002 年通过了"萨班斯—奥克斯利法案"(Sarbanes-Oxley Act 2002)，简称 Sarbox 或 SOX。法案以参议员 Paul Sarbanes 和众议员 Michael Oxley 的姓氏命名，对涉及金融操作和公司治理的法律进行了重大改进。该法案由 11 部分内容组成，美国证券交易委员会(SEC)为该法律的执行机构。SEC 还成立了一个半官方的机构 PCAOB (the Public Company Accounting Oversight Board) 负责监督、管理、检查和惩戒对上市公司审计失职的会计师事务所。

萨班斯—奥克斯利法案在三方面的改革特别引人关注。

第一，增强了审计师事务所的独立性以避免利益冲突。它禁止作为审计师的会计师事务所向同一家上市公司提供审计之外的服务(如咨询服务)。

第二，公司的首席执行官(CEO)和首席财务官(CFO)必须以个人名义证明财务报表的准确性。如果财务报表信息不准确，CEO 和 CFO 必须退还与之相应的奖金。

第三，公司必须在财务报表里面披露潜在的弱点。

虽然萨班斯—奥克斯利法案弥补了会计造假和公司治理方面的重大缺陷，但是由于代理人问题的存在，上市公司造假和丑闻仍然层出不穷。

美国人卡森·布洛克(Carson Block) 于 2010 年 6 月推出了一项名为"浑水研究"(muddy waters research)的网上服务，曝光他所谓的一些在美国上市的中国小公司的错误报表和欺诈行为。2010 年 8 月 30 日，道琼斯公司旗下的《巴伦周刊》(*BARRON'S*)中一篇题为《当心此类中国出口》(*BEWARE THIS CHINESE EXPORT*)的文章针对 158 家在美国借壳上市的中国企业的一项研究显示，这些股票头三年的收益中位值落后于沃特 USX 中国指数 75%(沃特指数的成分股由所有在美上市的中国企业构成)。伴随着浑水研究所和全球知名财经媒体对中国上市公司的质疑，SEO 开始对通过反向并购在美国上市的 350 多家中国公司及其推广股票者、银行业人士和会计等一系列"供应商"进行系统性地调查，期间伴随着中国概念股的暴跌。虽然多数中国公司宣称自己是美国卖空机构的受害者，但 2012 年以来，四大会计师事务所接连辞任中国上市公司的审计师、加拿大上市公司嘉汉林业的破产、在香港上市的中国公司纷纷推迟公布年报，令全球投资者对中国的概念股投资更加谨慎。

2012 年 4 月 6 日，彭博新闻社(Bloomberg News)率先报道，摩根大通银行(JP Morgan Chase)的一名绰号为"伦敦鲸"的交易员在一个信用衍生品指数上建立大笔头寸，扭曲了市场。同一天，《华尔街日报》披露了这名交易员如何扰乱市场并将摩根大通置于亏损风险的境地。4 月 13 日，摩根大通首席执行官 Jamie Dimon 称这个交易头寸并不危险，只是"茶杯里的风暴",他认为媒体对首席投资办公室交易的报道"完全是小题大做"。5月11日,摩根大通披露,因信贷衍生品交易失误意外损失20亿美元,Jamie Dimon随即承认自己"大错特错"。从起初的不以为然到最后的追悔莫及,Jamie Dimon犯下了他职业生涯以来代价最高昂的错误,使这位曾安然渡过全球金融危机、素以密切关注银行交易活动、风险状况及高级职员活动而闻名的高管的职业生涯留下了污点。Jamie Dimon这位号称"华尔街最优秀的风险管理者",居然都无法监控自己银行的风险,公司治理再次成为媒体、投资者和监管者关注的焦点。

重建金融监管两大支柱

一家大型老练机构的衍生品业务出现10位数损失,举世震惊,其股价暴跌。几位评论人士说"我早就预言过了",部分政客则嚷嚷着要实行改革。此前发生过多次类似事件,如1995年的巴林银行(Barings Bank)、1998年的长期资本管理公司(Long-Term Capital Management)、2000年的安然公司(Envon)及2008年的几家华尔街企业,尤其是雷曼兄弟公司(Lehman Brothers)和美国国际集团(AIG)。这次摩根大通(JP Morgan Chase)出现同样问题,衍生品业务损失20亿美元,投资者震惊。

摩根大通的损失重新激起了人们要求收紧"沃尔克规则"(Volcker rule)的兴趣,该规则旨在禁止银行从事投机性交易。但这次损失也显示,"沃尔克规则"无法奏效。合成信贷交易不是自营交易性质的押注,而是大规模、不匹配的对冲操作。可以说,目前版本的"沃尔克规则"并不禁止此种交易。此外,即便监管机构明确划分了投机和对冲的区别,华尔街总能轻而易举地绕开限制。监管者不可能监督哪一项交易是对冲、哪一项不是。

防止出现周期性金融灾难的更佳途径是借鉴20世纪30年代实施的改革,当时美国国会建立了金融监管两大支柱,在其后50年里支持了公平、运转良好的市场。第一个支柱是要求银行披露重要金融信息的法令。用今天的复杂术语来表述,这就意味着银行不仅要披露在险价值,也要披露各种最糟糕情景。这项法律将会要求摩根大通告诉投资者20亿美元损失的来龙去脉。第二个支柱是强大的反欺诈机制,惩罚没有透露全部真相的官员。不幸的是,这项机制已遭到历年立法和司法判决的侵蚀,导致股东更难指控欺诈。检方也不愿提起刑事诉讼,使得美国证交会(SEC)只能付诸基本上没有多大效果的民事诉讼。其实,如果有人只引用一个在险价值数字,结果却蒙受30倍于此的亏损,从而欺骗投资者,法律就应当对这样的人严惩不贷。通过重建这两大支柱,监管机构有望创建更为强大的市场,加强信任。

(资料来源:http://www.ftchinese.com/story/001044676。)

1.3.2 董事会

董事会(board of directors)指的是由选举或者任命产生的共同监督一家公司或者机构行为的成员共同组成的机构。董事会的权利与义务由公司章程决定,章程通常包括董事会成员的数量、董事会成员的产生办法及董事会召开的时间等。

董事会的成员被称为董事。上市公司的董事由股东选举产生,董事会是公司的最高决策机构。董事可分为内部董事(inside directors)和外部董事(outside directors)。内部董事又被称为执行董事(executive directors),包括CEO、CFO或其他副总裁、公司大股东、其他利益相关者的代表(如工会、债权人、当地社区等);外部董事又被称为独立董事(independent directors),通常由其他公司的执行董事担任。

虽然董事通常由选举产生,但是公司的民主制度与政治上的民主制度不同。公司的CEO

由股东投票选举产生,但是没有政治民主制度上的候选人"竞选"的情况。公司股东行使选举的权力有限,要么投票赞成被提名的候选人,要么弃权。如果股东想要公司的CEO下台,只能通过代理权争夺(proxy fight)的方式实现。代理权争夺指的是股东通过持有足够多的股票(和投票权)以在董事会获得席位,然后通过董事会的投票更换公司管理层。代理权争夺的前提是持有大量股票,因此成本非常高,通常只有机构投资者才有实力发起。

公司的独立董事由CEO任命,而CEO往往会邀请与其私交甚好的其他公司的执行董事来担任职务。独立董事的职责是以外部人的身份客观、公正地监督公司的治理,并调节执行董事之间、执行董事与股东之间的纠纷。上述独立董事产生的方式存在利益冲突,因此由公司CEO任命的独立董事缺乏监督CEO的动机。例如,CEO的薪酬(Compensation)应该由董事会决定,但是因为独立董事由CEO任命,执行董事的任命也在很大程度上受首席执行官的影响,CEO就可以通过使用公司资源来贿赂董事,以确保自己的高薪酬方案获得董事会批准。此外,独立董事是外部人,在监督公司日常经营时信息不对称,并有可能身兼数份独立董事的职务,因此不能有效地监督和提供决策建议。在公司治理上一直被沿用至今的交叉任命董事会制度(interlocking boards)也存在着重大缺陷。交叉任命指的是公司A和B的执行董事同时兼任对方的独立董事。由于利益冲突和裙带关系,交叉任命董事会的制度广受诟病,但奇怪的是它仍然被广泛采用。鉴于独立董事制度的缺陷,英国的监管机构早在1992年颁布了由Adrian Cadbury爵士提交的堪第伯里报告(Cadbury Report)以规范上市公司独立董事的行为。此报告已经被美国监管机构、欧洲联盟(以下简称欧盟)监管机构、世界银行广泛采用,但是效果有限。

1.4 公司治理的实证发现

公司治理的最重要目标之一就是制衡公司的管理层,防止任何个人的权力过大。一般来讲,CEO对公司的影响力越大、任期越长,公司最终出现爆炸性丑闻的概率就越大,据此可以认为,CEO的权力越大(小),公司治理的效果就越弱(强)。美国的学者对涉及CEO权力的一系列公司治理和公司并购的现象进行了实证研究,发现了一些有趣的甚至是出乎意料的结果,如图1.1所示。

图1.1 CEO权力和公司经营治理各方面的实证关系

1.4.1　CEO权力与CEO薪酬

实证研究发现，CEO权力越大(the greater CEO power)，CEO的薪酬就越高(the higher CEO compensation)。

这似乎暗示着，CEO薪酬越高的公司，公司治理的效果越差。其中的原因不难解释：CEO权力越大，就越有可能施加影响力来提高自己的薪酬，因此CEO薪酬越高，就间接表明该公司的治理效果越差；此外，CEO为了确保高薪酬，拥有巨大的动机去操纵财务报表的数据与短期股价。

1.4.2　CEO权力与公司规模

实证研究表明，CEO的权力越大(the greater CEO power)，公司的规模就越大(the bigger firm size)，这两个因素互为因果关系。

一方面，公司规模越大，CEO能够掌控的人力、财力和其他资源就越多，因此薪酬也更高。另一方面，掌握了足够权力的CEO，为了让自己的薪酬和影响力进一步上升，就有动机扩张公司的规模。每一个行业和公司都具有自己的最优规模，在公司达到最优规模之前，规模经济效应(economy of scale)起主导作用，公司利润上升，股价上升；在超过最优规模之后，不规模经济效应(diseconomy of scale)起主导作用，公司利润开始下降，股价下跌。CEO为了扩大权力和薪酬，往往过分扩张公司规模，使其超过最优规模，牺牲股东的利益。

1.4.3　CEO权力与董事会规模

董事会的规模以董事的数量来衡量。实证研究表明，CEO的权力越大(the greater CEO power)，CEO的薪酬就越高(the higher CEO compensation)，董事会的规模就越大(the bigger board)。

常识表明，董事会规模越大，就有越多的人监督CEO，因此，CEO的权力就越小，薪酬也越低。但事实与之相反，实证研究发现，董事会规模越小(大)，CEO的薪酬就越低(高)，公司的股价就越高(低)。实证研究还发现，如果一家经营不善的公司被收购以后，新股东改组公司以提高业绩的措施常常包括缩小董事会的规模。因此，董事会规模在实际上与CEO薪酬成正相关、与公司治理绩效呈反相关。关于这个问题，在理论上的研究还比较欠缺，目前比较合理的解释只能是董事"搭便车"的行为，即"一个和尚挑水喝，两个和尚抬水喝，三个和尚没水喝"。

1.4.4　CEO权力与对外并购数量

实证研究表明，CEO的权力越大(the greater CEO power)，公司对外进行的并购数量就越多(more M&A deals)。

前面已经提到，CEO的权力与公司规模呈正比。CEO为了最大化自己的利益，就需要不停地扩张公司规模，最迅速的扩张方式不是靠内生增长，而是对外进行并购。不停地并购最终会导致公司规模超过最优规模，使股价下跌。

1.4.5　CEO权力与对外并购时的股价

实证研究表明，一家公司对外进行并购时，股价往往会下跌。特别地，如果有迹象表明CEO权力过大，公司对外进行并购时股价下跌得就越剧烈(the more negative bidder-turn)。

前面提到，CEO对外进行并购的原因很可能是为了扩大自己的私利。当理性的投资者认识到这一点后，会把多数的并购行为与CEO扩大权力相联系，于是抛售那些对外进行并购的公司的股票，使股价下跌。

CEO在公司持股的情况例外。如果CEO在公司持股、同时进行对外并购，CEO自己会从下跌的股价中受损失。理性的投资者认为，持股的CEO进行对外并购，也许不是为了盲目扩张公司规模，此时CEO的利益会与投资者趋于一致。所以，如果CEO持股比例越高，公司对外进行并购时，股价下跌的可能性越小。

1.4.6　CEO薪酬与公司反收购措施

实证研究发现，CEO的薪酬越高(the higher CEO compensation)，该公司章程里面的反收购措施就越多(more anti- takeover defence)。以上两个因素可能互为因果关系。

CEO的薪酬越高，就证明CEO的权力越大，此时如果公司进行对外并购，投资者会认为这是CEO扩张自己权力的举措，因此公司股价下跌越剧烈。该公司股价的下跌，使它成为被其他公司低价抄底的对象，即恶意并购(hostile takeovers)的目标。一方面，大权在握的CEO为了防止公司被恶意收购、自己被新股东辞退，就有动机推动公司在章程里面新增加反收购的措施。另一方面，公司章程里面既定的反收购措施，会使公司新任CEO高枕无忧，并激发其肆无忌惮地扩张权力、提高薪酬。

以上关系对公司的董事也适用。治理不佳的公司，如果被其他公司恶意收购，原有的董事是无法推脱责任的，因为他们没有有效地监督CEO。公司被收购以后，原有的董事也会被辞退。为了保住自己的职位，董事往往在面临恶意收购的时候会授权CEO进行防御(详见第6章)。实证研究表明，如果一家公司因经营不善而面临恶意收购，如果公司进行了防御，公司最终被收购，那么公司的董事很难在将来再谋求到别的公司的董事职位；如果一家公司因经营不善而面临恶意收购，如果公司没有进行太多防御，公司最终被收购，那么公司的董事在将来再谋求别的公司的董事职位时，不会有太多困难。这个结论表明，董事的人力资源市场是一个有效的市场，它惩罚那些一错再错的董事，而奖励那些知错就改的董事。

本 章 小 结

因为所有权与经营权的分离，股东与管理层利益势必不一致，管理层为了最大化自己的利益，必然以损害股东的利益为代价，这就是代理人问题。由于造成代理人问题的三个因素无法改变，股东只能想方设法最小化代理人问题，而任何机制都无法彻底消除代理人问题。

习　题

1. 代理人问题产生的三个因素是什么？
2. 公司治理的五种机制各有什么优缺点？
3. 萨班斯-奥克斯利法案能否消除会计造假和公司丑闻？
4. 现有的董事会制度有哪些缺陷？

5. CEO权力与公司对外进行并购时的股价是何关系，为什么？
6. 阅读以下案例资料，并回答相关问题。

世通公司事件

世通公司(Worldcom)的前身是创办于1983年的长途电话折扣公司(LDDS)。20世纪90年代以来，该公司利用兼并、收购等手段疯狂扩张，一次次上演"小鱼吃大鱼"和"快鱼吃慢鱼"的戏法，迅速发展为全美第二大长途电话公司、全球第一大互联网供应商。

2001年，世通公司高额负债的状况引起美国证券监管机构的关注，2002年3月，美国证券交易委员会(SEC)宣布对世通公司过往的兼并事件和公司向CEO伯纳德·埃伯斯提供3.66亿美元巨额贷款一事进行调查。4月30日，埃伯斯迫于董事会和大股东的强大压力黯然辞职。6月，世通公司新任CEO主持的一次内部审计暴露出更大的丑闻：从2001年开始，世通公司与扩建电信系统工程有关的大量费用没有被作为正常成本入账，而是作为资本支出处理，这一会计"技巧"为世通公司带来了38亿美元的巨额"利润"。

在虚报巨额利润丑闻曝光4个星期后，美国东部时间7月21日，世通公司正式向纽约南区地方法院递交了破产保护申请。根据破产申请文件，该公司截至2002年第一季度的资产总值超过1 000亿美元，债务达310亿美元，破产涉及的资金规模是2001年12月申请破产的安然公司的两倍，是同年1月环球电讯破产案的4倍，成为美国有史以来最大规模的企业破产案。

随后，迫于SEC的压力，世通公司不得不发布声明，承认至少有38亿美元的支出被做了手脚，用来虚增现金流和利润；同时，该公司2001年14亿美元的利润和2002年第一季度1.3亿美元的盈利也属子虚乌有。

假账丑闻给世通公司带来了灭顶之灾。丑闻曝光的第二天，SEC即以民事欺诈罪正式起诉世通公司。与此同时，世通公司股票市值急剧缩水到3.35亿美元，公司成为一具空壳，信用等级被降为最低级，一年前允诺向世通公司提供25亿美元融资的25家投资银行也相继控告世通公司诈骗25亿美元。

11月26日，世通公司与SEC达成和解协议。根据这项协议，世通公司必须聘请一位独立顾问，对其会计账目进行评审并允许法庭任命的一位监督员对其管理状况加以评定。法官将于2003年决定对世通公司处以多少数额的罚款。据报道，世通公司面临的罚款可能为上亿美元，但如果法官认为世通公司已经进行了改革而且对其处罚毫无意义的话，世通公司也许可以避免被罚款的厄运。

尽管世通公司新的领导层在公开场合表示公司将采取一切办法保证财务状况的稳定，继续为消费者提供高质量的服务，并称公司已通过谈判获得了大约20亿美元的融资，在9~12个月的破产保护期内将努力偿还债务并进行重组，但舆论普遍认为，世通公司存活下来的概率几乎为零。

(资料来源：http://baike.baidu.com/view/1916800.htm?func=retitle)

问题：
(1) 在上述材料中提到的事实与1.4节中的介绍哪些实证结果相一致？
(2) 运用1.2节中所介绍的知识简要论述如何避免类似世通公司事件的造假丑闻再次发生。
(3) 快速阅读第5章中有关萨班斯—奥克斯利法案的具体内容，并且对该法案可能带来的负面影响做出简要分析和评述。

阅读材料

女儿没有白死

我女儿在骑车途中与一辆运送水泥的卡车相撞身亡，之后的庭审让我觉得毫无意义。我变得极度消沉，差一点就完全放弃了。但我没有，相反，我感到愤怒，心里想："不，我依然是她的母亲，我不能让制度如此对待亚历克斯(Alex)"。因此，我购买了撞死她的那辆货车所属公司的股票。这是我能想到的唯一办法，让他们当面来见我，并听听我必须要说的一些话。

第 1 章 公司治理

亚历克斯去世时26岁,到上个月刚好10年。她拥有硕士学位,在伦敦金融城的一间律师事务所获得了一份新工作。也是在那里,她结识了她的男朋友。事故发生时,她正骑车去上班。她的生命才刚刚开始,就被无情地夺走了。

我购买了Readymix公司(当时名为RMC集团)价值500英镑的股票——这足以让我拥有在年度股东大会上提问的权利。大会召开地点是公园路(Park Lane)附近一家富丽堂皇的酒店。当时我非常紧张,不过一个朋友在恰当的时机把我的手猛推到了半空中,于是我读出了之前准备好的文字。我想知道事故是如何发生的,为何会发生,以及他们如何能避免悲剧重演。所有人都安静了下来。随后,主席先生要求负责安全与健康的董事与我联系。没想到他真的这么做了:他来到伦敦,然后我们开始一起工作。

如果仔细查看数据,你就会发现建筑行业是骑车人杀手——水泥搅拌车、自卸货车、翻斗车。事故诱因有很多,如车辆设计,司机的培训、行为和态度。即便如此,我还是和西麦斯公司(Cemex,英国RMC现已被其收购)做了许多工作。首先,我们制作了一段司机培训视频,提醒他们顾及弱小的马路使用群体。然后,我开始研究警方在女儿死亡报告上列出的每一个要点。

亚历克斯是一名老练的自行车骑手,所走的路线也是她熟悉的伦敦墙(London Wall)大街,并且还戴着一条非常显眼的肩带。她与身旁的货车隔着相当一段距离,而且警方证据显示,在整个过程中,司机用的镜子里至少有一面可以看到她。为了在一个交叉路口向左急转弯,那个司机驶出车道向右侧靠。这一靠正好截断了她的去路。司机还不知道自己已经将她撞倒,路人的惊呼声提醒了他,车才停下来。

他们不允许我去停尸房看她。我甚至连握住她手的机会都没有。如今我才明白他们是在保护我,不想让我看到她的惨样。但是我希望他们能事先告诉我这点,或者让我自己选择。

我们在货车身上做了许多改进。直到我女儿和货车并排行驶时,司机才打开左转指示灯,所以她根本看不到指示。从此以后,公司在所有车辆的前面都增加了一个指示灯,让在一旁并排行驶的人也能看到。公司还增加了几面镜子,在卡车侧面安装了四个新的接近感应器。这些感应器会激活车内的警报,告诉司机车边有人及他们的方位。同时,它还会启动一段语音提示:"注意,卡车左转。"

多亏我们所做的这些改进,西麦斯公司的卡车不再是马路杀手。我希望我所做的事拯救了许多生命。然而,牵涉到其他建筑公司的事故依然在发生。

女儿出事那年,我正在伦敦大学(University of London)工作。当时最不想做的事就是回去工作,但我知道每天早晨硬着头皮去面对世界或许正是我该做的事。我非常感谢我的雇主:他们支持我一路走了下来。

2007年退休时,我本想靠作画来打发时间。结果却事与愿违:我当上了一个慈善组织的主席,组织名为和平之路(Road Peace),其宗旨是为有亲人因交通意外事故而受伤和丧生的家庭提供实际和情感上的支持。亚历克斯会为我感到自豪吗?我希望她会。她就像我的朋友一样,是个优秀、才华横溢、可爱的人儿,她永远不会希望我放弃的。

(资料来源:http://www.ftchinese.com/story/001034274.)

第 2 章 公司并购概述

教学目标

通过本章学习，理解公司并购的基本概念，了解历史上几次重要的并购浪潮，了解公司并购的基本程序和并购中会涉及的公司顾问，并掌握对并购绩效研究的一些基本方法。

教学要求

知识要点	能力要求	相关知识
公司并购的概念	区分收购、兼并和恶意收购	收购、兼并、恶意收购的概念
公司并购的历史	掌握历次并购浪潮的主要特征及并购趋势	(1) 前五次并购浪潮的特征 (2) 近十年内的并购浪潮趋势
公司并购程序	了解公司并购的主要程序及操作	(1) 交易对象的选择 (2) 意向书 (3) 尽职调查
并购的顾问	明白并购中涉及的重要顾问，重点理解投资银行、律师、会计师在并购中的作用	八大并购顾问的介绍
评判并购是否成功的方法	了解衡量并购绩效的方法，重点理解与掌握事件研究法	(1) 高管访谈法与诊断研究法 (2) 事件研究法与会计分析法

> 中国今天的汽车、钢铁、化工轰轰烈烈，与此相关的一个主题一定是并购，并购是符合经济发展规律的，尽管我们有很多行政上的约束和各种制约，但是它一定会发生。而且我们应该利用资本去推动产业并购，这应该成为投行最主要业务之一。
>
> —— 祁斌《中国经济的围城与穿越》

第 2 章 公司并购概述

基本概念

兼并与收购　并购的顾问　事件研究法

导入案例

分分合合：全球并购十年

2000年1月，当史蒂夫·凯斯(Steve Case)宣布美国在线(AOL)和时代华纳(Time Warner)1 640亿美元的全股票并购交易时，这位美国在线的CEO将这称为一个历史性时刻，将永久性改变传媒业竞争格局以及人们利用互联网的方式。10年后，这宗"世纪交易"不仅被逆转，还被广泛视为CEO傲慢自大的例子，傲慢自大也是这一时期的特征，期间全球并购交易价值超过3.5万亿美元，银行家一时间赢得了名人地位，最终却声誉扫地。瑞士银行(UBS)并购分析师丹尼尔·斯蒂里特(Daniel Stillit)表示："这个10年以一波并购浪潮的高点开始，以低点结束。"

新千年来临之际，美国股市结束了连续5年的两位数上涨行情，科技行业的快速增长态势开始消退。推动并购的因素包括全球化、监管放松、降低成本的必要性及实现质变的愿望，以及CEO们打造"帝国"的偏好。随着并购的升温，并购银行家也在崛起。这些呼风唤雨的交易撮合者得到了明星般的地位，他们佩戴着意大利领带，身穿定制西装，乘坐私人飞机访问客户的冬季或夏季居所，策划着大宗并购交易。他们取得了巨大的成功，到2000年年底，华尔街三家最大投行——高盛集团(Goldman Sachs)、摩根士丹利(Morgan Stanley)和美林证券(Merrill Lynch)——各自为总价值逾1万亿美元的交易提供了顾问服务。

到2007年夏季，次贷危机的首批迹象开始显现。首先为即将到来的资金收紧敲响警钟的是KKR集团未能筹措100亿美元的辛迪加贷款，为其收购联合博姿(Alliance Boots)融资——该交易如今被人们视为收购活动从繁荣走向萎靡的分水岭。2008年9月15日，雷曼兄弟(Lehman Brothers)倒闭，成为全球最大的破产案。随着全球银行难以发行债务，一些紧急救助收购应运而生：美国银行(Bank of America)以444亿美元收购美林证券(Merrill Lynch)；在英国，劳埃德TSB集团(Lloyds TSB)以219亿美元收购哈利法克斯苏格兰银行(HBOS)；另外，英国政府收购了苏格兰皇家银行70%的股权，结束了该银行跻身全球最强大机构行列的梦想。

(资料来源：http://www.ftchinese.com/story/001030542.)

点评：

刚愎自用的CEO们常常在董事会安插自己的支持者，很少征求持怀疑态度的建议。大批职业顾问迫不及待地想捞取佣金。由于与撮合交易的银行之间的联系，股票分析师的独立性已大打折扣。无论是分析师还是记者都意识到，自己的信息来源取决于与他们报道的企业搞好关系。许多糟糕的交易都曾在宣布时赢得广泛喝彩。

(资料来源：http://www.ftchinese.com/story/001033095.)

2.1 公司并购的概念

英文中代表并购的词主要有acquisitions、mergers和takeovers。公司并购中的买方被称为主并公司(acquiring firm或acquirer)，卖方被称为目标公司(target firm)。本书的研究对象均为上市公司。

1. 收购(acquisitions)

收购指的是一家公司收购另一家比它规模小的公司而成为新的所有者。收购完成以后，目标公司退出股市，而主并公司的股票则继续在股市上进行交易。

2. 兼并(mergers)

兼并指的是两家规模相当的公司进行合并以成立一家新公司。兼并完成以后，原来两家公司停止在股市上交易，而新成立的公司作为唯一实体开始在股市上公开交易。

3. 恶意并购(takeovers)

恶意并购指的是主并公司首次提出的收购要约被目标公司的管理层拒绝，则收购性质被定义为"恶意"，反之则为"友好"或者"中立"的并购。广义上讲，takeovers可以被笼统地理解为并购的意思。

国外的教材和学术期刊对收购(acquisitions)、兼并(mergers)及恶意并购(takeovers)通常不做严格的区分，而笼统地把它们称之为"并购"(M&A)。

 案例2-1

最形象的恶意收购

第一次并购浪潮始于1897年，但第一次大规模恶意并购战却早在1868年便开始了。现在，"恶意并购战"通常是描述在并购中公司之间尖锐的斗争，然而单从字面意思来说，它能更形象地描述早期公司并购时的场景。其中一个并购案例就是1868年的一场试图并购Erie Railroad的恶意并购战。在该并购中，Cornelius Vanderbilt和Daniel Drew、Jim Fisk、Jay Gould几家公司一争高下。Erie Railroad作为其中一个主要的恶意并购防御方，擅自发行了大量股票，尽管他们并没有自主权这样做。当时，由于贿赂法官及政府官员极为普遍，对于违反公司的法律处罚手段极其薄弱。铁路控制权的争夺战变得十分暴力，目标公司雇佣警卫，用军火与加农炮进行武装，以保护其公司总部。该恶意并购战最终以Vanderbilt放弃其对Erie Railroad的抨击、转而寻求更弱目标告终。

(资料来源: Gaughan, MergersAcquisitionsandCorporateRestructurings, 4ed, P35.)

2.2 公司并购的历史

在美国，人们通常较少关注金融的历史，而比较多地关注金融领域最近的发展与创新。因此，市场似乎从来不长记性，早年发生的一些错误及失败的交易在如今反复发生，一些错误的并购的模式也屡屡重现。认识并购历史的必要性在于帮助识别交易的类型，以及认清该类交易曾存在的问题。近年来的并购活动有许多很有意思的倾向。例如，并购已经成为一种世界范围内的现象，而不仅仅集中于美国；新兴市场国家的企业在并购领域的迅速崛起，导致了一类新的并购买家的产生。综上所述，系统性地回顾并购的历史是非常必要的。

迄今为止，全球范围内发生的大规模并购活动(通常也称为并购浪潮)已有六次，并且都主要发生在美国。这些都是周期性的并购活动,即并购活动频发期之后随之而来的则是相对较少的交易发生期。这六次并购浪潮发生的时间大致为 1897—1904 年、1916—1929 年、1965—1969 年、1984—1989 年、1992—2000 年、2004—2007 年。不同的并购浪潮触动并激发了美国商业结构的重要变革,它们在美国工业从中小企业集结商业群模式向现有的、包含成千上万跨国公司模式转变的过程中,扮演了极为重要的角色。

在 2007—2008 年金融危机期间,全球并购交易量急剧萎缩。2009 年银行业的并购在全球范围内成为新的亮点,因为经历了金融危机创伤的银行业急需整合。伴随着 2012 年美国经济的二次探底、欧洲主权债务危机及中国经济的滞胀并存,并购业的未来走势尚不确定。

2.2.1 引发公司并购浪潮的原因

研究表明,并购浪潮是由经济、法律管制与科技的共同影响所造成的。经济冲击主要来自于经济扩张,此时公司想要通过企业的扩张以适应经济快速增长的总需求。相比企业内部的、有机的增长与扩张,并购是一种更为迅速的方式。来自法律管制方面的冲击则主要通过消除一些可能会阻碍并购发生的法律管制所引发,例如关于美国银行法禁止银行跨州经营及进入其他行业等方面的管制的改变。而技术冲击主要是指科技进步对现存企业的改变,或由科技创新催生的新企业所带来的行业变化。

Harford(2005)认为,通常来说,由以上这些冲击自身并不足够引发一次并购浪潮[①],他通过对 1981—2000 年 35 个行业并购浪潮(而非全面的并购活动)的研究表明,资本流动性同样是并购发生的一个必要条件;他的研究还发现,管理层的错误估值及管理层对市场时机的把握并不是并购浪潮的成因,尽管这些因素可能会导致某个特定交易的发生。然而,关于该错误估值的发现,却与 Rhods-Kropf, Robinson 和 Viswanathan(2005)关于"错误估值确实引发了并购活动"的发现相悖[②]。Rhods-Kropf 等人通过比较市场账面价值比(M/B)与真实价值来进行研究,他们并不认为错误估值是解释并购浪潮的唯一原因,但他们认为错误估值对并购浪潮的产生起到了举足轻重的作用。

2.2.2 第一次公司并购浪潮(1897—1904 年)

第一次并购浪潮在 1883 年萧条之后产生,1898—1902 年到达顶峰,于 1904 年结束。图 2.1 表示了第一次并购浪潮发生的数量。

这些并购影响了矿业和制造业里面几乎所有的行业,但某些行业很明显地在这次并购活动中占据了相当大的比例[③]。Ralph Nelson 教授在美国的权威经济机构 NBER 所做的一项调查表明,包括有色金属、食品生产、石油产品、化工品、传送装备、金属制成品、机器和烟煤在内的八个行业的并购活动最为显著。在此期间,这些行业在全部并购交易总量中占比高达 2/3,第一次并购浪潮中所发生的并购主要是横向并购。表 2-1 说明了该情形。

[①] Jarrad Harford. What Drives Merger Waves[J]. Journal of Financial Economics, 2005, 77(3): 529-560.

[②] Marttthew Rhodes-Kropf, David T. Robinson, S. Viswanathan, Valuation Waves and Merger Activity: The Empirical Evidence[J]. Journal of Financial Economics, 2005, 77(3): 561-603.

[③] Ralph Lowell Nelson. Merger Movements in American Industry:1895-1956[M]. Princeton, NJ: Princeton University Press, 1959.

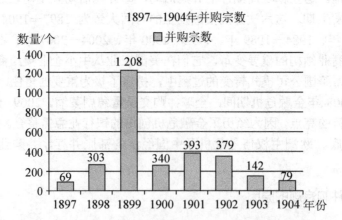

图 2.1　第一次并购浪潮的并购宗数统计

(资料来源：Merrill Lynch Business Brokerage and Valuation. Mergerstat Review, 1989.)

表 2-1　第一次并购浪潮的并购类型

并购类型	百分比
横向并购	78.3%
纵向并购	12%
混合并购	9.7%
总计	100%

资料来源：Neil Fligstein. The Transformation of Corporate Control[M]. Cambridge: Harvard University Press, 1990: 72.

大量横向并购和相同领域内公司的联合，通常会导致近乎垄断的市场结构。因此，本次并购浪潮因其催生了大量垄断企业而闻名。第一个总额过 10 亿美元的并购交易也是在该并购期内发生的，即 J.P.Morgan 创建的 U.S.Steel 公司同由 J.P.Morgan 控股的 Federal Steel 公司的联合。此外，Morgan 还兼并了其他钢铁公司如：American Tin Plate、American Steel Hoop、American Steel Sheet、American Bridge、American Steel and wire、International Mercantile Marine、National Steel、National Tube 和 Shelby Steel Tube。U.S.Steel 公司麾下的这些钢铁企业控制了美国钢铁行业的半壁江山[①]。接下来，U.S. Steel 又兼并了 785 个钢铁生产部门，一度占据了美国钢铁生产产能的 75%。

除了 U.S.Steel 公司之外，现今一些行业巨头也是从第一次并购浪潮中产生的，包括：DuPont Inc.、Standard Oil、General Electric、Eastman Kodak、American Tobacco Inc.(在 1994 年同 Brown andWilliamson 合并，而随后又在 2004 年与 RJ Reynolds 公司合并)和 Navistar International(从前是 International Navistar，在 1986 年出售其农业商务后更为 Navistar)。这些在当今占据着相当市场份额的行业巨头，有一些在第一次并购浪潮末期在各自行业中都占据着绝对控制地位。例如，除了 U.S.Steel 外，American Tobacco 占有着其市场 90%的份

---

① Ron Chernow. The House of Morgan[M]. New York: Grove Press, 1990.

额，由 J.D.Rockefeller 控制的 Standard Oil 对石油市场控制权高达 85%。在第一次并购浪潮中的 300 宗并购案件覆盖了众多行业，并涉及 40%的国家制造业资本。据统计，该次并购浪潮期间，超过 3000 家公司由于并购而不复存在。

直到 1909 年，美国 100 家最大的公司控制着美国全部行业 18%的资产。即使是 1890 年谢尔曼反托拉斯法(Sherman Antitrust Act，简称谢尔曼法)的通过，也未能阻碍该时期内白热化的并购活动。美国司法部在很大程度上应对谢尔曼法的低效率负责。在 20 世纪 90 年代早期主要合并发生的时期，美国司法部作为谢尔曼法的执行机构，却面临着人手不足及无法强有力地执行谢尔曼法的问题。司法部的主要精力都放在了处理工会纠纷上。因此，由于缺乏任何有意义的反托拉斯限制，横向并购的步伐与行业整合依旧。

在第一次并购浪潮末期，美国工业的集中程度显著增长。一些行业的企业数量(例如同钢铁行业)急剧下滑，在某些行业甚至只剩下一家企业。具有讽刺意味的是，垄断行业正是在谢尔曼法案实施之后才形成的。一方面，司法部缺乏资源来执行谢尔曼法案，另一方面，法院也并不愿意对该法案作出司法解释。例如，1895 年，美国最高法院判决，American Sugar Refining Company 既不构成垄断也未抑制贸易[①]，最高法院认为这家制糖托拉斯控制着美国精糖提炼生产力 98%市场份额的事实并不重要。这条判例为 DuPont Inc.、Eastman Kodak、General Electric、International Harvester、Standard Oil 和 U.S.Steel 等公司开了绿灯，使它们在进行并购时丝毫不用担心法律的干涉[②]。

是什么因素触发并导致了第一次并购浪潮如火如荼地展开，第一次并购浪潮又是如何结束的呢？结合当时的金融、法律、政治环境，可以从以下几个方面来进行分析。

1. 法律因素——托拉斯的兴起与衰弱

由于当时法律对于托拉斯(Trust)的错误关注，在第一次并购浪潮中，法律在阻碍某些行业垄断形成的过程中少有建树。托拉斯是由商业界大亨所建立的，例如，J.P.Morgan 家族的 House of Morgan，John D.Rockefeller 家族的 Standard Oil 和 National City Bank，都是在经济萧条、各行业的企业努力挣扎以求生存的环境下建立起来的。这几大家族意识到，存在众多的小而无效率的公司的产业结构，才是导致这些企业业绩欠佳的原因。几大家族通过强迫那些经营不善的公司的股东将其持有的问题公司股票转换成控股公司的托拉斯凭证的方式来重组了各个行业，这使得这些股东不仅控制了自己所在的问题公司的股票，还控制了竞争对手公司的股票。通过这种控制，J. P. Morgan 家族得以遏制行业内的竞争，而正是这些竞争导致了这些行业内许多公司的衰退。这样做的结果是，J. P. Morgan 家族能够使投资者对行业内经营相对较好的公司保持信心，以便于它推销这些公司的股票。J. P. Morgan 家族最开始把主要精力都放在了铁路行业上，而当时铁路企业的股票占据了纽约股票交易所主要份额。作为一个对资本需求极大的行业，铁路公司通过投资银行家在美国及欧洲大肆地销售股票和债券。在日常经营上，铁路公司倾向于打价格战并把对手逼到

---

① Joseph R Conlin. The American Past :Enhaned: A Survey of American History[M]. 8th ed. TX: Harcourt Press, 1997.

② George Stigler. Monopoly and Oligopoly by Merger[J]. *American Economic Review*, 1950,5(40):23-34.

破产边缘。J. P. Morgan 家族非常厌恶这种不受约束的竞争，决定要重组铁路行业。最终，它通过控股公司托拉斯的方式，排斥那些推崇竞争的管理层并将他们更换为更推崇有序市场的管理层。J. P. Morgan 家族丝毫不考虑从行业整合中受到损失的消费者，因为它只关心从整合中获利的投资者。

　　托拉斯逐渐发展，并在许多行业中占据了统治地位，例如 American Cottonseed Oil Trust 和 National Lead Trust，它们在各自的行业中都处于统治地位。Morgan Bank 最终控制了 First National Bank，National Bank of Commerce，First National Bank of Chicago，Liberty National Bank，Chase National Bank，Hanover National Bank 和 Astor National Bank。[①]。

　　除了反托拉斯联邦法律的执行不力，其他一些法律上的原因也可以用来解释第一次并购浪潮的原因。例如，在美国一些州，公司法的限制被逐渐放松，特别是公司能够更好地保障资金安全、对其他公司持股及扩张其运营范围，因此能够为公司准备并购创造良好的环境。更多获取大量资本的途径使得公司在施行一次并购时更容易募集到必要的融资，同时，宽松的法律管制使得企业能够以收购其他公司为目的而收购其股份。

　　并非所有的州都放松了其公司法的限制，一些州的并购步伐明显快于其他州。新泽西州 1888 年通过的新泽西州控股公司法帮助它放松了公司法的管制，成为在并购中处于领先地位的州，紧随其后的便是纽约州和特拉华州。该法案使得控股公司托拉斯得以形成，新泽西州也成为了托拉斯公司的圣地。该法案迫使其他州也纷纷通过相似的立法，以避免本州的公司转移到新泽西州注册。许多公司在新泽西州注册，表明新泽西州的公司大规模地参与了第一次并购浪潮。到 1915 年，新泽西州的领先趋势戏剧性地下滑，此时各州之间公司法的差异已非常小。

　　美国政府最初在反托拉斯法方面并不成功，但等到西奥多罗斯福当政末期，法院方面取得的成效令人鼓舞。最高法院在 1904 年对 Northern Securities 的判决显示了反托拉斯法的成功，并成为里程碑似的事件。罗斯福总统以"托拉斯克星"的名声而闻名，他的继任者 William Howard Taft 则成功地拆分了许多主要的托拉斯企业。具有讽刺意味的是，那些被拆分的托拉斯企业如今成为更加庞大的企业。例如，标准石油公司(Standard Oil)被分解为新泽西标准石油公司(Standard Oil of New Jersey)、纽约标准石油公司(Standard Oil of New York)、加利福尼亚标准石油公司(Standard Oil of California)和印第安纳标准石油公司(Standard Oil of Indiana)。后来，新泽西标准石油公司更名为埃克森石油公司(Exxon)，纽约标准石油公司更名为美孚石油公司(Mobil)并在 1998 年与埃克森石油公司合并，加利福尼亚标准石油公司在 2001 年收购了德士古石油公司(Texaco)，印第安纳标准石油公司更名为阿莫科石油公司(Amoco)并在 1998 年被英国石油公司(BP)兼并。近年来，标准石油公司分拆出来的石油公司之间的合并，使当时的拆分变得部分失效，但这种合并趋势也显示出 J.D.Rockefeller 母公司的继承者们如今面临着许多国际竞争。

---

① Nell Irvin Painter. Standing at Armageddon: The United States, 1877-1919 [M]. New York: W.W.Norton, Limited, 1987:178-179.

2. 运输系统发展——铺设更广阔的并购市场

美国运输系统的发展是首次并购浪潮产生的另一个主要因素。美国内战之后，主要铁路系统的铺设促进了比区域市场更大的国内市场的建立。横跨大陆的铁路，如在1869年完工的Union Pacific-Central Pacific铁路，架起了连接美国西部和其他州的桥梁。许多公司不再认为市场潜力受到狭义的市场边界的限制，开始利用更广阔的市场进行扩张。面临来自遥远地区竞争的公司现在选择与本地的竞争对手合并以保持市场份额。国内运输系统的改变使得对远距离市场的供给变得更为简单和廉价。1882—1900年铁路运输的成本平均每年下降3.7%[①]。在20世纪初期，尽管对运输服务需求大幅上升，但运输成本涨幅极小。

3. 生产工艺的变动

生产工艺的变动有助于公司在国内市场的扩张。例如，Bonsack牌的无中断工序香烟机器的发明使得美国烟草公司(American Tobacco Company)仅用少量的机器便能提供全国市场的香烟[②]。规模的扩大使得公司可以利用生产及销售上的规模效应。例如，标准石油托拉斯(Standard Oil Trust)仅仅用三个精炼厂就掌控了世界40%的石油产量。它关闭了不必要的工厂，因此获得了更高的效率[③]。类似的通过规模经济效应扩张的过程发生在同时期美国的许多制造企业当中。公司及其经理们开始努力研究生产工艺以增强它们的大规模生产能力[④]。商业规模的扩张对管理技巧及管理专业化提出了更高的要求。

4. 行业的自律行为

在缺乏足够法律约束的情况下，银行业和企业的行业协会自发性地开始采用道德规范标准。该道德标准在投资银行家中间形成了一条不成文的规矩，即他们只与那些比他们道德标准高的公司做生意。如今，英国的商业模式就是建立在自发的道德标准之上的。尽管这些非正式的标准并不能排除并购中的所有非正当行为，但它们的确为第一次并购浪潮中的规范行为奠定了基础。

5. 金融因素——首次并购浪潮的主要终结者

金融而不是法律方面的因素直接导致了第一次并购浪潮的结束。首先，20世纪初期造船业托拉斯的瓦解使财务造假的危险性受到人们重视。其次，也是最重要的，1904年的股市崩盘和随后的1907年银行挤兑风潮使许多美国银行倒闭，最终导致了联邦储备制度的建立。低迷的股市、脆弱的银行体系，致使并购缺乏必要的资金支持。这些必要元素的缺乏，导致了第一次并购浪潮的终止。一些经济历史学家称，在第一次并购浪潮中发生的许多横

---

① Nell Irvin Painter. Standing at Armageddon: The United States, 1877-1919[M]. New York: W.W. Norton Limited, 1987: 178~179.

② Alfred D. Chandler. The Visible Hand: The managerial Revalution in American Business[M]. Cambridge, Boston: Belknap Press, 1977: 249.

③ Alfred D. Chandler. The Coming of Oligopoly and Its Meaning for Antitrust[M]. In National Competition Policy: Historian's Perspective on Antitrust and Government Business Relationships in the United States. Federal Trade Commission Publication, August 1981:72.

④ Robert C. Puth. American Economic History[M]. New York: Dryden Press, 1982:254.

向并购都是为了获得规模经济效应,因为通过并购,这些扩张的公司可以通过降低单位成本以提高效率。绝大多数参与这类并购的公司之后经营失败的事实说明,这些公司追求效率的尝试并不成功。在西奥多·罗斯福总统的任内,反托拉斯的执行力度变得越来越大。尽管作为"托拉斯克星"的西奥多·罗斯福并没有直接终止第一次并购浪潮,但是他持续对反市场竞争的活动施加了巨大压力。

2.2.3 第二次公司并购浪潮(1916—1929年)

已故的芝加哥大学的教授、1982年诺贝尔经济学奖得主乔治·施蒂格勒(George Stigler)将第一次和第二次并购浪潮进行了对比,把第一次并购浪潮称为"垄断合并"(merging for monopoly),把第二次并购浪潮称为"寡头合并"(merging for oligopoly)。在第二次并购浪潮期间,若干行业进行了整合,与第一次并购浪潮不同的是,这些并购导致了寡头垄断(几家企业独大),而不是垄断(一家企业独大)。第一次并购浪潮中建立起来的并购模式在第二次并购浪潮中继续发挥作用。第二次并购浪潮中,美国经济的持续演进与发展,归因于第一次世界大战(以下简称一战)后的经济繁荣为期盼已久的证券市场带来的资金。宏观经济形势好转带来的资金的充足供应,以及宽松的保证金政策为1929年的股市崩溃埋下祸根。

20世纪20年代,反托拉斯政策比第一次并购浪潮严格。到1910年为止,美国国会更加关注市场的违规行为和垄断的操控力量,同时谢尔曼法(Sherman Act)被证明不适于打击垄断。最终,美国国会在1914年通过了《克莱顿反托拉斯法》(以下简称克莱顿法,Clayton Act),该法案强化了谢尔曼法中的反垄断条款。随着经济和银行业在20世纪早期的复兴,克莱顿法在打击垄断上发挥了重要作用。在更严格的反托拉斯氛围中,第二次并购浪潮中鲜有垄断企业产生,取而代之的是更多的寡头垄断、垂直并购(vertical mergers)、联合并购(conglomerates)。美国首次产生了联合大型企业。尽管这些联合企业并不是直接生产同样的产品,但它们的生产线类似。

与第一次并购浪潮相比,政府在克莱顿法和谢尔曼法的授权下,更有力地对托拉斯展开有效的打击。政府首要关注的依旧是打击不公正的商业活动、阻止卡特尔(cartel)的形成,而不是停止反竞争性的并购行为。在这个时期,许多行业都发生了协议定价,与当时的垂直并购和联合并购相比,卡特尔的协议定价被认为是对竞争的更大威胁。在第二次并购浪潮中成立的许多卓越企业,至今仍在运营,它们包括General Motors、IBM、John Deere和Union Carbide Corporation。

 案例2-2

ALLIED CHEMICAL CORPORATION——联合化学制品公司

联合化学制品公司作为该时期成立的联合性企业之一,控制了5家不同的公司:General Chemical、Barrett、Solvay Process、Semet-Solvay和National Aniline and Chemical。尽管这些公司具有明显不同的产品系列,但它们所运营的商业领域都相互关联:General Chemical是12个硫酸生产商的联合体;Barrett则销售氨的副产品和焦油产品等;Solvay Process是全国最大的纯碱、过氧化氢等化学制品生产商,Semet售卖煤焦油制品,National Aniline and Chemical则是全国最大的染料销售商。在联合化学制品公司的统一

第2章 公司并购概述

体系里,这些产品不同的企业有着相同的管理体系。因此,联合化学制品公司能够在生产制作及其营销活动中获取规模经济效应[1]。

(资料来源:Gaughan, Mergers Acquisitions and Corporate Restructurings, 4ed, P37-38.)

1926—1930年,美国总共发生了4 600起并购活动;1919—1930年,有12 000家制造业、矿业、公用事业和银行类公司消失。根据时任美国联邦贸易委员会(Federal Trade Commission)主席Earl Kintner的说法,1921—1933年,美国通过并购获取的资产总额有130亿美元,占据了全美国制造业总资本的17.5%[2]。美国全国范围内的铁路运输系统的持续发展及公路运输的快速增长,最终使得局部市场扩张成为全国性市场。

公司间的竞争也由于家庭中作为娱乐方式之一的收音机的推广而进一步加强。广告的增加成为产品差异化的形式之一。市场营销商利用这种新出现的广告媒介在全国范围内为其品牌做广告。大规模销售商品的时代开始了。特别地,公用事业行业经历了市场份额的高度集中,涉及公用事业行业的绝大多数并购是由一小部分股东所控制的。联邦贸易委员会认为,通过金字塔结构控股这些公用事业公司,致使一小部分股东赚取了利润,而这些公司并没有为公众利益服务。最终,在1935年通过的《公用事业控股公司法案》(PUHCA)开始对这些公共事业托拉斯进行管制。这部被设计出来遏制滥用市场权力的法案授权美国证券交易委员会(Securities and Exchange Commission, SEC)管制公司结构及公用事业股东的投票权。该法还赋予了SEC管制公用事业公司发行证券、收购其他公司资产或股份的权力。与今天相比,公用事业公司对市场权力和信托责任的滥用在当时更为普遍。

第二次并购浪潮影响的行业非常广泛,而有色金属(primary metal)、石油产品(petroleum products)、食品生产(food products)、化学制品(chemicals)、运输装备(equipment)这五个行业所经历的并购尤其突出。

政府对反托拉斯法规的执行不力,以及联邦政府鼓励企业之间建立合作关系以加强美国在一战期间的生产力这两方面的原因为并购提供了便利。美国的企业,尤其是隶属于制造业和矿业的企业,在一战期间不是相互竞争,而是被政府督促进行协作。即便在一战结束后,美国政府在20世纪20年代依旧保留了这个政策。

第二次并购浪潮与第四次并购浪潮在运用债务进行融资方面极为相似。公司在其资本结构中大量使用了债务,一方面为投资者赚取高额回报提供了机会,另一方面也为投资者带来经济下行的风险,而不久之后经济便开始下行。当时一种极为流行的资本结构是金字塔形的控股公司,其中小部分的投资者可以运用相对较少的资本投入控制巨大份额的商业利益。

第二次并购浪潮以1929年10月29日美国股市大崩盘为终点。尽管这次崩盘本身并不是大萧条产生的原因,但它却在大萧条中扮演了重要角色,因为它直接导致了商业和投资信心的减退,使得商业和消费进一步缩水,反过来使大萧条雪上加霜。本次股市崩毁之后,

---

[1] Jesse Markham. *Survey of the Evidence and Findings on Mergers*[M]. *Business Concentration and Public Policy*. Princeton, NJ: Princeton University Press, 1995: 208-209.

[2] Earl W Kintner, Primer on the Law of Mergers[M]. New York: Macmillan, 1973:9.

公司并购数量大幅下滑。公司不再考虑扩张的事，而是在需求迅速而广泛地缩减过程中保持偿付能力。

投资银行家在前两次并购浪潮中都扮演了重要的角色，对商界领袖施加了巨大的影响。当他们认为某一桩并购违背投资银行的政策和道德准则时，他们通过拒绝提供并购资金的方式来否决该交易。投资银行家很轻易地就能掌握控制权，因为他们这一小部分人掌控着资助并购的大部分资金。与今天相比，当时的投资银行市场份额更为集中，少数银行控制了巨额资本，但是这些银行之间并不进行竞争。例如，投资银行家们从不试图从其他银行家手中挖取业务，每个银行家都有自己既定的客户，而这种客户关系倾向于永远不变。这一点同今天投资银行存在的激烈竞争形成鲜明对比。

前两次并购浪潮的交易数量说明投资银行通常是支持并购活动的。然而，在以联合并购为特征的第三次并购浪潮期间，并购活动的资金来源主要受到投资银行以外的资源推动。

2.2.4 第三次公司并购浪潮(1965—1969年)

由于经济的繁荣，第三次并购浪潮期间的并购活动创出新高。在以联合并购为特征的这个时期，"蛇吞象"的并购案例并不罕见，而在前两次并购浪潮中，大部分目标公司的规模都比主并公司小很多。Peter Steiner 在他的书中写道，收购资产超过1亿美元的并购案例，在1948—1960年平均每年只有1.3起，1961—1966年则平均每年5起，到了1967年上升为24起，到1968年上升为31起，1969年为20起，1970年为12起，1971年和1972年每年为5起[1]。

20世纪60年代的并购数量见表2-2，这些数据是由W.T.Grimm and Company(现在是由Houlihan Lokey Howard & Zukin 所提供)提供。联邦交易委员会(FTC)称，在1965—1975年这10年间所发生的全部并购中，有80%都属于联合并购[2]。

表2-2　1970-1989年发生的并购交易

年份	美元支付总额(万)	交易宗数	年份	美元支付总额(万)	交易宗数
1970	16414.9	5152	1980	44345.7	1889
1971	12619.3	4608	1981	82617.6	2395
1972	16680.5	4801	1982	53754.5	2346
1973	16664.5	4040	1983	73080.5	2533
1974	12465.6	2861	1984	122223.7	2543
1975	11796.4	2297	1985	179767.5	3001
1976	20029.5	2276	1986	173136.9	3336
1977	21937.1	2224	1987	173136.9	2032
1978	34180.4	2106	1988	246875.1	2258
1979	43535.1	2128	1989	221085.1	2366

资料来源：Mergerstat Review, 1998.

---

[1] Peter O Steiner. Mergers: motives, effects, policies [M]. Ann Arbor: University of Michigan Press, 1975.

[2] Federal Trade Commission. F.TC.statistical report on mergers and acquisitions[R]. Washington. D.C: U.S. Govt. Print, 1977.

在这一次并购浪潮中形成的联合企业不仅仅局限于产品系列的多元化。多元化公司(diversified firms)通常指的是这样一些企业,它们主要的产品集中在一个行业,但是一些分支部门属于别的行业。与多元化公司不同,联合性公司绝大多数的生产经营活动都分属于不同的行业。Ling-Temco-Vought (LTV)公司、Litton Industries 公司和 ITT 公司便是很好的例子。20 世纪 60 年代,ITT 收购了包括艾维斯汽车租赁公司(Avis Rent a Car)、喜来登酒店(Sheraton Hotels)、大陆银行(Continental Banking)和其他分布广泛的企业,如餐饮连锁、消费信贷中介、民用建筑公司和机场停车场公司等。尽管第三次并购浪潮与 ITT、LTV 这一类的知名联合性企业相关联,许多规模不同的公司都在实施多元化经营的策略,比如很多中小企业跟随潮流进入到了自己核心产业之外的领域。

这些资金雄厚的公司在扩张时,面临着更为严峻的反托拉斯法案。20 世纪 60 年代反托拉斯的氛围空前绝后,这主要是由 1950 年颁布的塞勒·克福弗法(Celler-Kefauver Act)引起的,该法案强化了 1914 年颁布的克莱顿法(Clayton Act)中反并购的条款。克莱顿法规定,如果一家公司收购另一家公司的股票导致了该行业的竞争急剧减弱,则该项并购行为违法。然而,该法案存在着一个重大缺陷:它未对一家公司收购另一家公司的资产引起的反竞争行为做出限制,而塞勒·克福弗法弥补了这一缺陷。有了更严格的法律基础,联邦政府反托拉斯的立场日趋强硬,对于横向并购和垂直并购都采取了严厉措施。一心进行扩张的公司发现,它们唯一的选择就只剩下联合并购。

对横向并购更加严厉的反托拉斯执法是与 20 世纪 60 年代的政治环境分不开的。在 60 年代,华盛顿的政治家们强调垄断权力对市场秩序存在的潜在威胁,于是与联邦贸易委员会和美国司法部一道打击那些构成潜在的垄断威胁的公司扩张行为。严厉的反托拉斯执法的拥护者包括总检察长 John Mitchell 和助理检察长 Richard McLaren,60 年代政府的反托拉斯措施主要是由他们构建的。当时 ITT 的首席执行官 Harold Geneen 在他撰写的《管理》一书中描述了 McLaren 在任时他的公司对外进行并购的困难性[1]。McLaren 反对联合并购因为他担心"潜在的互惠",譬如,ITT 和它的其他分公司给予了 ITT 收购的保险公司 Harford Insurance 比其他保险公司更多的优惠。ITT 为了将 Hartford Insurance 并入它的联合企业版图,不得不对政府做出妥协,它承诺,必须从它的联合企业里面拆分与 Hartford 规模相同的企业,同时,未经美国司法部批准,ITT 在未来十年内将不得收购其他的保险公司。

随着理查德·尼克松(Richard Nixon)在 20 世纪 60 年代末期当选美国总统,华盛顿的政治家们开始更倾向于营造更宽松的市场环境。尼克松通过提名四名最高法院法官来推行他的政策,这些法官对市场份额等概念进行了更广义的司法解释。因为美国最高法院推翻了美国司法部对反托拉斯法案的诠释,司法部对反托拉斯法的严格执行在 1972 年终止了。在判例中,最高法院开始采用的是更宽泛的国际市场来代替狭隘的国内市场或区域市场。其结果是,如果一起并购活动导致一家企业控制美国国内或区域性的大部分市场份额,但是只控制了一小部分国际市场份额,这将被裁定为不具备垄断特征。尽管如此,第三次并购浪潮已经接近尾声。

联合并购浪潮的衰退可以首先追溯到 1968 年 Litton,Industries 公司宣布其季度利润 14 年以来首次下滑。尽管 Litton,Industries 的利润仍然为正,但市场对联合企业并不买账,对联合企业股票看跌的压力与日俱增。

---

[1] Harold Geneen. Managing[M]. New York: Avon, 1989: 228-229.

1968年，总检察长 Richard McLaren 宣布他将打击联合企业，因为它们不利于市场竞争。随即，议员 Emmanuel Celler 在国会主持了对联合并购负面影响的听证会，听证会增加了联合企业股价下跌的压力。1969年通过的税收改革法案(Tax Reform Act)终止了通过会计盈余操纵手段创造账面盈利以暂时支撑股价的做法；特别地，该法案禁止通过发行可转换债券为并购融资。在该法案颁布之前，债权人愿意接受低利率以换取将来把可转换债券出售以后获得的资本利得。因为利息支付低，低息债券并没有增加公司资本结构的风险。该法案通过规定为了计算每股收益率的需要，可转换债券将被视为普通股，从而终止了使用低利率的可转换债券为并购活动融资的行为。其结果是，因为普通股数量的增加，每股收益率的账面价值将不会增加。该法案也限制了通过高价出售价值被低估的目标公司资产以增加盈利的行为。当1969年股市暴跌以后，股市上市盈率的游戏就无法继续了。实际上，许多分析师认为，联合并购加速了股市的崩毁，当证券价值远远超过其对应的经济实体价值时，崩盘是在所难免的。这便是1987年10月股市崩盘带来的教训。

第三次并购浪潮的七点特征如下所述。

1. 管理科学和联合企业

管理科学的快速发展加速了联合并购的步伐。著名高校的商学院被广泛地认可，工商管理硕士(MBA)变成了公司高管吃香的证书。管理科学发展出的一套组织管理方法，从理论上讲，可以适用于更广泛的组织，包括公司、政府、教育机构甚至军队。随着这些管理理念被广泛接受，工商管理硕士毕业生们认为，他们掌握了广泛的管理各类机构组织结构的必要技能。持有执照的这些企业经理们理所当然地认为他们可以管理一家同时横跨几个行业的公司，这使得联合企业变成易于管理和成功的商业组织的理想变成了现实。

2. 产业集中度和联合并购浪潮

由于第三次并购浪潮中的绝大多数并购都涉及联合并购而不是垂直的或者横向的并购，它们并没有略微增加产业集中程度。因此，尽管并购活动频繁，不同产业的竞争程度并没有发生重大的变化。6 000 起并购导致 25 000 家企业不复存在，但美国经济的竞争程度并未因此大幅降低。这一点与第一次并购浪潮形成鲜明对比。

3. 多元化的股东财富效应

Henri Servaes 对 1961—1976 年的公司样本进行了分析。他发现，在这期间，每家公司所跨的行业数量的平均值由 1961 年的 1.74 个增加到了 1976 年的 2.7 个。他接下来检验了样本公司的 Q 值(证券的市场值与资产的重置成本的比值)，发现在以多元化经营为特征的第三次并购浪潮中，多元化经营的公司市值被低估了；随着时间推移，低估的成分逐渐消失。Servaes 发现公司的内部人士通过管理多元化的公司获取私利，因为这种公司的风险更小；但是股东却从公司减小的风险中蒙受了损失(股票市值被低估)。以上发现可以用来解释如下的现象：内部人士持股比例高的公司在股票市值被低估时仍然专注于主业，但是当被低估的成分逐渐消失时，公司开始多元化经营——当股东遭受损失的时候，内部人士至少没有追求自己的私利。

4. 市盈率游戏和并购动机

投资银行家在20世纪60年代并未像在前两次并购浪潮中那样向绝大多数并购提供融资。紧缩的信贷市场和高利率总是伴随着经济扩张时期的高信贷需求出现。随着对银行贷款需求的增加，贷款的价格和利率都会上升。另外，股市的利好为许多联合并购提供了股权融资。

20世纪60年代的牛市使得股价一路飙升，道琼斯工业平均指数从1960年的618点升至1968年的906点。由于股价飙升，投资者对成长型的股票格外感兴趣。潜在的买家很快发现通过股权融资进行并购是一种绝佳的没有副作用的交易，它不但可以提高每股收益率，还不至于增加纳税金额。通过股权融资进行的并购是免税的，这比现金支付的并购好很多，因为现金支付需要缴税。

市盈率(price-earnings ratio，P/E)的游戏是企业进行并购的重要原因。市盈率是公司市场股价与每股盈利的比值。市盈率越高，表明投资者愿意为该股票支付的价格越高，因为预期该公司未来的盈利更高。如果市场上绝大多数股票的市盈率都很高，证明投资者普遍乐观，这也是造就20世纪60年代牛市的原因。并购给市盈率带来的影响如下。

假设主并公司比它选择的目标公司规模大，其市盈率是25∶1，每年利润是100万美元，并且有100万股股票在外流通，每股售价25美元。目标公司的市盈率相对较低，为10∶1，每年利润为100 000美元，并且有100 000股股票在外流通，每股售价为10美元。主并公司在目标公司市场股价的基础上支付溢价以诱使目标公司的股东出售股票。该溢价支付通过换股的方式来实现，即以主并公司每股25美元的股票兑换目标公司两股股票共计20美元。主并公司通过发行50 000股股票来完成支付。

这样的并购交易将导致主并公司的每股收益率从1美元上升至1.05美元。假定主并公司的市盈率维持不变，股市将会采用与并购前相似的方法来为主并公司的未来盈利估值。以25倍市盈率计算，并购完成后主并公司的股价将会上升到26.25美元(25×1.05)。由此看出，尽管主并公司对目标公司支付了较高溢价，它自己的每股收益率和市盈率仍然上升了。该过程可以被复制到对其他公司的收购上，这将进一步导致主并公司的股价上升。一旦市场决定不再使用与以前相同的市盈率，以上过程就终止了。20世纪60年代的牛市帮助推高了市盈率。然而，当60年代末期市场下行时，该过程就终止了。当一家公司将市盈率的伎俩应用到不断壮大的公司上，依靠市盈率效果来推动的并购就站不住脚了。之前做出的重要假设是，股价上涨的前提是主并公司的高市盈率将被应用到对合并后的公司市盈率的预期上。一旦目标公司规模变大，目标公司所对应的合并后的公司的盈利比例将变大，如果主并公司兼并了若干个低市盈率的目标公司，股市将没有理由再将之前的高市盈率应用到新公司上来。因此，寻找到不会降低主并公司股价的目标公司将变得越来越困难。当适合的目标公司数量变得越来越少时，并购浪潮便减退了。因此，建立在金融伎俩基础上的并购浪潮在终止之前并不会维持太长时间。

伴随着牛市与大型联合企业的形成，20世纪60年代被称为"沸腾的岁月"。1969年的股市下行通过降低市盈率影响到了并购的步伐。图2.2显示了股市下行是如何影响到大型联合企业的。

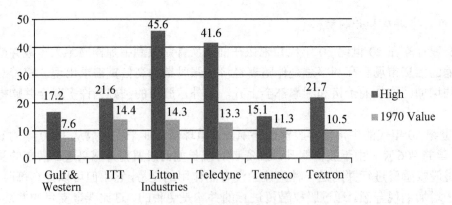

图 2.2　1960 年和 1970 年联营企业市盈率

(资料来源：Peter O Steiner. Mergers: motives, effects and policies[M]. Ann Arbor: University of Michigan Press, 1975: 104.)

5. 会计操纵和并购动机

在当时盛行的会计制度下，如果主并公司收购了那些资产的账面价值低于市场价值的目标公司，它们就有机会实现账面盈余，这种盈余需要在主并公司出售这些资产的时候才会实现。为了说明这样的会计操纵，A.J.Briloff 叙述了 Gulf & Western 公司如何在 1967 年通过出售它 1966 年收购的派拉蒙制片公司来实现盈利。派拉蒙公司的大部分资产都是以故事片的形式存在，它们在公司报表上的账面价值远小于市场价值。1967 年 Gulf & Western 出售了旗下派拉蒙公司的 32 部故事片，这为 Gulf & Western 创造了丰厚的"收入"，并促成它的股价上扬。

有些人认为这些会计操纵使得火灾和伤亡保险公司成为当时受欢迎的并购目标[①]。联合企业发现被低估资产的庞大投资组合在将来被出售时带来的利润是十分吸引人的。即便是在 1968 年拥有 20 亿美元资产的规模巨大的 Hartford 保险公司，其资产也被明显低估了。ITT 在并购 Hartford 保险公司之后就从其被低估的价值中套利。

6. 可转换债券和并购动机

使用证券来融资进行并购，是推动联合并购的另一个原因。主并公司通过发行可转换债券来交换目标公司的普通股。可转换债券是可以转换为一定数量普通股的债券。在这种情况下，目标公司的利润被加进了合并后的公司，而目标公司的普通股数量则没有被加进去。如果合并后的公司股价上升，可转换债券的价格也会上升，因为它们的标的价格上升了。当把可转换债券作为并购的支付手段时，两家公司的盈利被相加，但是目标公司的股票被替换为债券(因此股票没有被相加)。其结果是，合并后的公司盈利增加，股票数量不增加，所以每股收益率上升；如果用并购前的市盈率来衡量并购后的市盈率，并购后公司的股价就会上升，可转换债券的持有人就从中受益。这种现象被称为"引导效用(bootstrap effect)"。

---

① Peter O Steiner. Mergers: motives, effects and policies[M]. Ann Arbor: University of Michigan Press, 1975.

第 2 章 公司并购概述

7. 联合企业的业绩

几乎没有证据证明联合并购的明智之处。买方通常为它们购买到的公司支付过高金额。许多并购交易接下来的财务表现都很逊色，1970—1982年发生的联合并购交易截止到1989年，有60%被出售或者拆分。

对于联合并购失败的原因，并没有一个结论性的解释。经济学理论指出，分工专业化能够增加产能，这与工业革命以来的资本主义历史相吻合。联合并购代表了一种与分工专业化相反方向的行为。联合企业的管理层往往对其掌控下的各个行业知之甚少。这与那些专注于一个行业甚至是一个部门的管理层形成鲜明对比。因此，像Revlon那样在化妆品行业颇有建树的企业在进军不相关的产业以后遭遇失败就不足为奇了。

在第三次与第四次并购浪潮之间，有一个"沉默的十年"。20世纪70年代，公告的并购宗数急剧下滑，如图2.4所示。然而这十年发生的并购个案却并不低调，使这十年在并购历史上扮演了举足轻重的角色。一些开创性的并购交易改变了之后人们对什么是可接受的并购行为的认知。第三次并购浪潮之后，一次历史性的并购为第四次盛行的并购类型铺平了道路：由大企业发起的恶意并购。

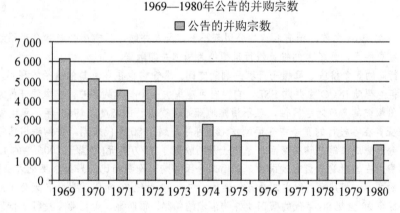

图 2.4　1969-1980年公告的并购宗数

(资料来源：Merrill Lynch Business Brokerage and Valuation, Mergerstat Review, 1989.)

接下来，我们将举出这段期间内较为典型的几起并购案例。

 案例 2-3

INCO 对 ESB

INCO：International Nickel Company
ESB：Electric Storage Battery Company

1974年，建在费城的ESB是当时世界上最大电池生产厂商。它在1974年的销售额超过4亿美元，尽管公司的利润持续上升，其股价却在整个下滑的大盘中持续下跌。一些公司对ESB表现出收购意愿，但都被ESB公司断然拒绝。

在多伦多的INCO当时控制了世界镍市场40%的份额，也是当时该行业最大的公司。在镍的需求变得不稳定时，镍行业的竞争变得日益激烈。INCO公司为确保其现金流平稳，需寻找一个弱周期性的并购目标。它最终选择 ESB 作为并购目标，原因如下：一方面，INCO 希望被外界认可为能源企业，而 ESB 由于当时盛行的高油价而富有吸引力；另一方面，电动汽车的前景使得电池生产商更具有吸引力。INCO 认为 ESB 下滑的股价是它低成本进入当时蓬勃的能源领域的途径，并有助于平滑自身销售的波动性。该年 7 月 18 日，INCO 以每股 28 美元(总计 1.57 亿美元)的价格向 ESB 的流通股发出收购要约。INCO 公司的投资银行顾问是摩根士丹利。

ESB 并未对该恶意并购做好充足准备。INCO 只给其一个为期三个小时的"要么接受，要么放弃"的要约。ESB 采取了一些反收购措施，但效用并不显著。它向高盛投行寻求帮助(高盛正安排 United Aircraft 对 ESB 的友好并购)。但 1974 年 9 月，INCO 完成了对 ESB 的恶意收购。

不幸的是，对 INCO 来说，收购 ESB 并非是明智之举。尽管电池行业拥有巨大潜力，ESB 却并非当时该行业上的技术领头羊。当其研发一种低维护费的汽车电池时，其竞争对手却在提供一种零维护费的产品。同时，在永久性电池市场，它也不敌 Duracell 和 Eveready。由于该并购是恶意收购，INCO 并未使用国内数据进行详尽的财务分析，也自然无法通过该并购获利。由于该并购涉嫌垄断，政府对 INCO 进行了反托拉斯诉讼，并购之后 INCO 一直无法对该公司进行有效管理，直到收购完成 ESB 的 39 个月后，它才能够自主地掌控 ESB。另外，ESB 公司的竞争对手已经开始生产更为高端的产品。1981 年，ESB 宣布运营亏损，INCO 最终将其分成四个独立部门出售。而 INCO 最终也被世界上最大的铁砂生产商——巴西公司 CVRD 以大约 170 亿美元价格收购。

 点评：

在 INCO 并购 ESB 之前，稍有名声的公司都不参与恶意并购，只有小公司和名声不好的投机者才会如此作为。更重要的是，许多大的投资银行也拒绝为恶意并购融资。

当时，投行间的竞争挤压了摩根士丹利的利润空间。尽管它也在寻求其他途径的利润，但摩根士丹利认为，倘若其拒绝帮助 INCO 去并购 ESB，它很有可能失去一个长期的客户。作风保守的摩根士丹利，由于看到其市场份额被其竞争对手侵蚀，极不情愿地开始改变自己的态度。1965 年，承销业务占其业务量的 95%，但该业务在各投行的竞争中变得越发无利可寻。到了 80 年代末期，并购费用已经成为投行收入的重要组成部分。完成该笔并购交易后，摩根士丹利收取了 25 万美元(相当于 2006 年的 130 万美元)的顾问费。这一笔费用在当时看来极有吸引力，然而跟今天并购咨询费相比，只是小巫见大巫罢了。

尽管该并购并非一帆风顺，但它却是开创性的。它为 20 世纪 70 年代后半叶各大公司进行恶意并购打下了基础，并贯穿 20 世纪 80 年代的第四次并购浪潮的始终。很明显，大企业在投行支持下主导的恶意并购曾经不被人接受，现在却被认为是合理的。术语"恶意"，现在成为了并购词典中的一部分。

(资料来源：改编自 Gaughan, Mergers Acquisitions and Corporate Restructurings, 4ed, P47-50.)

 案例 2-4

UT 对 OTIS

UT： United Technologies

1975 年，(UT)在其主席 Harry Gray 和董事长 Edward Hennessy(曾致力于将该公司转变为一家成长型的联合企业)的努力下，公司更名为 UT。他们对 INCO 与 ESB 之间的并购交易非常熟悉，因为他们曾受高盛集团的邀请作为"白骑士"参加了 ESB 竞标。1975 年中期，(OTIS)每股股票市价为 32 美元，拥有每年 4 350 万美元的利润和 11 亿美元的销售额。OTIS 是个富有吸引力的目标，其账面价值为每股 38 美元，在 1973 年的股价曾高达至每股 48 美元。UT 在它收购 OTIS 之前从未参与过任何恶意并购的交易。

当时，电梯制造业的增长速度有所减缓，其销售模式由于严重依赖建筑业而具有周期性。虽然如此，该目标公司依旧极富吸引力。OTIS 三分之一的收入来自电梯服务业，该收入较之来自电梯制造的收入更

第 2 章 公司并购概述

为稳固。OTIS 自身管理良好,这一点使其对 UT 而言颇具吸引力。此外,OTIS 有 60%的收入来自国际市场,这一点同 UT 筹划提升其世界知名度的策略相吻合。通过收购 OTIS, UT 将能够在购买美国公司时实现国际多样化,也避免了在购买外国公司时所面临的风险。

UT 最初企图主动向 OTIS 示好,但被其拒绝了。1975 年 10 月 15 日,UT 以每股 42 美元的报价收购 OTIS 的股票,使两家公司之间的战斗升级。OTIS 寻求白骑士——Dana 公司——一家汽车零件供应商的帮助,同时发起了几起法律诉讼以勒令 UT 退出该恶意并购。UT 与 DNA 之间进行了持续的斗争,最终 UT 以每股 44 美元的价格成功收购 OTIS。

 点评:

在 INCO 对 ESB 进行恶意收购之后,其他大公司也开始考虑恶意并购这一选择。这些公司及其 CEO 在过去迫于商会的压力与谴责而行为拘谨,现在他们开始抛开顾虑转型为掠夺者。

但与 INCO—ESB 并购交易不同,对 OTIS 的收购最终被证明是 UT 的明智之举。相比 INCO 对 ESB 的并购,UT 做了更为细致的调查与分析。该投资事后被证明是成功的,OTIS 在国际市场上的成功超出了预期。UT 对 OTIS 的并购交易是具有开拓性的,不仅仅因其是大公司进行的一场恶意并购,还由于它同时也是一项成功的投资。实际上,OTIS 至今还属于 UT 的一部分。恶意并购此时成为大公司进行盈利性扩张的快速通道。稍大的美国公司都开始考虑将恶意并购作为增加未来盈利的手段。金融界也明显感觉到为恶意并购提供必要资金的竞争性压力。并购业发生着迅猛的变革。

(资料来源: Gaughan, Mergers Acquisitions and Corporate Restructurings, 4ed, P50-51.)

 案例 2-5

Colt Industries 对 Garlock Industries

1964 年,Fairbanks Whitney Company 更名为 Colt Industries,这是它在 1955 并购的这家军火公司的名字。在 20 世纪 70 年代,该公司进行了彻底重组,主席 George Strichman 与董事长 David Margolis 剥离了该公司许多表现欠佳的业务。管理层想使用通过剥离获得的资金去收购高成长性的公司。到 1975 年,Colt 实业已经是销售额高达 10 亿美元的成功的联合企业。它的并购目标 Garlock 公司,主要从事包装与密封业务,拥有将近 1.6 亿美元的销售额,且其每股收益率处于上升阶段。在 Colt 公司出价时,Garlock 公司的普通股每股售价为 20 美元,其账面价值每股超过 21 美元。Colt 计划对 Garlock 公司发动恶意并购的突袭战。

当时突袭战是可行的,因为威廉姆斯法案允许将等候期的期限设得特别短暂。而 Garlock 在这之前就已经采取了反收购措施,例如交错选举董事会和吸纳超额现金的并购交易等。Garlock 同时也提起了几起法律诉讼以对 Colt 的投标形成阻力。例如,它向联邦法庭提出诉讼,声称 Colt 未遵守联邦证券披露法;它还宣称 Colt 与 Garlock 之间的并购会违反反托拉斯法。Garlock 最锐利的防御武器是,它运用公众关系作为防御措施。Garlock 雇佣当时最顶尖的公关公司 Hill and Knowlton 在《纽约时报》和《华尔街日报》打广告说, Colt 公司这场突如其来的要约收购是"周六晚餐特价菜",有损股东利益。最终,公共关系及其他防卫手段,都被证明不太奏效。

最终 Garlock 接受了 Colt 的投标,"周六晚餐特价菜"成为了一个有效的并购策略。

兼并与收购

 点评：

  Colt 公司对 Garlock 实业的并购是另一桩史无前例的并购，本次恶意并购策略极富侵略性，它将恶意并购推向了另一个更为猛烈的高峰。Colt-Garlock 的并购战使得恶意并购的火药味空前浓烈，在接下来的年份中激烈程度愈演愈烈。潜在的目标公司意识到并不存在什么有效的反抗措施能使它们远离危险，所有公司都无法幸免。公司开始争先恐后地建立更强有力的抵抗措施。投资银行利用这些恐惧，开始对那些惊慌失措的潜在的目标公司销售抵抗策略。投资银行作为反并购防御的专家，纷纷披上了战袍。游戏已经改变了，恶意并购成为了现代公司金融世界中可以被接受的部分。

(资料来源：帕克里特·A·高根. 兼并、收购和公司重组[M]. 4 版. 顾苏秦，李朝晖，译. 北京：中国人民大学出版社，2010: 51.)

2.2.5 第四次公司并购浪潮(1984—1989 年)

  公司并购在 20 世纪 70 年代的下滑趋势在 1981 年得以扭转。尽管并购的步伐在 1982 年由于经济下滑又开始减缓，一波强有力的并购浪潮在 1984 年来袭。表 2-4 展示了 1970—1989 年宣布的并购案例的数量。此处仅探讨此次并购浪潮与前三次的不同之处。第四次并购浪潮的显著特点是恶意并购。如前所述，到了 1908 年，恶意并购已经成为被人们接受的公司扩张的形式，以高利润的投机性行为而闻名。结果，公司和投机性的合伙制企业将并购作为一种在短期内攫取高利润的方式。一项并购是友好的还是恶意的，总的来说取决于目标公司董事会的反应。如果董事会接受并购，它就被认为是友好的；相反，则是恶意的。

表 2-4 1970—1989 年发生的并购交易

年份	总支付美元价值/万美元	交易数量/起	年份	总支付美元价值/万美元	交易数量/起
1970	16 414.9	5 152	1980	44 345.7	1 889
1971	12 619.3	4 608	1981	82 617.6	2 395
1972	16 680.5	4 801	1982	53 754.5	2 346
1973	16 664.5	4 040	1983	73 080.5	2 533
1974	12 465.6	2 861	1984	122 223.7	2 543
1975	11 796.4	2 297	1985	179 767.5	3 001
1976	20 029.5	2 276	1986	173 136.9	3 336
1977	21 937.1	2 224	1987	173 136.9	2 032
1978	34 180.4	2 106	1988	246 875.1	2 258
1979	43 535.1	2 128	1989	221 085.1	2 366

资料来源：Mergerstat Review, 1998.

  尽管恶意并购的宗数在并购总宗数中不算多，但恶意并购涉及的金额却占比很大。就涉及目标公司的规模和影响力而言，第四次并购浪潮和前三次明显不同。美国的一些最大的企业在 20 世纪 80 年代成为了并购的目标，因此第四次并购浪潮又以"巨型并购"著称。在这十年期间，并购支付总金额急剧上升，每桩并购交易的平均规模显著增长。1974—1986 年间，规模超过 1 亿美元的交易增长了 23 倍多。这与 20 世纪 60 年代的企业联合并购时代形成鲜明对比，当时占主导地位的主要是中小规模的企业并购。20 世纪 80 年代的并购都是以十亿美元计的。其中最著名的并购案例见表 2-5。

第 2 章 公司并购概述

表 2-5 1981—1989 年最大金额的并购交易

年份	主并公司	目标公司	价格(十亿美元)
1988	Kohlberg Kravis	RJR Nabisco	25.1
1984	Chevron	Gulf Oil	13.3
1988	Philip Morris	Kraft	13.1
1989	Bristol Myers	Squibb	12.5
1984	Texaco	Getty Oil	10.1
1981	DuPont	Conoco	8
1987	British Petroleum	Standard Oil of Ohio	7.8
1981	U.S. Steel	Marathon Oil	6.6
1988	Campeau	Federated Stores	6.5
1986	Kohlberg Kravis	Beatrice	6.2

资料来源：Wall Street Journal, November 1988.

并购数量在一些行业特别突出。例如，石油行业所发生的并购远远超过了该行业所占的比重，致使该行业的市场份额高度集中。石油和天然气产业占据了 1981—1985 年并购总金额的 21.6%。20 世纪 80 年代后半期，药品和医疗设备的并购交易最为普遍。政府管制的解除是某些行业的并购远远高于其他行业并购的原因之一。当政府对航空业的管制解除之后，航空公司开始打起价格战，使得一些航空公司的形势空前恶化，因为它们无法再有效地进行竞争。其结果是，航空业发生了大量的并购和整合。银行业与石油行业也经历了类似的竞争性并购。

随着 20 世纪 80 年代长期经济扩张结束并进入短暂和相对缓和的衰退期，第四次并购浪潮在 1989 年终止了。经济的下行使得第四次浪潮中的高调杠杆交易寿终正寝。除了经济原因，为许多杠杆收购提供资金的垃圾债券市场的崩溃也是导致第四次并购浪潮终结的原因。

第四次并购浪潮的特征如下。

1. "公司狙击手"在起作用

在第四次并购浪潮中，"公司狙击手"(corporate raider)开始出现在公司金融的术语中。公司狙击手的主要收入来自于并购尝试的盈余。术语"尝试"(attempt)是该定义中最为奇特的部分，因为"公司狙击手"往往能够从并购的尝试中获取可观的收益，但从来不曾真正获得目标公司的控股权。例如，"公司狙击手"Paul Bilzerian 在 1988 年收购 Singer Corporation 之前进行了大量的"狙击战"。尽管从这些狙击中获利颇丰，但在收购 Singer Corporation 之前，他们从来没有真正完整地收购过哪家大公司。

由"狙击手"发起的许多并购尝试的最终目的都是以高价销售他们之前购入的目标公司股票。掠夺者通过用绿票讹诈(green mail，详见第 6 章)的赎金来置换他们先前获得的目标公司的股票，从恶意并购上面获利颇丰。即使目标公司拒绝支付赎金，"狙击手"也已经成功地将目标公司拖进了游戏：股票会集中到套利者的手中，而套利者已经准备好把手中的股票卖给出价最高的"狙击手"。该过程往往会导致一家公司最终被吞并，尽管买家不一定是最早的那个"狙击手"。

尽管套利已经是非常成熟的操作，套利者在公司并购过程中的角色直到第四次并购浪潮时才真正展现。套利者，如臭名昭著的 Ivan Boesky，会在一桩并购交易完成的概率上下赌注。他们会购买预期将被他们收购的公司的股票。

套利者在20世纪80年代的并购过程中有着十分重要的作用。他们的参与改变了并购的策略，此外，该"行业"的发展也增加了当时恶意并购案例的数量。

2. 咄咄逼人的投资银行家

在并购过程中，投资银行家的咄咄逼人是第四次并购浪潮上涨的重要原因。反过来，并购能让投资银行家赚取几乎无风险的咨询费用。在这段时期，咨询费用的金额达到了前所未有的高度，投资银行和律师事务所的并购专家设计了许多创新性的产品和技术来推进或者阻碍并购。他们迫使潜在的买家和卖家雇佣他们来推进并购或进行防御。为了给公司并购提供部分资金，Drexel Burnham Lambert证券公司作为先驱开拓和发展了垃圾债券市场。垃圾债券这种之前被轻视的证券变成了为并购融资的重要投资工具。垃圾债券融资使得意图扩张的公司和"狙击手"们募集必要的资金来完成并购或者"狙击"一些非常卓越的企业。

3. 并购策略趋于复杂

第四次并购浪潮还以富有创造性的并购技术和投资工具而著称。进攻和防守的战术变得错综复杂。潜在的目标公司预先设计好各种各样反并购的措施以增加它们在受到恶意并购时进行积极防御的功效。主并公司则使用更具创造性的并购策略来绕过防御作为应对措施。

4. 更多地使用负债

20世纪80年代的许多巨型交易都通过大量举债来融资，这也是较小的公司有可能收购较大的公司的原因。在这段时期，杠杆收购成为了华尔街的习语。杠杆收购可以使上市公司私有化。尽管在第四次并购浪潮之前也有上市公司被私有化的先例，但这种交易在80年代变得十分风靡。

5. 法律及政治策略

在这个时期，美国联邦政府和各州政府之间出现了新的争端。被"狙击"的公司越来越多地寻求州政府的援助，它们常常能够说服州政府通过反并购的条款，这导致了美国联邦政府和州政府的直接对抗。像SEC这种代表美国联邦政府的机构，认为这种法律是对州与州之间商业的侵害。然而州政府看来，这样的法规是建立在美国宪法赋予的州的自治权上面的。无论如何，有些州开始保护它们的本土企业。

6. 跨国并购

尽管美国20世纪80年代的并购绝大多数都涉及美国公司收购国内公司，外国买家还是占据了并购的相当比例，当然，这种比例还不足以与第五次并购浪潮相比。第四次并购浪潮中的一个巨型跨国并购的例子就是英国石油公司在1987年以78亿美元的价格收购了标准石油公司。许多这样的交易都是因为外国公司希望进入广阔和稳定的美国市场。在这期间，许多美国公司也通过并购进入到国外市场。

除了国内并购常见的因素，外国并购产生了货币估值问题。如果美元较其他通货走低，正如20世纪90年代美元对多数货币的走势那样，美国公司的股票就会随美元贬值，相应地，外国货币的购买力就会上升。下跌的美元会使对美国公司的并购变得对日本和欧洲公司具有吸引力。80年代和90年代全球化的深化使得更多的外国公司到美国并购。

7. 管制的放松

20世纪80年代许多行业的管制都放松了。Mitchell和Mulherin分析了1982—1989年的1 064起并购及重组样本[1]，他们发现那些经历了明显的管制放松的行业，如航空运输、广播、娱乐业、天然气和汽车运输业等，管制放松是并购的重要原因。他们还发现并非所有行业对放宽管制的反应都一致。例如，广播业就比航空运输业更快地做出反应。

2.2.6 第五次公司并购浪潮(1992—2000年)

从1992年开始，公司并购的数量又开始上升。在第四次并购浪潮中发生的那种巨额交易又开始出现了，而且愈发明显。经理们发誓他们不会再重复20世纪80年代的错误，他们将更注重那些不过分依赖杠杆的战略型交易。短线的金融型并购被弃用了。

20世纪90年代，美国经济进入了战后最长的扩张期，公司纷纷通过寻求并购以满足不断增长的经济总需求，因为并购比内生增长更快。同时，公司的股票市值开始飞涨，各种市场指数都创出了新高。

尽管扩张的经济要求投资者对预期盈利做出上调，但是股市的上扬程度之高令人难以捉摸。第五次并购浪潮以巨型并购为特征，恶意并购变得越来越少，战略型并购变得越来越多。当经济从1990年和1991年的萧条中复苏后，公司开始寻求扩张，而并购则是迅速而有效的方式。同20世纪80年代的交易不同，90年代的并购更多是战略型的而不是金融型的。这些交易不同于第四次并购浪潮中那些债务融资的交易，它们越来越多地使用股权融资，这导致高杠杆交易急剧减少。由于90年代的交易较少依赖债券，公司就没有压力来迅速变卖资产以偿付债务和减少负债的压力。这些并购交易发生的原因，至少最初是由于主并公司需要通过并购而不是内生增长来实现的公司战略所引发的。

1999年欧元的诞生及单一资本市场的出现带来了有史以来规模最大的一笔敌意收购交易：英国沃达丰公司(Vodafone)以1 720亿美元收购了德国Mannesmann。同年，法国威望迪集团(Vivendi)以340亿美元收购了美国环球音乐(Universal Music)。2000年，美国在线(AOL)以1 640亿美元全股票收购了时代华纳(Time Warner)，通用电气(GE)向霍尼韦尔国际(Honeywell International)发出450亿美元的收购报价，惠好(Weyerhaeuser)以53亿美元收购了Willamette Industries，联合利华(Unilever)主动发出了以213亿美元收购Bestfoods的现金报价，瑞士银行以120亿美元收购了普惠(PaineWebber)，瑞士瑞信银行(Credit Suisse)以115亿美元将帝杰(Donaldson, Lufkin & Jenrette)收入囊中，大通曼哈顿(Chase Manhattan)以280亿美元收购了摩根大通(JP Morgan)。

第五次并购浪潮的特征如下。

1. 行业集中度高

在第五次并购浪潮中，若干个行业所占的并购总金额的比例都出奇地大。银行与金融、传媒和广播行业占据了1993—2004年美国并购总金额的26.5%。这些行业在并购中的占比

---

[1] Mark L Mitchell, J Harold Mulherin. The Impact of Industry Shocks on Takeover and Restructuring Activity[J]. Journal of Financial Economics. 1996, 6(41): 193-229.

从1994年的7.5%上升到1999年的41.9%。这些变化是由管制持续放松、银行业整合、电信与因特网行业的变化引起的。第五次浪潮以这些行业的泡沫和短命著称。

2. 化零为整

20世纪90年代中期，市场开始着迷于化零为整的交易。零碎的行业通过并购被整合。一些投资银行精通于此类化零为整的业务并为这些公司提供资金或者发行股票。化零为整的并购主要集中于一些特定行业，如葬礼印刷、办公产品及花卉产品等行业。

化零为整的好处是它可以将小公司打造成全国性的企业，并且通过向全国性而非区域性的市场销售以获得规模经济的好处。从理论上来说，化零为整的并购好处众多，它们的交易的记录却并不乐观。许多通过化零为整被整合的企业要么破产，要么被别的企业收购，它们只是20世纪90年代市场陷入"非理性繁荣"怪圈时期人们寻找投资机会的一种时尚趋势而已。

3. 欧洲、亚洲和中南美洲的并购情况有所差别

第五次并购浪潮是一次真正的国际性并购浪潮。美国的并购数量和金额从1996年开始迅速上升。欧洲的这一次并购浪潮从1998年开始。到1999年，欧洲的并购金额已经几乎与美国持平。在欧洲，英国的并购数量排在首位，其次是德国和法国。在亚洲，并购数量和金额从1998年开始迅速增长。整个亚洲的并购数量都十分巨大，包括了日本和其他主要国家。许多亚洲国家在这几年才开始重组它们严格管制的经济，该重组引发了许多分立及并购。

尽管中南美洲的并购市场的规模比美国、欧洲和亚洲小很多，但这个地区的并购数量仍然十分巨大。经济增长的力量和全球化影响了所有的向全球市场提供服务的公司。如果没有人为的管制，世界任何一个角落发起的扩张都会在全球泛起涟漪。这就是第五次并购浪潮的情况。

4. 并购的绩效

第五次并购浪潮开始时，公司经理们坚定地说他们不会再犯与第四次并购浪潮相同的错误。许多人宣称，他们将不会再涉足短期的、以金融为导向的交易，而只会注重长期的、战略性的交易。证据显示，经理们进行的并购给主并公司股东带来了微弱的正收益。Moeller、Schlingemann和Stulz对1980—2001年12 023宗金额超过100万美元的并购交易的研究发现，在第五次并购浪潮初期发生的一些交易的确提高了股东的价值[①]；然而，在1998—2001年，主并公司股东损失高达2 400亿美元。这与整个20世纪80年代的80亿美元(经过了通胀调整后的数据)损失形成鲜明对比。从社会视角看，有人会问，目标公司的股东收益是否能够抵消主并公司股东的损失呢？答案是否定的。主并公司股东的损失超过目标公司股东的收益1 340亿美元。并且，从主并公司股东的角度出发，目标公司股东的损益与他们毫不相关。

---

① Sara B Moeller, Frederick P Schlingemann, Rene M Stulz. Wealth Destruction on a Massive Scale: A Study of Acquiring Firm Returns in the Recent Merger Wave[J]. Journal of Finance. 2005, 60(2):757-783.

遭受损失的主并公司数量非常惊人。Moeller 等人发现,1998—2001 年股东损失过 10 亿美元的交易有 87 起。为什么在第五次并购浪潮当中主并公司股东的损失如此巨大?有一种解释是:经理人在并购浪潮的初期和中期行为拘谨,因为他们想避免在上一次并购浪潮中所犯的错误;然而,当股市泡沫开始产生,高股价冲昏了经理人的头脑,这一时期高得离谱的市盈率就是证据。傲慢的 CEO 认为,高股价是由他们专业的管理导致的,而不是由他们的公司和整个市场处于非理性泡沫巅峰所引起的。当这些 CEO 向董事会提交并购建议时,这些并购建议也包含了管理团队的"成功"记录。当一位 CEO 宣称他造就了该公司历史上最高的股价时,董事会很难拒绝他提出的并购建议。

对于主并公司的股东在第五次并购浪潮当中遭受的"损失",还存在着一种截然不同的解释。虽然无论从短期还是长期看,主并公司的股价都因并购而持续走低,但是对于众多的公司而言,股价走低与并购之间并不一定具有直接的因果关系。股票下跌是之前"非理性繁荣"带来的必然结果,不论公司是否进行对外并购都会发生。而那些股票价格被大大高估的公司则因为抓住了市场时机,在股票下跌之前,通过股票支付的方式在并购中购买了大量的资产,实现了股东利益的最大化。2000 年美国在线(AOL)收购时代华纳(Times Warner)的交易虽然以悲剧告终,但是任何人都不能否认,美国在线的管理层使用泡沫中的股票为股东换回了真金白银。

2.2.7 第六次公司并购浪潮(2004—2007 年)

2000 年互联网泡沫破灭之后,并购活动步入低谷。时任美国联邦储备委员会主席的艾伦·格林斯潘(Alan Greenspan)采取低利率政策以推动美国信贷市场的发展,暂时避免了"非理性繁荣"之后美国经济的硬着陆,但是这种干预措施导致了次级抵押贷款债券泡沫,为 2007 年全球金融危机埋下更大的祸根。伴随着次级抵押贷款债券和房地产业的表面繁荣,世界经济在 2004 年开始复苏,全球并购活动迅速升温,以私募股权和主权财富基金为主力军的第六次并购浪潮拉开了帷幕。

据 Dealogic 数据显示,2005 年全球并购总金额达 2.9 万亿美元,较 2004 年增长 40%。从地区看,发生 9 045 起并购活动的美国依旧是并购的主战场,居于世界首位;随着日本经济的强烈反弹和中国、印度等发展中国家经济的快速增长,亚太地区企业在第六次并购浪潮中表现空前活跃,其中日本企业参与并购活动 2 552 起,居世界第二位;欧洲地区加快结构调整后,企业并购也明显增多,其中英国以 2 425 起并购列世界第三位;中国也成为此次全球性并购浪潮的主战场之一,并购总金额达到 650 亿美元,是除日本之外亚太地区最大的并购市场,创下了单笔成交金额41.8 亿美元的纪录。在 2005 年并购热的带动下,2006 年全球并购交易总金额创纪录地达到了 3.9 万亿美元。

2007 年,印度塔塔钢铁公司(Tata Steel Ltd.)以 134 亿美元收购英国鲁氏钢铁公司(Corus),日本烟草公司(Japan Tobacco)以 75 亿美元收购英国竞争对手加拉赫烟草公司(Gallaher)。同年 5 月,在牛市行情达到最高点时,苏格兰皇家银行(RBS)联手富通银行(Fortis Bank)和西班牙国际银行有限公司(Stantander Central Hispano S.A.)向荷兰银行(ABN-AMRO)发起了 710 亿欧元的敌意收购。

私募股权基金(Private Equity Fund,PEF)首先成为推动这次并购浪潮的主要力量。由于资金雄厚、投资技能专业、行事高调,私募股权基金吸引了全球的目光。世界知名的私募股权基金包括黑石集团(Blackstone Group)、凯雷集团(Carlyle Group)、KKR集团、美国德克萨斯州太平洋投资集团(Texas Pacific Group, TPG)、贝恩资本投资公司(Bain Capital)、3i集团(3i Group)等。私募股权基金进行的一些巨型金额的并购活动多发生在2006年和2007年股市的高点，这些并购最终使它们在接下来的金融危机中蒙受了巨大的损失。表2-6列举了这一时期由私募股权基金发起的金额巨大的几桩并购交易。

表2-6 私募股权并购

主并公司	目标公司	交易金额/万美元	宣布日期
KKR、高盛集团、德克萨斯州太平洋投资集团	德克萨斯州电力公司	4 437 200	2007年2月26日
黑石集团	办公物业投资信托公司	3 771 100	2006年11月19日
KKR、贝恩资本投资公司、美林集团	HCA公司	3 300 000	2006年7月24日
KKR	第一资讯公司	2 900 000	2007年4月2日
德克萨斯州太平洋投资集团、阿波罗公司、花旗集团	哈拉斯娱乐公司	2 780 000	2006年10月2日
高盛集团、德克萨斯州太平洋投资集团	欧特尔公司	2 750 000	2007年5月2日
黑石集团	希尔顿酒店	2 670 000	2007年7月3日
托马斯·李合伙人公司、贝恩资本投资公司	美国清晰频道通信公司	2 400 000	2006年11月16日
KKR	英国联合博姿公司	2 217 000	2007年5月9日

资料来源：史蒂芬·M·大卫杜夫. 金融并购风云录. 王世权，侯君，赵黎明，译. 北京：机械工业出版社，2011.

主权财富基金(Sovereign Wealth Fund, SWF)是一种国有的投资基金，它的资产来自于外汇储备，投资对象包括全球范围内的股票、债券、房地产、贵金属和其他金融工具。设立主权财富基金的国家多为商品出口大国或石油生产国。目前世界上规模较大的主权财富基金包括阿布扎比投资局(Abu Dhabi Investment Authority)、挪威政府养老基金(Norwegian Government Pension Fund)、新加坡政府投资公司(Government of Singapore Investment Corporation)、中国投资有限责任公司(China Investment Corporation，以下简称中投公司)、沙特阿拉伯货币管理局(SAMA Foreign Holdings)、中国国家开发银行(China Development Bank)、科威特投资局(Kuwait Investment Authority)、淡马锡控股公司(Temasek Holdings)、俄罗斯国家财富和石油稳定基金(Russia National Welfare and Oil Stabilization Funds)、迪拜投资公司(Investment Corporation of Dubai)等。

私募股权基金在这次并购浪潮中的高调作风及在并购浪潮前期的投资账面盈余，使主权财富基金跃跃欲试。主权财富基金不仅纷纷效仿私募股权基金在全球范围内积极地进行股权收购，甚至还直接对私募股权基金进行了投资。仅2006年第一季度，主权财富基金就宣布了35桩并购交易，总价值为457亿美元。不幸的是，主权财富基金的并购多数以巨额亏损告终。

2007年中投公司在正式成立之前，投资30亿美元购买了黑石集团9.9%的股权，黑石集团上市后股价随即下跌了84%。黑石集团上市被视为美国金融泡沫的象征事件之一，标志着一个时代的结束，某些最精明的华尔街人士在那时套现离场。中投公司紧接着投资56

亿美元购买了摩根士丹利 10%的股份,截至 2008 年 9 月,这项投资损失超过 14%。同一时期,中国国家开发银行投资 30 亿美元购买了英国巴克莱银行(Barclay Bank)3%的股份,随后的损失超过 50%。中国的主权财富基金为在这次并购浪潮中遭受的损失广受诟病。之后,中国的主权财富基金调整了投资策略,进行了大量实物资产投资并获得了正收益,并不断从中国增长的外汇储备中获得资金。经济学家陈志武指出,如果外汇储备能被平均分配给每位中国国民而不是由主权财富基金进行投资,不仅能提高国民福利而且能促进中国经济的转型。

从并购的行业特征来看本次并购浪潮,金融行业、电信行业依然是交易金额最高的行业,但并购资金也逐渐开始向房地产行业、能源行业等转移。2005 年,华尔街规模最大的高盛集团、摩根士丹利、摩根大通和花旗集团四家投资银行全年并购业务总收入达到 46 亿美元,这是自 2001 年以来四大投行各自的并购业务收入首次全部超过了 10 亿美元。电信行业经历了泡沫破灭和调整之后,在并购领域又开始变得活跃。2006 年下半年,欧洲电信市场的并购金额超过 570 亿美元,是 2005 年的 3 倍。其中,英国沃达丰集团斥资 44 亿美元收购了罗马尼亚和捷克的无线网络公司;西班牙 Teletonica 以 35 亿美元购买了捷克电信运营商 Cesky 公司 51%的股份。表 2-7 列举了 2006 年 1~6 月全球并购交易额前十名的行业。

表 2-7 全球并购交易额前十名行业分布

排名	行业	金额/亿美元	排名	行业	金额/亿美元
1	金融业	2 716	6	石油和天然气业	1 102
2	电信业	2 594	7	金属和钢铁业	843
3	公用事业	1 993	8	交通业	809
4	房地产业	1 451	9	采矿业	799
5	保健业	1 108	10	建筑业	778

资料来源:徐清军,"主要国家吸引外资与对外投资数据分析",商务部驻英国使馆经商处,2006 年 7 月 11 日。

世界经济形势跌宕起伏,并购浪潮又总是与经济周期紧密联系。每一次新的并购浪潮都会在前一次的基础上带来更加广泛和深入的变革,但是并购浪潮的结束是不可避免的。第六次并购浪潮的兴起反映了世界经济的强劲复苏。在这种表面繁荣的背后隐藏着地产泡沫持续膨胀、能源价格骤然飙升、储备货币波动频繁、自然灾害层出不穷、恐怖主义挥之不去、利率水平普遍上升、通货膨胀日益抬头等不确定因素。本次并购浪潮因为 2007 年席卷全球的金融危机而终结。

2.2.8 卷土重来(2008 年~至今)

2007 年,席卷全球的次贷危机为第五次并购浪潮画上了句号。到 2012 年 7 月为止,美国经济持续低迷,评级机构穆迪公司下调了 15 家全球性大型银行的评级,欧洲债务危机从希腊蔓延到西班牙,中国继续实行负利率政策,人民币在 2012 年上半年累计贬值 0.95%,汇丰银行(中国)有限公司 2012 年 6 月公布中国制造业"采购经理人指数(Purchase Management Index,PMI)初值"创七个月新低,新出口订单更是坠入逾三年低谷。

2008 年,美洲银行(Bank of America)以 444 亿美元收购了美林证券(Merrill Lynch),摩根大通以 12 亿美元收购了濒临破产的贝尔斯登公司(Bear Stearm Cos.),英国劳埃德银行(Lloyds TSB Group)以 219 亿美元收购哈利法克斯-苏格兰银行(HBOS),英国政府收购了苏格兰皇家银行 70%的股权,结束了该银行跻身全球最强大机构行列的梦想。

2008年以来的并购活动并不足以成为一次浪潮,但是这些整合性并购将为下一次的浪潮做好铺垫。伴随着政府对金融业的救赎计划,这一次的并购以金融业的整合为主,并且引发了各国对于"大而不倒"现象的关注和对金融监管缺陷的深入反思。

 案例2-6

为雷曼兄弟公司"验尸"

2008年9月15日被铭刻在了金融界的集体记忆中。这一天,雷曼兄弟(Lehman Brothers)公司破产了。在那场数十年来最具破坏性的金融危机中,这是一个关键时刻,它引起了资本市场的恐慌,全球交易几乎冻结了。许多书刊都记载了雷曼兄弟公司骤然而至的灭顶之灾,这家昔日的全球投行巨擘"缔造"了美国历史上最大的企业破产案。

然而,一位芝加哥律师花了整整一年时间,经过深入细致的调查研究,才完成了一份篇幅巨大的报告,揭示了致使雷曼兄弟公司走上悲惨命运的管理弊病、毁灭性的内部文化及不计后果的冒险行为。受美国一法庭委托、负责调查谁应为雷曼兄弟公司破产负责的安东·沃卢克斯(Anton Valukas)曾发表了一份长达2 200页的报告。对雷曼兄弟公司前CEO迪克·富尔德(Dick Fuld)等前高管和审计机构安永国际会计公司(Ernst & Young)来说,这份报告可能产生深远影响。但这份报告也赤裸裸地揭示了华尔街——起码是局部华尔街——内部的运作模式,正是他们在繁荣时期拼命追逐利润和隐瞒亏损的做法导致了这场危机。

报告指出,华尔街有些机构利用所谓"回购"交易把资产转出资产负债表;雷曼兄弟公司就是其中之一。雷曼兄弟公司能够在美国和欧洲找到愿意与它进行这类交易的机构,让它们在不知情的情况下帮助雷曼兄弟公司粉饰财务状况,这一点让许多观察家感到沮丧,尽管当局当时正在推行监管改革,整顿危机前种种异常出格的做法。

1. "它让我对这个行业感到恶心"

"我读到这份报告时,几乎作呕。"华尔街一位资深高管表示,"它让我对这个行业感到恶心。"沃卢克斯所形容的雷曼兄弟公司并非如业内传说所称,是在咄咄逼人但善于激发斗志的富尔德掌管下迅速崛起的成功企业。在这份总共九卷的调查报告中,雷曼兄弟公司是一个为了扩大盈利而随时准备走捷径和承担巨大风险的组织,其内控和会计程序极不完善。

沃卢克斯从雷曼兄弟公司在其158年历史中的一个巅峰时刻开始讲起。2008年1月29日,该公司公布,上年度实现40亿美元的创纪录利润。不到8个月后,这些利润——连同该公司的其他老本——化为了尘土。"雷曼兄弟公司垮掉有许多原因,责任是共同的。"沃卢克斯写道。他又补充说:"雷曼兄弟公司高管的行为,从严重但无可指摘的判断失误,到足以对其提起控告的操纵资产负债表,都加重了该公司的困境。"沃卢克斯总结说,从各种不同标准衡量,进入2008年后,在申请破产前的几个月内,雷曼兄弟公司及其一些附属机构就已数度陷入资不抵债状态。沃卢克斯总共收集了3 500亿页材料,从中选取3 400万页进行审阅,在此基础上撰写了上述报告,重点描述雷曼兄弟公司永不餍足的风险胃口,及其涉嫌企图掩盖自身财务困境的严重程度。沃卢克斯指出,在2006年年底,雷曼兄弟公司高管决定提高公司的风险承受上限,即雷曼兄弟公司准备承受的交易和投资亏损额度。

2. 在错误的时机提高风险上限

做出上述决定之际,该公司正要扩大房地产投资,尽管当时美国抵押贷款市场正开始内爆。的确,雷曼兄弟公司当时打算在一年内将全公司的风险承受上限提高两倍。

调查发现,雷曼兄弟公司当时的首席风险官马德林·安东西奇(Madelyn Antoncic)曾反对把风险承受上限从23亿美元提高到33亿美元,但她的意见遭到否决。到2007年年底,雷曼兄弟公司的风险承受上限已达到40亿美元。该报告还列举事实,尖锐地说明雷曼兄弟公司的风险管理做法最终变得多么薄弱,以及这些做法怎样加快了雷曼兄弟公司的内爆。例如,与业内同行一样,雷曼兄弟公司按规定必须对所持的交易头寸和投资进行压力测试,但该公司把房地产自营投资、私人股本投资及支持收购交易的杠杆贷款等风险最高的资产,都排除在了计算范围之外。

沃卢克斯指出,雷曼兄弟公司在2007年5月用于收购阿克斯顿信顿公司(Archstone-Smith)的23亿美元过渡贷款就从未纳入风险计算,尽管单是这笔交易就会使雷曼兄弟公司超出上调后的风险承受上限。雷曼兄弟公司这些做法意味着该公司并不真正清楚,假如金融市场出现动荡,特别是如果自己所投资的非流动资产市场出现动荡,自己多么容易受到冲击。这个问题对雷曼兄弟公司来说尤为关键,因为该公司的资本金只有250亿美元,所拥有的资产负债表缓冲远小于高盛(Goldman Sachs)等竞争对手。在2008年3月贝尔斯登(Bear Stearns)公司几近破产后,雷曼兄弟公司发现自己一些流动性最差的资产无法脱手。报告称,在评级机构和投资者要求雷曼兄弟公司缩减资产负债表的情况下,该公司开始大肆使用其自2001年起采用的一种"会计花招"。

3. 求助"回购105"

这种内部称为"回购105"——但从不对外透露——的安排,使雷曼兄弟公司得以在几天内把最多500亿美元的资产转出资产负债表,从而安然度过季度结束的那几天。借此,该公司降低了杠杆比率(资产负债表上债务所占比率),避免评级遭到下调,显得比实际情况更为健康。

"本调查员调查了雷曼兄弟公司使用'回购105'交易手法的情况,认为这种操纵资产负债表的行为是有意的,目的是制造假象,对雷曼兄弟公司净杠杆比率造成了实质影响,而且由于雷曼兄弟公司并未披露其对这些交易的会计处理方法,致使雷曼兄弟公司的(财务报表)带有欺骗性和误导性。"报告表示。报告称,这种手法非常罕见,以致雷曼兄弟公司找不到一家美国律师事务所来发表相关法律意见,而只能委托英国的年利达律师事务所(Linklaters LLP)。年利达律师事务所曾表示,"没有得知有任何事实或情况能为任何批评提供依据"。雷曼兄弟公司的许多交易对手似乎也从不质疑这些交易,以及为什么自己能拿到比传统回购交易更优厚的条件。

4. "我们遇到了绝境"

与其他公司丑闻一样,内部电子邮件让人得以一窥雷曼兄弟公司普通员工如何看待这种手法。在2008年2月的一封电子邮件中,一位高级交易员告诉一位同事:"我们遇到了绝境,我需要从你这里挪用20亿美元(资产负债表缩减额),不管是通过'回购105',还是直接出售。"几个月后,这名交易员催促一名同事说:"让我们尽量用'回购105'对付你那边的东西吧。"一些管理人员对'回购105'并不是这么肯定。雷曼兄弟公司高管巴特·迈克达德(Bart McDade)就很担心,形容它是"一种毒品"。有位高管命令手下交易员"逐渐停用回购105"。还有一人甚至指出了掩盖这种做法的风险,警告称:"越多人了解真相,它就越成问题。"

5. 处理海量文件

调查雷曼兄弟公司为什么破产、谁的错及有关方面可据此采取哪些法律行动,这就是美国一家破产法庭于2009年1月交给沃卢克斯的重任。这项备受期待的调查结果,被认为是对美国有史以来最大破产案的终极版全面解析。

沃卢克斯因为这份报告受到称赞:对于围绕该行破产的谈判,报告采用了叙事风格,有人形容"让人看得目不转睛";对复杂的幕后交易,报告进行了详细而全面的分析,极具说服力。在被委任为本案调查员之前,沃卢克斯在纽约远不如在芝加哥政经两界有名气,他在那里已经活跃了三十来年。沃卢克斯从1976年起一直是Jenner & Block律师事务所的合伙人,除了在1985—1989年曾担任美国伊利诺伊州北方区检察官以外。他专长于民事和白领刑事诉讼案件。他处理过的棘手问题包括芝加哥的医疗体制事件(作为市政府和卖主的特别律师),以及该市住房管理局的养老金欺诈事件。撰写雷曼兄弟公司报告是一项任务量巨大的工作,涉及电子邮件、报告、数据库和面谈。仅雷曼兄弟公司内部信件就相当于3 500亿页文件,分布在大约2 600个系统内。应用一系列高级的数据库及搜索方法,沃卢克斯和他的团队缩小了研究范围,但仍审阅了大约3 400万页文件。除此之外,他们与250多人进行了面谈。

(资料来源:http://www.ftchinese.com/story/001031747.)

2.3 公司并购的程序

公司并购的程序可分为寻找交易对象、签订意向书、进行尽职调查、制作最终协定、签署合同这五个步骤。

2.3.1 寻找交易对象

企业首先应当制定自己的中长期发展战略。为了实现这些战略目标，企业可以选择内生增长、战略合作、对外结盟及并购等手段。如果企业确信并购是实现战略目标的必要手段，就需要着手制定并购策略，以确定什么样的目标公司(卖家)或主并公司(买家)可以帮助企业实现其战略目标。

接下来，企业与其投资银行一起召开一系列的内部会议，以确定哪些目标公司(卖家)或主并公司(买家)符合其并购条件，以及通过并购所要实现具体目标。

再接下来，代表着主并公司的投资银行会就收购要约与主并公司希望购买的对象进行联络；代表着目标公司的投资银行会替目标公司起草一份销售备忘录并联系潜在的买家。

最后，一旦确定了交易对象(candidate)，主并公司和目标公司将举行初次见面会落实双方的交易意愿。

2.3.2 意向书

在这个阶段，交易双方的投资银行会起草一份意向书(letter of intent)以陈述交易双方愿意推动下一步发展的意愿。意向书是一种沟通渠道，它能确保交易双方往共同的方向努力。

意向书内容包括许多重要的和特殊的条款，以及在交易后期遇到突发事件的应对措施等。意向书不仅包含了保密协议的内容，还可能包含"公开宣布并购信息必须获得双方同意"这样的条款。因为主并公司的股价在并购宣布时通常下跌，目标公司的股价通常上涨，所以公开宣布并购的时间对双方非常重要。在签署意向书时，主并公司通常还需要向目标公司展示它已经筹措到了并购资金的证据。

2.3.3 进行尽职调查

尽职调查(due diligence)帮助主并公司对目标公司的内部事务进行更深入的了解。

主并公司将从生产、销售、财务、法律、技术、税务、制度控制、合同、养老金和知识产权等方面对目标公司进行资产评估与财务审查，摸清目标公司的资本结构、偿债能力、盈利来源与前景等真实情况，以降低并购风险。

尽职调查是非常专业的工作，是进行商业决策的基础与前提，一般情况下，主并公司各部门的代表及律师、会计师都会全程参与。通过尽职调查，主并公司会对目标公司做出系统、全面的报告，对收购的可行性、交易条件及潜在风险做出判断，对交易金额进行重新评估，为主并公司的决策提供参考意见。

尽职调查是并购实施过程中相当重要的一个环节。由于买卖双方的信息不对称，尽职调查可以减少买方的信息劣势，降低买方的收购风险。但是对于卖方来说，尽职调查会带来巨大的风险。卖方为了提高交易金额，就需要尽可能详细地向买方展示自己的优势，这其中包括了很多商业机密,如果买方与卖方是竞争对手且并购交易失败,卖方将面临商业机密泄漏的巨大风险。虽然保密协定在一定程度上可以对买方起到约束作用,但是卖方寻求法律手段解决纠纷的费用是非常高昂的。尽职调查结束以后,买方会决定是否往前推进交易,以及是否增加或者降低收购报价。

2.3.4 制作最终协定

一旦交易双方愿意推进并购,就需要制作并购的合同,即最终协定(negotiating definitive agreement)。制作一份能最大限度降低并购风险的合同的重要性不言而喻。最终协定通常包括并购金额及支付方式、违约条款等。商务上的条款制作出来以后,律师将制定法律上的条款以减小交易的风险。

2.3.5 签署合同

买卖双方就最终协定达成一致后,即可安排签署合同(sign the agreements)。从宣布并购到完成并购,通常会经历几个月甚至几年的时间。并购完成以后,双方企业将面临艰难的后期整合过程。

2.4 并购的顾问

并购是公司最重大的事件之一,是一项浩大的工程,无论公司的管理层在并购方面具有多么丰富的经验,公司都不可避免地要聘请各种外部专业顾问参与到并购中来。这些专业顾问通常包括投资银行家(investment bankers)、律师(lawyers)、会计师(accountants)、股票经纪人(stockbrokers)、公共关系顾问(public relations consultants)、战略和人力资源咨询师(strategy and human resources consultants)、环境咨询师(environment consultants)和精算师(actuaries)。

2.4.1 投资银行家

投资银行业务既包括一级市场上的承销业务,也包括二级市场上的经纪业务,如股票和债券融资、公司并购、破产与重组、资产管理、研究等。公司并购业务是投资银行最重要的业务之一,公司并购的部门也是投资银行收入最高的部门之一。在公司并购中,投资银行可以利用自身掌握的行业信息与公司的研究报告、并购战略战术、法律法规来帮助客户实现交易目标。对于主并公司而言,作为顾问的投资银行会协助买方寻找目标公司,提出收购建议,起草收购要约并做出令人信服的现金流预测,参与并购的谈判,确定并购条款和起草最终协定;投资银行还可能负责为买方筹措资金,如进行股权、债券融资或者向银行贷款。对于目标公司而言,投资银行会协助卖方以尽可能高的价格完成交易,此外,投资银行还为卖方设计和实施反收购策略。

投资银行的管理模式及收费方式使它们和客户、投资者之间会产生利益冲突。利益冲突的形式主要表现在以下三个方面。

第一,投资银行通常设立了公司金融(corporate finance)、交易(trading)、销售(sales)、研究(research)等部门,不同部门之间及与客户、投资者之间会存在利益冲突;而"金融超市"型的综合性银行同时拥有商业银行和投资银行(如花旗银行 Citi、摩根大通 J. P. Morgan、苏格兰银行 HSBC、巴克莱银行 Barclays 等),利益冲突更为复杂。利益冲突往往导致投资银行以牺牲客户和投资者的利益为代价来谋求自己的利益最大化。例如,投资银行为了收取佣金,会努力游说客户公司进行一项摧毁股东价值的并购;作为卖方顾问的投资银行并购部门为了收取佣金,会协调投资银行的研究部门人为地高估目标公司的股价;作为买方顾问的投资银行,会努力说服主并公司向自己所在"金融超市"的商业银行部门借款,虽然借款条款对主并公司并不是最优惠的。

第二,如果一家投资银行既是主并公司的顾问,又是目标公司的顾问,它所提供的咨询服务就可能造成"零和游戏"的结果;它还有可能极力撮合摧毁股东价值的并购,并收取双份佣金。如果一家投资银行以前是主并公司(目标公司)的顾问,但现在却是目标公司(主并公司)的顾问,它就可能利用之前掌握的前客户的信息来为现在的客户牟利。

第三,在并购业务中,投资银行的收费模式包括按固定费率计费和按比例收取佣金两种方式。著名的投资银行通常采用按比例收取佣金的方式计费(如果交易未完成,则不收费),以最大化激励机制;中小投资银行通常采用按固定费率计费的方式,以降低自己的风险。卖方的投资银行按交易金额的百分比收费,华尔街普遍的费率为交易金额的 0.79%。目标公司希望收购能成功,而投资银行希望卖价越高越好(自己按比例提成的佣金就高),但是高的卖价可能吓退买家而无法达成,因此目标公司和投资银行存在利益冲突。买方的投资银行按照它收购到的卖家的股票总金额的百分比收取佣金,华尔街普遍的费率为 0.59%。主并公司希望收购到的卖家的股票越便宜越好以降低自己的成本,而投资银行为了收取佣金,则希望在高价位买进卖家的股票,因此主并公司和投资银行存在利益冲突。

在恶意并购当中,卖方管理层和股东之间也存在利益冲突。为了抵御恶意并购,卖方管理层支付给投资银行的佣金通常是要约金额的 1.5%,这几乎是友好并购费率的两倍。如果卖方成功地抵御了恶意并购,管理层就保住了职位,高额的咨询费用被转嫁给卖方股东;如果卖方被恶意收购,高额的咨询费用则被转嫁给买方。不论成败与否,高额的咨询费用会激励卖方的投资银行拼死抵抗恶意并购,但卖方的管理层都不承担费用。

尽管并购当中存在着严重的利益冲突,这并不妨碍客户雇佣投资银行,因为投资银行的名誉可以减小利益冲突。卑鄙的投资银行只能骗客户一次;名誉良好投资银行则可以与客户建立长期稳定的关系。

2.4.2 律师

公司并购不仅会涉及交易双方股东、债权人、上游供货商、下游客户、雇员的利益,还需要顾及媒体、政客、竞争对手的反应,而并购招致反垄断诉讼则更是家常便饭。因此,律师在并购中总是扮演着重要的角色,律师的工作贯穿于并购的始终。律师将帮助并购双方起草协议、协调文书、参与谈判、签署最终协定;律师还将帮助客户协调与政府的关系,如主动向监管机构提交关于反垄断方面的报告;在尽职调查阶段,律师需要对目标公司的固定资产和债务进行评估,并与精算师一道评估如何通过购买保险来避免目标公司的债务在将来可能给主并公司带来的潜在诉讼。在恶意收购中,许多极富创意的并购策略(详见第 6 章)都是由律师而不是投资银行家发明的。

2.4.3 会计师

会计师事务所向企业提供审计、税务、咨询等方面的服务。会计师在公司并购中常常和投资银行家一起参与工作，工作的重点在于收购审计和税务专案。

在公司并购中，会计师会介入尽职调查，该调查覆盖面极广，包括购前审查、购时调查及合并审计。购前审查提供关于目标公司的有限的一些信息，包括它所处的行业、出售缘由等，但它绝非战略评估的替代程序。进行购时调查的主要目的是识别与目标公司估值相关联的重要事件，或者相关的担保和赔偿，以及涵盖目标公司会计政策、财务项目及项目所涉及的关键假设等事务。合并审计涉及核查目标公司账户的质量以及对其会计评估的准确性。目标公司的情况是决定收购条件的一个关键因素，一旦审计结果与事前掌握的信息有出入，主并公司就可以在谈判中修正收购的金额。

会计师的工作还包括预测利润，并购双方需要使用此数据来判断交易是否可行。

2.4.4 股票经纪人

股票经纪人受并购交易双方的委托在公开市场上或非公开市场上进行股权交易。股票经纪人通常来自于投资银行。

2.4.5 公共关系顾问

在公司并购活动当中，公共关系顾问的角色至关重要，对于主并公司尤其如此。由于公司并购会影响利益相关者的利益，很可能会招致他们的反对。例如，公司并购可能会增加市场集中度与定价权，这会招致上游供货商与下游客户的反对，政府也可能以反垄断为由进行干预；并购以后的精简机构和裁员可能会招致目标公司管理层和工会的抵制；如果并购的结果导致避税规模的增加，政府有可能会出面干预；并购的行业如果涉及能源和高科技行业，政府就可能以国家安全为由阻止并购。

公关行业在欧美国家是一项非常成熟和发达的产业，如总统候选人都会雇佣公关公司来提升自己在公众心目中的形象，但是公关产业在中国还未起步。公关顾问经过严格的培训，在处理复杂的人际关系方面具有丰富的经验，并且拥有广阔的人脉，他们能够以专业人士的身份游说各方面的利益相关者，指导并购双方尽可能平稳地达成交易。

无论对于并购中的进攻还是防守，公关顾问都会指导客户起草各种文件，通过极具说服力的措辞说服股东和潜在投资者。当并购遭到媒体、政治家、监管机构等的敌意对抗时，公关顾问会通过打广告和直接游说的方式来消除对方的敌意。公关顾问也"辅导"公司高管娴熟地与媒体和公众打交道。

2.4.6 战略和人力资源咨询师

在并购完成之后，并购双方的整合及裁员是一项艰巨的任务，这就需要战略和人力资源咨询师的介入。他们提供的主要服务包括设计公司的整合战略、与工会谈判并且制定裁员计划、对员工进行转岗培训等。

2.4.7 环境咨询师

随着文明的进步及国际合作的加强，世界各国都在积极推行环境保护法规。由于并购可能会涉及环境污染以各国复杂的环境保护法规，参与并购的公司经常雇佣专业的环境咨询师进行咨询，以降低在环保方面面临的不确定性和风险。

2.4.8 精算师

精算师主要活跃在保险业领域，从事保险产品开发、责任准备金核算和动态偿付能力测试等重要工作。在公司并购中，主并公司将同时继承目标公司的资产和负债，因此有可能面临与目标公司相关的法律诉讼。为了控制风险，主并公司就需要向保险公司购买保险以降低并购带来的不确定性，而精算师就是必不可少的顾问。

2.5 并购的评价方法

公司并购引入了阵容庞大的顾问团队，涉及高昂的交易成本，并购成功与否一直是公司高管、投资者、监管机构和学者关注的问题。格拉布(Grubb)和兰姆(Lamb)2000年对公司并购的顾问进行的一项调查表明[①]，"大约只有20%并购算得上真正的成功，大多数并购都是在侵蚀股东的财富"。因此，"并购狂躁症"(merger mania)和"并购狂热"(merger frenzy)这样的说法反映了人们对并购的普遍印象，即并购是由非理性的冲动驱动的，而不是由精心构建和诚实的讨论得出的创造价值的方案。评价一项并购活动是否成功，人们有着不同的主观和客观的标准。实证金融研究(empirical financial study)一共有四种研究方法评价并购：诊断研究法(clinical study)、高管访谈法(surveys of executives)、事件研究法(event study)、会计研究法(accounting study)。

2.5.1 诊断研究法

诊断研究法又被称为案例研究法(case study)，这是一种运用历史数据、档案材料、访谈、观察等方法收集数据，并运用可靠技术对一个或少数几个案例进行分析从而得出带有普遍性结论的研究方法。图法诺·皮特(Tufano Peter，2001)[②]将其定义为"对基于观察而不是分析得到的小样本事件进行深度分析的经验研究方法"。诊断研究法通过所选择的一个或几个案例来说明问题，用收集到的资料分析案例当中或案例之间的逻辑关系，所得出的结论不依赖于抽样原理。

一般来说，诊断研究法适用于三种情形：第一，回答"怎么样"或"为什么"这样的问题；第二，研究者无法对被研究对象进行可控性实验；第三，研究关注的是现实生活中的实际问题。在研究并购时采用诊断研究法直接追踪并购的整个过程，更容易抓住并购的实质。

诊断研究法是一种定性研究方法，虽然它的使用率并不如大样本的定量研究方法那样高，但它独特的优势是事件研究法等方法不可取代的。

诊断研究法的优点：①能够客观和深入地对案例进行真实重现；②是归纳性(inductive)

---

① Grubb T M, Lamb, RB. Capitalize on Merger Chaos [M]. New York: Free Press, 2000:14.
② Tufano Peter. HBS-JFE Conference Volume: Complementary Research Methods [J]. Journal of Finance Economics, 2001 (60):179-185.

的研究方法，这是与演绎法(deductive)相对应的。归纳法是通过对现象和细节的深入调查，推导出未知的真相或定律，而不是去检验已知的假设，研究思路是从个别到一般；演绎法则是通过已知的定律推导出个别的现象，研究思路是从一般到个别。

诊断研究法的缺点：①样本数量小，没有统计效力；②研究的特质使得读者很难将结果推广应用。

卡普兰(Kaplan)等人(1997)[①]用诊断研究法比较了股票市场反应完全相反的两起并购案例。尽管市场反应截然不同，但两起并购都并未创造实际价值。通过对并购公司经理的访谈和对内部绩效资料的分析，得出两个结论：第一，收购战略的成功实施及经营一个有效的内部资金市场是非常困难的；第二，在大样本研究中所使用的经营绩效衡量标准并不能够有效衡量并购后的实际经营绩效。Parisi 和 Yanez(2000)[②]对智利一起著名并购进行了案例研究，在该并购当中，目标公司的股东并未获得正的累计超额收益(cumulative abnormal return，CAR)，这与英美国家实证研究结论不同。案例研究揭示，是该目标公司的治理结构导致了这种异常。

2.5.2 高管访谈法

高管访谈法指的是针对某一事件，根据事先设计好的标准化问题，对大样本量的公司高管进行访谈，并通过统计检验对访谈数据进行分析，以获得结论的方法。访谈的形式可分为当面访谈(interview)和书面访谈(survey)两种形式。访谈的内容都是基于实现设计好的问卷(questionnaire)。访谈法是社会科学最重要的研究方法，访谈的技能是政治家、记者、律师、社会学家不可或缺的技能。

访谈中的形式可以分为三类：结构化访谈、半结构化访谈和非结构化访谈。在结构化访谈当中，问题都是事先准备好的，所有潜在被访者面对的词汇、形式和问题的顺序都是完全一样的。在此情形下，不确定性和偏差被控制在最低水平，访问者很容易就能掌控访谈的全过程；但是，因为问题都是事先设定的，访问者和被访问者之间缺乏互动与交流，收集到的数据也是相对肤浅的。在非结构化访谈当中，访问者事先准备访谈的主题而不是问题，在访谈当中，访问者根据与被访者的互动来自行控制提出的问题和进度以增加访谈的深度。在此情形下获得的数据相对丰富，做出的分析也相对深入；但是，这种形式要求访问者对题目有深入透彻的理解，并且掌握娴熟的互动技巧。半结构化访谈介于结构化访谈和非结构化访谈之间，结合了二者的优点，因此被广泛使用。在实际运用中，当面访谈更偏向于非结构化访谈，而书面访谈更偏向于结构化访谈。

访谈研究法是一种十分复杂的研究方法，欧美国家对其的研究和使用已经达到了非常高的水平。斯丹纳·苟费尔(steinar kvale，1996)[③]对访谈研究法进行了系统性的探讨。访谈研究法的一些经验值得关注：第一，为保护被访者，任何访谈都需要有法律方面的陈述，

---

① Kaplan S N, Mark L Mitchell, Karen H Wruck. A Clinical Exploration of Value Creation and Destruction in Acquisitions: Organizational Design, Incentives and Internal Capital Markets [Z]. Working paper from National Bureau of Economic Research,1997.

② Franco Parisi, Guillermo Yanez. The Deal of the Century in Chile Endesa Espana's Takeover of Enersis[J]. International Review of Financial Analysis, 2000,9(1): 103-116.

③ Steinar Kvale. InterViews: An Introduction to Qualitative Research Interviewing[M]. London: Sage Publications, 1996.

包括访谈的目的、访谈机构的背景、访谈者的身份、数据的使用途径和保密措施、访谈是否被摄像或者录音、被访者的权利、被访者总数、访谈所花费的平均时间等。第二，如果是当面访谈，访问者则需要根据被访问者的背景选择时间、地点和形式以保护受访者，让被访问者放心地说真话。例如，如果被访问者是女性，访问则宜安排在白天的公众场合，且有便利的卫生间设施；如果是书面访谈，访问者则需要为被访问者准备贴好足够邮资的信封，且信封上写好回信地址。第三，访谈所使用的语言和词汇必须与被访问者的背景相符。第四，访谈的用语必须准确无误，不能产生任何歧义。第五，访谈用语不能带有任何暗示和引导的倾向。

高管访谈法在公司金融方面的研究具有如下优点和缺点。

优点：高管们对事件的分析具有很强的专业性和深入性，而这些分析是无法从公开财务报表上找到的。

缺点：①高管不一定会透露经济因素之外的真实考量；②高管对事件的回忆不一定准确；③高管对访谈的回复率极低，通常在2%~10%。

针对是否存在最优资本结构的问题，格雷厄姆(Graham)和哈维(Harvey)于2001年通过问卷调查的形式对美国4400家上市公司的高管进行了访谈。结果显示，有81%的公司在做财务决策时会考虑最优资本结构或者最优资本结构的范围，并且那些高速成长型公司的CEO的首要目标就是将实际杠杆率保持在最优杠杆率的水平。

2.5.3 事件研究法

事件研究法是一种实证研究方法，它关注的是一个特殊事件对某个金融变量走势的影响。Kothari和沃纳(Warner)2004年提出，事件研究法的有用性来自于这样一个事实，即某个金融变量异动的程度提供了衡量特殊事件对证券持有者的财富的非预期影响的标准。事件研究法假设市场是有效的，即一个事件的影响将立刻被反映到证券价格上来。

在会计和金融研究方面，"事件"可以是公司并购、配股、股票回购、资产出售、收益公告、发行新股等；在法律和经济研究方面，"事件"可以是监管规定的改变。股价或者债券价格是事件研究法经常选用的金融变量。

追踪一年或一年以上证券价格的研究被称为长期(long-term)研究，追踪一年以下证券价格的研究被称为短期(short-term)研究。事件研究法追踪的金融变量通常为月度或者日度数据。以日度数据为例，每日的证券价格可以有不同的衡量标准，如开盘价、收盘价、每日最高价、每日最低价等，其中收盘价的使用最普遍。股票(债券)的收益由现金红利(利息)和买卖价差两部分组成，因此在研究股票(债券)这个金融变量的时候，采用事件研究法所采集的数据通常是计入了股票红利(债券利息)的调整后的收盘价，用变量RI(return index)表示。使用 P_{i_τ} 来定义证券 i 在第 τ 个交易日的收盘价，那么证券 i 在第 τ 个交易日的实际收益可以表示为简单收益(simple return) $R_{i_\tau} = \dfrac{P_{i_\tau} - P_{i_{(\tau-1)}}}{P_{i_{(\tau-1)}}}$ 或者对数收益(log return) $\log_{10}(\dfrac{P_{i_\tau}}{P_{i_{(\tau-1)}}})$。简单收益和对数收益的值在性质上是相同的，不同的是对数收益的值具有对称性，能够直观地反映价格变化，因此使用得更广泛。例如，股票 i 在第 $\tau-1$ 个交易日的收盘价为3美元，第 τ 个交易日的收盘价为6美元，第 $\tau+1$ 个交易日的收盘价为3美元。如果使用对数收益计算，则该股票第 τ 个交易日相比前一交易日上涨69.3%，第 $\tau+1$ 个交易日相比前一交易日下跌 69.3%，结果对称而且直观；如果使用简单收益计算，该股票分别上涨 100%和下跌 50%。

正常收益(期望收益)被定义为在不发生事件的情况下该证券能够被预期的收益；超额收益被定义为事件期间证券的实际收益与正常收益之间的差值。公司 i 在事件日期 τ 的超额收益可以表示为

$$AR_{i_\tau} = R_{i_\tau} - E(R_{i_\tau} | X_\tau)$$

这里 AR_{i_τ}、R_{i_τ} 和 $E(R_{i_\tau} | X_\tau)$ 分别表示超额收益、实际收益和正常收益，X_τ 是正常收益的条件信息(conditioning information)。

要计算某证券在一个事件期间的超额收益，通常有累计超额收益和持有超额收益(buy-and-hold abnormal return)两种方法。累计超额收益指的是把事件期内每个超额收益加总(如把每天的超额收益加总)，而持有超额收益指的是起止日期的实际收益之差减去起止日期的预期收益之差。关于累计超额收益和持有超额收益的优劣之分是富有争议的，不过多数研究对短期、日度的数据使用累计超额收益，对长期、月度的数据使用持有超额收益。

关于事件研究法最著名的两篇学术论文是英国的塞恩·阿米蒂奇(Seth Armitage)于 1995 年发表的 *Event Study Methods and Evidence on Their Performance* 和美国的克雷格·麦金利(Craig MacKinlay)于 1997 年发表的 *Event Studies in Economics and Finance*。

这两位学者对事件研究法的若干个模型进行了系统性的论述和比较。事件研究法的模型可以分为两类：统计模型和经济模型。统计模型包括了均值调整模型(mean-adjusted model)(constant mean return model 或 average return model)、市场调整模型(market-adjusted model)(index model)、市场模型(market model)和在市场模型基础上加入了工业分类的多因素模型。经济模型包括资本资产定价模型(capital asset pricing model，CAPM)和套利定价模型(arbitrage pricing theory，APT)模型。MacKinlay(1997)指出，统计模型是建立在统计假设之上的；而经济模型不仅建立在统计假设之上，还建立在投资者行为的经济学假设之上，因此经济模型的结果对限制条件更加敏感，效力不如统计模型。Mean-adjusted 模型的正常收益是该证券的历史收益的均值，Market-adjusted 模型的正常收益是市场指数，市场模型的正常收益的计算方法则要复杂得多。

市场模型将任何给定的单个证券的收益与市场投资组合的收益挂钩，认为资产收益之间的线性关系符合联合正态分布。该模型假定资产收益是联合多变量正态分布(jointly multivariate normal)并且满足独立和相似分布(independently and identically distributed)的条件(MacKinlay, 1997)。市场模型可以表示为

$$R_{i_\tau} = \alpha + \beta_i R_{m_\tau} + \varepsilon_{i_\tau}$$

式中：R_{i_τ} 为证券 i 在第 τ 期的收益；R_{m_τ} 为市场投资组合在第 τ 期的收益；ε_{i_τ} 为均值为 0 的残差项，$E(\varepsilon_{i_\tau})=0$, $\mathrm{Var}(\varepsilon_{i_\tau})=\sigma^2_{\varepsilon_i}$；$\alpha_i, \beta_i, \sigma^2_{\varepsilon_i}$ 为市场模型的参数。

市场模型使用最小二乘法(ordinary least squares)进行参数估计，回归计算建立在两个窗口期的基础上：估计期(estimation window)和事件期(event window)，如图 2.3 所示。事件发生的当天被定义为第 0 日，事件前一天被定义为第-1 日，事件后一天被定义为第+1 日，以此类推。市场模型假定在估计期内，证券的价格不受事件影响因而保持常态；在事件期内，

证券的价格是直接受事件影响的。在实际应用中,日度数据的估计期通常在100~300天(大于等于100天的估计期长度被认为是稳妥的),月度数据的估计期通常在24~60个月。估计期和事件期通常不能够重合,以避免估计期受到事件溢出效应的影响。事件期涵盖了事件前后的日期(或月份),如[-1,+1]或[-5,+5],因为内幕交易提前泄露消息会在事件发生之前引起证券价格异动、投资者反映不足会在事件发生之后继续保持证券价格异动。市场模型的计算步骤分为三步:第一步,通过估计期计算参数 β_i 和 α_i 的估计值 $\hat{\beta}_i$ 和 $\hat{\alpha}_i$;第二步,将参数的估计值 $\hat{\beta}_i$ 和 $\hat{\alpha}_i$ 带入事件期,通过实际的市场投资组合收益 R_{m_τ} 求出证券 i 在第 τ 期的收益的预测值 $\hat{R}_{i_\tau}$;第三步,用事件期实际的证券收益 R_{i_τ} 减去预测出的证券的收益 $\hat{R}_{i_\tau}$ 得到残差,即是超额收益;再进一步对超额收益进行必要的累计就得到累计超额收益。

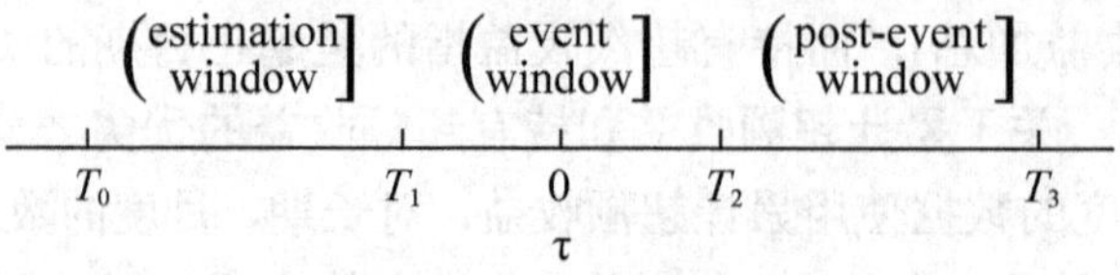

图2.3 使用最小二乘法参考图

对于事件期内的第 i 家公司,最小二乘法的参数估计为

$$\hat{\beta}_i = \frac{\sum_{\tau=T_0+1}^{T_1}(R_{i_\tau} - \hat{\mu}_i)(R_{m_\tau} - \hat{\mu}_m)}{\sum_{\tau=T_0+1}^{T_1}(R_{m_\tau} - \hat{\mu}_m)^2}$$

$$\hat{\alpha}_i = \hat{\mu}_i - \hat{\beta}_i \hat{\mu}_m$$

$$\hat{\sigma}_{\varepsilon_i}^2 = \frac{1}{L_1-2}\sum_{\tau=T_0+1}^{T_1}(R_{i_\tau} - \hat{\alpha}_i - \hat{\beta}_i R_{m_\tau})^2$$

式中: $\hat{\mu}_i = \frac{1}{L_1}\sum_{\tau=T_0+1}^{T_1} R_{i_\tau}$

且

$$\hat{\mu}_m = \frac{1}{L_1}\sum_{\tau=T_0+1}^{T_1} R_{m_\tau}$$

L_1 是估计期的长度,从 T_0+1 开始,到 T_1 结束,如图2.3所示。

证券 i 在第 τ 期的超额收益是实际收益与预测收益之差为

$$AR_{i_\tau} = R_{i_\tau} - \hat{\alpha}_i - \hat{\beta}_i R_{m_\tau}$$

以上计算出的单只证券在单日的超额收益需要在日期的基础上进行加总和在公司的基础上进行加总平均(无论是先进行日期加总还是先进行公司加总平均,结果都相同)以得到事件的总的影响——累计平均超额收益(cumulative average abnormal return, CAAR)。例如,要计算600家美国上市公司受公司并购的影响在[-1,+1]这三天窗口期内的累计平均超额收益,就需要分别对日期进行加总和对公司进行加总平均。先对单只证券的超额收益进行时间的加总,得到累计超额收益:

$$\text{CAAR}_i(\tau_1,\tau_2) = \sum_{\tau=\tau_1}^{\tau_2} \text{AR}_{i_\tau}$$

式中：$\tau = T_1 + 1$ 至 $\tau = T_2$ 代表事件期（$T_1 < \tau_1 \leqslant \tau_2 \leqslant T_2$），$\text{CAAR}_i$ 的方差为

$$\sigma_i^2(\tau_1,\tau_2) = (\tau_2 - \tau_1 + 1)\sigma_{\varepsilon_i}^2$$

在累计超额收益的基础上再对公司进行加总平均，得到累计平均超额收益：

$$\text{CAAR}(\tau_1,\tau_2) = \frac{1}{N}\sum_{i=1}^{N} \text{CAAR}_i(\tau_1,\tau_2)$$

关于累计超额收益率统计检验的原假设是

$$\text{CAAR}(\tau_1,\tau_2) \sim N[0,\sigma^2(\text{CAAR}(\tau_1,\tau_2))]$$

即

$$E[\text{CAAR}(\tau_1,\tau_2)] = 0$$

$$\sigma^2(\text{CAAR}(\tau_1,\tau_2)) = \frac{1}{N^2}\sum_{i=1}^{N}\sigma_i^2(\tau_1,\tau_2)$$

Armitage(1995)列举了若干种对累计超额收益率的显著性进行检验的方法，并且比较了它们的效力。本章仅列举麦金利(1997)所使用的单一样本 t 检验和 Z 检验：

$$t = \frac{\text{CAAR}(\tau_1,\tau_2) - E[\text{CAAR}(\tau_1,\tau_2)]}{\text{SE}[\text{CAAR}(\tau_1,\tau_2)]} \sim N(0,1)$$

$$Z = \frac{\text{CAAR}(\tau_1,\tau_2) - E[\text{CAAR}(\tau_1,\tau_2)]}{\sqrt{\sigma^2[\text{CAAR}(\tau_1,\tau_2)]}} \sim N(0,1)$$

韦斯顿(Weston)和韦弗(Weaver)2001 年提出，因为市场模型明确地考虑了市场的风险和平均收益，它是事件研究法中应用最广泛的模型[1]；而巴托尔迪(Bartholdy)和赖丁(Riding)则认为在市场模型当中，考虑到偏差、效力和持续性，基于最小二乘法的市场模型是任何模型都不可比拟的[2]。

时间研究法的优点和缺点如下。

优点：①超额收益直接衡量了投资者的收益；②证券价格具有前瞻性，如股价是对未来所有现金流的折现。

缺点：①对资本市场有非常强的假设，包括市场有效性、投资者理性、无套利成本等，而现实生活当中，几乎不存在强势有效的资本市场；②证券价格的变动容易受到其他事件的干扰。

根据布鲁纳(Bruner, 2004)[3]对 1978—2003 年发表的 54 篇关于公司并购的事件研究法的文章进行的统计，26%的并购(14 篇文章)是摧毁主并公司股东价值的，31%的并购 (17 篇文章)对主并公司股东价值无显著影响，43%的并购 (23 篇文章)创造了股东价值。奥菲瑟

---

[1] Weston J F, Weaver S C. Mergers & Acquisitions[M] New York: McGraw-Hill Inc., 2001.

[2] Bartholdy J, A Riding. Thin Trading and the Estimation of Betas: The Efficacy of Alternative Techniques[J]. *Journal of Financial Research*, 1994,17(2): 251-254.

[3] Bruner R F. Applied Mergers and Acquisitions[M]. New York: John Wiley & Sons Inc., 2004.

(Officer，2003)[①]通过事件研究法计算了 1988—2000 年宣布的 2 511 起并购的 7 天的收益，他发现目标公司的股东获得了 22.16%的正收益而主并公司的股东获得了-1.16%的负收益。

2.5.4　会计研究法

会计研究法的原理与事件研究法类似，它研究一个事件如何影响公司的财务业绩。财务业绩的指标包括财务报表上的净利润(net income)、资产收益率(return on assets)、股本收益率(return on equity)、每股收益率(earnings per share)、杠杆率(leverage)和流动性(liquidity)等变量[②]。财务报表公布的频率为年度或者季度，比起股票和债券等金融数据，具有频率偏低、时效性滞后的特点。

会计研究法通过计算财务变量的超额值来确定事件的影响，超额值等于财务变量的正常值和期望值之差。期望值来自于那些与发生事件的公司处于同一行业、规模相等但是没有发生过事件的公司在同一时间段的财务数据。例如，要研究并购事件对 A 公司财务业绩的影响，就需要在 A 公司所在的行业找一家与 A 公司规模类似但是在同一时期没有进行过并购的 B 公司，将它的财务数据作为 A 公司的期望值。

会计研究法的优点如下。

(1) 可靠性：一般来说，公司的财务报表都是经过严格审计的，因此具有相当的可靠性。

(2) 实用性：在现实中，分析师和投资者都是通过财务报表提供的信息来评价公司的业绩。

会计研究法的缺点如下：

(1) 不可比较：监管机构不断地改变会计准则，公司也在不停地改变自己的报表规则，因此同一家公司在历史上的财务报表数据不一定具有可比性。

(2) 按照历史成本的记账方式容易造成通货膨胀或通货紧缩的偏差。

(3) 财务数据都是报告过去的数据，不具有前瞻性。

(4) 无形资产的价值被忽略。

(5) 公司信息披露不足。

(6) 公司进行盈余操纵，使得财务数据不可信。

(7) 不同的国家之间的公司财务数据很难进行比较。

表 2-8 列举了美国主并公司在并购后的财务业绩。Ravenscraft 和 Scherer(1988)发现，用会计研究法衡量利润，并购会导致主并公司业绩下滑，而此处的下滑在很大程度上与会计准则相关：运用购入记账法(purchase accounting)的公司业绩比运用权益合并法(pooling accounting)的公司业绩差(详见第 5 章)。Ravenscraft 和 Scherer(1987)发现，当运用现金流来衡量业绩时，并购后业绩并未发生太大变化，戈什(Ghosh, 2001)也得出类似的结论。但希利(Healy)等人(1992)却发现，公司并购存在着经营业绩的显著改进。

---

① Officer M S. Termination Fees in Mergers and Acquisitions[J]. Journal of Financial Economics, 2003(69):431-467.

② Bruner R F. Does M&A pay? A survey of evidence from the decision-maker[J]. Journal of Applied Finance, 2002, 2(1): 48-68.

表 2-8 运用会计研究法对美国并购后公司绩效的实证及结果

研究者—样本期—样本大小	绩效衡量方法	用以下影响对绩效衡量变量进行调整	并购后绩效变化
Ravenscraft and Scherer(1998); 2 955 个业务领域; 1974—1977 年;1950—1977 年间发生的并购与要约事件	息税前营业收入及非经常项目收入/总资产	市场份额、对等式合并、非合并导致的增长、会计准则	显著性下降,但与会计核算方法相关
Ravenscraft and Scherer(1987); 153 个业务领域;1974—1977年,要约事件	① 同上 ② 现金流=营业收入+折旧	同上	① 三年后显著性下降3% ② 显著性水平无明显改善或下降
Herman and Lowenstein(1988); 1975—1983 年; 恶意并购要约	目标公司股本回报率	并购前绩效	显著性水平改善 3%
Healy, Palepu and Ruback(1992); 1979—1984 年; 50 个最大并购事件	税前营业现金流/资产市值	行业平均业绩、控制会计核算方法	资产生产能力显著提升
Ghosh(2001); 1981—1995 年; 315 家主并与目标公司	同上	竞标前业绩与规模	显著性水平未明显改善

资料来源:Sudi Sudarsanam. Creating Value from Mergers and Acquisitions: The Challenges.NJ: Prentice Hall, 2003: 92.

本 章 小 结

本章介绍了公司并购的基本定义,并对历史上几次重要的并购浪潮的原因、特征进行了详细分析。本章还介绍了公司并购的基本程序和并购的顾问,并论述了评价并购是否成功的四种方法。

到目前为止,已经产生的六次大的并购浪潮,体现了横向并购、纵向并购、混合并购、恶意并购、整合并购、私募股权并购等特征。因为历史事件是不断重演的,而每一次金融危机都有惊人的相似之处,所以透彻掌握并购浪潮的历史对于我们分析当前和将来的经济走势具有重要的帮助。

并购的程序包括寻找交易对象、签订意向书、进行尽职调查、制作最终协定、签署合同这五个步骤。

实证金融研究一共包含了四种方法评价并购的业绩:诊断研究法、高管访谈法、事件研究法、会计研究法。前两种方法偏重于定性研究,而后两种方法偏重于定量研究。在后两种方法中,事件研究法是使用得最普遍的定量研究方法,针对股票、债券等金融变量进行研究;会计研究法与事件研究法类似,但针对的是公司财务报表上的财务变量。

习 题

1. 第一次并购浪潮中,美国的反托拉斯法案为何没能阻止的垄断的形成?
2. 第四次并购浪潮中,"公司狙击手"与套利者的角色有何不同?
3. 为什么尽职调查使目标公司面临高的风险?

兼并与收购

4. 作为并购顾问的投资银行会面临哪些潜在的利益冲突？解决方案是什么？
5. 诊断研究法具有哪些优点和缺点？
6. 欧美国家哪些访谈研究法的经验值得我们学习？
7. 为什么基于最小二乘法的市场模型是任何模型都不可比拟的？
8. 阅读以下案例资料，并回答相关问题。

联想的国际化之旅——"以蛇吞象"还是"完美互补"

2004年12月8日，联想集团(以下简称联想)与IBM签订了收购IBM个人电脑事业部(PCD)的协议。收购资产主要包括IBM所有笔记本、台式电脑业务、客户、员工、营销渠道、Think品牌及相关专利等。次年5月1日，联想宣布完成对"蓝色巨人"IBMPCD的收购，一跃成为全球第三大PC制造商。

本次并购采用现金、股票混合支付方式，以17.5亿美元(其中包括6.5亿美元现金、6亿美元联想集团股票及5亿美元IBM债务)收购IBMPCD。并购后，公众、联想、IBM分别控股35%、46%、19%。

本次并购中，一方面联想遭遇国内PC市场瓶颈，竞争加剧，利润空间大幅降低，另一方面，联想志在国际化。对IBM而言，其虽仍占据不少全球市场份额，但增长率也不断下滑，更重要的是，IBM的市场战略志在IT服务、服务器等高技术含量、高附加值领域，而其PC部门2001—2004年累计亏损9.65亿美元。从二者当时的处境与目的来看，联想与IBM一拍即合。

但并购发生之初，不少人称其"以蛇吞象"。联想在国内市场占有率稳居首位，但在国际上，仍是一个弱势品牌。成功收购IBMPCD后，联想在全球PC市场的份额将从3%增至9%，更重要的是，该并购可使联想获得核心开发技术优势，成为拥有全球营销网络和知名品牌的跨国PC厂商。表面上看，这的确是"蛇吞象"之象。在此种观点下，对该次并购的担忧也一一暴露出来。

原IBM庞大的PC用户是极其重要的资源，但在IBM出售PCD后，会有部分客户流失。同时，来自戴尔、惠普的竞争压力也不容小觑。例如，并购后不久，戴尔就对原IBM部分客户致邮，以"拒绝支持中国政府"为由要求原客户购买其品牌；惠普也曾广告"联想，连想都不要想"。而IBMPCD有近万名员工，如何管理员工防止其流失，亦并非易事。财务方面，17.5亿美元的成本，使得联想资产负债率达27%，资金链并不宽松。另外，本次并购品牌管理期为5年，期间联想可以使用IBM商标，之后只拥有Thinkpad和ThinkCentre商标，失去IBM品牌，留给联想的Think品牌价值还很难下定论。最后，联想将选择IBM全球融资部门(IGF)和全球服务部(IGS)为其租赁融资、售后服务首选供应商，这需要支付相当成本。

回首看联想并购是否成功，亦有两说。

一方面，并购为联想带来了巨大的协同效应。2011年5月，原联想董事长柳传志曾表示，并购大获成功。其市场份额于2010年创下10.2%新高，且增长居于全球前四大电脑厂商首位。该并购被很多MBA教材列为成功案例。

另一方面，2012年6月，德勤会计师事务所(Deloitte & Touche)一位高管则认为该并购并非中国企业海外并购的成功案例，认为其只有收购，没有合并。"联想到现在还是两张皮，IBM的PC业务和联想的业务还是各自为政，管理团队亦如是。故该合并并非真正意义上的整合"。

问题：
(1) 简述本案例中联想采用现金、股票混合支付的优点。
(2) 何为并购的"协同效应"？
(3) 联想对IBM的收购只包括其PCD，论述该并购方式与整体收购的优缺点。
(4) 你认为本次海外并购是否成功？并列出相应原因。

第3章 公司并购的经济学动机

教学目标

通过本章学习,了解并购的经济学动机,包括微观经济学三个假设、咨询分析工具、增长理论、协同效应、博弈论、公司战略理论、税收与杠杆假设、代理人理论、财富转移假说。

教学要求

知识要点	能力要求	相关知识
微观经济学三个假说	区别微观经济学三个假说	(1) 规模效应 (2) 视野效应 (3) 学习效应
咨询分析工具	掌握和运用咨询分析工具	(1) 成本收益分析法 (2) 内外部市场因素 (3) 固定与可变成本分析法 (4) 机会成本分析法 (5) 波特五力模型 (6) SWOT 分析法 (7) BCG 矩阵分析法
增长理论	理解企业增长与并购的关系	增长理论
协同效应	理解协同效应的原理及应用	(1) 营运协同效应 (2) 财务协同效应
博弈论	用博弈原理解释并购	博弈论
公司战略	理解并购在公司战略中的地位和作用	竞争策略
税收与杠杆率	使用税收和杠杆率来解释并购	(1) 共同保险假说 (2) 剩余举债能力假说 (3) 财务宽松假说 (4) 承诺策略假说
代理人理论	利用代理人理论来解释并购的负面动机	(1) 自由现金流假说 (2) 自恃假说
财富转移假说	区分财富在不同利益相关者之间的转移途径	(1) 赎回期假说 (2) 债券评级假说 (3) 杠杆率假说

兼并与收购

> 一个人要帮助弱者，应当自己成为强者，而不是和他们一样变成弱者。
>
> ——罗曼·罗兰

协同效应　自由现金流假说　财富转移

谷歌斥巨资收购摩托罗拉移动

2011年8月15日，搜索引擎巨擘谷歌公司(Google，以下简称谷歌)宣布以125亿美元现金的价格，收购美国摩托罗拉移动控股公司(Motorola Mobility Holdings，以下简称摩托罗拉移动)，这是该公司截至当时规模最大、最大胆的一笔收购。此笔交易将使谷歌与苹果公司(Apple)之间的竞争升级，并使谷歌得以控制更多的无线技术专利。截至2011年6月底在资产负债表上拥有360亿美元现金的谷歌，对摩托罗拉移动的出价折合每股40美元，相比后者2011年8月12日收盘价格有63%的溢价。

谷歌和苹果将在快速增长的智能手机市场展开直接较量，争夺霸主地位，两家公司都将控制各自产品的硬件和软件。但这笔交易还将使谷歌获得摩托罗拉移动的逾1.7万条专利和7 500条申请中的专利。谷歌相信，这些专利将使其拥有充足的"弹药"，足以击退苹果公司、微软公司、甲骨文股份有限公司(Oracle，以下简称甲骨文)及其他公司对谷歌安卓(Android)手机操作系统发起的专利侵权诉讼攻势。

(资料来源：http://www.ftchinese.com/story/001040153.)

 点评：

这笔交易关乎专利。这几乎是人们对谷歌收购摩托罗拉移动的一致反应：摩托罗拉的那些专利将允许这个搜索巨擘围绕其安卓操作系统创建一座知识产权堡垒。

然而谷歌购买的不仅是专利，还有移动计算未来的廉价期权。根据市场调研机构高德纳咨询公司(Gartner Group)的数据，上一季度安卓智能手机售出4 700万台。如果手机制造商们最终被迫向各专利所有者支付的专利费按每台仅5美元估值，那意味着每年从安卓市场抽取的纯利为10亿美元。假设这些成长型公司的市盈率达到25倍，那么这桩交易牵涉的价值就是明摆着的了。

(资料来源：http://www.ftchinese.com/story/001040152.)

3.1 微观经济学假说

3.1.1 规模效应

一个销售一系列相关或者不相关产品的产品多样化企业，通过规模效应(economy of scale)和视野效应(economy of scope)可以缩减成本。规模效应指的是在一定的时期内，由产品的生产规模扩大而导致的成本下降。总成本由可变成本和固定成本组成。可变成本是随着产品产量的增加而增加的成本，如每单位产品的原材料、人工费等。固定成本指的是无论生产与否都会发生的成本，如土地厂房租金、贷款利息、管理人员基本工资等。随着产品数量的增加，固定成本可以被分摊到更多的产品上面，因而降低平均生产成本，这就形成了规模效应。类似的规模效应也可能存在于与营销、配送、仓储、售后服务等相关的非生产成本中，假如它们的固定成本不随产品数量而变化。在企业的并购中，由于合并后的企业生产和销售的产品数量要比它们各自经营时多得多，所以通过并购就有了实现规模效应的可能。出于这个原因，许多兼并和收购被认为是合理的。

然而，规模效应由于一些原因而受限制。一旦企业超过了最有效的基本生产规模，效率将不会有进一步的提高。当企业的规模相当大的时候，组织控制的问题可能导致规模不经济效应(dis-economy of scale)，如因企业内部官僚化及信息沟通不畅而增加成本。

因规模巨大而形成对市场实质性影响的企业会受到反垄断法规的约束，如欧盟收购指导条例(详见第5章)。

3.1.2 视野效应

尽管管理文化推崇剥离副业和企业回归核心业务的价值观，实际上美国最大的500家企业的产品多样化程度是逐年增加的。在其他国家，规模巨大的公司保持着明显的产品多样化。产品多样化的企业可以形成视野效应(Economy of Scope)。视野效应存在于当产品多样化企业生产和销售多样产品的总成本比单一制造各产品的企业的生产和销售总成本之和小的时候。生产多样化产品的企业可以通过在不同产品之间共享研发、销售、售后服务等平台来降低成本。英国维珍集团(Virgin)的运营则充分体现了品牌方面的视野效应，它旗下包括宇航公司、航空公司、铁路公司、移动电信公司、电台、音乐出版销售、可乐公司等。

视野效应的作用由企业的资源和管理能力决定，而企业的资源和管理能力又是由企业销售的产品组合决定的。一些产品共享同一种技术，一些产品也许共享相似的地域市场或顾客群体，另一些产品则共享企业的管理能力。保险公司通过汽车维修店销售车险产品的方式是一个非常好的视野效应的例子，而快餐连锁店麦当劳销售可口可乐、肯德基销售百事可乐也是视野效应的体现。

视野效应也可能以增加利润而不是降低成本的形式体现。通过增加产量和销售利润，而不是提高生产效率的方式，可以有效利用企业的资源和管理能力。利用一个共同的品牌或者共同的销售渠道有助于增加现有产品或新产品的销量，并且能获得较高的销售溢价。招商银行向信用卡客户推出的"出行易"业务包括机票和酒店预订等产品，虽然价格远远高于专门的机票和酒店预订公司，但是其从支付到索赔的一站式服务吸引了相当数量的客户。

3.1.3 学习效应

学习效应(economy of learning)指的是企业通过学习的过程可以降低在一个连续周期中生产同样数量的产品的成本。这种效应以更有效率的生产安排、更少的原材料浪费、更高效的团队合作或者避免过去的错误的形式出现。企业生产产品的初始成本是很高的，但是随着累计产出量的提高，企业逐步懂得如何减少错误和浪费，致使单位生产成本逐步降低。

规模效应和视野效应与一个时期的产出规模有关，然而学习效应则与多个时期的累计产量有关。规模效应要求固定成本的存在，而学习效应不受此前提限制，这更多地与组织的学习能力有关。进行并购的企业通过分享彼此的生产知识和经验，可以产生学习效应，因而节约成本。

从理论上讲，规模效应、视野效应、学习效应都是企业规模扩张的副产品，以形成大企业相对于小企业的成本优势。这些效应给企业扩张带来了动力。由于兼并和收购是扩大企业规模的最迅速的途径，企业会致力于并购交易，而主并公司往往使用这些假说来证明它们收购的合理性。

3.2 咨询分析工具

3.2.1 成本收益分析法

成本收益分析法(cost-benefit analysis)是一种净现值分析方法，它的基本原理是针对某项并购目标，提出若干实现该目标的方案，计算出每种方案的成本和收益(考虑资金的时间价值)，通过比较方法，并依据一定的原则，选择出最优的决策方案。

3.2.2 内外部市场因素

内外部市场因素(internal vs. external market factors)这一分析框架的要义是：企业的业绩受到自身因素与外部市场因素二者的影响。企业在做决策时，不但需要考虑决策对企业本身将形成何种影响，还需要考虑这一决策对市场的影响，如竞争形势。

3.2.3 固定与可变成本分析法

固定成本(fixed cost)是不随销售量变动而变动的成本，如厂房与设备成本。可变成本(variable costs)是随销售量变动而变动的成本，如产品的原材料成本、销售费用等。企业在做短期决策时只需考虑可变成本，因为短期内无法改变固定成本。在长期内，任何成本都是可变的。对固定成本和可变成本的综合分析产生了前文所述的规模效应。与固定成本、可变成本相对的还有"沉没成本(sunk costs)"，它指的是已经形成并且无法挽回的支出；因为沉没成本无法挽回，所以不应该让沉没成本对决策造成影响，英文"do not cry for spilled milk"指的就是这个意思。

3.2.4 机会成本分析法

机会成本(opportunity costs)指的是做一项决策时所牺牲掉的次优选择的收益。如果说读全职MBA(工商管理硕士)的成本是学费，那么它的机会成本则是读书期间所失去的工作收入与晋升机会等。机会成本分析法的判断标准是，如果机会成本小于预计投资项目效益，项目就可行；反之则不可行。

3.2.5 波特五力模型

波特五力模型(Porter's five forces)由哈佛商学院教授迈克尔·E·波特(Michael E. Porter)创立，用于分析行业竞争情况，以作为是否进入该行业的决策依据。如果结合五种因素得出进入某行业具有盈利空间的结论，企业就应当涉足该行业；反之则放弃。"五力"所指的五种因素分别是上游供货商(suppliers)、下游客户(buyers)、行业新进入者(new entrants)、替代产品(substitutes)和竞争者(competitors)，如图3.1所示。搜索巨擘谷歌(Google)并购视频网站YouTube，成功地避免了YouTube这一行业新进入者对自己在互联网行业龙头地位的挑战，并获得了稳定的广告现金流。

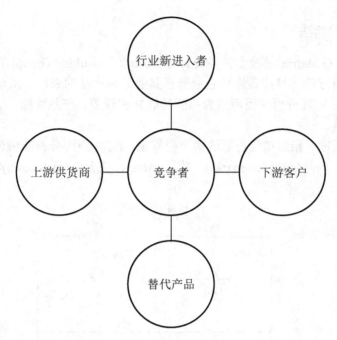

图 3.1　波特五力模型

3.2.6　SWOT 分析法

SWOT 分析法是一种战略谋划方法，被用来评价企业的优势(strengths)、劣势(weaknesses)、机会(opportunities)和挑战(threats)，SWOT 取自于这四大因素的英文首字母，如图 3.2 所示。它通过先确立项目或机构的目标，再识别内部和外部的有利和不利因素来达成目标。这项技术分析由斯坦福研究院(Stanford Research Institute)的艾伯特·汉弗莱(Albert Humphrey)提出。

分析步骤：

(1) 分析企业内部因素，即优势与劣势，可以基于企业自身，也可以基于竞争对手。

(2) 分析外部因素，即机会与威胁，可能来自于与竞争无关的外部环境因素的变化，也可能来自竞争对手，或二者兼有。

(3) 将内部优势或劣势与外部机会或威胁进行匹配。分析内部因素时，需要考虑研发、人力资源、组织体系、无形资产、有形资产或者竞争能力等。分析外部因素时，需要考虑客户群体的变化、技术的进步、新能源的产生、竞争对手战略、法律法规等。

SWOT 分析法的重要贡献在于用系统的思想将一些似乎独立的因素相互匹配起来进行综合分析，使得企业战略计划的制订更加科学全面。企业需要定期运用 SWOT 分析法对项目进行重新评估，并随时做出必要的修改，只有这样，SWOT 分析法才行之有效。

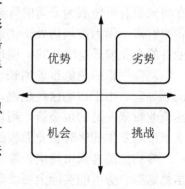

图 3.2　SWOT 分析法

3.2.7 BCG 矩阵分析法

BCG 矩阵(BCG Matrix)是波士顿咨询公司(Boston Consulting Group)在1970年创立并推广的一种咨询分析方法，目的是协助企业分析其业务和产品的表现，从而协助企业更妥善地分配资源，BCG 矩阵分析法因而成为品牌的建立和营销、产品管理、战略管理及公司整体业务的分析工具。

依据市场增长率、相对市场份额这两个坐标轴，BCG 矩阵分析法将公司的产品或者业务分成四种状态：问号(question marks)、明星(stars)、现金牛(cash cows)和瘦狗(dogs)，如图 3.3 所示。

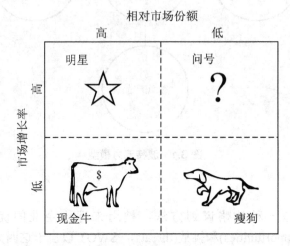

图 3.3　BCG 矩阵

(资料来源：http://www.quickmba.com/strategy/matrix/bcg/.)

问号指的是高市场增长率、低相对市场份额的业务。问号业务通常是一个公司的新业务。发展问号业务意味着资金的净投入：公司必须购置设备、招聘人员，以便跟上迅速发展的市场、超越竞争对手。是否继续投资发展问号业务是企业所面临的一个难题，只有继续投资那些符合企业长远发展目标、能够增强企业核心竞争能力的业务才是符合企业利益的。

明星指的是高市场增长率、高相对市场份额的业务，一般由问号业务发展而来，并且在将来很有可能成为公司的现金牛业务。但这并不意味着明星业务一定可以不断地给企业带来财富，因为市场仍处于快速成长中，企业必须继续投资，并击退竞争对手。没有明星业务的企业前景是暗淡的，但是明星业务过多又会使企业面临艰难的投资决策。

现金牛指的是低市场增长率、高相对市场份额的业务，此时企业已经成为成熟市场中的领导者。由于市场已经成熟，继续大量投资来扩展市场份额已经没有必要。现金牛业务给企业带来充足的现金流，用以支持其他三种业务的发展。如果企业现金牛业务过少，那么当市场发生变化时企业面临的财务压力会增加，企业的风险也会增大。

瘦狗指的是低市场增长率、低相对市场份额的业务。这类业务通常只能维持收支平衡。虽然这些业务可能实际上协助其他业务，但根据净现值法则(NPV rule)，这类业务未能为公司带来可观的收入，应当终止。

产品以及企业的发展会经历诞生(emerging)、发展(growth)、成熟(maturity)和衰退

(declining)四个阶段。当一个产品、行业或市场趋向成熟的时候,所有企业在该行业的业务都将变成现金牛或瘦狗。大部分业务的生命周期都是自问号区域开始,然后移向明星区域,当市场增长放缓时候,则会移向现金牛区域,最终则会移向瘦狗区域,并完成生命周期。

3.3 增长理论

增长是企业并购最根本的动机之一。寻求扩张的企业常常面临两难的选择,是选择内生增长,还是选择并购来达到增长的目标?内生增长是一个缓慢的过程,作为外生增长的并购则可以迅速实现增长。企业可以选择只在本行业扩张,也可以跨行业发展。

增长的机会往往转瞬即逝,如果企业无法在特定的窗口期内抓住机会,就会让对手保持优势或者被对手赶超。企业需要对各种各样转瞬即逝的机会做出及时反应,如产品的研发、专利申请、新产品面市、宏观经济变化、法律法规的变更等。在一个完全竞争的市场,企业的行为会迅速被竞争对手模仿,因而企业获得超额利润的窗口是短暂的。能够抓住机会的企业不仅能够抢先获得专利,还可以先期锁定目标客户和销售市场,形成先发制人的优势。微软公司率先开发出视窗系统并投放市场,击退了众多的竞争对手,为它的发展奠定了决定性的基础。公司并购为企业提供了一个迅速扩张的机会,企业可以在短期内迅速获得生产原材料、人力资源、专利技术、客户及市场份额。例如,英格兰的特易购集团(TESCO)通过并购苏格兰本土超市实现了在苏格兰的迅速扩张,同时避免了苏格兰顾客的民族主义情绪,因而先发制人地在苏格兰市场击败了通过内生增长扩张的Sainsburys、ASDA等英格兰的超市行业竞争对手。

3.3.1 通过收购实现快速增长

公司的管理层往往受到来自股东的压力,被要求持续展示增长的业绩,股东对那些过去盈利状况较好的企业的期望尤其的高。但是当某一行业的产品或服务需求减缓时,要想实现持续增长就会越来越困难。此时,管理层会将目光投向并购,因为并购不仅能够使收入增长,还能在协同效应的作用下提升整个企业的盈利能力。并购在给公司带来潜在协同化收益的同时,也给管理层带来更大的挑战,因为他们将面对一家更大规模的公司。管理层在保证总收入和市场份额增长的同时,还需要保证与之相称的利润和股东回报;否则,并购这一策略对于股东而言就失去了意义,维持原先的缓慢增长的状况反而可能更好。

3.3.2 经济增长与收益的权衡

公司治理的首要目标是最大化股票的现值。由于代理人问题的存在,管理层会不遗余力地扩张企业的规模,因为管理层的权利与手中控制的资源成正比。因此,企业的增长和股东回报之间就会产生矛盾。2001年惠普公司(HP)向康柏公司(Compaq)发出250亿美元的全股票收购报价,此举令市场感到意外。这笔交易号称将开启一种新型的科技业并购交易,实现真正的成本节约。但华尔街并不买账,交易公布当天,投资者将惠普股价推低19%。在这宗并购交易完成之后,虽然惠普的业务涉及多个板块,但是却只在打印机板块领先。在收购之前,惠普的年收入是800亿美元,假设它的目标是总收入每年增长10%,那么它就必须实现每年80亿美元的收入增长,这一数字实际上已经接近于一家大型企业的总价值，换句话说，惠普需要每年都创造一家大型的企业来达到管理层的增长目标。并购完成之后，惠普的主营业务集中在个人计算机板块，这已经是一个高度竞争的市场，而产品的售价是持续降低的，这势必造成惠普利润的下降。如果当初惠普舍弃 PC 业务，正如这一行业的创立者 IBM 把个人电脑业务出售给联想，它的境况是不是会更好？

3.3.3 国际范围内的增长及跨国收购

一家企业在一国市场上有了成功的产品之后想要获取更高的收入与利润，跨国并购是一个很好的选择。继续在国内市场扩张势必面临边际收益递减的困境，而跨国并购有可能打开新的市场，形成对企业有利的局面。跨国并购能够让主并方获取目标公司在所在国特有的优势资源，如技术、员工、销售网络、顾客和市场等。科技的进步、交通的发展、管制的取消使得全球化向纵深方向发展，发达国家和发展中国家的企业通过跨国并购，都为自己找到了新的增长点。

3.4 协同效应

在公司金融方面，协同效应(synergies)指的是合并两家或更多企业所带来的潜在的或者事实上的效率和产量的提升。简而言之，协同效应就是 1+1>2 的效应，它可以为合并后的公司增加收入和降低成本。

在宏观经济学层面，由放松管制、工业浪潮、技术改变、全球化推动的并购可以将两家公司的相对优势结合起来，以实现可持续增长。在微观经济学层面，由规模效应、视野效应、学习效应推动的并购可以降低成本、共享分销渠道、增加市场份额、提升研发、提高对客户的吸引力。佩纳斯(Penas)和乌那尔(Unal)2004 年提出股东和债权人都会从并购带来的协同效应中受益[①]。詹森(Jensen, 1986)[②]在自由现金流模型中指出，协同效应可以通过向公司提供行业退出机制、降低行业过剩产能的原理实现。

在英美市场，主并公司为目标公司支付的股票抑价平均为 60%。主并公司之所以愿意支付这么高的溢价和承担巨额的中介费用，是因为它们对协同效应有很高的预期。协同效应有可能让并购后的公司获得正的收购净值(net acquisition value，NAV)

$$NAV = V_{ab} - [V_a + V_b] - P - E \tag{3.1}$$

式中：V_{ab}=合并后的公司的价值；V_a=A 公司的价值；V_b=B 公司的价值；P=支付给目标公司的溢价；E=收购费用。

将式(3.1)变形可得

$$NAV = V_{ab} - [V_a + V_b] - (P + E) \tag{3.2}$$

$[V_a + V_b]$ 的值就是协同效应。企业在进行并购决策时，会将该值与 $(P+E)$ 的值进行比较。如果 $[V_a + V_b] > (P + E)$，则协同效应给企业带来了合理的回报。

---

① Penas M F, Unal H. Gains in Bank Mergers: Evidence from the Bond Markets[J]. Journal of Financial Economics, 2004, 74(1): 149-179.

② Jensen M C. Agency Costs of Free Cash Flow, Corporate Finance and Takeovers[J]. The American Economic Review, 1986, 76(2): 323-329.

协同效应可以分为营运协同效应和财务协同效应。营运协同表现为收入的增长和成本的降低。财务协同则表现为资本成本的降低。

3.4.1 营运协同

1. 使收入增长的营运协同

使收入增长的营运协同(operating synergy)比降低成本的营运协同更难实现。两家公司的合并可能会带来更多的提升收入增长的机会。例如，公司合并之后交叉销售的机会将提升销售额，产能的扩大也使合并后的企业可以提供更多的产品或服务。

交叉销售有可能使合并双方的收入增长。企业获取协同的方法是多样化的，它可能来自于对一个主流品牌的共享，也可能来自于分销网络与高品质产品结合。这种协同效应的来源尽管多种多样，但是量化困难，并且往往难以实现。企业在制订并购计划时，因为提升收入的协同效应难以定义和量化，所以常常不被重视，而削减成本的协同效应的量化性使其更受重视。美国在线(AOL)收购时代华纳(Times Warner)时所宣称的使收入增长的协同效应便是并购方面著名的失败案例。

2. 使成本降低的营运协同

在营运协同中，收购的决策者更倾向于寻找削减成本的机会，企业经营规模的扩大降低了单位成本，即规模经济减小了成本。

制造类企业特别是资本密集型企业，在产量较低时，单位产品分摊的成本较高；当产量提高以后，单位产品分摊的成本便会降低。劳动力的专业化、管理水平的提升都能够带来这样的效应，这在低产量的情况下是无法实现的。当企业的产量达到一定标准之后，继续扩张将使单位成本上升，企业将面对规模不经济的效应。一些经济学家认为诸如埃克森石油公司和通用电气公司这样的跨国企业，其增长区间得到了延伸，因此它们还能够支付较高的权益投资回报。另外一部分经济学家则认为这些公司如果规模更小、效率更高，就能够给予股东更高的回报。

图 3.4 描述了规模经济效应与规模不经济的效应。当企业产量从少到多增加时，规模经济起主导作用，在最优规模这一点上，企业的单位生产成本最小、生产效率最高，也就是说，企业可以通过横向并购来扩大经营规模并缩减单位成本；当企业规模超过最优点以后，企业的单位生产成本逐渐增加、生产效率降低，规模经济不起主导作用。

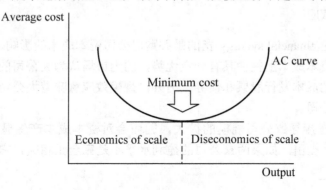

图 3.4 规模经济与规模不经济

案例 3-1

雀巢收购徐福记获批准 糖果业步入寡头割据时代

2011年12月7日,糖果生产商徐福记国际集团(以下简称徐福记)发布公告宣布,中国商务部12月6日已批准雀巢公司(以下简称雀巢)以17亿美元收购徐福记60%股权的交易。根据收购协议,徐福记的创立者徐氏家族将间接持有徐福记剩余40%股权。早在2011年7月,雀巢就宣布计划出资21亿新加坡元(约17亿美元)收购糖果制造商徐福记60%股权。根据双方协议,雀巢将首先收购徐福记独立股东所持有的43.5%的股权,此外将再从徐氏家族目前持有的56.5%的股权中获得16.5%的股份。

徐福记由中国台湾的徐氏兄弟创立,专注于糖果、糕点和果冻等休闲糖点,是中国最大的糖果品牌和糖点企业之一。此次出让股份,市场人士认为,徐氏家族或是想借助雀巢高端品牌平台,进入日本、欧美等国家。另外,雀巢除了高端品牌平台外,其资金和研发能力也刚好弥补徐福记自身的不足。截至2010年6月30日,中国糖果生产商徐福记实现利润6.02亿元,实现收入43亿元。

徐福记的产品包括糖果、谷物小食品、预包装蛋糕和沙琪玛。雀巢认为,徐福记的产品非常适合中国消费者的需求和习惯,雀巢公司在华现有产品线则主要包括烹饪产品、速溶咖啡、瓶装水、奶粉和餐饮服务业产品,徐福记的产品对雀巢是一个很好的补充。中国食品商务研究院研究员朱丹蓬指出:"此次并购对雀巢而言,最大的收获是徐福记的渠道资源。"目前雀巢在中国的糖果业务市场占比非常小,远远落后于卡夫食品(Kraft Foods)、联合利华等竞争对手,而徐福记则是国内整个糖果行业中营业额最大的企业,此项收购将令雀巢获得徐福记在中国近1.8万条散装柜资源,以及徐福记庞大的二、三线渠道资源,并购完成后,雀巢糖果业务将迅速进入二、三线市场,这种竞争优势是不可复制的,而徐福记则将受益于雀巢的品牌影响力、资金实力、研发能力、管理体系等。

徐福记新闻发言人表示,并购完成后,徐福记仍将维持现有的经营团队,但公司的财务管理将以雀巢为主导,另外,双方在销售渠道上将实现资源共享。

(资料来源:http://epaper.nbd.com.cn/shtml/mrjjxw/20111208/2418786.shtml。)

 点评:将自身优势整合入并购,达到互利共赢

一般认为,糖果产业属于低技术含量、低资金需求业,因此不存在规模经济,所以不存在并购的必要。但是,通过协同效应,兼并同样可以达到相当程度的收益。例如,雀巢收购徐福记,则是双方的互利共赢的完美体现。徐福记是国内首屈一指的糖果企业,拥有完善的销售渠道。而雀巢则是全球糖果行业的高端品牌,在资金和研发能力上具有极大的优势。通过这种兼并,可以将各自的优势整合起来,通过协同效应,达到双赢的成果。

3.4.2 财务协同效应

财务协同效应(financial synergy)指的是并购对公司资本成本的影响。在金融市场中,规模较大的公司在资本成本上往往具有一定优势,因为市场认为大公司的风险更低,所以大公司能够以较低的成本发行股票和债券。另外,规模效应意味着大公司每一份证券摊销的发行成本低于小公司。

并购行为会直接导致公司规模的扩大,因而会对资本成本产生显著的影响。卢埃林(Lewellen,1971)[①]提出,如果两家公司的盈利水平不是完全正相关,它们的合并将为新公

---

① Lewellen W G. A Pure Financial Rationale for the Conglomerate Merger[J]. The Journal of Finance, 1971, 26(2): 521-537.

司创造价值。他认为,公司并购会形成主并公司与目标公司的收入现金流的投资组合,这种投资组合的效用无法通过在资本市场上分别持有主并公司和目标公司的股票来实现,而是必须通过两家公司的并购所产生的运营优势来实现。并购完成以后的公司规模更大、现金流更稳定,因而更安全,所以并购会增加新公司的举债能力(在融资成本不增加的情况下的最大举债能力)。

金(Kim)和麦康奈尔(McConnell)1997 年把上述概念称为"共同保险效应"(co-insurance effect)[1]。他们认为,如果并购双方的现金流不是完全正相关,并购产生的现金流的投资组合会降低新公司的违约风险、增加新公司的举债能力,新公司的债权人会从中收益。如果并购之后公司杠杆的增加不造成债权人的损失,那么共同保险效应就存在。

Billett 等人 2004 年进一步发展这个假说,提出并购会使得相对高风险公司的债权人从中受益、相对低风险的债权人从中受损[2]。根据加英(Galai)和 Masulis 1976 年的推断,如果并购行为不产生任何协同效应,那么债权人的收益肯定是来自于股东遭受的损失所导致的共同保险效应[3]。该推断背后的假设是,股东是风险偏好者,债权人是风险厌恶者,因此减小(增大)风险会吸引更少(多)股东进行交易因而降低(推高)股价,却导致债权人争相购买(抛售)债券因而推高(降低)债券价格。夏斯特里(Shastri,1990)[4]的风险假说、杠杆假说和赎回期假说(maturity)预测,目标公司的风险高于主并公司,因此目标公司的债权人会从并购中获益因而产生共同保险效应。

3.5 博 弈 论

在一个竞争性的市场中,市场参与者在制定策略时,往往会把对手可能做出的应对措施考虑在内,以此来完善自己的策略。博弈论(game theory)所关心的就是在假设所有决策者都是理性的情况下,如何做出最优的决策及预测竞争者主动或者被动的措施。

在一个竞争者很少的市场里,如双头垄断或者寡头垄断的情况下,每一个市场参与者都清楚地知道竞争对手会做出同步的或者后续的反制措施。在一个只有两个供应商的市场中,他们各自都要决定是否扩大产能。扩大产能会增加产品和服务的产量,通过规模效应降低成本,这可以使得企业利用低成本优势降低产品和服务的售价,因而扩大市场份额,让竞争对手面临价格压力及失去市场份额的威胁。在一家供应商选择扩大产能的情况下,另一家供应商有两种选择:效仿或者保持产能水平不变。假定供应商的回报都是已知的,且最终将由他们的决策共同决定,每一位竞争者会在知晓竞争对手策略的情况下做出最优选择。如果每一位参与者都按这一原则做出决策,市场就达到了均衡,这一均衡以诺贝尔

---

[1] Kim E H, McConnell J J. Corporate Mergers and the Co-insurance of Corporate Debt[J]. The Journal of Finance, 1977, 32(2): 349-365.

[2] Billett M T, King T D, Mauer D C. Bondholder Wealth Effects in Mergers and Acquisitions: New Evidence from 1980s and 1990s[J]. The Journal of Finance, 2004, 59(1): 107-135.

[3] Galai D, Masulis R. The Option Pricing Model and the Risk Factor of Stock[J]. Journal of Financial Economics, 1976, 3(1-2): 53-81.

[4] Shastri K. The Differential Effects of Mergers on Corporate Security Values[J]. in Research in Finance, 8, ed. Chen, A., UK: JAI Press Inc., 1990.

经济学奖得主约翰·纳什(John Nash)的名字命名,称作纳什均衡(Nash equilibrium)。如果任何一位参与者背离这一均衡策略,则该参与者的福利将下降。

表3-1给出了两家厂商(假设为Tweedledum和Tweedledee)在产能博弈中的收益情况。Tweedledum的收益首先出现,每一位竞争者都同时做出决策但又独立于其竞争者,同时假设双方在知晓对手策略的前提下,都做出最大的努力改善境况。那么,在这一博弈中的纳什均衡就是双方都扩大产能。这一策略的效果是:无论竞争对手采取何种措施,都能让每一位参与者收益最大化。在这个博弈中存在一个占优策略(dominant strategy),即扩张,因为选择扩张带来的收益高于不扩张所能获取的收益,这一点对所有参与者都是适用的。当博弈中存在占优策略时,纳什均衡也存在,但是在没有占优策略的情况下,纳什均衡也是有可能存在的。

表 3-1 Tweedledum 和 Tweedledee 在产能博弈中的收益

		Tweedledee	
		扩张	不扩张
Tweedledum	扩张	80美元,80美元	100美元,75美元
	不扩张	75美元,100美元	90美元,90美元

纳什均衡包含以下特征:

(1) 每一位参与者都按自身利益最大化的原则做出选择。

(2) 纳什均衡是一个自我实现的均衡,因为每一位参与者都预计其竞争方将按纳什均衡的策略行事。

(3) 纳什均衡不能使总收益最大化。在上面的博弈中,总收益最大化在双方都选择不扩张的时候出现。如果都不增加产能,他们各自的境况都会更好,但是需要他们合作并达成协议。

3.5.1 连续博弈中的纳什均衡

在双头垄断的竞争环境中,常常是一位参与者率先采取行动,另一位参与者随后采取应对行动。假定每一位参与者都有三种选择:不扩张、小规模扩张和大规模扩张。如果参与者Tweedledum在博弈中首先采取行动,Tweedledee在观察到Tweedledum的行动之后再采取措施。两阶段博弈中双方的收益情况由图3.5中的决策树呈现。决策树中的利润为"行动—应对行动"的不同策略组合的结果。Tweedledum在走出第一步的时候,必须有如下的考虑:

(1) 未雨绸缪,站在Tweedledee的角度思考。

(2) 以自己最初的策略为基础,确定Tweedledee的最优策略。

(3) 预期Tweedledee的应对措施,确定自己的最优策略以应对对手的动作。

这种向前多思考一步、之后回过头来制定策略的方法叫做动态规划。当然,Tweedledee肯定也能预期到这种思考方法,这样一来,每位参与者都被纳入到了对手的考量之中。

对于Tweedledee而言,最优的应对策略是Tweedledum采取不扩张或者小规模扩张时,则进行小规模扩张;Tweedledum进行大规模扩张时,则不扩张。Tweedledum在预计到Tweedledee的以上应对策略之后,将采取大规模扩张的策略,获得收益为90美元,而

Tweedledee 将获得 45 美元的收益。如果此时 Tweedledee 采取小规模扩张或者大规模扩张的策略，将分别获得 40 美元的收益(Tweedledum 的收益为 60 美元)或 0 美元的收益(Tweedledum 的收益为 0 美元)，这显然是不明智的。当 Tweedledum 选择大规模扩张，博弈的总收益最高能够达到 135 美元(Tweedledee 选择不扩张)，这一策略被称为子博弈完美纳什均衡(subgame perfect Nash equilibrium，SPNE)。SPNE 指参与者在相信对手将以相同的选择方式进行决策的情况下，每一阶段的最优选择。这样一来，在知道 Tweedledum 的策略之后，Tweedledee 也会做出自己的最优选择。Tweedledum 在第一阶段决策时就会把 Tweedledee 的这一动作考虑在内。

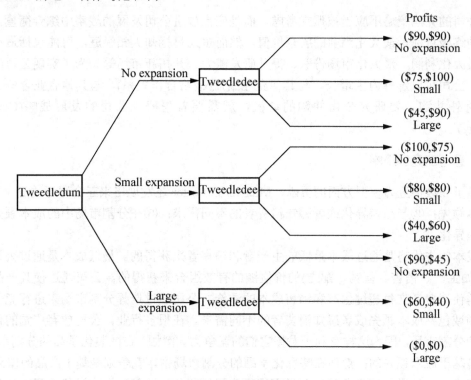

图 3.5　连续博弈决策树

3.5.2　博弈论与兼并

在如图 3.5 所示的连续博弈决策树中，当 Tweedledum 宣布大规模扩张的决定之后，Tweedledee 做出小规模扩张或者大规模扩张的决策都是不明智的。在并购领域里，只要其他竞争方采取相类似的应对性并购，第一家进行并购的公司对其他竞争者的负面影响力就不会太强，因此率先行动者的优势就会减弱或者被抵消掉了。这样一来，两个"冤家"的收购博弈很可能从一开始就注定要走向两败俱伤的境地，在无从预测竞争对手是否会退出的情况下，收购能否带来短暂的优势是值得怀疑的。然而，如果某公司不对竞争者率先进行的并购做出相应反应，它将丧失市场份额并蒙受由于对手的规模经济效应所带来的损失。当石油巨擘英国石油公司(BP)在 1998 年以 480 亿美元收购了阿莫科公司(Amoco)以后，其竞争对手埃克森石油公司(Exxon)和美孚石油公司(Mobil)在 1999 年立刻进行了价值 790 亿美元的并购作为回应。作为反击，英国石油公司(BP)和阿莫科公司(Amoco)在 2000 年又以

270亿美元收购了Atlantic Richfiled，而另一家竞争对手雪佛龙公司即刻在2000年以430亿美元收购了德士古公司。这一系列石油巨头的并购博弈已经成为MBA经典案例。

要想获得长久的优势，那么收购应该是难以复制的，这就要求主并公司和目标公司能够优势互补，包括产能、资源等。判断收购是否具有创造价值的潜力其实就是验证的这种优势互补。

3.6 公司战略

公司的并购策略不应当被孤立考虑，而是应当放进公司发展的战略中综合衡量。公司治理的终极目标是最大化当前的股东价值，然而短期目标却大相径庭，可能包括最小化成本、最大化利润、最大化市场份额、提升研发能力、开拓新市场等。为了实现公司的战略目标，公司可以选择内生增长、与其他企业结盟(战略合作关系)、与其他企业合资、或者进行对外并购。要研究公司并购的动机，就需要首先研究公司的发展战略(Corporate Strategy)。

3.6.1 通行的竞争策略

除了在波特五力模型方面的贡献，Michael E. Porter还发展出来三个通行的竞争策略：①成本领先；②产品差异化或者感知消费者的不同需求；③在分割市场中的成本领先或者产品差异化。

成本领先优势是通过成本最低的生产者和销售者来获得的。最低成本是通过公司经营活动(如生产、销售、营销、配送)的价值链的有效组合来获得的。公司通过使其产品差异化来诱使消费者支付超过生产和销售成本的溢价。公司通过选择分割市场来进行竞争，竞争的领域包括成本领先或者感知消费者的不同需求。在很多行业，公司放弃广阔的市场而专注于分割市场，因为这样有利于发挥它们的竞争力。例如，在散装化学品的分割市场中，竞争是基于成本领先的；然而在特殊化学品的分割市场中，竞争则是基于产品的差异化。

但是，这种通行的竞争策略并没有解释公司如何从这些策略之中进行选择或者为什么从一种策略转移到另一种策略上。它也无法预测一个行业中的哪家公司将会遵循三种策略中的哪一种。化学工业的重组表明，在兼并中公司可能会从一种策略转移到另一种上。只有理解了公司竞争的优势，以及随着时间流逝这些竞争优势如何消失，和这些竞争优势又如何通过并购来得以完善，竞争策略才能被完全掌握。因此，我们需要深刻洞察公司如何竞争，以及什么样的公司特征和外部条件允许它们以特定的方式竞争。

3.6.2 基于资源视角的竞争策略

在资源视角(resource-based view)下，公司并不是被动地拘泥于外力的约束且自由受限，公司有能力主动进行管理并且塑造自己的经营之道。公司通过其资源和能力来竞争，资源是由公司控制的有形的或无形的资产，能力是使得公司可以有效地利用资源的一种组织能力。资源本身并不会使得一家公司具有与众不同的竞争优势。两家有着相似资源禀赋的公司可以拥有不同的竞争力。这些资源需要借助于公司的能力才能产生竞争力。只有独一无二的资源和能力的组合,才会导致独一无二的竞争优势。以上论述依赖于一个假设,即战略资源和能力差异性地分布在各家企业中,并且这些差异性的分布会给予公司持续性的竞争优势。

3.6.3 公司的资源

表 3-2 展示了公司可以获取的广泛资源。其中的一些资源如有形资源,或许不是一家公司所特有的,可以很容易地被仿制或者购买、销售。其他的资源如无形资源,是公司所特有的但是也可以交易(如专利),或者可以复制(如研发设备)。人力资源是可以流动的,如银行家跳槽到别的银行,但是一般来说,人力资源是嵌入到组织之中的,在组织之外不具有太多的价值,如创造力或许是团队所特有的或是文化所特有的。那些易于模仿、复制、替代、交易或者流动的资源不大可能给予公司持续性的竞争优势。

表 3-2 公司的组织资源

资源类别	举例
有形资源	● 实物资产,如工厂、机器 ● 金融资产,如自由现金流、融资渠道
无形资源	● 知识产权,如专利、许可证、软件 ● 商誉信誉、商标 ● 研发、设计能力
人力资源	● 技能,奉献和忠诚,职工的斗志 ● 团队协作和影响其他人技能与知识的能力 ● 职工的适应力和创造力

3.6.4 组织能力

组织能力是与组织资源不同的概念。普拉哈拉德(Prahalad)和哈梅尔(Hamel)1990 年把组织能力看做是一家公司的"核心竞争力"[①]。它代表着一个组织中所有人的能力,特别是配合不同的生产技能和多条流水线共同作业的能力。可以通过由表 3-3 所展示的组织的各种功能来描绘组织能力。

表 3-3 组织能力的分类

功能的范围	能力
公司的职能	● 融资,财务和风险管理 ● 多个企业的战略管理 ● 多个企业的协作 ● 收购管理 ● 战略的灵活性和适应性
管理信息系统	● 有效的知识管理 ● 有效地利用顾客信息以开放新的策略,如顾客关系管理(CRM)

---

① Prahalad C K. Hamel G. The Core Competence of the Corporation[J]. Harvard Business Review, 1990(516): 79-91.

续表

功能的范围	能力
产品的研发和设计	● 创造性和革命性 ● 新产品开发的快速循环
制造业	● 产品的持续改进 ● 操作上的灵活性
营销、销售和配送	● 品牌管理,声誉构建 ● 识别新的营销机会 ● 高效的促销和高效的售后服务

公司可以随着时间的推移而有组织地开发出资源和能力,或者在要素市场上获得它们,或者通过兼并、收购、战略联盟等方式获得它们。在任何时点,资源和能力的储备都确定了公司相对于其他公司的竞争能力。竞争优势由公司相对于竞争对手的优势确定。在一个激烈竞争的世界中,公司将会通过挖取人才、模仿、复制或者寻找替代品以残酷地侵蚀掉其他公司的优势资源和组织能力。因此,决定核心竞争力的要素不应该是可以流动的。

3.6.5 资源和能力的依赖路径——DNA 与并购

一家公司可以逐步开发出它自己特有的资源和能力,这种发展路径决定了资源和能力的特征。公司对当前资源和能力的依赖途径使它在一定程度上免于被竞争者复制。以此推断,每家公司都有着自己独一无二的遗传密码(即 DNA)。如果其他公司要仿制它,就必须先解码它的 DNA,绘制出它的基因蓝图并且进行类似于遗传工程的大动作。并购使许多公司可以避开庞大的基因复制工程而通过捷径来直接获取目标公司的资源和能力的 DNA。但是,通过并购而进行的基因修改是否成功取决于并购后拼接哪一种基因及如何拼接,因此基因改造后的成果有可能不稳健。

3.6.6 基于资源竞争的并购

公司可以发展它们自己特有的资源和能力以获得可持续发展的竞争优势,但是当它们当前的禀赋与它们理想当中的情况差距太大时,公司会通过并购来填补这种差距。这意味着并购双方有着互补的资源和能力。然而,如果公司需求的能力是嵌入组织中的,如团队、惯例、文化,头疼医头、脚疼医脚地并购资源和能力并把它们组装到一起是无法复制目标公司的特征的。因此,并购整家公司才是唯一的出路。

通过并购来获得资源或许比获得能力更容易,这是由于后者的嵌入性的本质所决定的。因此,获得能力并把它协调地整合进并购后的主体,就成为了一个棘手的企业组织方面的问题。获取能力及随后利用它来撬动新技术属于实物期权的范畴,然而实物期权的估值还处于早期的模型构建阶段。

并购应当被看做是资源和能力的积累和创造的动态过程,以及为未来竞争力定位的手段。并购扮演了重要的角色以重新配置业务,并为公司在现有的资源和能力的基础上获得新资源和新能力提供了机会。因此并购是一种变革的手段。这种基于资源视角的并购提出了在并购过程中关于估值、谈判、组织整合的重要问题。

3.6.7 价值链和资源、能力的共享

在基于资源视角的并购中,并购双方通过共享资源和能力来创造价值。这意味着共享必须要能够削减成本、增加销售或者提供增长机会。资源和能力共享的程度、哪些可以共享,以及是否会创造价值都可以通过由波特开发的价值链模型来检验,如图3.6和图3.7所示。

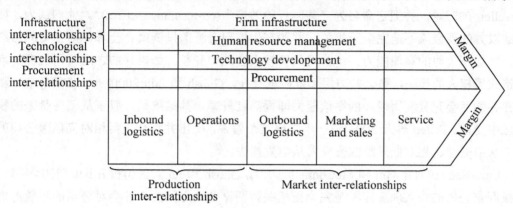

图 3.6 并购公司 1 的价值链

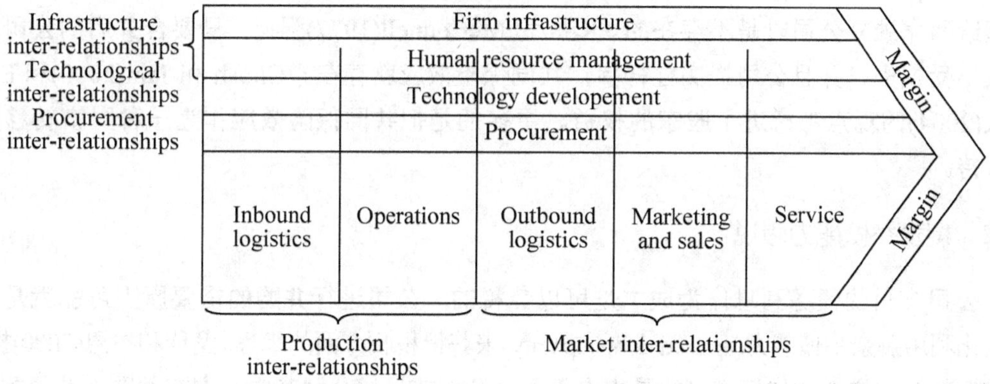

图 3.7 并购公司 2 的价值链

并购意味着整合两条价值链。在横向并购中价值链中的元素的重合程度将远远高于联合并购。在由视野经济效应所驱动的相关行业并购(非联合并购)当中,价值链中的非生产性元素会支配整合的过程。当两条价值链合并之后,价值将增加以回馈股东。兼并中哪些元素将要整合在一起依赖于驱动并购的公司的业务模式,如横向并购、纵向并购、联合并购,和该经营模式创造价值的方式。在代表着实物期权的并购中,技术和人力资源是主宰整合的重要因素。

3.7 税收与杠杆率

3.7.1 共同保险假说

共同保险(co-insurance)指的是在健康保险方面,投保方和承保方在扣除门槛费之后,按比例共同承担保费的合同。例如,健康保险在扣除300美元的门槛费后,余下部分的保

费20%由承保人负担，80%由保险公司负担。

Lewellen(1971)[1]率先使用"共同保险"这个概念来解释公司金融的理论。他提出如果两家公司的盈利水平不是完全正相关，它们的合并将为新公司创造价值，因为并购完成以后的公司规模更大、现金流更稳定，因而更安全。Kim和McConnell 1977年进一步发展了Lewellen的理论，并把它命名为"共同保险效应"(co-insurance effect)[2]。他们认为，如果并购双方的现金流不是完全正相关，并购产生的现金流的投资组合会降低新公司的违约风险、增加新公司的举债能力，新公司的债权人会从中受益，如果并购之后公司杠杆的增加不造成债权人的损失，那么共同保险效应就存在。Ghosh和Jain(2000)进一步解释说，新公司在并购后会充分利用增加的举债能力即提高杠杆率，其结果是，股东从债务带来的税盾效应中受益。Billett等人(2004)进一步发展这个假说，提出并购会使得相对高风险公司的债权人从中受益、相对低风险的债权人从中受损。[3]

Lewellen(1971)，Kim和McConnell(1977)，Ghosh和Jain(2000)和Billett(2004)都认为，如果两家公司的收入现金流不是完全正相关，两家公司之间的合并会对公司的举债能力和债权人利益产生影响。但是，以上作者在设计可做检验的假设上面观点存在分歧。Lewellen认为，只要共同保险效应存在，并购便会为公司债权人提供保护，而这种保护在他们分别借债给两家独立公司时是不存在的。Kim和McConnell(1977)强调，只要合并后的公司的债权人不受损失、并且公司提高杠杆率，共同保险效应就存在。Ghosh和Jain(2000)和Billett等人(2004)的观点考虑进了股东的权益，更多的是把共同保险效应作为一种财富转移效应来看待。

3.7.2 剩余举债能力假说

公司支付的债务利息作为成本是可以免税的。公司进行并购的重要原因可能就是为了最大化利用剩余举债能力(unused debt capacity)来获得税收方面的优惠。戈什和杰恩(2000)提出，并购后新公司增加的杠杆率可能是来自于主并公司或目标公司其中一方在并购之前的剩余举债能力。如果该理论成立，我们则应当观察到主并公司或目标公司在并购之前负债率过低。

陶(Tao，2009)发现，1962—2001年发生并购的美国公司，有2/3的主并公司在并购前都负债过低，而这些公司的杠杆率在并购后都显著增长。Weston和Mansinghka(1971)，Lev和Mandelker(1972)，Melicher和Rush(1973)，Kim和McConnell(1977)，Shrieves和Pashley(1984)，Bruner(1988)和Ghosh和Jain(2000)的实证研究都支持了该理论。

---

[1] Lewellen W G. A Pure Financial Rationale for the Conglomerate Merger[J]. The Journal of Finance, 1971, 21(2): 521-537.

[2] Kim E H, McConnell J. Corporate Mergers and the Co-insurance of Corporate Debt[J]. The Journal of Finance, 1977, 32(2): 349-365.

[3] Billett M T, King T D, Mauer D C. Bondholder Wealth Effects in Mergers and Acquisitions: New Evidence from 1980s and 1990s[J]. The Journal of Finance, 2004, 59(1): 107-135.

3.7.3 财务盈余假说

Myers，Majluf(1984)[①]和 Bruner(1988)[②]在信息不对称的基础上提出了财务盈余假说。财务盈余(financial slack)指的是公司拥有的现金和可出售证券的总和，或者现金与剩余举债能力的总和。在信息不对称的情况下，财务并不盈余的目标公司无法通过股权融资来筹措资金，因为投资者只愿意折价购买它的股票，因此该公司只能放弃所有能够盈利的投资机会。财务盈余的主并公司寻找那些拥有好的投资项目、财务并不盈余且投资者信息有限的目标公司，并通过并购来充分利用那些拥有正的净现值的投资机会来盈利。最终，低杠杆率的主并公司在并购之后杠杆率急剧增加。

3.7.4 承诺策略假说

Morellec 和 Zhdanov(2008)[③]的理论研究建立了一个动态的并购模型，在模型中，并购的时间、条款、金融策略都是相互决定的。杠杆扮演了承诺策略的角色，并决定着并购争夺的结果。在非对称均衡条件下，一家潜在的主并公司决定通过保持低杠杆率来获得目标公司的具有正的净现值项目的利润；另外一家潜在的主并公司通过高杠杆率带来的税收优惠来弥补投资机会上的损失。因此，两家事前相似的公司通过理性地选择非对称的策略来发展：一家公司选择了低杠杆率和投资，成为一家成长型企业；另一家公司选择了高杠杆率和不投资，成为一家价值型企业。在均衡状态下，成长型公司保持低的杠杆率因此更可能在并购竞价中击败对手(并购溢价与主并公司的杠杆率负相关)。该模型预测，赢得并购竞标的公司的杠杆率是低于行业平均杠杆率的；赢得竞标的主并公司在并购完成后会提高杠杆率以充分利用税盾效应，因为此时低杠杆率已经失去了它的战略价值。Bruner(1988)，Ghosh 和 Jain(2000)及 Morellec 和 Zhdanov(2008)的实证研究都表明，主并公司在并购前杠杆率过低，在并购后杠杆率显著增加。

3.8 代理人理论

本节从代理人理论(agent theory)的角度介绍了并购的动机。公司管理层出于自己利益最大化的考虑或者由于犯错，会发起并不为公司创造价值的并购活动。自由现金流假说(free cash flow theory)认为，并购虽然会损害主并公司股东的价值，但是并购行为将财富从主并公司股东转移到了目标公司股东，相比于将自由现金流投资到内部项目上，并购浪费的资源更少，并且降低了代理人成本，所以股东作为整体不会受损失。自恃假说(hubris hypothesis)认为，资本市场是强势有效的，潜在的目标公司已经得到有效治理，而过度自信的主并公司管理层通过并购去追逐并不存在的协同效应，这最终会损害主并公司股东的利益，虽然

---

① Myers S C, Majluf N S. Corporate Financing and Investment Decisions When Firms Have Information That Investors Do Not Have[J]. Journal of Financial Economics, 1984, 13(2): 187-221.

② Bruner R F. The Use of Excess Cash and Debt Capacity as a Motive for Merger[J]. The Journal of Financial and Quantitative Analysis, 1988, 23(2): 199-217.

③ Morellec E, Zhdanov A. Financing and Takeovers[J]. Journal of Financial Economics, 2008, 87(3): 556-581.

财富可能从主并公司股东转移到目标公司股东，但是由于并购交易成本的存在，股东作为整体是受损失的。

3.8.1 自由现金流假说

自由现金流(free cash flow)被定义为"当使用相关的资本成本进行折现计算时，那些超过所有具有正的净现值项目资金需求的现金流"[1]。公司的自由现金流可以被用来投资扩大生产、支付现金股利、回购股票、偿付债务本金、对外并购等。由公司管理层与股东在如何分配自由现金流上面的冲突造成的代理成本是公司进行并购的主要原因。当代理成本很高时，并购的威胁或现实的并购可以减小这种成本。实证研究发现，排除那些拥有未开发的盈利项目的公司，其他公司的股价会因为分配给股东的现金流的非预期增加(减少)而上升(下降)，理由是市场认可那些最大化股东利益的公司。

如果公司运作是有效率的，自由现金流就应当被支付给股东以最大化股东价值(现金股利、股票回购)，但这与管理层的利益相违背。一方面，支付出去的现金流会直接减弱管理层的权利。另一方面，现金流支付出去以后，如果管理层需要为新的项目融资，他们就必须再求助于资本市场，这将把管理层的一举一动置于监管之下，这是管理层所不乐意的。由于以上原因，管理层不会愿意将自由现金流支付给股东，而是希望用自由现金流来进行内部投资以扩大公司规模，因为这样他们将控制更多的资源、获得更高的薪酬、拥有更多的职位来提拔中层管理人员，即使这种规模已经不利于最大化股东价值。

公司并购是管理层的另一种选择。并购在减小代理成本方面扮演着重要的角色。在成熟的行业进行的横向并购会创造价值，因为并购为公司提供了退出机制和减少了过剩的产能。表 3-4 摘自 Jensen(1988)对 1981—1984 年美国市场的并购进行的统计，可以看出，石油和天然气占据了最大的并购市场份额。根据 Thomson One Banker 对 2011 年 9 月～2012 年 9 月的全球并购按行业进行的统计，能源行业的并购活动以 16.4%的份额位居第一。与横向并购相比，联合并购对股东的回报率很低或者为负，因为管理层缺乏相关行业的管理经验；实际上，这种并购也增加了社会总福利(主并公司与目标公司的总财富)，因为本来可能被浪费在低收益或者负收益上的内部投资的现金流被转移给了目标公司的股东；并购消息的宣布会提升目标公司的股价、并购本身还会为目标公司的股东带来溢价，此外并购的威胁会逼迫潜在的目标公司的管理层更高效地工作。在减小代理成本方面，并购与内部投资比起来，是两害取其轻(lesser of two evils)。

表 3-4　成熟行业的并购活动

Industry Classification of Seller	Percent of Total Takeover Activity[2]
Oil and gas	26.3%
Banking and finance	8.8%
Insurance	5.9%
Food processing	4.6%

---

[1] Jensen M C. Takeovers: Their Causes and Consequences[J]. Journal of Economic Perspectives, 1988, 2(1): 21-48.

[2] Grimm, 1984, p.41.

续表

Industry Classification of Seller	Percent of Total Takeover Activity
Mining and minerals	4.4%
Conglomerate	4.4%
Retail	3.6%
Transportation	2.4%
Leisure and entertainment	2.3%
Broadcasting	2.3%
Other	39.4%

资料来源：Jensen M C. Takeovers: Their Causes and Consequences[J]. *Journal of Economic Perspectives*, 1988, 2(1): 21-48.

3.8.2 自恃假说

与自由现金流假说不同，Roll(1986)[1]提出的自恃假说(hubris hypothesis)认为并购的动机仅仅是由于主并公司的管理层的错误判断。管理层追求实际上并不存在的并购收益，因此面临赢家的诅咒。

传统的金融理论和自恃假说在对市场的假设上存在分歧。传统金融理论认为，市场是半强势有效的，以下五个因素会造成目标公司的市值低于内在价值：相关的信息、潜在的协同效应的概率、垄断、税收优势、通过解雇目前的管理层来重组公司。因此，主并公司是可以通过收购来提高目标公司的效率因而创造利润。自恃假说却认为以下三个因素会造成主并公司的管理层持续做出错误决定、过高地支付溢价：过度自信、非贝叶斯预期和跟风。

Roll(1986)认为，金融市场在平均水平上是强势有效的，即管理层的智慧被充分利用、市场的总产出是均衡的、资产价格反映了全部的信息。主并公司对目标公司的估值是一个随机变量，并购溢价是一个随机误差，而目标公司的股东把公开市场上的股价当做可接受的最低股价，这个最低股价则是随机变量的平均数。当随机变量超过平均数的时候(即主并公司对目标公司的估值超过公开市场股价)，目标公司的股东有可能批准并购，否则并购不会发生。因此，只有在估值高于目标公司股价的时候，我们才会观测到并购交易。而在一个强势有效的市场上，并不会有协同效应产生，因此任何超过股价的估值都不会为主并公司带来效益。如果把股市看做第一个出价的并购竞标者，把主并公司看做第二个出价的并购竞标者，任何超过股市价格的竞标者都面临赢家的诅咒。与自由现金流假说相比，自恃假说认为并购除了使目标公司股东受益之外不会带来任何好处。对目标公司支付的溢价仅仅是对主并公司股东财富价值的转移。

如果并购不能为主并公司带来利润，主并公司为何进行并购？噪声交易者(noise traders)的存在可以作为解释。市场的平均价格反映了理性的行为，但是个体交易者的行为却不一定是理性的。全部由理性人群构成的金融市场在观测上可能与那些全部由非理性人群构成的金融市场相同，因为非理性个体的行为可能在总体效果上相互抵消。如果主并公司的管理层是噪声交易者，他们则不会在乎赢家的诅咒的后果。

Roll(1986)提出，如果自恃假说可以解释收购的动机，我们将观测到：

---

[1] Roll R. The Hubris Hypothesis of Corporate Takeovers[J]. Journal of Business, 1986, 59(2): 197-216.

(1) 在市场意识到收购行为的时候，主并公司的股价将会下跌。这是因为，这样的并购并不会导致主并公司的股东价值最大化，并且没有体现出有效的财富分配。

(2) 目标公司的股价将会上涨。这是因为，主并公司并不仅仅支付正常的溢价，而是支付了超额的溢价。

(3) 目标公司股价的上涨和主并公司股价的下降的综合效应将会是负的，这是因为需要考虑收购的成本。

通过检验 106 宗并购交易，海沃德(Hayward)和汉姆布瑞克(Hambrick)于 1997 年发现 CEO 的自恃与支付溢价的大小呈正相关[1]。自恃是通过类似公司最近的表现和 CEO 的自信(由媒体的赞誉和 CEO 收入相对于收入第二高的经理的差值来侧面反映)的变量来测度的。这项研究同时也考虑了其他的一些独立变量，如 CEO 的经验(由其在该职位的年数来衡量)和董事会的监督力量(由内部董事和外部董事的数量之比来衡量)，如图 3.8 所示。

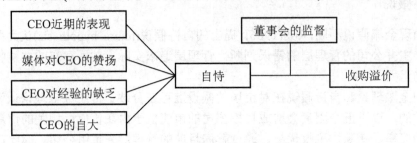

图 3.8　CEO 的自恃和收购溢价的模式

绝大多数实证研究都发现，在并购消息公布前后，主并公司的股票收益不显著或者显著为负，而目标公司的股价都显著为正，这在一定程度上支持了 Roll 的假设。而主并公司与目标公司总的股票收益的情况则较为复杂。Moellera 等人(2005)[2]检验了美国 1980—2001 年发生的 28 182 宗并购的 3 天超额收益，发现主并公司股东总的损失为 4 298.97 亿美元，而主并公司与目标公司股东总的财富 1980—1997 年为正，1998—2001 年为负(-1 340 亿美元)。他们解释说，主并公司 1998—2001 年的损失是由少数并购交易引起的，当管理层找不到好的项目时就去并购那些比较差项目，这一行为被投资者察觉。Fan 和 Goyal(2006)[3]检验了 1963—1996 年的 2 162 宗并购的 3 天超额收益，发现主并公司与目标公司的股票加权总收益为 0.019%。Wang 和 Xie(2008)[4]检验了 1990—2004 年发生的 396 宗并购交易的 11 天股票超额收益，发现主并公司为-2.91%，目标公司为 21.52%，而主并公司与目标公司的加权总收益为 0.97%。

---

[1] Hayward M, Hambrick, D. Explaining the Premiums Paid for Large Acquisitions: Evidence of CEO Hubris[J]. Administrative Science Quarterly, 1997, 42(1): 103-127.

[2] Moellera S, Schlingemannb F, Stulz R. Wealth Destruction on a Massive Scale? A Study of Acquiring-Firm Returns in the Recent Merger Wave[J]. The Journal of Finance, 2005, 60(2): 757-782.

[3] Fan J, Goyal V. On the Patterns and Wealth Effects of Vertical Mergers[J]. Journal of Business, 2006, 79(2): 877-902.

[4] Wang C, Xie F. Corporate Governance Transfer and Synergistic Gains from Mergers and Acquisitions[J]. The Review of Financial Studies, 2008, 22(2): 829-858.

3.9 财富转移

这一节主要介绍并购的财富转移效应。代理人问题使得财富由主并公司股东转移到目标公司股东。共同保险效应使得财富在股东与债权人之间进行转移。如果并购双方都发行有公司债,那么债券赎回期、债券评级、公司杠杆率的差别则会造成财富在并购双方的债权人之间的转移。

财富可以在股东之间进行转移。自由现金流假说认为,由于代理人问题的存在,主并公司管理层通过并购手段来扩大公司规模、建立自己的帝国,这会损害主并公司股东的利益,因此财富会转移至目标公司的股东。自恃假说认为,在强势有效的市场上,主并公司管理层错误地认为并购会实现协同效应因而支付高的溢价,这使得财富从主并公司股东转移至目标公司股东。

财富还可以在股东和其他利益相关者之间进行转移。第一,并购可能由股东牺牲他人的利益以最大化自己利益的动机引起。主并公司与目标公司的股东可以通过撕毁目标公司与利益相关者的合同来获利,利益相关者包括目标公司的管理层、员工、顾客和供货商。第二,代理人问题可能引起财富从债权人转移至股东,这可以由公司金融的四个模型来解释。

(1) 股利支付(dividend payout):如果并购涉及现金支付,则会产生与支付现金股利相同的效应,主并公司的债权人丧失对现金流的控制权,财富间接地从主并公司债权人转移到目标公司股东。

(2) 抵押权稀释(claim dilution):如果并购的现金支付经由主并公司发行公司债筹得,且新发行的公司债的优先权不低于主并公司和目标公司已有的公司债的优先权,则旧债权人的抵押权会被稀释,财富转移至股东和新的债权人。

(3) 资产替换(asset substitution):如果主并公司和目标公司的风险不同,则并购等同于用高风险资产替换低风险资产,风险低的公司的债权人的财富将被转移至风险高的公司的股东和债权人。

(4) 投资不足(under-investment):如果主并公司股东放弃具有更高收益的内生增长(内部投资)的机会而通过并购来取得增长,则主并公司的债权人面临投资不足带来的风险,财富从主并公司债权人转移至目标公司股东。

Settle 等人(1984)[①]使用"激励效应"(incentive effect)来解释债权人与股东之间的财富转移。因为股权价值与公司盈利的波动性正相关,公司管理层有动机通过进行高风险的投资项目来达成目的(如增加杠杆率),而并购就是这样的投资项目,其结果是财富从债权人转移至股东。

共同保险假说认为,如果并购双方的现金流不是完全正相关,并购产生的现金流的投资组合会降低新公司的违约风险、增加新公司的举债能力,新公司的债权人会从中受益,

---

① Settle J, Petry G, Hsia C. Synergy, Diversification, and Incentive Effects of Corporate Merger on Bondholder Wealth: Some Evidence[J]. The Journal of Financial Research, 1984, 7(4): 329-339.

股东受损，因此财富会从股东转移至债权人。类似地，Eger(1983)[①]和Maquieira(1998)[②]使用"再分配效应"(redistribution effect)来解释债权人与股东之间的财富转移，联合并购的分散化投资效应会减少新公司的违约风险，这会将财富从股东转移至债权人。由于公司的实际控制人是股东而不是债权人，股东会通过增加新公司杠杆的方式来增加公司的风险同时享受债务带来的税收优惠，这又会反转共同保险效应和再分配效应，使财富重新从债权人转移至股东。

Shastri(1990)[③]使用债券赎回期、债券评级、公司杠杆率来解释财富在主并公司和目标公司债权人之间的转移。如果主并公司与目标公司债务的赎回期不同，财富转移就会发生：赎回期更短的债券的价格会上升、赎回期更长的债券价格会下降，财富就在主并公司与目标公司的债权人之间发生了转移。Shastri把这种效应称为"赎回期效应"。

如果主并公司和目标公司的风险不同(Shastri 使用加权平均的债券评级来衡量风险)，财富就会从并购前风险更低的公司的债权人转移到并购前风险更高的公司的债权人。Shastri把这种效应称为"风险效应"。

如果主并公司和目标公司的杠杆率不同，合并后新公司的杠杆率就会介于两个杠杆率之间，杠杆率高的公司的债券价格就会上升、杠杆率低的公司的债券价格就会下降，造成财富从杠杆率低的公司的债权人转移到杠杆率高的公司的债权人。Shastri把这种效应称为"杠杆率效应"。

本 章 小 结

本章主要介绍了公司是出于何种目的而进行并购活动：基于公司层面，介绍了基于增长、协同效应、博弈论、行业和公司战略等而进行并购的动机；而基于公司内部层面，介绍了税收与财务杠杆、代理问题和财富转移问题等而进行并购的动机。由此我们可以发现一起并购事件发生的原因，并在事后观察该并购活动有否达到所预想的结果。

经济活动中时刻都在发生着兼并与收购的活动，而其中的目的则各不相同。有的是为了使公司获益，如基于规模效应的收购。有的则仅仅是管理层的一时头脑发热，如自恃假说。而有的，如保时捷公司收购大众汽车集团，则有着更深层次的原因，其中既有协同效应，也有管理层方面的家族因素。因此，要明白的一点就是，任何一起收购事件，绝不仅仅是完全由某一种动机所驱使。例如，即便是出于获得规模效应而进行的收购，也要考虑到收购后的行业竞争态势、竞争对手的反应、会不会有管理层的乐观因素在里面、与收购目标的讨价还价等。

---

① Eger C. An Empirical Test of the Redistribution Effect in Pure Exchange Mergers[J]. The Journal of Financial and Quantitative Analy sis 1983, 18(14): 547-572.

② Maquieira C, Megginson W, Nail L. Wealth Creation Versus Wealth Redistribution in Pure Stock-for-Stock Mergers[J]. Journal of Financial Economics, 1998, 48(1): 3-33.

③ Shastri K. "The Differential Effects of Mergers on Corporate Security Values", in Research in Finance, Volume 8, ed. Chen, A., UK: JAI Press Inc., 1990.

习 题

1. 如何区分规模效应和视野效应？
2. SWOT 分析法中的各个因素分别是什么？
3. 为什么共同保险可以降低公司的风险？
4. 如果要扩展波特的五力分析模型，你能想到还有其他哪些因素可以添加进来？
5. 作为收购方公司的股东，如何避免在收购中财富转移给别人？
6. 阅读以下案例资料，并回答相关问题

谜样海航

2011 年 12 月 16 日，海航集团对外宣布，以 10.5 亿美元正式完成对通用海洋公司(GE SeaCo)100%的股权收购，这是近期在全球海运业持续低迷情况下全球最大的并购项目。海航集团就像一个谜，尽管拥有千亿资产，但净资产实际为 49 亿元，而对外担保余额则高达 116.80 亿元。

并购已经成为海航集团的一种生存模式，资金越不宽裕，越需要通过频繁的交易来运转。海航的这种逻辑被总结为，在经济前景看好、资产不断升值的预期下，以企业的快速膨胀来撬动资金，又以新的资金来猎取资产，循环往复。数据显示，2009—2011 年三年间，海航集团在国内市场至少斥资近百亿元大举收购。

《经济观察报》获得的一份独立调查报告显示，海航集团一直采用资产重估—贷款—扩张—抵押贷款—再扩张的发展模式，而旗下众多的上市平台则为海航集团提供了充足的腾挪空间。

报告称，海航集团直接侵占上市公司现金获得扩张的部分资金来源。海南航空股份有限公司负债率显著高于同业水平，同时账上保留大量现金。这种高负债率和高现金现象存在的原因是：海南航空用高利率借得银行贷款，然后将现金以低息存入海航集团的财务公司，截至 2011 年中期，海南航空上市公司、易食集团股份有限公司、西安民生集团股份有限公司三家上市公司在海航集团财务有限公司的存款分别为 45.87 亿元、1.32 亿元、1.23 亿元，三家上市公司只按照存款利率收取利息。

另外，海航集团还通过关联交易，以超低成本占用上市公司资金。最明显的例子是 2007 年 12 月 29 日，海航集团将渤海国际信托有限公司 39.14%的股权转让给海南航空股份有限公司，作价 8.29 亿元。2009 年 11 月 6 日，转让项目终止，集团返还海航股份 8.29 亿元及利息。2007 年 12 月 12 日，海南航空股份有限公司将科航大厦在建工程转让给海航集团，作价 3.01 亿元。2008 年 12 月 12 日，海航集团将北京科航投资有限公司 95%股权(含扬子江地产(集团)有限公司 60%股权)转让给海航股份，作价 17 亿元。2008 年年底，海航集团通过燕京饭店和北京科航投资有限公司的项目，获得投资收益 14.71 亿元，使得海航集团 2008 年业绩盈利 9699 万元。海航集团获得发行公司债资格，分别在 2008 年、2009 年发行了总计 28 亿元公司债。统计显示，海南航空股份有限公司从 2011 年 1 月 11 日刊发第一个年度公告，到 12 月中总共对外公告 96 次。其中涉及关联交易的就高达 15 份。

上述报告还称，海航集团还存在着空手套得上市公司，这在用西安民生集团股份有限公司的钱买西安民生集团股份有限公司上体现明显。2003 年 5 月，海航集团通过出资 1.7 亿元协议受让西安民生集团股份有限公司 5 180 万股国有法人股(占股本总额的 25.65%)，成为后者的第一大股东。当年，西安民生集团股份有限公司将 1.9 亿元资金以 3 个月定期存款的形式存入海航集团财务有限公司。后直至 2005 年上半年才得以归还。

(资料来源：《经济观察报》，廖杰华 肖君秀 李保华 周禾眼，2011 年 12 月 24 日)

问题：
(1) 海航集团如何为并购筹资？
(2) 海航集团进行并购的根本动机是什么？

第 4 章 并购的分类与特征

教学目标

通过本章学习，了解并购的分类，包括横向并购、纵向并购、联合并购以及并购的特征，包括支付方式、行业相关性、跨国并购、相对规模和恶意性。

教学要求

知识要点	能力要求	相关知识
并购的分类	掌握并购的分类及相应的优缺点	(1) 横向并购 (2) 纵向并购 (3) 联合并购
支付方式	深入理解支付方式及相关的经济学原理	(1) 市场有效性假说 (2) 税负假说 (3) 控制权假说
行业相关性	掌握行业相关性对并购的影响	(1) SIC (2) NAICS
跨国并购	跨国并购的动机与障碍	跨国并购
相对规模	相对规模的衡量方式与背后的经济学原理	公司规模
恶意性	掌握恶意并购与友好并购的优缺点	恶意并购，友好并购

> 向后看得越远，那么向前看得也越远。
>
> —— 丘吉尔

基本概念

横向并购　纵向并购　联合并购　支付方式　行业相关性　跨国并购　相对规模　恶意性

第4章 并购的分类与特征

导入案例

Merck 收购 Medco Containment Services

1993年，默克集团(Merck)——当时世界上最大的制药公司，花60亿美元收购了Medco Containment Services Inc.，世界上最大的打折处方药销售商。这宗并购使得默克集团成为世界上最大的医药公司，同时也是最大的制药商和药品销售商。这宗并购明显地导致了一家无比强大的公司的产生，但是它并没有受到美国反托拉斯监管机构的反对，原因是监管者们认为这宗并购会导致行业更激烈的竞争和更低的产品价格。

在今天看来，如果一开始监管机构便阻止了该项并购，对Merck或许更好。在并购完成以后，Merck的竞争对手纷纷效仿该交易，使监管者开始担忧Merck对消费者决策的影响力。Merck认为这宗并购使它直接把药品呈送到了消费者面前，为消费者带来了便利，但众多的制药商开始通过分销渠道来影响消费者选择药物的权利。当这个问题产生以后，这宗并购给Merck带来的好处渐渐消失，监管者强令默克集团与分销商进行业务分拆。

（资料来源：Gaughan, Mergers Acquisitions and Corporate Restructurings, 4ed, John Wiley & Sons Inc, 2007.）

点评：

这则纵向并购的案例说明，一家企业或许对自己所在的行业了如指掌，认为自己在不触犯反托拉斯法的情况下会从并购上下游企业中获益，然而竞争对手的跟风及监管理念的不确定性，会给企业带来损失。

4.1 并购的分类

4.1.1 横向并购

横向并购(horizontal mergers)指的是同行业竞争者之间的并购，如两家航空公司之间的并购。

企业进行横向并购的主要原因是为了获得市场定价权(market power)，即设定或者保持产品或服务的价格高于竞争性价格的权利。企业可以通过三种方式来获得市场定价权。第一，产品差异化。如果企业销售的产品或者服务与竞争对手相比具有差异，消费者比较价格的成本就偏高，且竞争对手不太可能通过降价来有效地吸引消费者，因而企业可以将自己的产品或服务的价格设定在竞争价格之上。在英国，一些中高端的百货公司销售的产品都是自有品牌，如John Lewis、Marks & Spencers，使企业可以通过差异化的策略对抗竞争对手和吸引消费者。第二，行业准入障碍。企业可以通过行业准入障碍以避免新进入者的竞争，因而可以在价格上保持垄断。中国的铁路运营、公路长途运营、出租车营运一直设有严格的行业准入障碍，因而具有政府背景的企业保持了长期的垄断。第三，保持市场份额。如果企业的市场份额足够大，那么企业对上游供货商和下游客户就有了定价权优势。世界三大铁矿石生产商必和必拓公司(BHP Billiton Ltd，以下简称必和必拓)、力拓集团(Rio Tinto Group，以下简称力拓)、巴西淡水河谷公司(Vale of Brazil)便是通过市场份额获得了市场定价权。获取或者保持领先的市场份额是众多横向并购产生的直接原因。

企业进行横向并购的原因也有可能是为了应对成熟市场的压力以便取得成本优势。根据管理理论，产品或者企业的发展会经历诞生(emerging)、发展(growth)、成熟(maturity)、衰退(declining)四个阶段。在成熟期和衰退期的产品或企业往往具备以下三个特征：第一，行业整体的增长率非常低；第二，生产能力远远超过了需求；第三，市场上只存在少数几家规模极大的竞争者。成熟行业包括石油、汽车生产、百货、航空等。Jensen (1986)指出，发生在20世纪80年代美国石油行业的横向并购便是属于这种情况，这些并购消除了石油公司的过剩产能，从而为股东创造了价值。

横向并购可以在两个方面为企业创造价值。

1. 增加利润

第一，横向并购可以加强企业的市场定价权和增加收入。同行业两家公司的并购可以增加它们的市场份额，导致市场定价权的加强，以使它们在销售价格上形成垄断或者在非价格因素方面更有竞争力。收入的增加还可以通过降低对价格高度敏感的商品的单价来实现。第二，增加网络外部性(network externality)。收入增长的重要来源之一是网络外部性，即一项产品对个体客户的价值来自于使用这项产品的其他客户的数量。网络外部性基于用户基础，即客户通过互动来分享经验，用户数量越多，互动就越有效，这会反过来进一步激励更多的用户购买该产品。英语国家创造了卓越的近现代文明，这使得许多专业性著作都是以英文的形式撰写的，这种网络外部性激励更多的非英语国家国民学习英语并加入到英语国家的科学研究中来，这又进一步加强了英语国家的研究实力。微软公司的Office办公软件之所以能经久不衰，重要的原因就是网络外部性使它进入了良性循环。第三，撬动营销资源和能力。参与合并的公司可以相互发掘对方的营销资源和能力以增加销售。各家公司已经建立起来的销售渠道可以被用来销售对方公司的产品，因此能增加合并后公司的总销量。

2. 降低成本

第一，消除过剩产能。过剩产能会导致价格压力和激烈的竞争，这会压缩企业的利润空间。横向并购能够帮助企业优化产量和消除过剩产能，汽车和钢铁产业的横向并购就是通过削减产量和裁员来降低成本。第二，横向并购能够使企业通过规模效应、视野效应、学习效应来降低成本。

横向并购在增加利润和降低成本的同时，也存在重大的缺陷。第一，横向并购最终可能造成企业对市场的垄断，这会给消费者和企业的市场竞争力带来极大的损害。第二，代理问题会激励管理层不断扩张企业的规模，而最迅速有效的扩张方式就是并购，其结果是企业的规模会超越最优规模(即在这一点上，企业的边际收益等于边际利润)，使规模不经济效应起主导作用。

4.1.2 纵向并购

纵向并购(vertical mergers)指的是同一产业链上下游企业之间的并购。例如，汽车生产商可以向上游并购汽车零部件生产商，也可以向下游并购汽车销售商。

企业进行纵向并购的动机主要是基于"生产/购买"决策。对于产业链上下游产品或者服务，企业可以选择从市场购买、长期合约和自行生产三种方式。

企业从市场上购买上下游产品或者服务，可以带来四点好处。第一，在完全竞争的产品市场，上游供应商或者下游服务商具备比较优势，因此提供的产品或者服务可能比企业自行生产的质量更好、价格更低。第二，如果出现业务纠纷，企业可以根据合同进行高额的索赔。第三,如果出现技术变革或者宏观经济动荡,企业可以比较容易地终止合同和选择新的上下游合作者。第四,可以避免企业内部的利益冲突。

大量的美国企业将产业链中的制造环节外包到中国,就是希望通过从市场购买到价格更低廉的产品,以缩减制造成本。2009年开始的中国通货膨胀的加剧直接导致了原材料和劳动力成本上升,因此美国企业开始大举将制造业从中国转移向东南亚国家,或迁回美国本土。美国和英国企业将呼叫中心和研发中心设在印度,则主要是因为印度成本低廉、英语为母语、时差确保项目不间断进行。

企业选择通过战略联盟的方式,与上游供货商或下游客户签订长期合约,可以保证长期、稳定的原材料供应或者产品销售。世界三大铁矿石生产商与中国钢铁工业协会的长效定价机制就是一种长期合约,但在市场行情波动较大的情况下,这种定价机制会产生零和游戏的效果。

企业也可以通过向上下游产业链延伸的方式来自行生产产品,而最迅速有效的方式就是纵向并购。纵向并购会带来四个方面的优势。第一,在技术和协调上为顾客提供更高效的服务,以增加企业的收入。汽车销售商通过与汽车生产商合并,为顾客提供定制、购买、贷款的一站式服务,可以大大增加汽车的销售量。第二,及时、稳定、可靠的原材料供应或产品销售。企业并购上下游产业链,可以为自己提供及时、稳定、可靠的原材料或者保证销售渠道的畅通,削减仓储成本和物流成本。第三,降低交易成本。如果企业通过从市场上购买产品或者与外部企业签订长期合约,则会产生相应的谈判成本和合约成本,而自行生产就可以大大节约这一部分的交易成本。第四,避免专业化投入带来的不确定性。如果企业的产品专业化程度较高、用途较窄,则它的上下游企业将会面临长期投资的不确定性风险,因此,企业的上下游伙伴将不愿意在研发、厂房、设备上面投入巨额资金。为了避免这种不确定性,企业需要选择自行生产和销售。第五,专利和质量控制。一些高新技术产业或者奢侈品牌企业,为了保护专利或者控制产品质量,会确保整个产业链都置于自己的严格控制下,因而会选择自行生产。

纵向并购的缺陷是,打通产业链的经营方式会在大型企业内部产生利益冲突的问题。例如,汽车零部件生产部门和汽车生产部门之间的利润分配就是一个零和游戏,这会在大企业内部产生严重的利益冲突。当管理层发现难以在上下游部门之间进行考核与调解之时,就会选择拆分这些部门,把产业链的一部分进行外包。

案例 4-1

公司流程外包:关键数据要保留

"云"(Cloud)——云一般宽广、舒适的存储空间,可实现计算能力、服务和应用的共享。对消费者而言,文件共享服务 Dropbox 等云服务,以及谷歌(Google)的 Gmail 和微软(Microsoft)的 Office Live 等应用,都有着非凡的意义:你无须自己管理基础设施了。对公司而言也一样:如果能把电子邮件功能外包出去,又何必在公司里配备许多台嗡嗡作响的电子邮件服务器并配备技术维护团队呢?同样,还有许多公司争相要外包你公司管理经营的其他流程,将你公司从管理员工和维护基础设施的责任中解脱出来。

但外包是一个好主意吗?这个问题不应单独由 IT 部门(如果是电子邮件等对公司业务非常关键的职能)决定,也应听取首席财务官(CFO)的意见,因为这是一个影响公司成本的政策问题。凯捷咨询公司(Capgemini)财务与会计外包业务主管克里斯·斯坦科姆比(Chris Stancombe)表示,决定是否外包一项业务

兼并与收购

流程对 CFO 来说是权衡利弊的过程。凯捷数据管理业务主管史蒂夫·琼斯(Steve Jones)表示，外包意味着一家公司在理论上能以远低于自己管理时的成本实现业务流程的"最优化"；但如果业务流程的环节比较多，并由多家供应商分别提供，那么保持一致将是一个挑战。CFO 要考虑的问题应当是：我要如何保持一致性？IT 供应商可提供很棒的流程，但 CFO 应当提出："我希望能掌控局面，外包不但要保证质量，还要降低成本。"数字信息数量与类型激增（即大数据），也对 CFO 的外包决定构成了一些挑战。但有大量的数据需要在公司内部进行处理时，CFO 就必须与 IT 部门共同制定政策来管理这些数据。

埃森哲咨询公司(Accenture)金融服务分析业务主管埃德温·范德奥德拉(Edwin van der Ouderaa)指出，必须对公司处理能力进行管理：公司必须在基础设施方面做出决策。"'云'可能是处理大数据的最有效方法，"范德奥德拉说，"如果你在公司里部署了全部处理能力，最终可能导致处理能力过剩，并为此付出高昂的代价。"

另一个问题是如何解决数据及运行数据的应用之间的分歧。一家 IT 供应商或许有能力为你提供非常合适的应用，但你也愿意把你最珍贵的资源——客户数据，交到这家供应商手中吗？IT 服务集团 Dimension Data 解决方案主管克里斯·诺尔斯(Chris Knowles)指出，解决办法就是把数据保留在公司内部。"应用可能要在'云'中运行，但你得保留对数据的控制权。否则，你肯定要担心，如果这家供应商倒闭会有什么后果——公司的数据会受到什么影响？或者要担心，公司数据会不会跟其他公司的数据混到一起？"诺尔斯表示，这当然会带来安全问题。公司和机构肯定能从'云'处理能力中受益，但他建议，"把数据保留在本地"才是明智之举。

流程外包似乎是一种显而易见的选择，但精明的 CFO 不会忘记网络带宽等其他成本。诺尔斯表示，如果公司有大量信息是由供应商以在线处理方式处理的，"就必须考虑'云'的访问成本及对公司网络带宽的要求"。不过，诺尔斯表示，"云计算很有价值——利大于弊。"公司控制成本的需求与日俱增，IT 服务商面临的竞争环境也很严峻，对 CFO 而言，如今应是他们决定各业务流程去留得好时机。

（资料来源：http://www.ftchinese.com/story/001046793.）

4.1.3 联合并购

联合并购(conglomerate mergers)指的是不同商务领域的公司之间的并购。联合并购的目的主要是为了分散风险，即企业通过对不同类型的资产进行投资以达到"不要把鸡蛋放进一个篮子里"的目的。从理论上讲，风险的分散化程度是用行业种类来衡量的，一家企业跨越的行业种类越多，风险越分散。

企业进行联合并购的动机主要有四点：第一，整合产业链。为了充分利用规模效应、视野效应、学习效应带来的协同效应，企业需要整合产业链以减小成本、增加利润。旅行社并购酒店、航空公司，超市集团并购房地产，这些都属于整合产业链的联合并购。第二，应对产品周期与商业周期。任何产品、行业都会经历诞生、发展、成熟、衰退的周期，因此企业需要在产品之外，甚至行业之外不断发掘新的增长点，而联合并购则为企业提供了这样的出路。iPad 的诞生对传统 PC 行业构成了挑战，虽然 iPad 在功能上无法替代 PC，但是它至少对以轻便著称的上网本构成了致命威胁，因此传统计算机生产商不得不在 PC 行业之外寻找新的增长点，以应对产品周期。宏观经济的交替繁荣与衰退构成了商业周期。企业需要投资于不同的产业，以减小因为商业周期带来的现金流波动。例如，在经济繁荣时期，豪车游艇等产业的增长比较迅速；在经济萧条时期，麦当劳、肯德基一类的低端餐饮连锁的收入则会逆势而上。第三，保持长期投资决策。投资者经常会做出错误的决策，如在最高点买进资产或者在最低点出售资产。企业通过联合并购的方式，在长期投资决策的指导下,通过并购一些行业外的资产来分散风险。第四,避免现金流剧烈波动。投资者都偏好稳定或向上的股利政策,企业的现金股利一旦出现下滑,投资者就会纷纷抛售企业股票,造成股票价格下跌。为了使现金流保持稳定,企业需要分散风险,而跨行业经营就可能带来这种分散风险的效果。

虽然联合并购会为企业带来诸多好处,但是它的风险是不可忽视的。代理问题的存在,使得公司管理层很可能是为了最大化私利而进行并购。行为金融学告诉我们,管理层的过分自信让他们相信自己可以管理好任何行业的企业,但事实证明,买方通常为他们购买到的公司支付过高金额,许多并购交易接下来的财务表现都很逊色。1970—1982年发生的联合并购交易,截至1989年,有60%被出售或者拆分。Gregory(1997)[1]检验了1984—1992年发生的452宗英国并购交易在并购后24个月的主并公司超额收益,发现联合并购的超额收益在-14%~-11%,而非联合并购的超额收益在-11%~-4%。Maquieira等人(1998)[2]研究了1963—1995年的260宗美国并购交易,发现联合并购交易的主并公司和目标公司加总的5个月[-2,+2]股票超额收益为3.91%,非联合并购的加总股票超额收益为6.91%。

4.2 支 付 方 式

4.2.1 支付方式的分类

公司并购所涉及的交易金额十分巨大,而交易的支付方式(methods of payment)也多种多样。通常来讲,最主要的支付方式包括纯现金、纯股票、现金与股票的混合及其他支付方式。

纯现金支付指的是主并公司通过支付现金以换取目标公司股权的方式。现金并不能给公司带来任何收益,公司只有把现金转换成固定资产才能获得高的收益。因此,公司账目上只会保留少量的现金以保持流动性,如偿付短期债务或者应对无法预料的事件。当主并公司需要金额巨大的现金以支付并购交易时,就需要进行融资,而借债是最常用的方式,这会使得公司的杠杆率剧增。图4.1是1980—2009年美国公司并购的纯现金支付方式占总支付比例的走势图,可以看出,纯现金支付所占的比例在1992年以后逐年增高。

纯股票支付指的是主并公司以自己的股票兑换目标公司股票的支付方式,即通常所说的"换股"。股票可以是主并公司已经发行在外的股票,也可以是主并公司专门为并购而增发的新股。如果换股致使目标公司所持有的主并公司的股份超过50%,则目标公司变成了主并公司实际上的大股东,这种并购被称为"反向并购"。

现金与股票的混合支付方式,涉及现金与股票的不同比例的组合。在近年来的并购实践中,当并购总金额一定的条件下,目标公司的股东更倾向于接受高的现金比例。

围绕着以上三种主要支付方式,其他的支付方式不胜枚举,并有可能随着衍生金融工具的变化而不断推陈出新。例如,主并公司可能会通过债券、优先股、借入的股票等来进

---

[1] Gregory A. An Examination of the Long Run Performance of UK Acquiring Firms[J]. Journal of Business Finance and Accounting, 1997, 24(7): 971-1002.

[2] Maquieira C, Megginson W, Nail L. Wealth Creation Versus Wealth Redistribution in Pure Stock-for-Stock Mergers[J]. Journal of Financial Economics, 1998, 48(1): 3-33.

行支付。

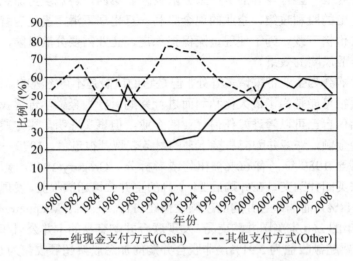

图 4.1　1980—2009 年美国公司并购支付形式趋势

(资料来源: Mergerstat Review, 2010.)

4.2.2　支付方式的经济学假说

研究发现，并购的融资手段和支付方式的差异会对投资者收益产生不同的影响。目标公司的股东通常会在并购宣布期获得显著的正收益，而其中现金支付所带来的收益远远高于股票支付所带来的收益。主并公司的股东在并购宣布期的收益不显著或者显著为负，而其中现金支付所带来的收益非负、股票支付所带来的收益显著为负。探索各种支付方式背后的经济学原理、合理解释不同的支付方式所产生的影响，对投资者、公司管理层、监管者来说具有重要的现实意义。根据目前的研究，市场有效性假说(efficient market hypothesis、税负假说(tax hypothesis)、控制权假说(control hypothesis)对支付方式做出了非常具有说服力的经济学解释。

1. 市场有效性假说(efficient market hypothesis

市场有效性假说认为，资本市场按照有效性可以分成三种形式(图 4.2)。在弱势有效市场(weak form)，资产价格反映了一切过去的信息；在半强势有效市场(semi-strong form)，资产价格反映了一切公开信息；在强势有效市场(strong form)，资产价格反映了一切信息，包括公开的和非公开的信息。经济合作与发展组织(Organization for Economic Cooperation and Development，OECD)中的 34 个国家的资本市场一般属于半强势有效形式，其他国家的资本市场属于弱势有效形式。在半强势有效或弱势有效形式的资本市场，信息在企业、竞争对手、投资者之间是非对称的。信号假说认为，不同的支付方式会向资本市场传递关于主并公司或目标公司的非公开信息及它们对整合后的公司的经营状况的真正预期，而这些信息是投资者之前并不知晓的，因此，不同的支付方式会导致不同的投资者收益。信号假说将支付方式分为固定性支付(fixed payment)、不确定性支付(contingent payment)和其他支付(side payment)三种形式。

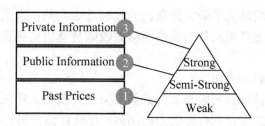

图 4.2 市场有效性假说

1) 固定性支付(fixed payments)

固定性支付指的是现金或高级债券等支付方式。由于现金和高级债券的价值不像股价和债券一样剧烈变动,这种支付方式可以减少交易过程中价值的不确定性。

主并公司使用固定支付方式,会向市场发出一种正面信号。如果主并公司宁愿保留股票而付出现金,则会被理解为,主并公司对合并后的公司的长期业绩看好、认为股票价格将上涨。基于这种正面信号,主并公司的股票价格在并购消息宣布时将上涨。

目标公司接受固定支付方式,会向市场发出一种负面信号。如果目标公司不愿意持有主并公司的股票,而是选择套现,则会向市场传达目标公司对合并后的公司长期业绩看空或者主并公司出价过高的信号。基于这种负面信号,主并公司的股票价格在并购消息宣布时将下跌。

2) 不确定性支付(contingent payments)

不确定性支付指的是夹层债券(mezzanine debt,详见第 7 章)、垃圾债券、优先股、普通股等支付方式。因为价格随时剧烈变动,这些证券的价值与固定支付方式相比,是不确定的。

不确定性支付对目标公司具有激励效应,因为如果目标公司在并购后极力配合整合、为新公司做出贡献,那么目标公司的股东将从股票支付中受益。为了减小股价波动给目标公司股东带来的风险,股票支付方式往往与衍生品捆绑。例如,股票波动如果达到一定的上限或下限,以股票作为标的的衍生品条款就会生效。如果目标公司接受不确定性支付,则会向市场发出正面信号,即目标公司对合并后的长期业绩有信心,因此目标公司的股价在并购消息宣布时会上涨。对于主并公司,不确定性支付会向市场发出不利的信号,即主并公司缺乏足够的现金或高级债券来为并购交易融资,因此主并公司的股价会下跌。

Shleifer 和 Vishny[①](2003)建立了一个行为金融学模型来解释基于股市定价偏差的并购行为:当主并公司认为自己的股票价格被高估(低估)时,倾向于使用股票(现金)支付来进行并购。这与资本结构方面的市场时机理论比较类似。市场时机理论认为,资本市场信息不对称,而公司管理层比外部投资者拥有更多的信息,当管理层认为股价被高估(低估)时就增发(回购)股票。资本市场会意识到这种支付方式所传达的信号并做出理性的回应。当主并公司使用股票支付,市场会认为主并公司的股票价格被高估,主并公司的股价会因此下跌。根据这个模型,主并公司的市场/账面价值(market to book ratio)越高,它使用纯股票支付的可能性越大。2000 年互联网泡沫的高峰时期,美国在线以纯股票方式收购时代华纳,

---

① Shleifer A, Vishny R. Stock market driven acquisitions[J]. Journal of Financial Economics, 2003, 70(3): 295-311.

主观上美国在线的管理层是为了最大化自己的私利才去收购，造成严重的代理问题，但在客观上，美国在线使用被严重高估的股票泡沫去收购货真价实的资产，实现了股东利益的最大化。

3) 其他支付(side payments)

其他支付指的是除目标公司股东之外的第三方并购支付。第三方包括所有的对并购的设计和完成及并购后期的整合具有影响力的团体，包括目标公司管理层、工会、当地政府、中央政府、投资银行、律师、会计师、贷款银行等。跟支付给目标公司的金额相比，其他支付的金额微不足道，因此可以忽略不计。

2. 税赋假说(tax hypothesis)

在考虑税收的情况下，选择现金还是股票支付对主并公司和目标公司的股东有着显著的影响。

根据美国法律，在纯现金支付的交易中，目标公司的股东需要立即支付资本利得税(tax on capital gains)，而主并公司有权提高会计折旧的基点(depreciation basis)；在纯股票支付的交易中，目标公司的股东可以延迟到将来出售股票获利时再支付资本利得税，而主并公司的会计折旧基点是不能改变的。可以看出，从税收角度来说，纯现金支付方式会使目标公司股东受损失、主并公司股东受益，而纯股票支付的效应正好相反。

Hayn[①](1989)通过对比主并公司和目标公司在应税与非应税交易中的收益率，发现应税交易具有更高的股东回报率。应税交易通常由现金支付，非应税交易通常为股票支付，现金支付形式下较高的目标公司股东收益被解释为，主并公司因为税盾效应的收益向目标公司的股东即刻缴税损失所支付的赔偿。

3. 控制权假说(control hypothesis)

控制权假说指的是，现金形式的并购交易不会改变主并公司的股权结构，但股票形式的支付却可能剧烈改变主并公司的控制权。控制权对主并公司来说是十分珍贵的，因此主并公司必须权衡股票支付方式的利弊。该假说预测，如果主并公司使用现金支付，它的宣布期股票收益会更高，因为它的控制权没有受到并购影响。

4.3 行业相关性

4.3.1 行业相关性的假设

行业相关性(industry relatedness)关注的是主并公司和目标公司是否处于同一行业。相关性并购指的是同一行业中的并购，通常包括横向并购和纵向并购；非相关性并购指的是不同行业间的并购，通常指联合并购。

一般观点认为，相关性并购发生在同一行业，因此并购后的公司更容易实现由规模效应和视野效应带来的运营上的协同效应。非相关性并购则常常是由代理人问题引发的，因

---

① Hayn C. Tax Attributes as Dterminants of Shareholder Gains in Corporate Acquisitions[J]. Journal of Financial Economics, 1989, 23(1): 121-153.

为管理层需要使用公司自由现金流来扩大自己的帝国。这种观点预期，主并公司和目标公司股东从相关性并购中获得的收益高于非相关性并购。

然而，非相关性并购使得主并公司可以针对商业周期分散自己的风险，还使得主并公司和目标公司可以跨越行业实现学习效应。从债权人的角度出发，当两家公司的现金流不是完全正相关时，并购会减小公司的违约风险并增加举债能力，因此非相关性并购产生的共同保险效应要强于相关性并购。这种观点认为，股东、债权人从非相关性并购中获得的收益高于相关性并购。

4.3.2 行业分类标准

实证研究需要明确的标准来衡量并购的行业相关性，SIC(standard industrial classification，标准工业分类)和NAICS(North American industry classification system，北美工业分类体系)是应用得最广泛的两种标准。

SIC是美国政府于1937年建立的四位代码的工业分类体系，主要用作统计报告，拥有相同SIC代码的公司被认为是相似的。SIC代码分为部门(division)、主要组别(major group)、工业组别(industry group)三个层级。首位代码代表部门，前两位代码代表主要组别，前三位代码代表工业组别。例如，金融、保险、房地产类的企业的代码就以"6"开头；进一步细分，银行和类银行企业以"60"开头；再进一步细分，商业银行以"602"开头；更进一步，全国性商业银行代码为"6021"。SIC的宏观分类见表4-1。

表4-1 SIC的宏观分类

部门	描述
A	Agriculture. Forestry, And Fishing
B	Mining
C	Construction
D	Manufacturing
E	Transportation, Communications, Electric, Gas, And Sanitary Services
F	Wholesale Trade
G	Retail Trade
H	Finance, Insurance, And Real Estate
I	Services
J	Public Administration

1997年，美国政府推出了六位代码的NAICS以取代SIC，但像SEC这样的部门至今仍然沿用SIC。为了和先前的实证研究结果相比较，多数研究文章也仍然使用SIC。NAICS被美国、加拿大和墨西哥广泛使用。由于代码位数更多，NAICS比SIC能提供更详细的工业分类。三个国家的NAICS前三位代码是统一的，头两位代码代表宏观行业(business sector)，第三位代码代表次级行业(subsector)，第四位代码代表工业组别，第五位代码代表工业细类(particular industry)，第六位代码代表国内工业(national industry)。NAICS的宏观分类见表4-2。

表 4-2 NAICS 的宏观分类

Sector	Description
11	Agriculture, Forestry, Fishing and Hunting
21	Mining, Quarrying, and Oil and Gas Extraction
22	Utilities
23	Construction
31~33	Manufacturing
42	Wholesale Trade
44~45	Retail Trade
48~49	Transportation and Warehousing
51	Information
52	Finance and Insurance
53	Real Estate and Rental and Leasing
54	Professional, Scientific, and Technical Services
55	Management of Companies and Enterprises
56	Administrative and Support and Waste Management and Remediation Services
61	Educational Services
62	Health Care and Social Assistance
71	Arts, Entertainment, and Recreation
72	Accommodation and Food Services
81	Other Services (except Public Administration)
92	Public Administration

在研究中，使用 SIC 和 NAICS 作为行业分类标准存在一定的缺陷。由于许多大公司都是多元化经营的联合企业，它们拥有多个 SIC 或 NAICS 代码，很难确定哪一个代码更合适。研究者通常使用 SIC 主要代码(primary SIC code)的前两位或前三位来定义一家企业所处的行业，但这种方法仍然是不完备的。

Fuller (2002)、Gregory 和 McCorristom(2005)的实证研究发现行业相关性对主并公司的股东收益没有影响，Officer(2003)发现行业相关性对主并公司和目标公司的股东财富均无影响。Moellera 等人在 2004 年和 2005 年指出，主并公司的股东在相关性并购当中的收益更高。Danbolt (2004)报告目标公司的股东在相关性并购当中的收益更高。Bhagat 等人(2005)发现在相关性并购当中，主并公司和目标公司的股东收益都较高。

4.4 跨国并购

跨国并购(cross border acquisitions)指的是主并公司和目标公司分别属于两个不同国家的并购。当一家企业决定要向海外市场销售产品时，它可以选择如下战略：①向海外市场出口；②授权海外公司生产自己的产品；③在海外重新建一家新工厂；④与海外公司合资建立工厂或者与海外公司建立战略联盟；⑤兼并海外企业。

如果企业选择了兼并海外企业，就会面临比兼并国内企业复杂得多的情况，因为它需要应对来自政治制度、经济环境、企业组织、文化、传统、税收制度、法律、会计准则等方面的差异。

跨国并购的动机主要有六个方面。

第一，管制的取消。随着全球化在广度和深度上的推进，一系列的区域性政治和贸易组织逐步建立起来，如欧盟、北美自由贸易协定(North American Free Trade Agreement)区等。这些区域性组织内部的很多管制被取消，这使得成员国企业可以以国民待遇进行跨国经营，这也为跨国并购创造了良好的条件。

第二，税收和政策优惠。资金、技术、人才是构成一国经济核心竞争力的要素。各国为了吸引资金、技术和人才，不惜提供各种优惠的税收和政策，以大力发展自己的战略产业。跨国并购作为对外直接投资最快捷的手段，为企业提供了获得外国政府税收和政策优惠的途径。

第三，客户。企业为了持续增长，需要不断开拓新的市场和客户群体，而跨国并购为企业提供了巨大的客户资源。由于环保理念的增强，中高档越野车在欧美国家的销量骤减，而中国新兴富人阶层以大为美的理念为越野车厂商提供了新的客户群。2009年，通用汽车公司旗下的著名越野车品牌悍马在美国面临破产的境遇，四川腾中重工机械有限公司与通用汽车公司达成协议，将通过并购的方式延续悍马的经营并扩大在中国的销量，然而该并购被中国商务部阻止，使悍马工厂未能摆脱关闭的命运。

第四，技术。跨国并购可以使主并公司获得其他国家企业的先进技术。2012年9月28日，三家财团对英国核电企业 Horizon 发出联合收购报价。三家财团每家都由一家大型反应堆制造商牵头：美国西屋电气公司(Westinghouse Electric Company)、法国阿海珐集团(Areva)(上述两家均与中国国有企业合作)及日立集团(Hitachi)。阿海珐集团与中国广东核电集团(China Guangdong Nuclear Power Corporation)合作，西屋电气公司与中国国家核电技术公司(State Nuclear Power Technology Corp.)及美国爱克斯龙电力公司(Exelon)合作。日立集团牵头的国际财团没有中国企业参加。前唐宁街能源政策主管尼克·巴特勒(Nick Butler)强调了中国介入引发政治冲突的可能性："他们将进到英国电力体系内部，从而掌握英国国家电网公司(National Grid)精心设计的架构、电力供应的管理流程及英国的核技术。"

第五，资源。跨国并购能够为主并公司提供丰富的资源。2012年6月20日，中国油气集团中国石油化工股份有限公司(Sinopec，以下简称中石化)宣布竞购美国切萨皮克的油气资产，包括其在横跨西德克萨斯州及新墨西哥州的二叠纪盆地(Permian Basin)租借的150万英亩(合60万公顷)土地，那里是美国最受垂涎的石油开发区域之一。中石化的薄弱环节在于缺乏上游的油气储量增长，同时过于依赖下游的炼油业务。这宗并购将有助于中石化的业务向高利润的上游产业转移。

第六，借壳上市。中国企业通过海外并购借壳上市是近年来跨国并购的一个新现象，借壳上市的国家和地区主要集中在美国、加拿大、新加坡。信息不对称使得借壳上市可以帮助主并企业逃避目标国家严格的资本市场监管制度。由于会计造假丑闻被浑水公司(Muddy Waters LLC，以下简称浑水)、香橼研究(Citron Research)这样的国际做空机构频频爆出，彭博新闻社中国公司反向并购指数(Bloomberg China reverse merger index)[①]自2010年年初达到峰值后，至2012年已下跌67%，多家中国概念股企业因为会计造假丑闻而退市。

---

① 该指数追踪82家中国小型企业，它们通过一种被称为"反向并购"的方式在美国上市。

兼并与收购

换个角度看浑水

伴随着中国概念股新闻不断,以做空中国概念股而闻名的浑水公司(Muddy Waters LLC),眼看要成为在美国上市的中国公司的公敌。浑水的独特定位,来自创始人卡森·布洛克(Carson Block)的独特背景,特别是他在中国连续创业的背景。

浑水之所以会成功,是卡森找对了最适合自己的创业方向,因为①他作为美国律师,有逻辑和公信力;②有关于中国的第一手经验,包括连续创业和替人解决法律问题;③因为他的家庭背景,他了解如何与西方投资人沟通。他的父亲就是投资人,卡森在媒体采访中提到过,在中国做律师时替他的父亲现场勘察一家中国企业,发现惊人的欺骗。恐怕就是这些,让他在市场充满不确定性的时候赌对了投资人对中国公司的普遍怀疑:在浑水攻击之前,东南融通案、奶粉事件,乃至中国出口产品的质量问题都打击了中国公司在市场上的可信度。

在调查手段方面,卡森在中国做律师的背景很有帮助,方便了最大化利用浑水与美国投资人之间关于中国的信息不对称。举例来说,西方投资人很难意识到中国概念股公司在向 SEC 披露的财务报告里面的数字和表述可能与中国工商、税务等部门那里查到的数字或者表述不符,但这并不表示前者不准确,或者公司在欺诈,或者经营上有问题,反而可能是国内政府部门出于某些原因在给公司提供帮助或者默许。这些事情向西方人解释起来会有点复杂,甚至连浑水自己可能都没有完全了解清楚,但是在公司有机会解释清楚之前,一旦有人爆料,脆弱的股价已经跌了,卖空者已经赚到了钱,这也是浑水的做法导致争议的根本原因。

浑水公布研究报告(或者说爆料)和做空股票是为了赚钱,在资本市场上的玩家莫不如此,发表言论和做空都是正常的,无所谓好坏。卡森自己公开强调他做的事情存在利益冲突——指针对某公司发布报告的同时做空其股票。在这种情况下,如果市场抛售该公司的股票,恐怕说明投资人不是对该公司的价值没有足够信心,就是他们关于自己对该公司的了解程度没有信心。

与此同时,浑水自身也面临不少风险。首先,能否继续通过爆料加做空赚钱,与浑水爆料的质量有重要关系。如果浑水对目标公司的指控有几次被证明是错的,那么就不再有大量基金投资人愿意参与一起做空,也就不再有浑水期待的市场放大效果。另一方面,假设浑水持续成功,又带来另外一个问题:更多人会参与做空,这导致做空的成本大大增加(做空的步骤简单来讲是,先开出条件向股份持有人借来股份同时承诺一定时间内归还,然后在相对高价位抛掉该股份,之后再以低价买进然后把股份按时归还,因此除去借股份的成本和交易成本,只要最后买进的价格够低,一抛一买之间就存在利润。最后,浑水还面临诉讼的风险。虽然研究出错没有关系,但是如果被证明存在恶意,可能因为诽谤而被诉讼,导致不得不支付赔偿。

(资料来源:http://www.ftchinese.com/story/001045798.)

虽然有诸多动机推动企业的跨国并购,但是并购也会面临许多障碍。

第一,战略和安全方面的管制。中国网络设备制造商华为技术有限公司(以下简称华为)在美国的并购频频受挫,就是因为美国监管机构以安全为由阻止了并购交易。

第二,法律制度。由于各国的法律体系和制度不尽相同,在一些国家合法的行为在另一些国家则可能违法(反之亦然),这为跨国经营的企业带来高风险。例如,一些拥有专利技术和产品的欧美企业在亚洲和非洲的经营就面临专利被盗用且不受法律保护的高风险。

第三，会计制度。各国的会计制度和标准不尽相同，这为企业的审计和监管带来额外成本。

第四，公司治理体制不同。欧美企业并购德国企业，就需要与德国强有力的工会打交道并应对双董事会制度。

第五，民族主义。在一些国家，跨国企业有可能会成为民族主义攻击的对象，而跨国并购也可能因为民族主义的原因被阻止。

第六，监督成本。如果企业进行了跨国并购，则需要承担比监督国内企业高昂得多的成本。

Moeller 和 Schlingemann(2005)[①]通过研究 1985—1992 年的并购案例发现，美国主并公司并购美国目标公司的股票收益明显高于跨国并购的股票收益。

 案例 4-3

可口可乐公司没吃下汇源"禁果"

中国政府决定阻止可口可乐公司以下简称可口可乐 CocoCola 以 24 亿美元收购中国重要果汁生产商汇源果汁(Huiyuan Juice)，这一决定在中国国内受到了广泛支持。一家主要网站进行的民意调查显示，12 万投票者中超过 80%都强烈赞同这一决定。逾 2/3 的人表示，外商投资中国企业是有害的，给民族品牌带来了不良影响。

在香港上市的汇源果汁在国内纯果汁市场占有 42%的份额，是一个得到国内公认的品牌。可口可乐在中国销售碳酸饮料已有很长一段历史，但尚未在纯果汁领域占据一席之地。该交易本应是外资对中国企业规模最大的并购案。然而，这项否决令众多关注此项交易的海外银行家、律师和投资者感到意外。他们警告称，这将对涉华跨境并购带来负面影响。

这份一页纸的官方否决声明是由中国商务部做出的。商务部是 2007 年 8 月开始实施的《中华人民共和国反垄断法》(以下简称《反垄断法》)的监督机构。商务部表示，这项收购案"将对竞争产生不利影响"，可口可乐"可能利用其在碳酸软饮料市场的支配地位，搭售、捆绑销售果汁饮料……导致消费者被迫接受更高价格、更少种类的产品"。声明补充道："此外，还挤压了国内中小型果汁企业生存空间，给中国果汁饮料市场竞争格局造成不良影响。"自《反垄断法》实施以来，商务部共收到 40 起反垄断申报，而可口可乐的交易是首个遭到否决的案例。2008 年 9 月公布之时，可口可乐的投资计划在中国果汁行业引起了不满，竞争对手用带有情绪化的民族主义言辞对它进行了攻击。

中国公众和官方机构常常用类似眼光看待外国企业在华投资，中国出台的经济和国家安全法规虽然内容模糊，但涵盖面非常广泛，可用于阻止外国投资者收购几乎任何一个行业的"民族品牌"。曾参与起草中国反垄断法的北京大学法律教授盛杰民表示："商务部依据法律和事实，经过 180 天的辛苦调查，做出了专业的决定。"但他指出："碳酸饮料和果汁似乎并不属于饮料市场中的同一领域，因此，认为(企业)在一个市场中占支配地位，就会在另一个市场也占支配地位，这种预测似乎理由并不是很充分。"

许多与该交易有关的银行家和律师表示，中国政府以《反垄断法》为由，出于民族主义立场抵制对领先品牌的收购。一名交易撮合者表示："这是一个愚蠢的裁决。坦白地说，如果可口可乐在中国连一家果汁公司都不能收购，我们就可以向其他试图在中国进行并购的企业告别了。"与此同时，中国正试图进行一些颇具政治敏感性的境外投资。例如，中国铝业股份有限公司(Chinalco)向力拓集团(Rio Tinto)注资 195 亿美元。另一位交易撮合者表示："我认为有关可口可乐的决定将给中国带来反作用。它将助长澳大利亚

---

① Moeller S, Schlingemann F. Globaldiversification and bidder gains: Acomparison between cross-border and domesticacquisitions[J]. Journal of Banking & Finance, Volume 29, Issue 3, 2005, pp.533-564.

等国的民族主义情绪,这些国家对所有资源交易都很抵触。"

这一决定将坚定许多交易撮合者的看法,认为中国公众是反对外资收购的,尤其是涉及美国企业的外资收购。美国私人股本公司凯雷集团曾希望中国政府能批准该公司高调投资国内一家机械制造商,但经过三年的奋斗后,凯雷集团在2008年终于放弃了。对外国公司收购中国领先企业感到担忧的民族主义者来说,这笔交易也让他们感到愤怒。2009年前两个月,中国的外国直接投资同比下降26.2%,至134亿美元。继2008年下降21%之后,中国2009年的外国直接投资进一步减少。

(资料来源:www.ftchinese.com/story/001025369.)

4.5 相对规模

主并公司与目标公司的相对规模(relative size)一直受到学者关注,因为这关系到并购后企业的整合效果。企业的规模可以使用市值(market capitalization)、总资产(total assets)、销售额(sales)、收入(revenues)等会计变量来衡量。相对规模则通常使用两家公司规模之比的常用对数来衡量:

$$\text{relative size} = \log \frac{T}{A}$$

式中:T为目标公司规模;A为主并公司规模。

多数观点认为,目标公司的规模相对于主并公司越小越好。Renneboog 和 Szilagyi[1](2007)认为,主并公司吸收目标公司的能力是有限的,因此并购大型的目标公司会给主并公司实现协同效应带来更多的不确定性,因此这样的并购很难真正成功。Bhagat 等人[2](2005)提出,大型并购更多的是由主并公司管理层的自恃引起的,其目的是建立帝国,因此这种并购很难有效地移除目标公司不称职的管理层,因此并购效果不理想。

4.6 恶意性

恶意并购(hostile takeovers)指的是遭到目标公司管理层反对的收购。詹金森(Jenkinson)和迈耶(Mayer,1994)[3]认为,在实践中,如果主并公司的首次收购要约被目标公司管理层拒绝,则该并购被定义为恶意并购。友好并购(friendly takeovers)指的是通过友好协商进行的且没有遭受到目标公司管理层反对的并购。

友好并购给主并公司带来的好处是显而易见的。第一,友好并购风险更小。因为主并公司在尽职调查阶段能够更多地接触到目标公司的信息,目标公司将来的发展状况是确定

---

[1] Renneboog L, Szilagyi P. Bond Performance in Mergers and Acquisitions: The Impact and Spillover of Governance and Legal Standards[N]. SSRN working paper, 2007.

[2] Bhagat S. et al. Do Tender Offers Create Value? New Methods and Evidence[J]. Journal of Financial Economics, 2005, 76(1): 3-60.

[3] Jenkinson T, Mayer C. Hostile Takeovers: Defence, Attack and Corporate Governance[M] London: McGraw-Hill, 1994.

的。第二，友好并购成本更低。目标公司没有进行抵抗、并购持续过程较短、并购产生的中介费用较低，因此并购总成本相对较低。第三，目标公司管理层的配合是并购后期成功整合的重要保证。基于以上原因，一些学者认为友好并购给主并公司股东带来的超额收益更高。

恶意并购在某些方面也能为主并公司股东带来好处。第一，主并公司在恶战之前一定会做好充分准备，相比友好并购，主并公司管理层会反复推敲自己并购的目的，努力寻找价值创造的来源。第二，恶意并购会把交易曝光在公众的视线之下，因此可以减少"赢家的诅咒"的程度，并迫使主并公司管理层在并购后期更高效地进行整合。这种观点认为，恶意并购更能为主并公司创造股东价值。

Burch(2001)和 Officer(2003)的实证研究没有发现恶意并购与友好并购对股东价值的影响有显著区别。Danbolt (2004)发现恶意并购对目标公司股东价值没有影响，Moellera(2004、2005)年与 Gregory 和 McCorriston(2005)发现恶意并购对主并公司股东价值没有显著影响。Bhagat 等人(2005)和 Renneboog 和 Szilagyi (2007)发现主并公司的股东收益在友好并购当中更高，而 Billett 等人(2004)发现目标公司的股东收益在恶意并购中更高。

本 章 小 结

本章主要介绍了并购的分类及并购的特征，包括支付方式、行业相关性、跨国并购、相对规模、恶意性，并辅以实例进行分析说明。掌握并购的分类及特征是进行实证研究的重要前提。

习 题

1. 什么是横向并购？
2. 什么是纵向并购？
3. 结合案例说一说联合并购的优缺点。
4. 联合并购对主并公司的绩效有何影响？
5. 行业相关性是指什么？行业相关性对于并购的绩效有什么影响？比较 SIC 和 NAICS 的特点。
6. 支付方式的三种经济学假说是什么？
7. 相对规模如何测量？
8. 阅读以下三则材料，并回答相关问题。

材料一：大连万达收购美国第二大电影院线运营商 AMC

中国房地产企业集团大连万达集团股份有限公司(以下简称万达)已签署协议,将斥资 26 亿美元收购美国电影院线 AMC 娱乐控股公司(AMC Entertainment Holdings Inc，以下简称 AMC)。在美国经济复苏乏力的背景下，这笔交易突显出中国从事并购交易的强大火力。

这是万达在美国市场中的第一笔并购交易。交易完成后，这家中国企业将成为全球最大的电影院线运营商，并可打入美国娱乐行业的核心地带。

按照协议，AMC 将成为总部位于北京的万达集团的全资子公司。万达是一家民营企业集团，资产达 350 亿美元，包括商场、主题公园和艺术收藏品等。

除了 26 亿美元的收购费用，万达还将向 AMC 注资 5 亿美元，帮助这家境况不佳的院线公司巩固资产负债表、清偿债务并为其战略计划提供资金。

材料二：中海油收购美国页岩气公司

10月11日，中国海洋石油总公司(以下简称中海油)宣布，以10.8亿美元的价格收购美国第二大天然气生产商切萨皮克能源公司(Chesapeake Energy Corp.)位于德克萨斯州南部的一个名为鹰滩(Eagle Ford)的页岩油气项目1/3权益。

中国财经媒体称，这是中国石油企业首次对美国陆上能源资源进行大规模投资，亦是中海油首次涉足页岩油气资源领域。页岩气是从页岩层中开采出来的天然气，是一种重要的非常规天然气资源。在国内目前还处于起步阶段，而在美国，页岩气开采技术已相当成熟，并成为美国天然气的主要来源。

材料三：吉利收购全球第二大自动变速器公司

浙江吉利控股集团有限公司(以下简称吉利)日前正式完成了对澳大利亚汽车自动变速器公司DSI(Drivetrain Systems International)的收购。根据计划，DSI将会在中国设厂，供应中国和其他亚洲市场。

据介绍，吉利是DSI的客户之一，也是中国主要的民营汽车制造商之一，拥有年产30万辆整车的生产能力。由于美国福特汽车在澳大利亚的整车企业减产和韩国双龙汽车公司倒闭，导致DSI产量骤降超过一半并最终申请了破产。吉利在15个买家中顺利胜出，并借助香港股市在4个月完成了融资，以7 000万澳元(约5 600万美元)的价格使DSI成为吉利的全资子公司。

问题：

(1) 以上三则材料中所提到的并购案分别属于哪种类型的并购？结合三个案例具体分析这些并购行为的动机和可能给主并公司带来的影响。

(2) 查阅相关信息，简要分析材料中三则并购案的支付方式对企业的影响。

(3) 结合目前我国的宏观经济形势，利用本章的知识简要论述跨国并购对我国经济转型的意义。

第 5 章 法律与法规

教学目标

通过本章的学习，了解美国、英国、欧盟及中国在反收购、反垄断、并购会计和防范内幕交易方面的法律法规，了解公司并购法的主要精神。

教学要求

知识要点	能力要求	相关知识
特拉华州反收购法案	(1) 了解州立反收购法的起源 (2) 掌握特拉华州反收购法的内容	(1) 反收购法定义 (2) 特拉华州反收购法
内幕交易	(1) 掌握 SEC10b-5 规则中的主要规定 (2) 掌握 1988 年内幕交易及证券欺诈执行法	(1) 内幕交易、内幕人 (2) SEC10b-5 规则 (3) 1988 年内幕交易及证券欺诈执行法
美国反托拉斯法	(1) 了解谢尔曼法的主要内容和局限性 (2) 掌握克莱顿法四个方面的主要内容 (3) 了解设立联邦贸易委员会法的原因 (4) 掌握塞勒—克福弗法与克莱顿法的区别 (5) 掌握制定哈特—斯科特—罗迪诺反托拉斯改进法的目的以及具体规定 (6) 掌握 1968 年、1982 年、1984 年、1992 年司法部并购指导意见的主要评价指标	(1) 谢尔曼法 (2) 克莱顿法 (3) 联邦贸易委员会法 (4) 塞勒—克福弗法 (5) 哈特—斯科特—罗迪诺反托拉斯改进法 (6) 1968 年、1982 年、1984 年、1992 年司法部并购指导意见
英国反托拉斯法	(1) 了解英国制定反托拉斯法的主要目的 (2) 掌握公平贸易办公室、竞争委员会的主要职能	(1) 公平贸易办公室 (2) 竞争委员会
欧盟反托拉斯法	(1) 了解罗马条约的制定背景 (2) 掌握欧洲共同体并购规定的主要内容	(1) 罗马条约 (2) 欧洲共同体并购规定
会计准则	(1) 了解国际会计标准第 22 条对收购与合并的不同规定 (2) 熟练掌握并运用英国会计法与美国会计法关于购入记账法和权益合并法的条款	(1) 国际会计准则第 22 条 (2) 购入记账法、权益合并法 (3) 商誉 (4) 会计准则委员会第 16 号意见书 (5) SFAS141 和 SFAS142

续表

知识要点	能力要求	相关知识
公司并购法	熟练掌握英国城市并购法的基本原则与具体规则 (1) 掌握英国城市并购法的基本原则和具体规则 (2) 了解欧盟并购指导条例存在争议的原因 (3) 熟练掌握美国威廉姆斯法的四个主要目标以及相关条款的内容	(1) 要约收购 (2) 英国城市并购法 (3) 欧盟收购指导条例 (4) 美国威廉姆斯法案 (2) 1968年威廉姆斯法
中国公司并购法律法规	(1) 理解证券法与并购相关的条款 (2) 熟悉上市公司收购管理办法的主要规定 (3) 理解反垄断法的五点主要内容	(1) 证券法 (2) 上市公司收购管理办法 (3) 反垄断法

> 法律是社会习俗和思想的结晶。
> ——托马斯·威尔逊，美国第28任总统

基本概念

内幕交易　反托拉斯法　并购会计　商誉　要约收购　城市并购法　威廉姆斯法案

导入案例

几家欢喜几家愁

备受国内外关注的吉利收购沃尔沃事件终于在2010年8月10号画上了一个完满的句号。在历时8年、花费18亿美元、通过了包括欧盟、英国、美国等25个国家和地区的反垄断审查后，吉利公司最终顺利吞下沃尔沃汽车公司，完成了一次漂亮的收购，向世界展示了中国民营汽车企业的实力和雄心。

而相比之下，美国电话电报公司(AT&T)的收购过程就没有那么顺利了。2011年8月31日，由于美国司法部的反对，该公司最终不得不放弃对T-Mobile USA公司的收购计划。司法部称，AT&T的收购会"极大地削弱移动无线通信服务业的竞争……导致价格升高，服务质量下降，可选服务和创新产品减少"。这一判决使得两家公司的股价大幅下跌，而他们竞争对手的股票却因此大涨。

点评：

在公司并购领域，政府作为反垄断审查的主要执行者，一直以来都和公司进行着博弈，这种动态的过程不断地推进着各国反垄断法的发展。掌握反垄断法规与反并购法规，对深入理解和分析并购案例具有重要的作用。

(资料来源：http://www.ftchinese.com/story/001035486, http://www.ftchinese.com/story/001040463)

5.1　特拉华州反收购法案

美国之外的许多人对美国法律体系中联邦法律和州法律冲突的结合感到困惑和沮丧。确实，在现行的联邦并购法律和州并购法律框架下，遵守联邦立法的一些条款有可能意味着违反某些州立法。联邦并购法案和对应的州并购法案的区别是由它们的侧重点不同导致

的。联邦立法以证券监管、要约收购和反托拉斯考量为导向,而州立法则更注重于公司的章程和规章制度。

目前,美国各州的法律存在着普遍的不一致性。许多诸如此类的法律都是迫于那些发现自己成为潜在并购目标的公司的压力通过的。通常的情况是,当地的一家公司请求该州立法通过一项反收购法案或者修改现成的法案以增加当地公司被并购的难度。州立法机构之所以会屈服于这种政治压力,是因为人们宣称,一家公司如果被"外来买家"收购,该州不仅会损失大量工作机会,还会失去来自当地社区的支持(比如当地企业的慈善捐助)。不同的州立法存在矛盾的现象并不是美国特有的。欧盟曾经致力于通过关于并购的法规,但是只有少部分成员国投了赞成票。欧盟成员国有权不支持新的欧盟并购法案、转而使用各自国家的法案,与美国的情况十分类似。

5.1.1 州立反收购法的起源

美国的州立反收购法案是20世纪60年代末期和70年代初产生的。这些法规通常要求主并公司在进行收购竞标之后披露相关的信息。这种"第一代州立反收购法案"的问题在于,它们适用的对象包含了那些在该州仅有少量业务的目标公司,这对主并公司来说似乎并不公平。因此,第一代州立反收购法案收到质疑。第二代州立反收购法案的适用范围比第一代法案更窄。它们仅适用于那些在该州注册或者那些绝大部分商业活动都在该州范围开展的目标公司。与第一代法案不同,第二代法案并不注重于管制要约收购的信息披露;相反地,它们更关注公司治理的问题,而这一点一直是州立法的管辖范围。Karpoff and Malatesta (1989)的实证研究发现,正在酝酿通过反收购法案的州的公司的股价会轻微下跌。

5.1.2 特拉华州反收购法

特拉华州反收购法(Delaware antitakeover law)可能是所有州立反收购法中最重要的一个,因为在特拉华州注册的公司比美国任何一个州都多。包括通用汽车(General Motors)、埃克森美孚石油(Exxon Mobil)、沃尔玛(Wal-Mart)和杜邦(DuPont)在内,一共有308492家公司在特拉华州注册。此外,纽约股票交易所有一半的公司在特拉华州注册,而《财富》500强企业中有超过60%的公司在特拉华州注册。

公司似乎对在特拉华州注册情有独钟。这么做的第一个原因是,该州拥有完善的法律体系和成熟的法院系统。该州法院使用知识完备的法官而不是陪审团来裁决公司诉讼。第二个原因是,特拉华州的公司注册费比美国50个州中的41个都要低。第三个原因是,注册的公司和其股东不必成为该州居民。第四个原因是,在该州注册的公司,凡是不在该州的经营活动,都不必缴纳该州的公司税。

该州最具吸引力的是1988年通过的反收购法案。在该州注册的公司,努力游说州政府通过该法案以保护它们不被恶意收购。这些公司威胁说,如果该州不通过反收购法案,它们将转而到有相关法案的州注册,这让公司注册费占到州政府收入20%的特拉华州不敢怠慢。根据特拉华州反收购法,购买了目标公司15%以上股票的恶意买家在三年内不得完成收购,除非满足以下条件。

(1) 主并公司购买了目标公司85%或更多的股票。85%不包括董事持股或者员工持股计划的股票。

(2) 如果 2/3 的股东同意这项收购计划。

(3) 如果董事会和股东决定放弃该法案的保护。

作为一部商业并购法，特拉华州反收购法案的设计目的是为了限制通过债务融资的收购行为。那些通过大量举债来进行融资的主并公司，需要尽快出售公司资产来还债，该法案对并购期限的延长将这些公司拒之门外。但是，如果收购价格足够吸引人，目标公司的股东很可能选择放弃该法案的保护。

5.2 内幕交易

5.2.1 内幕交易的定义

内幕交易(insider trading)是指证券交易信息的知情人员利用内幕信息进行证券交易的行为。内幕交易的主体是内幕信息知情人员，行为特征是内幕信息的知情人员通过掌握的信息买卖证券，或者建议他人买卖证券。将内幕信息泄露给他人、内幕信息的接受人依此买卖证券的，也属于内幕交易行为。内幕交易通常是违法的行为。

违法内幕交易通常包括两种情况：一种是，内部人根据其他投资者无法获得的信息，在公司宣布业绩不佳之前将公司证券出售；其他投资者对即将来临的坏消息毫不知情，就会愿意以较高的价格购买公司的证券。另一种是，内部人在目标公司被收购的消息宣布之前买进目标公司的股票或者看涨期权；待并购消息公开宣布以后，目标公司的股价将上涨，内部人再以溢价卖出持有的证券以获利。

内部人的范围比较广泛，不仅限于公司的管理层。他们可能包括会计师、律师、投资银行、财务信息印刷商或者咨询顾问这样一些外部人，这些人可以被视为"暂时的内部人"。但是，根据 SEC 第 10b-5 规则，美国最高法院认为外部团体可以根据他们获得的信息从交易中获利而不必披露他们的内部信息。与之相关的案例是 1980 年恰瑞拉内幕交易案。Pandick Press 出版社的员工恰瑞拉(Vincent Chiarella)译破了他工作的出版社正在印刷的客户公司的要约收购文件中目标公司的名字，因而提前购入目标公司股票并获利。恰瑞拉被 SEC 以内幕交易罪起诉，但最终被美国高等法院判定无罪，原因是，恰瑞拉虽然侵犯了出版社客户的利益，但并没有侵犯股票投资者的利益。但是，如果个人挪用与并购相关的机密信息，并以此作为交易的基础，就违犯了 10b-5 的规定。这条法令仅用于证券交易委员会的执法行动或者刑事立案，并不包括民事诉讼。根据《1984 年内部交易制裁法》，SEC 可以对获得的利润或者避免的损失实施三倍罚款。

5.2.2 SEC 第 10b-5 规则

美国内幕交易法律体系的基石是"1934 年证券交易法"(the Securities Exchange Act of 1934)第 10(b)条款及 SEC 的 10b-5 规则。10b-5 规则规定，任何人在买卖证券时不得就任何与交易有关的重大信息作虚假陈述或隐瞒该信息，或从事其他与交易有关的欺骗行为，否则即构成证券欺诈，将承担民事乃至刑事法律责任。内幕交易属于隐瞒重大信息。

为了对内部交易进行监管，SEC 的法令特别规定，股东如果因为内部交易而遭受的损失应当得到赔偿。证券交易委员会 10b-5 法令对内部人做出了规定，该条例指出，内部人

第 5 章 法律与法规

必须"披露或者放弃"交易公司股票的活动。非法内幕交易的一个经典案例是著名的得克萨斯海湾硫磺公司一案。1963 年，该公司发现了一些非常有价值的矿床。但公司在几个月之内并没有披露这条信息；该公司却在一个欺骗性的新闻发布会上公开否认了这个发现。同时公司的管理人和董事根据他们知道的内部消息买入被低估的股票，证券交易委员会成功地起诉了这些内部人。

此外，该法规的短线交易获利条款禁止任何官员、董事或者拥有公司 10%以上股票的所有者在半年内出售其买入的股票，或者买入售出的股票。从这种交易中获得的利润必须退还给发行公司，即使这些交易并不是在内部人消息的基础上进行的。

案例 5-1

李国宝案

在新闻集团(News Corp)公开宣布对道琼斯(Dow Jones)进行收购之前的一段时间，一对没有股票交易经历的神秘香港夫妇，利用其在美林银行(Merrill Lynch)及摩根大通(JP Morgan Chase)开设的账户购入了 1500 万美元、共计 41.5 万股道琼斯公司的股票。此举引起了 SEC(美国证监会)的关注。而更加令 SEC 和其他监管部门感到可疑的是，在新闻集团正式对外宣布其收购道琼斯公司的消息之后的 3 天时间里，这对交易者连续卖出自己之前购入的股票，获利颇丰。

SEC 在随后的调查中发现，事件当事人王梁安的父亲，香港著名商人梁启雄曾通过银行给自己的女儿转账 310 万美元，并且 SEC 查实这笔钱被用于购买道琼斯公司的股票。而梁启雄和道琼斯公司的董事、香港著名银行家李国宝有一直以来都保持着往来。

到目前，似乎可以合理并大胆地猜测是李国宝向梁启雄或者其家人透漏了新闻集团的并购消息。但是，这位在香港商界、政界都有极其显赫地位的大紫荆勋章(香港最高荣誉)获得者，在面对 SEC 对其发出的"威尔士通告"(Wells Notice)时，否认监管机构对其的怀疑，并表示"如果 SEC 真的启动诉讼程序，自己将极力辩护。"

但李国宝最后的选择却多少有些令人难以捉摸。在接到 SEC 的相关指控后，李国宝选择了缴纳 810 万美元罚金并与 SEC 达成和解。并且辞去了自己在香港特区行政会议成员的职务，理由是 SEC 的调查给他造成了"长期持续的困扰"。同时，作为东亚银行(Bank of East Asia)董事长和首席执行官，他还将受到香港金融监管局严厉的制裁，依据是该局对银行主管的一项"合适人选"的考核。该考核要求考察有关人士的声誉、品格、相关知识和经验以及是否有违反法律的行为。

点评：

案例中的"威尔士通告"是美国证监会在准备对某家公司或个人提出民事诉讼前，要求当事人提供相关信息以自证清白的通告书。在李国宝案中，当事人作为道琼斯公司的董事之一，显然是一个内部人。李国宝的行为违反了 SEC 第 10b-5 号规则的相关规定，没有披露或放弃对公司股票的交易，所以受到 SEC 的调查以及严厉通告。当事人最终为其失当的行为付出了重大代价。

(资料来源：http://www.ftchinese.com/story/001011260，http://www.ftchinese.com/story/001012876，http://www.ftchinese.com/story/001017340)

5.2.3 1988 年内幕交易及证券欺诈执行法

1988 年内幕交易和证券欺诈执行法(Insider Trading and Securities Fraud Enforcement Act of 1988)的通过为监管内幕交易提供了法律依据。1988 年《内幕交易与证券欺诈执行法》

规定，对违法进行内幕交易的自然人可判处 5 至 10 年的有期徒刑，并处 100 万美元以下罚金；对非自然人（如公司、银行等），可判处 150 万美元的罚金，对其负责人可同时给予 100 万美元以下或 3 倍于其受益金额的罚款。该法还设立了一个奖金计划，即告发者可以获得内部人所获收益的 10%作为奖励。该法同时确定了公司最高管理层为内部交易负责的可能性。

尽管有一系列法律通过严厉的惩罚来禁止内幕交易的行为，但这些法律的现实有效性却值得进一步研究。Seyhun（1992）进行的一项调查质疑了法律阻止内幕交易的有效性。此外，Muelbroek（1992）通过实证研究，证实目标公司的股价在并购宣布之前会升高，从而表明内部交易确实存在。近期的研究可能更能全面地反映 1988 年法案的效果，因为法律的威慑效果一般都有一个较长的滞后期。Garfinkel（1997）检验了盈利宣布前后的内幕交易，发现在内幕交易和证券欺诈管理法通过之后，内部人似乎调整了他们的交易时间，在相关消息发布之后再进行交易。总而言之，法律和执法行为似乎确实具有正面作用，但是由于内幕交易的隐蔽性，法律并不能完全阻止内幕交易。在如下案例中，帆船集团(Galleon Group)丑闻爆出了华尔街迄今为止最大的内幕交易，并涉及麦肯锡咨询高级合伙人、IBM 前总裁、高盛董事等多家公司高管。事件当事人不仅遭到了巨额的罚款，而且招致了有史以来最长的内幕交易刑期。

 案例 5-2

帆船集团丑闻

在 2009 年 10 月之前，帆船对冲基金(Galleon Group)曾是全球最大的对冲基金管理公司之一。但是在 2009 年那场内幕交易丑闻中，随着公司创始人及管理者拉贾·拉贾那姆(Raj Rajaratnam)被 SEC 以涉嫌内幕交易起诉，以及投资者在这一消息传出之后纷纷撤资，帆船基金不得不停止经营。

处于内幕交易丑闻中心的对冲基金帆船集团，每年向华尔街银行支付数亿美元，以定期获取不会向大多数投资者公开的市场信息作为回报，仅 2008 年该公司就向各银行共支付约 2.5 亿美元。帆船基金之所以向银行支付大笔资金，原因在于该公司专注于短线交易策略，这使得其高级职员与华尔街交易员和销售人员联系紧密且频繁。在巅峰时代，帆船公司拥有约 70 亿美元资产。随着发展壮大，该基金从银行熟人那里套取有关大宗买卖指令等市场动向的秘密情报的能力，令其在业内远近闻名。

尽管银行政策常常禁止员工泄露有关交易的具体信息，但与帆船基金打过交道的高管们表示，该基金定期会收到有关市场动态的"颜色"，通常都是用华尔街交易员的行话送达的。例如，交易员会谈论，股票是否有一个"首页卖家"，指的就是彭博(Bloomberg)上市公司主要持有者名单的第一页。一位与帆船基金打过交道的高管表示："他们想要一切不为公众所知的信息。他们获得各种不同的信息碎片，再将它们组合在一起，这就是他们的优势所在。"一位曾为帆船等基金提供过服务的前高盛高管表示："他们坚韧不拔、咄咄逼人。他们关注短期回报，极其在意自己的交易影响和成本，期望获得大量市场信息。"

经过长时间的调查和庭审，2011 年 5 月 12 日，拉贾·拉贾那姆最终被判处犯有内幕交易罪，入狱服刑 11 年并交纳 1000 万美元的罚金和 5380 万美元的赔偿金(罚款总和甚至超过了法庭所认定的其非法获利的总额)。

 点评：

根据 1988 年法案，SEC 不仅有权对内幕交易处以巨额罚款，而且当事人还有可能被判处长时间的监禁。在这个案例中，两方面的判罚都创造了历史记录。

这场诉讼虽然以监管部门的胜利而告终，而且被评价为"美国政府扩大对华尔街不当行为公诉中的一场重大胜利"，却没有从根本上改变华尔街的交易员利用内幕消息来获得巨额利润的行为模式。这些不当行为在未来可能以更隐蔽、更高明的形式进行。华尔街和政府之间的博弈将一直持续下去。

(资料来源：http://www.ftchinese.com/story/001029422，http://www.ftchinese.com/story/001041168)

5.3 美国反托拉斯法

反托拉斯法制约着公司兼并收购其他公司的能力。不同的反托拉斯法的目的都是为了防止公司通过并购减少竞争。许多并购一直没有实施的原因仅仅是因为公司担心政府以反托拉斯为由介入，而许多并购终止的原因也是因为政府对这些并购协议表现出明显的反对态度。

1890年以来，美国政府已经几次改变了它对并购的反托拉斯监管的立场。近年来，政府的态度越来越倾向于建立一个更自由的市场，这使得政府在市场中的作用逐渐减弱。尽管20世纪80年代的一些并购计划遭到了美国政府的反对，但同时代的其他并购计划并没有受到政府的干预。这与政府在20世纪60年代的态度形成了鲜明的对比：在那个时期，只要主并公司和目标司的经营范围有任何的联系，政府就会以反托拉斯为由进行干预；这种情况鼓励了许多联合并购(多元化并购)的产生，因为这种行为通常不会遭到政府的反对。

5.3.1 谢尔曼反托拉斯法

谢尔曼反托拉斯法(Sherman Antitrust Act，1890)最初在1890年获得通过，它是美国所有反托拉斯法的基础。该法的前两节包括了它最重要的规定。

第一节：禁止任何形式的妨碍贸易的合约、联合以及共谋行为。

第二节：禁止意在垄断某一特定行业的任何企图或合谋行为。

谢尔曼法判定任何形成垄断或者试图妨碍贸易的行为为非法行为，并且根据联邦法律对这种行为进行惩罚。政府或者被害者根据该法可以对这种非法行为提起诉讼，而法院也可以实施恰当的处罚——从禁令到更严重的刑罚、包括监禁和处以三倍的罚款。

从谢尔曼法的前两节可以清楚地看出，该法的范围足以涵盖几乎所有类型的反竞争行为。但奇怪的是，美国第一次并购浪潮恰恰发生在该法案通过之后，并直接导致市场垄断，这说明谢尔曼法并没有有效发挥其作用。

谢尔曼法失去效力的部分原因是因为该法存在表述问题：它指出任何妨碍贸易的合约都是非法的。在早期释法当中，法院合理地拒绝执行法律的这一部分条款，因为它意味着几乎所有的合同都可以被认为是非法的。但法院也很难找到一个有效的替代法案。在这种情况下，法院的实际判决，如最高法院在1895年判定美国食糖精炼公司不是妨碍商业发展的垄断组织，使得谢尔曼法在它通过之后的十多年时间里只是一纸空文。此外，在政府那里缺乏执法资源也使得谢尔曼法很难被实施。这个在麦金雷(McKinley)总统任期内成为一纸空文的法案，在被称为"托拉斯终结者"的西奥多·罗斯福(Theodore Roosevelt)总统和他的继任者威廉·霍华德·塔夫特(William Howard Taft)总统的努力下，在商界产生了巨大影响。为了纠正谢尔曼法在表述上的缺陷以及缺少执法机构方面的弊病，政府决定更明确地表明其反托拉斯的立场，这种努力的结果就是克莱顿法。

5.3.2 克莱顿法

克莱顿法(Clayton Act)的目标是强化谢尔曼法,同时特别禁止某些商业行为。该法案较为重要的规定如下所述。

第二节:禁止对顾客价格歧视,除非这种歧视由经济成本造成。

第三节:禁止捆绑销售。比如,销售商规定,如果顾客不从该销售商购买某种特定商品,则顾客无法购买另一种商品。

第七节:如果购买竞争公司的股票将减弱竞争,那么它将被禁止。

第八节:竞争性的公司之间不允许交叉任命董事(interlocking directorates)。

克莱顿法并不禁止那些在广义上不被谢尔曼法认为非法的行为。克莱顿法没有解决谢尔曼法所存在的缺乏执法机构的问题,这个问题由1914年通过的联邦贸易委员会法(Federal Trade Commission Act of 1914)解决。联邦贸易委员会承担了执行反托拉斯法的职能,包括克莱顿法和联邦贸易委员会法。联邦贸易委员会也被赋予向那些从事不公平贸易行为的公司发出禁令和停止其活动的权利。

克莱顿法第七节与并购的相关性最大,"任何公司不得在美国任何一个地区收购在同一商务链上的其他公司的全部或部分股票、或者全部或部分资产,如果这种购买可能会显著地减少竞争或者可能产生垄断。"这节的规定从以下四个方面反映了克莱顿法的主要内容。

(1) 收购。克莱顿法原本只禁止收购一家公司的股票,如果收购的结果会减弱竞争。很快,市场便发现了该法案措辞的漏洞,这个漏洞涉及收购目标公司的资产。这个漏洞后来进行了修订,以同时涵盖收购股票和资产的行为。

(2) 商务链。通过使用商务链这一概念,克莱顿法可以关注更广泛的行业,而不仅仅限于一个特定的行业。这种广泛性可以帮助反托拉斯机构考虑一家公司一系列的商业活动对竞争的影响。

(3) 国内区域。克莱顿法适用于国内区域,而不仅仅是全国性的市场。通过这个规定,反托拉斯机构可以关注区域性的市场份额而不是全国性的市场份额。因此,统治区域性市场并且实行垄断的公司也可能被认定违法。执法机构通常会要求违法公司拆分受影响区域的经营业务以减少它们在该地区的市场控制力。

(4) 减少竞争的趋势。第七节这部分的用语非常模糊。它被表述为一家公司可能会减弱竞争或者试图垄断。法律措辞被有意设计得模糊以考虑并购对竞争的影响不一定会立刻显现的可能性。一旦竞争力有被减弱的可能性,这种措词便赋予反托拉斯机构行动的权力。这相当于假设,如果一家公司有限制竞争的能力,它就一定会付诸实践。因此,法律试图在其发生之前就予以禁止。但对商业行为的这种观点在过去二十年已经有了很大的变化。

5.3.3 联邦贸易委员会法

谢尔曼法的缺陷之一就是它没有在美国政府中确立一个有效的执法机构来调查和惩罚违反反托拉斯法的行为。当时,美国司法部并不拥有有效威慑托拉斯行为的资源。为了解决这个问题,美国在1914年通过了"联邦贸易委员会法"(Federal Trade Commission Act,1914),以建立联邦贸易委员会。联邦贸易委员会同时是克莱顿法和联邦贸易委员会法的执法机构。联邦贸易委员会法的反托拉斯的条款主要是第五节,它禁止不公平的竞争方法。

尽管联邦贸易委员会被赋予了发起反托拉斯法律诉讼的权力,但是它并没有刑事执法权。联邦贸易委员会法同时拓宽了克莱顿法中非法商业行为的界定范围。

5.3.4 塞勒—克福弗法

克莱顿法第七节通过使用足够宽泛的用语,给予反托拉斯机构较大的自由来界定违反反托拉斯法的行为。但利用该法案的漏洞,公司可以进行明显减少竞争的收购。

正如前文提到的那样,克莱顿法最初仅禁止那些导致竞争减弱的购买其他公司股票的行为。主并公司不断地寻找法律的漏洞,通过购买目标公司的资产而不是股票完成收购计划。根据克莱顿法,这种行为并不是非法的。"1950年赛勒—克福弗法"(Celler—Kefauver Act)补救了这个漏洞。赛勒—克福弗法禁止那些导致竞争减弱的购买另一家公司资产的行为,该法也禁止可能会降低竞争的纵向并购和联合并购行为;先前的反托拉斯法关注的是横向并购,即生产同样产品的企业之间的合并。赛勒—克福弗法为20世纪60年代积极的反托拉斯执法行动创造了条件。

5.3.5 哈特—斯科特—罗迪诺反托拉斯改进法

哈特—斯科特—罗迪诺反托拉斯改进法(Hart-Scott-Rodino Antitrust Improvements Act of 1976)要求联邦贸易委员会和美国司法部被赋予提前审查并购案例的机会。根据该法,只有经过这些执法机关的审核,并购程序才能够完成。这两个执法机构必须决定由它们中的哪一个来调查某一特定的案例。法律禁止相关企业在特定的静候期结束之前完成交易,因此如果相关企业不能及时提交审核文件,将导致交易延期。

制定哈特—斯科特—罗迪诺法案的目的是阻止那些有损竞争的并购获得通过,因此司法部将没有必要事后拆分那些先前通过并购方式形成的反竞争的企业。当政府试图管制并购对竞争带来的效应时,它无法通过发布禁令的形式来中止交易,因此,这部法律变得非常有必要;如果政府不能获得法院禁令,在并购完成后的许多年内,以恢复竞争为目的的强制性拆分将得不到执行。制定哈特—斯科特—罗迪诺法案的目的就是为了防患于未然。该法案在威廉姆斯法案(Williams Act)的基础上,为要约收购增加了一重管制和一个静候期。反托拉斯的审批是否真正延缓要约收购,由交易在获得绿灯放行前的审批期限决定。该法的一些具体规定如下所述。

1. 提交材料的规定

在2001年美国制定"2000年二十一世纪并购改革和改进法案"(21st Century Acquisition Reform and Improvement Act of 2000)之后,提交材料的要求由企业的规模或交易规模决定。交易金额大于等于5000万美元的并购必须提交相应的材料,交易金额低于5万美元的并购则不需要提交材料。如果交易的一方资产或销售达到1亿美元、交易的另一方资产或销售达到1000万美元、且交易金额低于2亿美元,该并购必须提交材料。交易金额大于2亿美元的并购必须提交材料。

2. 提交材料的费用

企业必须支付由交易规模决定的提交材料费用。交易金额低于1亿美元的并购需要支付4.5万美元的提交材料费用。提交材料的费用上限为28万美元。

3. 提交材料的主体

该法案最初的用词十分模糊，使一些人认为该法案不适用于一些企业，比如合伙制企业。该法案规定，满足前述公司规模和收购规模标准的个人或公司都需要提交材料。

4. 提交的信息类型

该法案要求提交一份长度为16页的表格。主并公司和目标公司必须依据标准工业代码(SIC Codes)来提交有关商业活动和收入的商业数据。许多美国公司已经具备了这些信息，因为它们必须向美国人口调查局(the U.S. Bureau of the Census)提交相关资料。此外，主并公司还必须提交关于该并购对竞争影响力的材料，这导致了一个有趣的冲突。当主并公司向股东提案进行并购时，它倾向于夸耀并购所带来的好处。如果这种夸耀所提及的并购带来的市场份额的增加超过了现实，主并公司就不太可能获得反托拉斯法案的放行。因此，主并公司在并购之前准备报告时，一定要牢记反托拉斯法这道门槛。

5.3.6 1968年司法部并购指导意见

1968年，美国司法部颁布了"司法部并购指导意见"(Justice Department Merger Guidelines, 1968)，列出了政府反对的并购类型。通过这些用来诠释谢尔曼法和克莱顿法的指导意见，司法部使用市场份额百分比的形式来定义高度垄断和中度垄断的行业。指导意见使用每个行业最大的四家公司或八家公司的市场份额来衡量集中度。根据该法案，最大的四家公司市场份额之和超过75%的行业为高度垄断行业。根据并购双方的市场份额，可能面临法律挑战的横向并购见表5-1。

指导意见的颁布使得反托拉斯执法变得机械。进行并购的公司需要事先考虑司法部的立场，司法部则使用这些指导意见来确立它的执法政策。

表5-1 1968年"司法部并购指导意见"对市场集中度的定义

市场集中程度	主并公司	目标公司
高度集中	4%	4%或更多
	10%	2%或更多
	15%	1%或更多
中度集中	5%	5%或更多
	10%	4%或更多
	15%	3%或更多
	20%	2%或更多
	25%	1%或更多

5.3.7 1982年司法部指导意见

上述严格的反托拉斯政策在20世纪70年代逐渐显露出弊端，制定更加灵活的反托拉斯法案被提上日程。1982年，司法部反托拉斯部门的首脑威廉·巴克斯特(William Baxter)促成了新法律的通过，威廉·巴克斯特既是律师、又是经济学家。根据他的经济学知识，威廉·巴克斯特在反托拉斯执法过程中引入了特定的量化指标，使得执法更加程序化、可预测、并且符合主流的经济理论。这些指标中最主要的是赫芬达尔—赫西曼指数(Herfindahl-Hirschman Index，简称 *HH 指数*)。*HH* 指数是一个行业中每家公司的市场份额的平方和：

$$HHI = \sum_{i=1}^{N} S_I^2$$

其中 S_i 是第 i 家公司的市场份额。如果一个行业由 100 家企业构成，每家企业市场份额为 1%，则 *HH*=100×(1^2)=100；如果一个行业由 2 家企业构成，其中一家企业市场份额为 75%，另一家企业市场份额为 25%，则 *HH*=75^2+25^2=6250。

使用 *HH* 指数而不是行业前四家或者前八家公司简单的市场份额，可以更准确地衡量两家竞争性公司的并购行为对行业集中度的影响。*HH 指数假定*，参与并购的公司在并购之后将保持它们的市场份额。计算 *HH* 指数时需要使用到并购后的合并市场份额，尽管获得这一数据可能会非常困难。

赫芬达尔—赫西曼指数的性质：

(1) *HH* 指数随着行业中公司数量的增多而增大。
(2) *HH* 指数是行业中各公司市场份额的平方之和，因此大公司的权重高于小公司。。
(3) 因为较大的公司对指数有更大的影响，因此即使缺乏行业中较小规模公司的完整数据，*HH* 指数也能提供有用的信息。

*HH 指数*评价并购对市场集中度的影响指标如下所述。

表 5-2　用 HH 指数衡量的市场集中程度

并购后的 *HH* 指数	行业集中度	并购对 HH 指数的影响
HH<1000	非集中市场	这种并购一般不会导致反托拉斯机构的介入，除非并购具有其他反竞争效果
1000<*HH*<1800	中度集中市场	若Δ*HH*<100 点，一般不会引起质疑；若Δ*HH*>100 点，会成为审查目标
HH>1800	高度集中市场	若Δ*HH* 指<50 点，一般不会遭到反对；若Δ*HH*>50 点，会招致严格的反垄断审查。

5.3.8　1984 年司法部指导意见

1984 年，美国司法部再次修改了并购指导意见，以进一步完善反托拉斯执法政策。司法部认识到之前的指导意见(包括更精确的赫芬达尔—赫西曼指数)都过于机械。为了使政策更加灵活，司法部在定量标准之外引入了定性标准。定性标准包括行业中公司的效率、目标公司的财务能力和美国公司在国外市场的竞争能力。

1984 年的并购指导意见同时引入了 5%测试法，这种测试法要求司法部评估每家并购公司的每种产品价格上涨 5%带来的影响。这个测试假定并购会增加相关公司的市场定价权。如果该假设成立，参与并购的公司将有能力提高产品价格。该测试被用来衡量如果公司提高产品价格对竞争者和消费者将会造成何种影响。

微观经济学上的弹性(Elasticity)概念被用来衡量消费者和竞争者的反应。需求的价格弹

性衡量消费者对产品价格变化的敏感程度,可以分为(以下用 e 表示弹性):

$e>1$ 需求富有弹性。需求数量的百分比变动大于价格的百分比变动。

$e=1$ 需求为单位弹性。需求数量的百分比变动等于价格的百分比变动。

$e<1$ 需求缺乏弹性。需求数量的百分比变动小于价格的百分比变动。

如果需求在价格上涨 5%时缺乏弹性,就意味着合并的公司增加了市场定价权;如果需求是富有弹性的,那么消费者就不会因为并购而受到负面的影响。

5.3.9 1992 年并购指导意见

美国司法部和联邦贸易委员会共同发布了 1992 年并购指导意见(Merger Guidelines, 1992),并在 1997 年进行修订。与 1984 年指导意见类似,它们都承认并购有可能提高经济效益。同时,这些指导意见也表明,如果并购会产生反竞争的效果(比如提价),即使它们会提高效率,也仍然会受到法律挑战。毋庸置疑,增加市场定价权的反竞争并购一定会受到法律制约。

1992 年指导意见对相关市场的定义做出了澄清,该定义是反托拉斯案件中一个重要的问题。指导意见认为市场是最细化的一组产品或者一个极小的地理区域,在该市场中,垄断会导致价格上涨一定幅度,比如 5%。与 1984 年指导意见一样,1992 年指导意见仍然使用 *HH 指数*评价并购对竞争的影响。

1992 年指导意见规定了执法机构需要遵从的 5 个步骤。

(1) 评价并购是否显著地增加了市场集中度。这引入了相关市场的定义,但该定义具有争议。

(2) 评价并购交易所带来的任何反竞争效应。

(3) 评价潜在的反竞争效应是否会被进入该市场的竞争者抵消。行业进入障碍需要被评估。

(4) 确定并购交易是否能够带来一些可以抵消其反竞争负面影响的效率收益。

(5) 确定如果该并购交易不发生,主并公司或目标公司中的一方是否会因此倒闭或退出市场。这种负面效应将被与潜在的反竞争效应进行比较。1997 年的修改强调了反托拉斯机构考虑并购的反托拉斯净效果的意愿。并购所带来的反竞争效果可能会被提升效率的正面效果抵消。并购交易者需要证明提升效率的正面效果是与并购直接关联的。在交易达成之前,这种提升效率的效果很难量化,但并购交易者的陈述不能是含糊的或者投机的。在实际当中,与并购相关的效率提升只能抵消轻微的反竞争影响,而不能抵消那些主要的反竞争影响。

5.4 英国反托拉斯法

对并购进行监管是英国政府制定的竞争政策的一部分,这种监管旨在确保各种产品市场保持有效的竞争。尽管英国政府从 1948 年便开始审查限制性贸易,但让并购成为竞争政策的重点却是在 1965 年,这一年英国政府通过了作为反托拉斯法开端的"1965 年垄断和兼并法"(1965 Monopolies and Mergers Act)。该法案授权垄断及合并委员会(Monopolies and Mergers Commission)(后来由竞争委员会(Competition Commission)取代)对要进行的并购进行调查，从而实现对并购的监管。英国的并购法案对并购的态度是中立的，并不预先假设并购有害。

当今，英国监管机构对并购的调查分为两个阶段。

(1) 根据"1973 年公平贸易法案"(Fair Trading Act 1973)，公平贸易办公室(Office of Fair Trading)对并购进行预先审查。

(2) 如果公平贸易办公室觉得并购有垄断嫌疑，它将把并购案件提交给由贸易工业大臣(Secretary of State for Trade and Industry)负责的竞争委员会审查。竞争委员会进行调查以后，直接向贸易工业大臣汇报调查结果，贸易工业大臣有权同意或者否决竞争委员会的调查结果。如果参与并购的公司对贸易工业大臣的决定不服，可以向法院起诉。

5.4.1　公平贸易办公室

公平贸易办公室(Office of Fair Trading)是在"公平贸易法案"授权下建立的独立监督机构，它负责监督英国所有的并购申请和实际并购案例。通过初步审查并购申请或实际的并购，它将决定该并购是否符合被竞争委员会审查的条件。并购被定义为以获得一家企业多数股权或少数股权的交易。被审查的并购必须满足如下所有条件。

(1) 两家或更多的企业失去独立地位。

(2) 至少有一家企业是英国企业或英国公司控股的企业。

(3) 如果并购已经完成，那它必须发生在审查之前的六个月。

(4) 合并后的企业在购买或销售方面的市场总份额超过 25%，或合并后的企业的账面总价值超过 7000 万英镑。

尽管公平贸易办公室会审查符合以上条件的并购案例，但它不会将所有这些案例都提交给竞争委员会。它并不是通过简单的和可预测的规则来决定是否提交案例。它会对每一宗案例进行审查以衡量是否有足够多的理由来提交案例。它会考虑如下因素。

(1) 对在英国市场竞争力的影响。

(2) 参与并购的公司的效率。

(3) 就业以及该行业在区域内的分布。

(4) 英国公司在国际上的竞争力。

(5) 国家战略。

(6) 支付方式对并购公司生存力的影响。

(7) 对目标公司的整合。

参与并购的公司没有告知公平贸易办公室的义务，而公平贸易办公室是否向竞争委员会提交审查也没有时间限制。但在实际操作中，公平贸易办公室尽量迅速完成评估，并遵守"城市并购法案"(City Code on Takeovers and Mergers)的时间表。英国政府根据"1989 年公司法"(Companies Act 1989)，引入了快速审查机制，如果公司志愿向公平贸易办公室通报即将进行的并购交易，公平贸易办公室必须在规定期限内完成审查。根据该法案，公平贸易办公室必须在 20 个工作日内决定它是否向竞争委员会提交案例。如果需要补充信息，审查期限最长不超过 35 个工作日。一旦公平贸易委员会向竞争委员会提交案例，竞争委员会需要在 4~6 个月完成调查，调查期限可以最多延长三个月。

5.4.2 竞争委员会

竞争委员会是由一名全职主席领导的独立咨询机构,它的成员包括兼职的企业家、律师、经济学家、会计师和其他专家。它在接到案例以后,需要先决定该案例是否符合被审查的条件。接下来,它需要决定该并购是否在整体上或部分有悖于公众利益,并使用如下标准来判断。

(1) 保持英国国内市场的竞争性。
(2) 增加消费者利益。
(3) 降低成本,促进新技术、新产品的产生,引入新的竞争者。
(4) 平衡英国地区间的就业/产业分布。
(5) 增强英国公司的国际竞争力。

竞争委员会做出的裁决可能是如下三种情况之一。

(1) 并购不会对公众利益造成损害,因此并购可以推进。
(2) 并购损害了公众利益,因此必须终止。
(3) 如果并购方采取措施补救对竞争造成的损害,并购可以推进。

英国机场管理局(BAA)通过一系列并购交易,控股了英国七个民用机场:希思罗机场(Heathrow Airport)、斯坦斯特德机场(Stansted Airport)、盖特维克机场(Gatwick Airport)、南安普顿机场(Southampton Airport)、爱丁堡机场(Edinburgh Airport)、格拉斯哥机场(Glasgow Airport)和阿伯丁机场(Aberdeen Airport)。2007年3月29日,公平贸易办公室提议竞争委员会对英国机场管理局的垄断地位进行审查,竞争委员会最终要求英国机场管理局通过补救措施,拆分出售了其中三个机场。

如果竞争委员会裁定并购没有违反公众利益,贸易工业大臣必须遵从此裁决;如果竞争委员会否决了并购交易,贸易工业大臣有权否决竞争委员会的决定而让并购继续。

5.5 欧盟反托拉斯法

5.5.1 罗马条约

《罗马条约》(The Treaty of Rome)由比利时、法国、意大利、卢森堡、荷兰、西德在1957年3月25日签署,其促成了1958年欧洲经济共同体(European Economic Community)的建立。该条约被2009年正式实施的欧盟《里斯本条约》代替。

《罗马条约》强调保持共同体内部的竞争性。这部法律设计的初衷是为了避免由于卡特尔和滥用市场支配权所造成的共同体内部的市场扭曲。该条约框架下的"欧洲共同体条约81条"目标是阻止那些有能力扭曲竞争的企业之间达成合约,"欧洲共同体条约82条"目标是阻止企业滥用它们的支配地位来限制竞争和跨国贸易。

欧洲法院将81条和82条引入了并购领域的判决,但是对它们范围的界定并不是特别明确,因为这两个条款最初并不是被设计来监管并购的。为了弥补这个缺陷,欧洲共同体在1990年通过了新的并购法规,但是81条和82条对一些特别类型的企业联合仍然适用(比如合资企业)。

5.5.2 欧洲共同体并购规定

"欧洲共同体并购规定"(The European Community Merger Regulation)于1990年9月21日开始实施。该规定把规模和其他一些衡量集中程度的指标作为并购任务执行委员会(Merger Task Force of the Commission)的审查对象。它对该委员会的通知程序和时间表做出了规定。该规定试图最小化欧盟和各成员国的反垄断法规和程序中相互重叠的部分。市场集中包含了如下任意一种情况。

(1) 两家或更多之前独立的企业进行合并。
(2) 一家企业通过收购股权的方式直接或间接地控制另一家企业。
(3) 已经拥有至少一家企业控制权的个人直接或间接地控制另一家企业。

从认股权、合同或者其他方式中产生的直接或间接的企业控制权，意味着对一家企业实施决定性影响的可能性。这表示如果小股东实施了决定性的影响，少数股权也会对企业产生事实上的影响。如果某人取得了对企业的决定性影响，行业集中度就会提高。然而，暂时性的决定性影响通常不被认为会导致行业集中，该委员会会对决定性影响进行逐个筛查，甚至连持股比例低于20%的情况也包括在内。

只有当行业集中将在整个欧洲共同体范围内造成影响时，它才会受到法律监管。"共同体范围内的集中"被定义为三个不同的层次营业额——全球范围的，欧洲共同体范围内的，国家范围内的。监管机构设计该规定的目的是为了监管那些不仅仅对一个国家、而是对整个欧洲共同体都会产生影响的并购行为。

根据欧洲共同体并购规定，"共同体范围内的集中"被定义为：

(1) 合并后的企业在全球范围内的营业额大于等于50亿欧元；
(2) 在一项合并中所涉及的至少两家公司中，每一家在欧盟地区的营业额大于等于2500万欧元；
(3) 并购活动中的每一家企业从一个欧盟国家获得的营业额超过其从欧盟地区获得的总营业额的三分之二。

在1998年，"欧洲共同体并购规定"进行了如下修订：

(1) 合并后的企业在全球范围内的营业额大于等于25亿欧元；
(2) 在一项合并中所涉及的至少两家公司中，每一家在欧盟地区的营业额大于等于1亿欧元；
(3) 在至少三个成员国的每一个国家当中：合并后的企业营业额大于1亿欧元，并且至少有两家并购公司每一家的营业额超过2500万欧元；不受监管的情况是，每一家公司从欧洲共同体内的一个国家获得了整个共同体至少三分之二的营业额。

修订后的规定通常门槛更低，但是包含了那些在欧洲共同体范围内经营比较均衡的公司。相对于较早的规定，修订后的规定主要针对那些规模更小、但是却对整个共同体产生影响的并购案例。"三分之二条款"确保那些只对一国产生重大影响的并购案例由该国自行监督。因此，如果一项并购没有造成共同体范围内的行业集中、但是却对好几个成员国造成了影响，它将接受多个成员国的监管。

5.6 会计准则

5.6.1 国际会计准则第 22 条

并购可以被细分为收购(acquisition)和合并(merger)两种形式。根据国际会计准则第 22 条(International Accounting Standard 22),会计术语"购买"(purchase)与收购类似,而会计术语"合并利益"(uniting of interests)与合并类似。在收购中,主并公司通过举债、换股或者发行新股获得对目标公司的净资产和经营的控制权;收购完成后,目标公司停止经营。在合并中,主并公司与目标公司的股东共同控制合并后企业的净资产和经营,共担风险、共享收益;合并完成后,两家公司的股东不仅享有对自己公司利益的控制权,还享有对对方公司利益的控制权,即利益共享(pooling of interests)。因此,根据会计准则,"购买"(purchase)和"共享"(pooling)分别对应的是收购和合并。

5.6.2 英国会计准则

不同种类的并购可能使用不同的会计处理方法,这取决于并购的本质,换言之,取决于将并购看做是"购买"还是"合并利益"。与"购买"和"合并利益"相对应的会计手法被称为购入记账法(purchase accounting)和权益合并法(pooling accounting),或者收购会计法(Acquisition Accounting)和兼并会计法(Merger Accounting)。选择不同的会计处理手法会对公司合并后的财务表现产生重大的影响。公司管理层需要根据股票市场对不同财务报表的反应做出合理预测,并且使用最有利于公司价值的会计手法来处理并购事件。

表 5-3 列出了根据英国会计标准委员会(Accounting Standards Board (ASB))所颁布的财务报告准则(Financial Reporting Standard (FRS))中的第 6 条关于收购和合并对控股公司(母公司)财务报表以及合并财务报表的影响。在控股公司账户中,控股公司是母公司,它在股权上合法地享有子公司的控制权,但在会计上母公司和子公司是两家不同的经济实体;在合并财务报表中,控股公司和子公司被当做一个经济整体,因而财务报表合并在一起。

表 5-3 收购会计法和兼并会计法的区别

收购会计法	兼并会计法
在控股公司的账户中: 以公允价值记录对目标企业的投资;通常会产生股权溢价	在控股公司的账户中: 将对子公司的投资以所购得流通股的名义价值入账,没有股权溢价
在合并后的财务报表中: (1) 不得将子公司资本公积金并入集团公司账户,也不能将其用于红利的支付; (2) 只列出从收购发生日起的利润; (3) 将子公司资产以公允价值记入合并后的账户中; (4) 可以给未来的损失或者重组成本设立准备金; (5) 必须确认商誉并记入账户中; (6) 不要求重新编制前一年的财务报表	在合并后的财务报表中: (1) 子公司并入集团公司的资本公积金可以被用于支付股利; (2) 集团公司的账户中要单列子公司在兼并发生年份的总利润; (3) 将子公司资产以兼并前账面价值记入合并后的账户中; (4) 不能给未来的损失或者重组成本设立准备金; (5) 不计商誉; (6) 要以兼并已经发生为假设重新编制前一年的财务报表

根据收购会计法，收购的前一年的财务报表不会被改写，这将导致在收购当年主并公司资产和利润的骤然增加，呈现出一幅虚假的增长景象。兼并会计法假定在合并时，参与并购的公司的股东保持自己在公司的权益。兼并会计法力图保持连贯性，即两家公司的资产和利润在并购前后一直都是合并在一起的，即假定两家公司自始至终都是合资公司，因此，并购之前的两家公司的财务报表会被改写。

在 FRS 第 7 条中，一家公司的公允价值由关联交易(arm's-length transaction)确定。由于兼并会计法认为兼并是关联交易，目标公司的资产和交易的金额不需要以公允价值记账。收购会计法认为收购是非关联交易，目标公司的资产和交易金额都需要以公允价值记账，这使得公允价值和账面价值的差额必须被承认，这种差额通常被处理为交易金额相对于目标公司股票的溢价。

并购的支付价格超过目标公司公允价值的部分又被称为商誉(goodwill)，它是一项无形固定资产。从本质上来说，商誉来自于一家公司的相对竞争优势，包括：公司的名声、卓越的研发能力、良好的售后服务、高质量的管理、地理优势、市场优势以及其独特的资源和能力等。

收购会计法涉及对商誉的处理。在理论上，商誉可能为负值，即企业在并购时所支付的价格低于目标公司净资产的公允价值，这往往是一桩合算的并购买卖的结果。收购会计法对负值的商誉也同样适用。在实务操作中，商誉为负的情况很少出现，所以我们在此不予关注。

对主并公司而言，确认其支付的总金额中的现金、股权和债券的公允价值，要比对购得资产的公允价值进行确认容易得多；根据英国现行的会计准则，主并公司还需要对后者以主并方为会计主体进行一次核算。这意味着对资产的公允价值的处理存在人为操纵的空间。在英国，对商誉的会计核算是遵照 FRS 第 10 条来进行的。根据英国的《公司法》(Companies Act)和相关的会计规定，公司在贸易和经营过程中形成的商誉不能被确认为一项资产。这样规定的原因在于：对这种类型的商誉(即内生商誉(home-grown goodwill))来说，其价值具有极度的不稳定性。而收购过程中产生的商誉却很容易通过比较支付金额和所购得资产的公允价值来确认并进行相关的账务处理。将通过收购获得的商誉留存在企业中作为一项资产，而排除内生商誉，会在会计上产生矛盾。FRS 10 对如何处理由并购获得的商誉做出了不同规定。

(1) 利润表对商誉的摊销期限不能超过 20 年。

(2) 若商誉有大于 20 年或无限的存续期，可以不进行摊销，但是必须接受一年一次的减值测验。如果测验结果显示商誉有所减少，那么就要将商誉减少额计入利润表，从而降低企业利润。

对商誉进行摊销的不利之处在于，这会减少主并方在并购之后的账面利润。对于那些不愿意降低每股净收益的公司而言，这将是一则坏消息。

在会计操作中，确认商誉的价值一直是一项棘手的任务。FRS 第 10 条将商誉定义为并购支付金额超过所购得的目标公司有形及无形资产公允价值的总和。计算支付金额和目标公司的资产价值可能会出现一定的误差。通常，主并方会将收购价格超过目标公司净资产的部分作为向目标公司股东所支付的股票溢价。这是 FRS 第 10 条对商誉的一种粗略的定义，通常被称之为"收购溢价"(purchase premium)。但是，使用这种定义来衡量商誉的组成部分，会带来诸多问题。Johnson 和 Petrone (1999)提出了收购溢价的六个组成部分。

(1) 在收购发生前，目标公司总资产的公允价值超过账面价值的部分。

(2) 在现行会计准则下，公允价值中不能被确认的部分，比如不能满足确认标准的无形资产。

(3) 目标公司现存业务如果持续经营或独立经营所对应的公允价值(与收购无关的业务)。

(4) 主并公司与目标公司合并带来的协同效应所对应的公允价值。

(5) 主并公司过高支付的并购金额。

(6) 在竞标时向目标公司过高支付的并购金额。

以上前两个组成部分是由目标公司的会计和衡量缺陷导致的误差，最后两个组成部分可能会高估主并公司通过收购获得的商誉。第三个组成部分是目标公司自有的不应当由主并公司支付的商誉。第四个组成部分是对并购所带来的协同效应商誉的正确度量，这种商誉来自于合并后的公司调动资源和能力所创造的可持续的竞争力优势。在实践中，以上六个组成部分会导致对"收购商誉"的高估或低估，因此对目标公司资产的估值总是存在误差。

5.6.3 美国会计准则

1. 会计准则委员会第 16 号意见书

在 2001 年 6 月之前，根据美国会计准则委员会第 16 号意见书(Accounting Principles Board Opinion 16)，公司并购可以使用两套不同的会计处理手法：购入记账法(Purchase Accounting)和权益合并法(Pooling Accounting)。它们的主要区别是对主并公司资产负债表上资产的处置和商誉的摊销的处理手段不同。购入记账法使用公允价值来衡量并购后公司的资产，因而涉及对商誉的处理，而对商誉的摊销会导致主并公司的财务业绩在并购后的下降。合并后的财务报表的净收益可以进行期限不超过 40 年的摊销；如果并购发生在 1993 年 8 月 10 日之前，对商誉的摊销可以享受长达 15 年的免税；如果并购发生在 1993 年 8 月 10 之后，对商誉的摊销将无法获得免税。权益合并法使用账面价值来衡量主并公司和目标公司的资产，因而不涉及商誉。只有那些同时满足了会计准则委员会第 16 号意见书全部 12 条规定的并购才有可能使用权益合并法，其中：

(1) 两条规定涉及参与合并的企业在合并之前的自治和独立性；

(2) 七条规定涉及交易的股权结构，例如，目标公司必须出让至少 90%的投票权；

(3) 三条规定涉及合并后的公司在融资和重组资产时能做什么、不能做什么。

其中，前两条规定是为了确保进行合并的公司独立地做出合并决定，接下来的七条规定是为了确保前任股东在合并后企业中的连续性，最后三条规定是为了确保合并后股东团体和经营的连续性。

监管机构制定这些规定是为了避免企业滥用权益合并法，但是却增加了选择权益合并法的企业的机会成本，这些企业在合并后的战略决策受到约束，例如剥离和股票回购。美国在线(AOL)在 2000 年 1 月以换股方式收购了时代华纳(Time Warner)。因为权益合并法的种种限制，这宗交易使用了购入记账法而不是权益合并法，尽管这意味着 1500 亿美元的商誉需要在接下来的二十年当中每年摊销 75 亿美元。通过使用购入记账法，合并后的美国在线-时代华纳可以迅速处置那些不盈利的资产，并通过股票回购来维持股价。如果使用权益合并法，合并后的企业将不得不等待两年才能实施上述调整。购入记账法给予了美国在线-时代华纳更灵活的战略决策权。

 案例 5-3

AT&T 的权益合并法并购交易

1990 年 11 月，AT&T 提议以每股 85 美元的价格以换股形式收购 NCR，该出价相对于 NCR 之前每股 47 美元的交易价格有 80%的溢价，并且 NCR 的股东将享受增加的股利。AT&T 同时也准备了一份现金收购的报价方案。NCR 董事会拒绝了这个收购提议。AT&T 接下来将报价提高至每股 90 美元，NCR 董事会仍然拒绝了该出价并提出每股 120 美元的报价。AT&T 随即宣布了每股 90 美元的要约收购，以绕过 NCR 董事会。

NCR 董事会立即启动了员工持股计划(ESOP)以及特别股利政策，以作为反收购措施。美国联邦法院裁定该员工持股计划无效，NCR 董事会将收购要价降至每股 110 美元。AT&T 接受这一报价，但前提是 SEC 同意该并购以权益合并法进行会计处理。AT&T 同时还向 NCR 的股东提供了股价保护措施，以避免 NCR 股东受到 AT&T 股价的负面影响。如果 SEC 不批准权益合并法，AT&T 将使用原来的 40%现金加 60%股票收购的报价。

阻碍 AT&T 获得权益合并法审批的四个因素是：
(1) NCR 公司在 1989 年和 1990 年的股票回购；
(2) NCR 公司的员工持股计划；
(3) NCR 公司的特别股利；
(4) NCR 公司的股票期权计划中的套现条款。

前三个因素违背了禁止股权变更的限制。第四个因素违背了不能选择性地对 NCR 股东进行现金偿付的要求。法律要求 NCR 公司撤销前三种行为并修订第四种行为。为了补偿 NCR 股东，AT&T 将报价提高至每股 110.74 美元。据估计，AT&T 为了获得权益合并法的批准，需要向 NCR 股东每股多支付 5~7 美元。

如果不进行并购，AT&T 的每股收益是 2.51 美元；如果以权益合并法进行并购，AT&T 的每股收益是 2.42 美元；如果以非权益合并法进行 40%现金加 60%股权的并购，AT&T 的每股收益是 2.00 美元。虽然权益合并法会使 AT&T 的每股收益不被稀释，但 AT&T 在并购宣布期的股票市值损失了 39~65 亿美元，在权益并购法上面的直接花费达到 5 亿美元。这次合并极大地损害了 AT&T 的股东价值，NCR 公司在六年之后被拆分。AT&T 希望使用权益并购法来粉饰财务报表，但这背后的荒唐逻辑暴露无遗。

(资料来源: T.Lys and L. Vincent. An analysis of value destruction in AT&T's acquisition of NCR. Journal of Financial Economics, 39, 1995, 353-378)

2. SFAS141 和 SFAS142

因为权益合并法极具争议，美国监管机构在 2001 年 6 月终止了权益合并法，以与《一般公认会计原则》(GAAP)保持一致。美国财务会计准则委员会(FASB)在 SFAS141 规定中废止了权益合并法，在 SFAS142 规定中允许对商誉进行非摊销的资本化，但前提是主并公司需要每年进行减值测验，以与英国 FRS 第 7 条规定保持一致。美国法规要求商誉被分解为几个组成部分，其中一些部分必须在尽可能短的时期内进行摊销。

公司对不能使用权益合并法的规定表现出敌意。然而，废止权益合并法是否会影响到并购浪潮并无定论。能肯定的是，主并公司在将来进行并购时必须仔细评估商誉的来源以及所支付的溢价。

5.7 公司并购法

5.7.1 英国公司并购法案

在英国,目标公司为上市公司的并购由《城市并购法》(City Code on Takeovers and Mergers)管辖,目标公司为非上市公司的并购由《公司法》(Companies Act)管辖。《城市并购法》的执行机构是"城市并购委员会"(The City Panel on Takeovers and Mergers)。并购委员会由英格兰银行于1968年成立,是一个自治的、非法定官方机构,它是规定的制定者和执行者。它的理念是:对并购做出最迅捷的反应,以确保股权转让的公平性和有序性。它的成员包括英格兰银行代理人(一名主席和两名副主席)、金融机构和银行业代表、会计师以及工业界代表。

尽管该委员会的执法权没有获得司法授权,它的执法权和在并购方面的管辖权却得到法院和其他自治机构(比如证券交易所)的承认。《2000年金融服务和市场法案》(Financial Services and Markets Act 2000)使得英国政府和监管机构进一步承认了该委员会的权威。

《城市并购法》的主要原则是监管竞标以确保所有股东在并购过程中被公平和平等地对待。该法令不关注并购在金融或商业上的优点和缺点,也不关注竞争和其他公共政策问题,因为这些是政府的管辖范围。该法案汇集了专家们关于在并购中什么是好的商业标准,以及如何确保对股东公平的观点。

更进一步地说,该法案的制定是为了寻求主并公司、目标公司、股东之间的利益平衡。该法案对英国境内所有的上市公司、非上市的公司、特许经营公司及私营公司(私营公司指的是那些过去十年在任何交易所上过市、或者通过广告形式发行过股票的公司)。

该法案以十条基本原则及38条具体规则为基础。随着并购市场的不断发展,委员会不断制定新的具体规则或者对具体规则做出新的诠释。迅速以及灵活成为像"城市并购委员会"这样的自治机构的重要标志。法案的十条基本原则如下所述。

(1) 在并购竞标当中,所有股东必须被平等对待并享有相同的机会。
(2) 不能选择性地或偏好性地对某些股东发布信息。
(3) 及时地向股东发布足够的信息,以使股东能够对并购要约做出判断。
(4) 竞购方应当在充分考虑了自己的财务能力之后再出价,该原则不仅适用于主并公司,也适用于它的财务顾问。
(5) 收购期间,目标公司在没有得到股东允许的情况下,不得采取反收购行动。
(6) 在整个报价期间确保公司股票市场的公平及有序。
(7) 主并公司、目标公司、财务顾问向股东提供的信息必须是准确的。
(8) 控制权的转让必须是诚信的,不能压制少数股东。
(9) 董事提供的建议必须仅仅从股东、雇员、债权人的利益出发,不得代表董事自己的利益。
(10) 如果一个自然人取得了公司的控制权,他/她必须对其他所有的股东发出收购要约。

具体规则将上述基本原则进一步具体化,对并购各方和他们的顾问在特定情况下的行为做出了规定。具体规则规定了各项义务,对于具体规则没有明确规定的事项,委员会将遵照基本原则做出裁决。委员会将根据法律的精神来做出裁决，而不是仅仅遵从字面上的意思。以下是关于具体规则的一些重要之处。

(1) 强制性竞标：当个人或组织取得公司30%或以上投票权时，他们必须以过去12个月成交的最高股价对其他所有股东提议现金收购(或以股票收购，但是提供现金收购的选项)。如果持有了30%或以上投票权的股东在将来12个月要增持股票，强制性竞标同样适用。

(2) 强制性现金收购：当主并方在竞标期间或之前的12个月购买的股票达到或超过10%的投票权，主并方必须提出基于过去12个月最高股票收购价的现金收购方案供目标公司选择。

(3) 强制性证券收购：当主并方在竞标期间或出价后的3个月内以换股方式购买的股票达到或超过10%的投票权，主并方必须以换股方式向目标公司所有股东提出收购要约。

(4) 统一要约报价：如果主并方以高于要约报价的价格购买了目标公司的股票，要约报价必须被提高至该价格。

(5) 最低报价：最低报价为并购消息公开宣布前三个月(或者并购委员会认可的更早时间)主并公司购入目标公司股票的最高价格。如果因为新的公开信息导致目标公司股价暴跌，主并公司可以寻求最低报价豁免。

(6) 对目标公司股东的独立建议：目标公司的管理层必须通过关于要约有力的、独立的建议，并及时和股东沟通，当股东的意见是分散的，也必须听取少数股东的意见。

(7) 信息平等：所有的股东都被提供相等的信息。

(8) 竞争对手平等：所有可能的竞争者在目标公司的信息获得上是平等的。

(9) 平等的待遇：禁止有选择的和股东交易进行有利的交易。

(10) 完善的信息：必须高标准地报告利润预测以及资产价值评估，同时由专业的顾问报告并承担责任。

(11) 信息不得失真：误导性的和未经证实的陈述必须及时纠正。

(12) 不能有反收购的行动：除非股东同意，目标公司不能采取反收购的行动。这是英国制度和欧盟制度的典型不同。

(13) 股权交易披露和禁止股权交易：在要约期间，股权交易要求有严格的信息披露要求，同时目标公司的财务顾问禁止从买卖公司股份中受益。

(14) 报价的时间表：总体上，要约会在要约文件寄出的60天后关闭。各方都必须遵守在要约期间的其他最后期限。

(15) 反托拉斯行动的影响：如果报价被竞争委员会或欧盟委员会调查，报价就会失效。报价必须满足这个条件。

(16) 12个月暂停报价：失败以后12个月不得提出新的报价，除非有竞争对手对目标公司报价或者由目标公司管理层提出的新的要约。这个禁止不适用于被竞争委员会或欧盟委员会清除的报价，这时出价方可以在21天内提出新的要约。

《城市并购法》的"强制性竞标"条款体现了30%选举权的"有效控制"概念。当公司的有效控制权发生转移，股东有权决定自己是否继续持有该公司的股票。当选举权的转移未达到有效控制区间时，《城市并购法》允许"自愿性竞标"。

在自愿性竞标情况下，主并公司可以设定一个很高的无条件接受的最低门槛，比如收购90%股权，主并公司也可以从该条款豁免并宣布无条件接受的最低门槛为收购51%股权。

收购90%股权的最低门槛对主并公司通常比较有利：第一，它允许成功的竞标者在《1985年公司法》第429条的授权下强制性购买余下的少数股份；第二，它使得主并公司有资格采用兼并会计法；第三，它使得主并公司可以将目标公司私有化，尽管目标公司的少数股东可以向法院起诉(当收购股权达到95%时，持不同意见的少数股东将无权就私有化向法院起诉)。一旦目标公司被私有化，主并公司利用目标公司的资源来支付该并购的行为将不受法律约束。

收购75%的投票权在税收、融资及控制权方面都会给主并公司带来好处。当主并方拥有目标公司75%的投票权时，任何将目标公司私有化的特殊决议都很容易被通过，这将拉开目标公司向主并公司提供融资帮助的序幕。这种帮助可以被用来为并购本身融资。如果并购的融资渠道是借债，而目标公司的资产被用来为借债做担保，主并公司的债主将希望收购90%的股权，因为这会增强主并公司对目标公司资产的控制权，比如，主并公司可以通过强制购买余下的少数股份将目标公司私有化，这将为债主提供安全保障。反过来，如果超过25%的目标公司股份仍然控制在公众股东手中，根据伦敦交易所规定，目标公司将仍然为上市公司，这将极大地减弱主并公司对目标公司的控制权。

设定一个高的无条件接受的最低门槛，意味着收购要约持续时间更长、并购的结果更加不确定。但是，自愿性竞标更具有灵活性，条件也更加宽松。如果可能的话，主并公司一般会避免使用强制性竞标。在1991—2001年间由并购委员会审查的1459宗并购案例当中，只有110宗(7.5%)使用了强制性竞标。

接下来将讨论并购监管对并购活动的影响。

① 在《城市并购法》中价格、支付方式以及强制性竞标条款的含义。如果主并公司使用现金支付并且收购了目标公司超过10%的投票权，强制性竞标条款将适用于主并公司正式宣布并购之前的12个月的行为。作为竞标策略的一部分，潜在的竞标者需要仔细评估对潜在目标公司的出价。一般来说，并购宣布日之前的出价往往低于要约收购时的出价，但是也有例外情况。强制性竞标缺乏灵活性，因为在这种情况下，主并公司必须提供纯现金收购的方案作为备选方案。

主并公司还需要考虑强制性竞标在并购完成后对整合方案的约束。如果并购交易预计实现100%控股，强制性竞标条款将不适用。如果强制性竞标使得大量的少数股份被外部投资者控制(比如25%)，主并公司在并购后的重组中将处于不利地位。这种强制性竞标会降低主并公司使用目标公司的资金来支付并购的可能性，因而增加主并公司的并购成本。

② 竞标时间表。《城市并购法》的目标是，竞标过程必须在一个可预计的期限内产生明确的结果，通常期限不超过三个月。该规定背后的原因是，任何对目标公司长时间的包围都会分散目标公司管理层管理公司的精力，还会对公司的管理层、员工、顾客、供货商带来不确定性，并最终损害股东的价值。因此，该法案对敌意并购的时间表做出了明确规定。

当收购要约被无条件接受，它必须在21天内生效。生效的要约允许额外的14天完成支付。委员会有延长时间表的自由量裁权，例如，如果公平贸易委员会决定向竞争委员会提交该案例，并购时间表将被"暂停"，并在竞争委员会放行通过后继续开始计时。并购中如果有新的竞标者出现，原先的竞标者将使用新竞标者的时间表。在新的竞标者出现后，原本已经接受收购要约的目标公司股东毁约的权利使他们在竞标环境中能将股票卖得好价钱。

考虑到主并公司和目标公司在并购前和并购期间都可能隐藏真实意图和行为，法案采用了"一致行动人"(concert party)和"关联方"(associate)的概念来定义并购参与各方的权利和义务。一致行动人指的是那些通过正式或非正式协议、备忘录以积极进行合作，购买某家公司股票以最终获得或整合该公司控制权的人。并购法的义务适用于一致行动人，例如，在确定强制性竞标是否必要时，主并公司的所有一致行动人所购买的股票都会被考虑在内。

关联方指的是在并购期间所有直接或间接地拥有或交易主并公司或者目标公司股票的个人，以及从并购结果中会获得利益或者潜在利益的个人。关联方包括子公司、投资银行等职业顾问、董事和他们的亲属及养老基金等。拥有或控制5%以上的股票就通常会被认为是关联方。关联方有义务披露他们在主并公司和目标公司股票上的任何交易以及安排(比如赔款)。

③ 部分收购。法案允许主并公司收购目标公司低于100%的投票权。部分收购是对目标公司的所有股东按比例进行股票收购，并需要得到并购委员会的同意。委员会通常会同意对不超过 30%的股票进行的收购，这一般指的是主并公司和它的一致行动人在过去 12 个月购买了大量的目标公司股票。部分收购在英国并不常见，因为根据《城市并购法》，只有50%以上的股东投票同意，主并公司才能收购目标公司超过30%的股份。

5.7.2 欧盟并购指导条例

欧盟委员会长久以来都试图建立一套关于并购的监管机制。经过十二年的酝酿，并购指导条例(Takeover Directives)的提案在2001年7月的欧盟议会因为没有获得足够支持而未能通过。该条例的许多条款被德国、瑞典、法国和荷兰强烈抵制。这些争议集中在以下几点。
(1) 对反收购措施的限制。
(2) 对雇员咨询委员会权利的限制。
(3) 取消多重投票权以及取消对股票投票权的限制。

多重投票权允许公司发行两种级别的股票，这两种股票的投票权限不同。在国有企业私有化以后，欧盟许多成员国的企业都保留了"金股票"(golden share)，这种股票对恶意并购拥有一票否决权。

北欧以及法国企业对投票权的限制为抵御恶意并购提供了有效保障。许多成员国都希望保留公司管理层抵御恶意并购的能力。德国抱怨说，缺乏国际水平的竞争会使得欧盟一些成员国的公司在面对恶意并购时处于劣势。

2002年10月，欧盟委员会提出了修改后的指导条例的草案，尽管该指导条例以英国的《城市并购法》为模板，但是仍然有许多不同之处。指导条例的草案大致包括了以下条款。
(1) 成员国必须遵守的一般原则。
(2) 监管机构。
(3) 强制性竞标条款。
(4) 披露相关信息的义务，比如信息的范围、时效、文件等。
(5) 并购的准则，比如收购的期限、竞标失效期、如何修改竞标、撤销竞标等。
(6) 目标公司管理层的责任、对反收购措施的限制、与雇员沟通管理层对并购的意见。
(7) 与雇员协商。
(8) 对违反指导条例的制裁。

1. 总则

(1) 股东平等：必须平等对待所有目标公司的股东，非控股股东的权益必须得到保护。

(2) 给予股东足够的时间和信息以作决策：目标公司的股东必须被给予相关的信息以及充分的时间考虑收购要约并做出接受或拒绝的决定；目标公司的董事会必须告知股东它对该并购的观点；目标公司董事会必须就并购对雇佣关系的影响发表自己的观点。

(3) 目标公司董事会责任：在整体上确保公司利益最大化；不能否决股东自行做决策的机会。

(4) 避免虚假买卖：对主并公司和目标公司股票的虚假买卖被禁止。

(5) 实施并购的能力：主并公司必须确保自己有能力实施现金或其他方式的收购。

(6) 对竞标时限的限制：主并公司不能无故长时间拖延竞标。

这些准则和英国的《城市并购法》的基本精神是一致的。

2. 监管机构

欧盟每个成员国都必须成立一个并购的监管机构，它可以是一个私营的组织。欧盟的公司有可能在本国的证券交易市场以及海外的证券交易市场同时上市，许多公司选择的证券市场并非自己的注册地，这些情况要求适当的监管机构来管理并购。指导条例对"母国监管机构"和"东道国监管机构"做出了定义。如果一家公司在欧盟成员国之一注册且股票在当地市场交易，它就必须接受该成员国监管机构的监管(母国监管机构)。如果一家公司在欧盟成员国之一注册但却在另一个成员国的证券市场上市，它首先要接受上市国监管机构的监管(东道国监管机构)，但东道国监管机构与母国监管机构分享监管权力。当东道国监管机构与母国监管机构出现分歧时，指导条例对适用条款和优先管辖权并未做出规定。指导条例将裁决的权利留给了欧盟成员国。

3. 强制性竞标

因为强制性竞标在欧盟成员国当中并不普遍，指导条例在尽量统一规定的前提下，仍然将控股的门槛和公平价格的裁量权留给了成员国。主并公司必须支付现金或者以现金支付作为并购的可选方案，或者支付在成员国交易的流动性强的证券。与英国《城市并购法》不同的是，指导条例规定，现金作为支付可选方案适用的条件是，主并公司或任何一致行动人通过现金形式在并购前的三个月(英国《城市并购法》规定为12个月)购买了目标公司5%或以上的股票。

4. 反收购行为

指导条例的草案规定，在没有得到目标公司股东授权的情况下，目标公司在并购期间不得发行新股以阻止主并公司获得控制权。如果目标公司在并购接受期限之前已经决定发行新股，将不受本条例管辖。该豁免条款给予目标公司绕过指导条例的空间。至于"反收购行为"的定义，则由成员国自己来决定，这使得该条款的效力大打折扣。

欧盟成员国可以在指导条例生效后推迟三年执行"反收购行为"条例。"反收购行为"条例给予了股东相比于其他利益相关者更大的特权(这是英国、美国的惯例)，因而遭到欧洲大陆国家的强烈反对。

5. 防御结构的透明性

公司被要求在每年年报中披露股权结构与并购防御条款的信息。这些信息包括股权信息，例如是否是双股权结构、每股投票权、重要的直接和间接持股、股东协议等。公司必须每两年获得一次股东对防御性条款的许可。

6. 挤出和股权出售

指导条例对挤出(squeeze-out)行为做出了明确规定，即持有目标公司90%以上股份的股东可以强行以公平价格购买少数股东的股份。同样，少数股东可以强行要求对目标公司控股90%以上的大股东以公平价格购买他们手中的股票，这被称为股权出售(sell-out)。欧盟成员国可以自行将该门槛设定为95%。

7. 雇员的意见

作为对并购要约的回应，目标公司的董事会需要向股东和雇员提供关于它对该并购如何影响公司利益(包括雇员利益)的观点。如果雇员代表持不同意见，董事会必须将这种意见写进董事会意见当中。

5.7.3 美国威廉姆斯法案

要约收购(tender offer)通常指的是主并公司绕过目标公司，直接向目标公司股东购买股票的并购。要约收购的出价通常高于目标公司股票在交易所的价格。美国威廉姆斯法案(Williams Act)在1968年获得通过，是并购领域最重要的证券法案之一，它对二十世纪七八十年代的并购案例产生了深远影响。在六十年代，要约收购逐渐变成一种流行的公司并购方式以驱逐那些盘踞在公司的管理层。对于那些使用股票作为支付方式的要约收购，《1933年证券法》在信息披露方面提供了有限的监管；对于那些使用现金作为支付方式的要约收购，则没有相关法案。其结果是，SEC试图填补法律方面的相关空白，参议员哈里森·威廉姆斯(Harrison Williams)作为参议院银行委员会主席，在1967年提出相关议案，该议案在1968年7月由议会通过。威廉姆斯法案是对里程碑似的《1934年证券交易法》的修订。《1934年证券交易法》与《1933年证券法》的通过都是因为政府希望对证券市场实施更广泛的管制。两部法案都对消除那些据信引起1929年10月股市崩溃的不当操作做出了贡献。这些法案要求面对公众发行股票的公司向市场公布更多的信息。作为对《1934年证券交易法》的补充，威廉姆斯法案增加了五个新的章节。

威廉姆斯法案的四个主要目标如下所述。

(1) 管理要约收购：在威廉姆斯法案通过之前，目标公司的股东往往是蜂拥地兑现收购要约以避免自己处于不利地位。

(2) 对并购的过程和信息披露做出要求：通过更大力度的信息披露，股东可以对并购出价做出更明智的决策。信息披露可以使得目标公司的股东获得潜在主并公司更完整的信息。在换股交易中，目标公司将成为主并公司的股东。对主并公司股票的合理估值依赖于获得主并公司详细的财务报表数据。

(3) 为目标公司股东提供足够的时间使得他们根据信息对要约收购做出决定：即使目标公司股东能获得足够的信息，他们仍然需要时间来分析数据。威廉姆斯法案使他们拥有充足的时间来针对信息做出决策。

(4) 增加证券市场的信心：通过增加投资者信心，证券市场可以吸引更多的资本。通过该法案，投资者在信息有限的时候做决策，即使遭受损失，他们也不会过于担忧。

1. 威廉姆斯法案 13(d)

威廉姆斯法案 13(d)为股东和目标公司管理层提供了早期预警系统，让他们意识到不久后将发生的控制权转移的威胁。该部分法案要求主并公司在收购目标公司 5%的股票(流通中的普通股)后进行信息披露，不管这种收购是公开市场操作、要约收购、还是私下购买。法案最初通过的时候，对于持股标准的限制是 10%，但后来立法机构意识到该标准太高因而选择了比较保守的 5%。主并公司需要填写 13D 计划表(Schedule 13D)来进行信息披露。即使是单个个人或公司实际拥有的目标公司股份未达到 5%，他们也需要提交计划表；如果一群投资者作为一致行动人进行投资，那么他们持有的目标公司股票总数将被看做被一个投资者持有。

根据 13(d)要求，主并公司需要向 SEC、目标公司所在的股票交易所及目标公司提交 13D 表格。向 SEC 提交的表格一般是通过它的数据库 EDGAR(Electric Data Gathering And Retrieval)完成的。主并公司必须在持股达到目标公司流通股 5%后的 10 天内完成表格提交。某些投资者可以免于申报 13D 表格，比如华尔街的股票经纪人公司或者碰巧持有了该数量股票的承销商(持有期不超过 40 天)。13D 计划表要求披露如下信息。

(1) 目标公司的名称和地址，以及即将被收购的证券的类型。一家目标公司可能拥有不止一种证券，在这种情况下，主并公司必须指出已经收购的超过 5%份额的证券类型。

(2) 填表人的详细背景信息，包括之前的犯罪记录。

(3) 主并公司实际控制的目标公司的股票数量。

(4) 并购的目的：主并公司必须披露它购买目标公司股票的目的是为了获得控制权，还是仅仅用作投资目的。

(5) 收购目标公司股票的资金来源。主并公司必须披露收购资金对债务的依赖程度。主并公司还需要获得金融机构以书面形式陈述的关于主并公司获得必备的资金的能力作为计划表附件。

此外，主并公司还必须披露并购出价前的 60 天内对目标公司股票的所有交易。

2. 对违反 13(d)行为的处理

如果主并公司违反 13(d)条款，股东或者目标公司均可以起诉要求赔偿。根据 13(d)，法院将更加照顾目标公司股东的利益，而不是目标公司本身的利益，因为这部分条款设计的初衷是为了保护目标公司股东而不是目标公司。当股东权益受损，法院倾向于采取平衡救济(equitable relief)，比如禁制令，而不是补偿救济(compensatory relief)的方式。法院更关心的是确保对股东的合理信息披露，而不是反对并购本身。除了法院，SEC 也可能审查主并公司是否违反 13(d)条款并决定是否采取执法行动。违反 13(d)的个人或团体可能面临罚款和没收非法所得的处罚。

3. 13G 计划表(schedule 13G)

SEC 对那些购买了目标公司 5%或者以上股票、但在这之前 12 个月累计购买目标公司的股票未达到 2%且无意获得目标公司控制权的投资者尤其是机构投资者规定，他们只需要提交没有那么多详细信息的 13G 计划表。13G 表格必须在每年的 2 月 14 日提交。这一类投资者被称为 5%受益所有人(5% beneficial owners)。

4. 员工持股计划(employee stock ownership plans)

SEC 认为员工持股计划的受托人是该计划的受益所有人。员工持股计划的受托人可以是银行顾问或者投资顾问。为了判断受托人是否是受益所有人，SEC 会衡量受托人是否能自由投票或出售股票；如果受托人拥有这种权力，他们就有义务向监管机构提交材料。

5. 14(d)和 M-A (section 14(d) and regulation M-A)

威廉姆斯法案为主并公司披露要约收购的信息提供了各种途径，其中也包括 14(d)条款。这个条款适用于如果要约收购成功，主并公司将拥有目标公司一种股票5%或以上股权的并购案例。

6. TO 计划表(schedule TO)

法律最初规定，信息披露以 14D-1 计划表(Schedule 14D-1)的形式提交，另一个类似的计划表，13E-4 计划表(Schedule 13E-4)则是由目标公司在要约收购中提交的。由于这两种计划表都与要约收购相关，要么由目标公司提交，要么由第三方提交，SEC 在 2000 年 1 月决定将它们合并为一个文档，称为 TO 计划表(Schedule TO)。TO 与新的法令——M-A 法令相关。根据该法令，计划表必须在发出要约的同时提交给 SEC 和目标公司的总裁办公室；在存在其他竞标者的情况下，还需要向这些竞标者提交表格。主并公司不仅需要向目标公司上市的每一个证券交易所以电话形式告知该要约收购行为，还需要向它们邮寄一份 TO 表格。如果目标公司的股票属于柜台交易(OTC)，主并公司还需要以类似的方式通知全美证券交易商协会(NASD)。接下来，主并公司还需要向媒体提供新闻稿。TO 表也可以用来更新 13D 计划表已有的信息，从而满足 13(d)的要求。

TO 计划表需要提供的信息如下所述。

(1) 术语摘要表——用简单的英语表达。
(2) 目标公司的名称、所涉及的证券级别、对之前购买这些证券的说明。
(3) 填表人(可以是公司或合伙人)的身份和背景。
(4) 交易条款——包括要约收购的股票数量、截止日期、提出和撤回要约的程序、支付方式和税收后果。
(5) 主并公司与目标公司在过去的联系、商谈及交易。
(6) 并购的目的。
(7) 用来完成并购的资金来源。
(8) 竞标者已经获得的目标公司股票数量。
(9) 主并公司为交易所聘请的人员和机构的身份。
(10) 主并公司的财务报表(近两年)。
(11) 主并公司与其管理层之间的任何可能实质性影响目标公司股东利益的协议。
(12) 主并公司向目标公司股东提出的任何收购条件。
(13) 如果是私有化交易，主并公司需说明交易目的和理由，以及替代方案。
(14) 如果是私有化交易，需要评价它的公正性。
(15) 提供报告、观点和评估。

7. 要约收购的开始时间

在竞标当中,要约收购的时间期限是非常重要的,因此发出要约的时间就非常关键。根据14d-2的规定,要约收购的开始时间是发生以下任一事件当天的凌晨12:01:

(1) 公布要约收购。
(2) 发布要约收购广告(比如在《华尔街日报》上打广告)。
(3) 向目标公司递交要约收购的材料。

从宣布要约收购开始,竞标者可以有五个交易日发放要约收购的材料。

8. 目标公司的信息披露

威廉姆斯法案最初只要求主并公司提供信息披露材料。在1980年,修订后的该法案要求目标公司也同样遵守披露要求。目标公司必须在要约收购开始的10天内提交14D-9表格,表明它是接受还是拒绝收购要约。如果目标公司表明它对收购不持有立场,它必须说明原因。除了向SEC提交文件,目标公司还必须向其上市的所有股票交易所提交14D-9表格。如果目标公司的股票是柜台交易,则需要向全美证券交易商协会(NASD)提交表格。

9. 最短要约期

根据威廉姆斯法案,要约收购必须保持至少在20个交易日内持续有效。在这段时间内,主并公司必须接受所有的要约股票。但是,主并公司在实际上可能只在要约收购快到期时才接受股票。最短要约期的规定是为了保证股东有充足的时间考虑自己的决定,而不至于因为担心失去要约而匆忙出售他们的股票。在最短要约期内,股东可以从容地考虑这个要约并且与其他要约进行比较。主并公司也可以延长20个交易日的要约期限,如果它认为更长的时间可以帮助自己更好地得到所需的股票。主并公司必须以要约价购买所有的受约股票(至少按照预定的比例),除非没有收购到它在要约收购条款中规定的股票数量(但是在这种情况下,主并公司仍然可以选择买进股票)。

要约收购可以包含其他一些豁免条款。例如,如果存在反托拉斯问题,收购最终能否实施就取决于监管机构的批准。因此,要约可能会指明,如果美国司法部或者联邦贸易委员会反对这次并购,那么主并公司就不会购买股票。

10. 撤回权

威廉姆斯法案进行了若干次修订以保证股东撤回预售股份的权利。1986年,SEC颁布了14D-7法规,允许股东在要约到期前的任何时间撤回预售的股票。这个法规的目的是使股东有充分的时间评估要约、或者在竞标的情况下评估所有要约。

11. 按比例接受原则

在多数时候,要约收购会遇到超购的情形,例如收购目标公司51%股票的要约可能会实际收到80%的股票。在该例当中,如果全部80%的股份在要约收购的前10个交易日完成,大约5/8进行要约交易的股票会被收购;如果在要约收购的10个交易日之后还有股东兑现股票,这些股票将不会被主并公司接受,除非主并公司决定认购超过51%的股票。

12. 要约收购的定义

威廉姆斯法案有意使用模糊的语言定义要约收购,这种模糊性使得要约收购的参与方通常选择最有利于他们的要约收购定义,由此经常引起诉讼。在 Kennecott Copper 公司与 Curtiss-Wright 公司诉讼案中,法院认为没有溢价、也没有截止日期的公开市场收购不属于要约收购。在 Wellman 公司与 Dickinson 公司诉讼案中,法院提出了八因素检验法来判定要约收购。

(1) 积极地和广泛地征集公众持有的目标公司的股票。
(2) 征集的股票占到了目标公司股份的相当大的份额。
(3) 要约价格在股票市场价格的基础上有溢价。
(4) 要约条款是既定的、不可以协商。
(5) 要约是否有效取决于能否收到预先设定的股票数量,一般情况下要约都会指明最多接受的股票数量。
(6) 要约的开放时间是有限的。
(7) 目标公司面临卖出股票的压力。
(8) 在迅速购买股票之前或购买当时公开宣布购买计划。

在 S-G 证券公司诉 Fuqua 投资公司一案中,法院总结出如下的要约收购判断标准。

(1) 主并公司公开宣布,其购买目标公司大量份额的股票是出于获得目标公司控制权的意向。
(2) 主并公司通过公开市场购买或者私下协商购买获得了目标公司显著数量的股份。

13. 交易股票的方式

股东通过商业银行或信托公司这样的中介机构出售股票,这种中介机构被称为支付代理人。当股东寻求参与要约收购时,他们根据要约收购的条款,把自己持有的股份交给支付代理人,以换取现金或证券。股东在出让股票时必须附上转让函。支付代理人不断地接收股票,但需要等到要约截止日期才会向股东支付现金或者证券。如果要约期限被延长,代理人会等到新的要约截止日才做支付,除非与个别股东另有协议。主并公司通常会在没有认购到足够多的股份的情况下延长要约期限。事实上,主并公司通常需要若干次延长要约期限以获得足够多的股份。如果主并公司决定延长要约期限,它们需要在旧的要约到期日的下一个交易日早上 9:00 之前宣布延期申明,并宣布已经收购到的股份数量。如前文所述,股东有权在要约收购的任何时点撤销交易,因为他们最初的协议并不影响他们改变主意或者将股票出售给出价更高的主并公司。

如果股东想撤销要约交易,就必须提交撤销书。股东可能希望收回股票以参与条件更优厚的要约收购。在竞标情况下,新的主并公司会向股东发出通知并鼓励他们撤销原来的要约交易,新的主并公司还会提供制作好的撤销书以方便股东。撤销书必须包括股东的签名。实际操作中,撤销要约交易并不一定需要正式的撤销书,因为一切可以说明股东有撤销要约交易意愿并且提供了恰当的签名担保的书面文件都可以被接受。

14. 要约收购的变更

如果要约收购条款发生重大变更,威廉姆斯法案允许修订要约期限。要约期限的延长要视要约条款的改变程度而定。如果要约期限被延长，就被认为是一个新的要约。新的要约会确保股东有 20 天来考虑该交易。主并公司提高报价会被认为是要约条款的重大变更，即新的要约。要约条款的轻微变更通常只会产生额外 10 天的"最短要约期"，主并公司增加要收购的股票数量就被认为是要约条款的轻微变更。

15. 最优价格规则和其他相关规定

根据威廉姆斯法案 14(d)(7)条款的规定，如果主并公司提高要约报价，那么主并公司就必须以提高后的报价补偿之前以低价已经出售了股份的股东。这部分条款是为了确保所有参与要约交易的股东都被平等对待，而不论他们在要约期限内的什么时间出售股票。根据 SEC 法规 14d-10，主并公司有权提供不止一种支付方式(比如现金、股票)。在这种情况下，出售股份的股东有权选择主并公司的支付方式。

16. 要约之外收购股票

根据威廉姆斯法案 10b-13，主并公司不能够在要约收购之外进行与要约收购条款不同的股权收购。如果 SEC 认为要约之外的收购不涉及操纵、造假和掩盖，在它的授权下，主并公司可以有对该条款的豁免权，但前提是，要约外的收购必须是在要约收购结束后或者撤销后。

17. 完成要约后的付款

法案规定主并公司必须在要约期限结束时立即对股东进行支付或者立即退还股东股票。这种立即支付的规定可能会与其他法规相抵触，比如哈特-斯科特-罗迪诺反托拉斯法 (Hart-Scott-Rodino Act)。如果主并公司要延缓支付，就必须在威廉姆斯法案规定的要约期限截止时立即获得其他监管机构的许可。

18. 迷你要约收购

迷你要约收购指的是主并公司收购目标公司低于 5%股份的情况。在这种并购中，主并公司受到的监管要少得多，并且也不需要像大型要约收购那样披露信息。愿意进行交易的股东必须明白，他们在超购的情况下无权按比例出售股票，也无权撤销要约。这种要约收购的价格不一定会有溢价，甚至还可能低于股票交易所的市价。因此，投资者需要谨慎对待这种要约收购。

19. 成功要约收购后获得控制权

在成功的要约收购之后，目标公司和主并公司通常同意主并公司选举目标公司董事会的绝大多数董事。这使得主并公司可以在不举行股东大会的情况下控制董事会。但是，如果有反收购条款限制主并公司任命董事会成员的权力，主并公司就很难控制董事会；否则，对董事会控制权的转移会非常顺利。如果目标公司同意改变董事会控制权，它必须向 SEC 和它自己的股东通报关于新董事的信息，通报的信息与公司选举董事时披露的提名候选人的信息类似。

20. 目标公司退市

在完全并购之后，目标公司被整合进主并公司，新的公司就需要让原来的目标公司从交易所退市，它需要向 SEC 递交退市申请并得到批准。

21. 竞争性要约收购

在并购竞标大战当中，最初的要约收购通常会吸引更多的要约竞标对手。因为法律设计的初衷是为了给予股东时间来仔细考虑所有的相关选择，当要约竞标对手出现时要约期限被延长就不可避免了。威廉姆斯法案规定，当新的要约竞标对手出现时，必须给予目标公司股东至少 10 个交易日来考虑新的要约。实际上，这 10 个交易日往往是在原有期限上的延长。假定最初的要约期限已经进入了第 15 个交易日(总共 20 个交易日)，新的竞标者突然向目标公司股东提出了新的要约，目标公司的股东在原有的期限上又增加了额外的 10 个交易日，于是原有的要约期限被延长 5 个交易日，即总共 25 个交易日。如果原有的要约期限离到期日大于 10 个交易日，则原有的要约期限不会被延长。

22. 美国要约收购法规对非美国公司并购的适用性

当美国公司购买外国公司的股票时，如果目标公司的股票按照《证券交易法》在美国境内注册，那么该收购需要遵守美国要约收购法规。但如果美国股东持有该外国公司的流通股数量低于 10%，该并购就可以不遵守该法规。

5.8 中国的并购法律

中国的公司开展并购的历史与发达国家公司相比并不算长，但是近年来中国公司参与并购的宗数和金额增长十分迅速。一方面，全球金融危机和人民币升值使得中国国有企业和民营企业更多地涉足海外并购；另一方面，中国证监会对 IPO 的暂停使得大量私募股权无法通过二级市场套现获利，因此私募股权将业务重点从辅导企业上市转向了并购市场。清科研究中心统计数据显示，2013 年第一季度中国并购市场共完成 204 起并购交易，披露金额的 185 起并购案例涉及金额 312.60 亿美元。其中，国内并购为 177 起，交易金额为 49.24 亿美元；海外并购为 18 起，涉及并购交易金额 166.50 亿美元；外资并购为 9 起，涉及金额 96.86 亿美元。

随着中国并购市场的扩大，中国在公司并购方面的立法也不断地演进和发展：2005 年修订了《证券法》，2006 年修订施行了《上市公司收购管理办法》以及《关于外国投资者并购境内企业的规定》，2008 年实施了《反垄断法》。以下部分将重点介绍这些法律中与并购相关的条款。

5.8.1 《证券法》

《证券法》于 1999 年 7 月 1 日开始实施，最新的一次修订于 2005 年 10 月 27 日进行、2006 年 1 月 1 日起正式生效。证券法的范围涵盖了在中国境内的股票、公司债券和国务院依法认可的其他证券的发行、交易和监管，其核心旨在保护投资者的合法权益，维护社会经济秩序和公众的利益。

1. 内幕交易

《证券法》第七十四条和七十五条严格界定了内幕交易的含义、行为主体和内幕信息。所谓内幕交易，又称知内情者交易，是指公司董事、监事、经理、职员、主要股东、证券市场内部人员或市场管理人员，以获取利益或减少经济损失为目的，利用地位、职务等便利，获取发行人未公开的、可以影响证券价格的重要信息，进行有价证券交易，或者泄露该信息的行为。证券交易内幕信息的知情人和非法获取内幕信息的人，在内幕信息公开前，不得买卖该公司的证券，或者泄露该信息，或者建议他人买卖该证券。持有或者通过协议、其他安排与他人共同持有公司百分之五以上股份的自然人、法人、其他组织收购上市公司的股份，本法另有规定的，适用其规定。内幕交易行为给投资者造成损失的，行为人应当依法承担赔偿责任。

该法将内幕信息定义为证券交易中涉及公司的经营、财务或者对该公司证券的市场价格有重大影响的尚未公开的信息，包括以下几方面。

(1) 法定的重大事件：①公司的经营方针和经营范围的重大变化；②公司的重大投资行为和重大的购置财产的决定；③公司订立重要合同，而该合同可能对公司的资产、负债、权益和经营成果产生重要影响；④公司发生重大债务和未能清偿到期重大债务的违约情况；⑤公司发生重大亏损或者遭受超过净资产10%以上的重大损失；⑥公司生产经营的外部条件发生的重大变化；⑦公司的董事长，三分之一以上的董事，或者经理发生变动；⑧持有公司5%以上股份的股东，其持有股份情况发生较大变化；⑨公司减资、合并、分立、解散及申请破产的决定；⑩涉及公司的重大诉讼，法院依法撤销股东大会、董事会决议；⑪法律、行政法规规定的其他事项。

(2) 公司分配股利或者增资的计划。

(3) 公司股权结构的重大变化。

(4) 公司债务担保的重大变更。

(5) 公司营业用主要资产的抵押、出售或者报废一次超过该资产的30%。

(6) 公司的董事、监事、经理、副经理或者其他高级管理人员的行为可能依法承担重大损害赔偿责任。

(7) 上市公司收购的有关方案。

(8) 国务院证券监督管理机构认定的对证券交易价格有显著影响的其他重要信息。

2. 要约收购

根据《证券法》的规定，任何投资者持有一家上市公司已发行股份的5%时，应在该事实发生之日起三日内向证券监管机构、证券交易所做出书面报告，通知该上市公司并予以公告；其后投资者持该上市公司已发行股份比例每增减5%，均应报告及公告；当其持有一家上市公司已发行股份的30%时，如继续进行收购，应当依法向该上市公司所有股东发出收购要约。发出收购要约前，收购人须事先向证券监管机构和证券交易所报送收购报告书。收购要约的期限不得少于30日并不得超过60日。收购要约期限届满，收购人持有被收购公司股份数达该公司已发行股份总数的75%以上的，该上市公司股票应在证券交易所终止上市交易；这一比例如达到90%以上的，其余仍持有被收购公司的股票的股东，有权向收购人以收购要约的同等条件出售其股票，收购人应当收购。

第 5 章
法律与法规

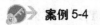
案例 5-4

中国内幕交易逃亡第一人

2010 年 6 月 18 日上海市公安局经济犯罪侦查大队二支队对谢风华涉嫌内幕交易案正式立案侦查。但是,犯罪嫌疑人在之前的一段时间内已经借道香港,逃亡新西兰。谢风华的妻子,安雪梅,也早已借休假之名逃遁香港,并就此消失。案件中的主人公,因躲避内幕交易罪的惩罚而逃亡国外,被称为中国内幕交易逃亡第一人。

根据有关部门的确认,在 2009 年 5 月 18 日到 6 月 28 日期间,时任中信证券投行部执行总经理的谢风华正在负责 ST 兴业的重组业务。在此期间,谢风华让其亲戚朋友在重组消息公布之前购买 ST 兴业的股票,自己也在本人的电脑上通过其堂弟的股票账户买卖这只股票。而在此期间,这只股票不断上涨:5 月 25 日,上涨 4.58%;5 月 26 日,涨停,涨幅 5.06%;5 月 27 日,公司发布重大事项暨停牌公告,开始停牌;6 月 26 日,复牌,当日涨停,涨幅 4.95%。可见当事人如果进行交易,将获得丰厚的收益。

在调查中,监管部门发现谢风华和安雪梅除了利用 ST 兴业重大资产重组进行内幕交易,还涉及海通集团重大资产重组、万好万家重大资产重组等内幕交易。2009 年 5 月至 8 月,司法部门已查明安雪梅借谢风华负责福建天宝矿业集团借壳万好万家、常州亿晶光电借壳海通集团的机会,通过谢风华亲戚账户提前买入相应股票非法获利超过 167 万元。

正当监管部门积极寻求国际刑警组织协助追捕之时,谢风华主动由新西兰返回国内,并向国内警方自首。在随后的庭审中,谢风华被判犯内幕交易罪,获得有期徒刑 3 年,缓期 3 年执行,并处以罚金 800 万元。安雪梅被判犯内幕交易罪,获得有期徒刑 1 年,缓期 1 年执行,并处以罚金人民币 190 万元。法院还追缴被告人谢风华、安雪梅违法所得共计人民币 767.65 万元。

点评:

案例中,当事人作为上市公司重组的主要操作者,向他人透露了内幕信息,并且自己也利用内幕信息进行股票交易,其行为已严重违反《证券法》关于禁止内幕交易的相关规定,其内幕交易行为十分典型,理应重罚。

自中国资本市场建立以来,内幕交易案件就一直屡禁不止。尽管监管部门通过严厉的制裁措施打击内幕交易,但是效果似乎并不理想;对世界各国的监管机构而言,内幕交易因为其隐蔽性因而存在举证难的问题。中国的监管部门可以从发达国家学习相关的监管经验,进一步提升监管的力度和水平。

(资料来源:http://magazine.caixin.com/2010-08-14/100170712.html; http://epaper.stcn.com/paper/zqsb/html/2012-01/09/content_333320.htm; http://www.yicai.com/news/2011/06/861027.html)

5.8.2 《上市公司收购管理办法》

根据《公司法》《证券法》及其他法律和相关行政法规,证监会于 2006 年 5 月 17 日审议通过《上市公司收购管理办法》(以下简称《办法》),并在 2008 年 8 月 27 日对第六十三条做出修订、在 2012 年 2 月 14 日对第六十二条及第六十三条做出修订。

《办法》的出台使证监会对上市公司收购活动的监管方式发生了两个变化:一是证监会直接监管下的全面要约收购将转变为财务顾问把关下的部分要约收购;二是完全依靠事前监管将转变为事前监管与事后监管相结合。《办法》规定,根据投资者持股比例的不同,对收购行为采取不同的监管方式。对于持股未达到 30%的控制权变化,强化信息披露要求,实行事后监管；对于持股超过30%的控制权变化，依法由证监会审核，收购人须聘请财务顾问进行核查并予以持续督导。间接收购和实际控制人发生变化的，按照直接收购的比例要求一并纳入统一的监管体系。在此监管架构下，对于通过"一对一"协议方式收购超过30%的股份或通过收购上市公司控股股东的控股权等间接收购方式控制30%以上股份表决权的，除了收购前后实际控制人未发生变化等依法可以得到豁免的少数情形外，收购人应当发出全面要约；如不能发出全面要约，须减持至30%或30%以下，此后拟继续收购的，必须改用公开的要约收购方式进行。根据证券法的授权，证监会基于证券市场发展和投资者保护的需要，可以使用豁免权免除收购人发出收购要约的义务。按照《办法》的规定，证监会将慎重使用豁免权，主要根据公司控制权的转让是否在不同利益主体之间进行，来判断上市公司的实际控制权是否发生变更，进而做出是否予以豁免的决定。

《办法》规定收购人可以依收购股份多少的不同而采取多种方式收购上市公司，比如通过证券交易所交易(即二级市场举牌收购)、要约收购、协议收购、定向发行、间接收购、行政划转等。这些方式既可以单独采用，也可以组合运作。考虑到要约收购、协议收购、间接收购的复杂性，《办法》对这三种收购方式应履行的程序、信息披露的时点和内容及如何履行要约收购义务等作了明确规定。由于中国三分之二以上的上市公司大股东持股比例较大，通过二级市场转让股份，耗时长，交易费用高，且减持过程需不断公开披露信息，对二级市场交易量和交易价格影响较大，可能导致股价下跌而不能顺利出售。因此，在股权分置改革完成后，与国外全流通市场一样，收购人与公司股东通过私下协商转让不超过30%的股份，仍将是上市公司收购中比较常见的方式。

《办法》取消了流通股和非流通股不同要约价格底线的规定，使要约价格的确定原则更富有弹性。为防止收购人恶意利用要约收购进行内幕交易和操纵市场，《办法》明确规定要约的收购底线为5%，收购人在要约前须提供20%的履约保证金；如进行换股收购，必须同时提供现金收购方式供投资者选择。要约收购具有信息公开、程序公正、待遇公平的特点。在要约收购的情况下，广大中小股东拥有最充分的参与权和自主决策权。收购人发出要约后，股东可以根据公司的业绩、本次要约收购对公司的影响、二级市场股价表现等情况，自行做出投资决策。愿意接受要约条件的，可以在要约期限届满时将股份出售给收购人；不愿意卖给收购人的，可以继续持股或者通过二级市场卖出。

5.8.3 《中华人民共和国反垄断法》

《中华人民共和国反垄断法》(以下简称《反垄断法》)借鉴国际有益经验，在总体框架和主要内容上和大多数国家的反垄断法基本一致，确立了禁止垄断协议、禁止滥用市场支配地位以及控制经营者集中三大制度。同时，《反垄断法》又立足于中国国情，每一项制度都体现了鲜明的中国特色，反映了中国目前经济发展阶段和发展水平、市场竞争状况、市场主体成熟程度等实际情况的要求。《反垄断法》共八章五十七条。主要内容包括[①]以下几方面。

---

① 《中国反垄断法的主要内容》，2009，国家工商行政管理总局法规司：http://www.saic.gov.cn/fgs/llyj/200904/t20090421_50952.html

1. 关于《反垄断法》的适用范围

《反垄断法》平等地适用于市场主体即经营者。任何经营者，无论是国有企业还是民营企业，无论是内资企业还是外资企业，在经济活动中都要遵守《反垄断法》的规定；对违反规定，实施垄断行为的，都要依法追究法律责任。

关于国有公司与《反垄断法》适用问题，我想引用一位专家的观点：中国是一个人口众多、幅员辽阔、发展不平衡的社会主义大国，需要有强有力的国有经济。特别是在涉及国计民生和国家安全的关键领域，国有经济应当占有控制地位、发挥主导作用。只有这样，才能保证国家有效实施宏观调控，保证经济又好又快发展，保证人民分享发展成果，也才能保证国家有力量应对各种风险，保证经济安全和人民安居乐业。但是，《反垄断法》没有把国有公司排除在《反垄断法》适用之外，国有公司不能从事《反垄断法》禁止的垄断行为。

参照国际通行做法，《反垄断法》不直接规制垄断状态，而规制垄断行为。按照《反垄断法》第三条的规定，垄断行为有三类：一是经营者达成垄断协议；二是经营者滥用市场支配地位；三是具有或者可能具有排除、限制竞争效果的经营者集中。同时，《反垄断法》将行政机关和法律、法规授予的具有管理公共事务职能的组织滥用行政权力，排除、限制竞争行为纳入本法调整范围。

《反垄断法》既适用于在中国境内发生的垄断行为，也适用在中国境外发生的对中国境内市场竞争产生排除、限制影响的垄断行为，具有域外效力。

2. 关于垄断协议

《反垄断法》对横向垄断协议和纵向垄断协议分别做出了禁止规定。对行业协会组织本行业经营者实施垄断协议做出了禁止性规定。根据中国实际情况，规定了垄断协议的豁免条件。我们注意到，竞争者之间达成的关于固定价格、限制产量、划分市场及串通招投标等垄断协议，被称为核心卡特尔，核心卡特尔是世界很多国家反垄断执法机构严厉打击的对象。核心卡特尔也很难满足《反垄断法》第十三条关于垄断协议的豁免条件所规定的"不会严重限制相关市场的竞争"及"能够使消费者分享由此产生的利益"这两个条件，是经营者经营行为的禁区。

3. 关于滥用市场支配地位

《反垄断法》不反对经营者具有市场支配地位，但严格禁止其滥用市场支配地位实施排除、限制竞争，损害消费者利益的垄断行为。《反垄断法》列举了垄断价格、掠夺性定价、拒绝交易、强制交易、搭售、差别待遇等典型的滥用市场支配地位行为。为了增加《反垄断法》的操作性，《反垄断法》规定了认定经营者其有市场支配地位应当依据的因素和市场支配地位推定制度。我们注意到，不管对于新成立的还是成熟的反垄断执法机构，无论是市场支配地位的界定，还是滥用行为的分析，都是反垄断执法中极具挑战性的领域，在执法中需要很多的经济分析。

4. 关于经营者集中

经营者集中，一方面有利于形成规模经济，从而提高经济效益和企业的竞争力；另一方面又可能产生或者加强市场支配地位，导致排除或限制竞争。因此各国反垄断法都对经

兼并与收购

营者集中实行必要的控制。《反垄断法》鼓励经营者通过依法实施集中等方式做大做强，同时依法规制经营者集中行为，规定经营者集中达到国务院规定的申报标准的，应当事先向国务院反垄断执法机构申报，未申报的不得实施集中。

《反垄断法》未直接规定经营者集中的申报标准，而授权由国务院规定。目前，国务院有关部门正在抓紧研究经营者集中的申报标准等问题。我们从其他国家的法律规定和自身的执法实践中认识到，经营者集中申报标准的指标应当客观、明了、可量化，如以资产额、销售额以及集中的交易额等为指标规定申报标准，使得经营者和反垄断执法机构能够清楚地判断出其拟进行的集中行为是否需要申报。同时，我们注意到，各国反垄断法都是根据本国经济的发展阶段、发展水平、市场竞争状况等情况并结合一定时期的产业政策，确定各自的申报标准，具体的标准差别很大。中国现阶段经济发展中的一个主要问题是，产业集中度不高，许多企业达不到规模经济要求，竞争力不高。从中国现阶段经济发展的实际情况出发，《反垄断法》对经营者集中的规定，既要有利于企业通过依法兼并做大做强、发展规模经济，提高产业集中度，增强竞争能力，又要防止经营者过度集中形成垄断。因此，经营者集中的具体申报标准要合理、适度。

5. 关于滥用行政权力排除、限制竞争

针对中国市场经济中存在的行政机关及公共组织滥用行政权力排除、限制市场竞争的行政性垄断的具体表现及其危害，《反垄断法》第五章对滥用行政权力排除、限制竞争行为进行了专门规定，列举了强制交易、地区封锁(包括限制商品在地区间流通、阻碍外地经营者参加本地招投标活动、以不公平方式设定市场准入等)、强制经营者从事垄断行为等滥用行政权力排除、限制竞争行为，比较全面地涵盖了我国目前存在的滥用行政权力排除、限制竞争行为的主要表现形式。同时，《反垄断法》还专门针对含有限制竞争内容的抽象行政行为做了专门规定，要求"行政机关不得滥用行政权力，制定含有排除、限制竞争内容的规定"。

《反垄断法》对滥用行政权力排除、限制竞争行为的禁止规定，明确表明国家坚决反对和制止滥用行政权力排除、限制竞争，坚定不移地推进全国统一、公平竞争、规范有序的市场体系建立的决心。需要强调的是，不能将政府及其有关部门为调控经济生活或者对经济活动进行的正常管理而采取的措施作为滥用行政权力排除、限制竞争行为来处理。从根本上解决滥用行政权力排除、限制竞争行为的问题，必须靠改革，靠发展，靠市场经济体制的进一步完善，采取综合治理的办法，并通过各方面长期不懈的努力。

本 章 小 结

本章介绍美国、英国、欧盟以及中国在并购方面的主要法规。首先，介绍了美国特拉华州反并购法、美国内幕交易法。其次，介绍了美国的反托拉斯法案的演进，以及英国、欧盟的反托拉斯法案。再次，介绍了与收购和兼并相关的英国会计准则和美国会计准则，以及对商誉的相关处理。最后，介绍了英国《城市并购法》、欧盟《并购指导条例》、美国《威廉姆斯法案》以及中国与并购相关的法案。

习 题

1. 为何美国公司对在特拉华州注册有明显的偏好?
2. 什么是内幕交易?美国的相关法律是如何处罚内幕交易的?
3. 论述美国反托拉斯法案的演进。
4. 英国的会计法规如何处理收购和兼并?对商誉的处理是怎样的?
5. 在要约收购中,威廉姆斯法案如何保护目标公司的股东利益?
6. 案例分析

必和必拓(BHP Billiton)收购力拓(Rio Tinto)案

必和必拓是世界第一大矿业公司,力拓是世界第三大矿业公司。2008年2月6日,必和必拓对力拓提出收购要约,收购价格为每3.4股必和必拓股票换1股力拓股票。如果交易完成,合并后的企业将占据全球铁矿石市场超过34%的份额,并使得全球铁矿石主要供应商由必和必拓、力拓和巴西淡水河谷三家进一步缩减为两家。

2008年5月30日,欧盟正式受理必和必拓和力拓合并方案的反垄断审查。7月4日,欧盟宣布对两拓合并启动长达90天的深度(in-depth)调查。欧盟委员会的反垄断事务机构在一份声明中表示,"初步调查显示,这笔交易在是否会导致欧盟单一市场上存在很大疑问,尤其是涉及到铁矿石、煤炭、铀、铝和矿砂等矿产品,因为这一并购交易有可能会导致相关价格上扬,减少两家企业各自客户的选择机会"。

2008年7月,美国监管部门率先为两拓合并方案扫清了障碍,批准了合并的申请。10月1日,澳大利亚反竞争与消费者委员会(ACCC)认为,尽管两家英澳矿业竞争对手的合并将导致全球最大的三家铁矿石生产商合并为两家,但最终仍判定两家企业的合并不会减少相关市场的竞争程度,因而并不反对这桩交易。

必和必拓公司在11月25日表示,从当前的局势看,与力拓合并不再是对股东最大利益的体现。一方面,欧盟委员会是其反垄断审查中遭遇到的主要阻力。根据必和必拓公告,欧盟委员会要求其分拆铁矿石和炼焦煤的部分资产,以消除垄断担忧。而必和必拓认为,在当前的经济形势不明朗的前景下,接受欧盟的修改条件将导致高成本和高风险。另一方面,对力拓债务的担忧是必和必拓放弃合并的一个重要原因。力拓此前为收购加拿大铝业,借债约400亿美元,相当于力拓总资产的50%。而必和必拓本身的负债率很低,只有30亿~40亿美元,只有力拓债务比例的10%左右。与力拓的合并会提高必和必拓债务比例,在目前市场流动性不好的情况下,承担这么大的债务对企业来说显然是很大的压力。因此从当前的经济局势看,与力拓合并不再是对股东最大利益的体现。

英国并购委员会(UK Takeover Panel)于2008年11月27日发布公告,正式终止必和必拓(BHP Billiton)对力拓(Rio Tinto)的收购交易。英国并购委员会表示,由于必和必拓拒绝接受欧盟委员会提出的先决条件(pre-condition),必和必拓收购要约的条件未能满足,因此,收购委员会决定力拓和必和必拓两家公司在英国的要约有效期限立即终止。

由于来自欧盟的反对意见和急剧恶化的全球经济形势,导致世界两大矿业巨头必和必拓和力拓的合并计划流产。

(资料来源:FT中文网和财新网相关报道)

问题:

(1) 上述材料涉及了本章哪些并购法规?
(2) 结合上述材料,谈谈你对跨国并购难度的看法。
(3) 关于竞争和垄断的判定,以上各国的相关委员会所给出的意见不同,你是如何评价的?

兼并与收购

本 章 附 录

香港起诉摩根士丹利前银行家内幕交易

2009年9月，摩根士丹利亚洲有限公司(Morgan Stanley Asia)的一位前董事，被香港法院判决10项内幕交易罪全部成立，并处以7年监禁和约2330万港元的高额罚款。案件的主人公，杜军，因与中信集团(CITIC Group)的高管有密切的联系，于2007年初加入摩根士丹利的两个项目团队中，为中信资源(CITIC Resources)收购哈萨克斯坦的一处油田提供对冲交易和债券发行方面的相关咨询服务。此前，杜军是摩根士丹利亚洲有限公司定息部董事总经理。

在提供咨询服务期间，杜军利用其工作上的便利，在知晓了中信资源将收购国外油田的基础上，还了解到该公司即将对渤海湾的一处油田进行收购的内幕消息，便先后投入8600万港元囤积该公司的股票，并且建议他的妻子也进行购买。2007年7月，摩根士丹利公司对杜军进行停职审查，并在随后的不到30天的时间里将其解雇。

但这只是对杜军内幕交易行为惩罚的一个开始。2008年7月，香港证监会对杜军提起公诉，指控他犯有多达10项的内幕交易罪。经过漫长的调查和庭审后，杜军最终被定以重罪，并被处以本例开头所提到的惩罚。

本案的发生地，香港，在2003年便将内幕交易列为刑事犯罪。但是，直到5年后，才提起第一次诉讼。发生转变的主要原因是香港证监会在2007年左右强化了其执法体制，改为由香港警务处商业罪案调查科对证监会提交的案件进行调查。这和之前由香港市场行为适当审裁处对同类案件进行的民事调查相比，极大地提高了办案效率。而且，援引香港证监会官员施卫民的观点："这次裁决向任何意图参与内幕交易的人发出了最强烈的讯号。"进一步表明了香港政府在打击内幕交易，保护普通投资者权利方面的坚定决心。

(资料来源: http://www.ftchinese.com/story/001020552, http://www.ftchinese.com/story/001028664, http://www.ftchinese.com/story/001026217, http://www.ftchinese.com/story/001026328/ce)

*ST建机内幕交易玄机

2010年6月8日，中国证监会在官网上通报了六起证券违法案件，上市公司*ST建机高管的内幕交易位列其中。陕西建设机械股份有限公司在短短八个月间创造了470%的涨幅，在重组消息公布前的一个月股价即刻翻番，其背后的故事并不新鲜——重组概念。

根据记者的调查，多条线索显示，"明天系"公司是*ST建机重组方案公告之前，内幕消息的获得者，但"明天系"公司及个人是否存在内幕交易行为，则有赖监管当局的进一步彻查。

根据证监会调查，*ST建机曾于2007年3月26日发布公告，称其控股股东将股权划转给陕西煤业化工集团有限责任公司(下称陕煤集团)。陕煤集团总经理高仰才在重组消息公告前知悉内幕消息，同时高仰才本人及其亲属的账户在公告前集中大量买入*ST建机的股票，涉嫌构成《刑法》第180条规定的内幕交易罪。但是，高仰才一个人能够买多少股？2007年一个月内，上市公司股价涨幅超过100%，显然背后另有重量级机构。

拨开重重迷雾，一个资本市场的老相识——"明天系"的各种关联机构出现在*ST建机的飙升主浪中。*ST建机的股价从2007年1月4日到2007年9月28日，区间涨幅高达470.92%，远远超过同期大盘107.53%的涨幅。

在有关重大事项于2007年3月26日披露之前，*ST建机股价已经"先知先觉"出现了一轮波澜壮阔的上涨，从2月26日至3月23日短短一月内飙涨114%。

按照证监会判定内幕交易的一个关键性时点，2007年3月26日*ST建机首次发布重组公告为线，"明天系"是否在此之前就已经埋伏？而"明天系"又从何提前得知重组的内幕信息？这是问题的两大关键。

2005年9月19日，陕西煤业集团给旗下的各单位发文，称为了提高集团公司的资本运营水平，聘请融丰行投资有限公司(下称融丰行)担任集团公司的常年资本运营顾问，称融丰行在资本运营方面经验丰富，并且与国内众多的证券公司、银行、上市公司以及其他金融机构有密切的合作关系。

通知还称，融丰行的主要任务是为集团公司的资本运营提供全面的咨询服务，主持编制陕煤集团2005年到2020年资本运营计划，并协助完成具体操作。融丰行负责下属单位的管理机制重组、主辅分离改制、内部融合和对外收购业务提供咨询，还要"帮助集团公司协调解决在北京的一些具体事务"。

融丰行自此进入陕煤资本运作平台，对陕煤借壳*ST建机方案不可能不知。不过自2007年3月陕煤集团董事长发生变更后，融丰行逐渐从陕煤集团淡去。

融丰行并不是一家单纯的小机构，而且种种迹象都指向，这家机构是"明天系"的一员。

根据工商资料显示，融丰行成立于2001年10月，注册资金5000万元，其中北京康海天达科技有限公司出资700万元，大连通易新达科技有限公司(下称通易新达)出资4000万元，此外尚有包括樊延峰在内的五位自然人股东，樊延峰是融丰行的法人代表。

通易新达于2000年成立于北京，成立之初名为明天智胜软件科技有限公司，明天控股有限公司持股80%；2002年肖玉波等三人出资5000万元入主公司，肖出资1000万元，担任法定代表人，同时还出任"明天系"旗下陕西明天电子资源科技有限公司法定代表人，其时她年仅24岁。2002年12月，明天智胜软件科技有限公司更名为新易通软件科技有限公司，2005年12月迁址大连，并更名为今名通易新达。

北京康海天达科技的前身是北京世纪讯联数码科技有限公司，根据世纪讯联数码科技的对外宣传，公司于2000年6月成立，初始注册资金只有500万，有三个自然人投资成立，分别是肖建华、杨弘炜、周春生。肖建华即"明天系"掌门人。

2006年11月，北京世纪讯联数码更名为北京康海天达科技。2004年2月，公司一下增资至2亿元，法人代表也由肖建华变成了杨弘炜。此后，法人代表又一度变为潘海燕，如今法人代表为赵婷婷。

此后三年里，"明天系"的诸多关联公司在*ST建机里公然进进出出，形成一道引人注目的风景，一直到2008年中报后，"明天系"机构渐渐淡出*ST建机。

从*ST建机的前十大股东名单变更来看，主要的变动都发生在2007年一季报。公开资料只能到显示到2007年一季报，"明天系"控股的恒泰证券出现在股东名单中，持股268万股。另外，持有明天控股14%股份的自然人杜云发也在一季报中出现，持有*ST建机88万股，名列前十大流通股股东。而3月26日公告后，还有四个交易日。恒泰证券和杜云发等是何时进去的？*ST建机当年一季度频繁进出的自然人股东里，有哪些有内幕交易的嫌疑？这些都有赖监管当局的进一步查实。

(资料来源：http://magazine.caixin.com/2010-07-18/100161850.html?p0#page2)

附表 1　TO 表

UNITED STATES
SECURITIES AND EXCHANGE COMMISSION

Washington, D.C. 20549

SCHEDULE TO

(RULE 14d-100)

Tender Offer Statement Pursuant to Section 14(d)(1) or 13(e)(1) of

the Securities Exchange Act of 1934

PEOPLESOFT, INC.

(Name of Subject Company)

PEPPER ACQUISITION CORP.
ORACLE CORPORATION

(Name of Filing Persons–offeror)

COMMON STOCK, PAR VALUE $0.01 PER SHARE

(Title of Class of Securities)

712713106

(Cusip Number of Class of Securities)

Daniel Cooperman

Senior Vice President, General Counsel and Secretary

Oracle Corporation

500 Oracle Parkway

Redwood City, California 94065

Telephone: (650) 506-7000

(Name, Address and Telephone Number of Person Authorized to Receive Notices

and Communications on Behalf of Filing Persons)

Copies to:

William M. Kelly

Davis Polk & Wardwell

1600 El Camino Real

Menlo Park, California 94025

Telephone: (650) 752-2000

CALCULATION OF FILING FEE

Transaction Valuation∗Amount of Filing Fee∗∗

$5,065,695,056 $409,815

∗Estimated for purposes of calculating the amount of filing fee only. Transaction value derived by multiplying $16,605,941(number of shares of common stock of subject company outstanding as of May 27, 2003 (according to the Agreement and planof Merger, dated June 1, 2003, by and among subject company, J.D. Edwards & Company and Jersey Acquisition Corporationfiled with the J.D. Edwards & Company Form 8-K filed on June 3, 2003, with the Securities and Exchange Commission) by$16.00 (the purchase price per share offered by Offeror).

∗∗The amount of the filing fee, calculated in accordance with Rule 0-11 of the Securities and Exchange Act of 1934, as amended,and Fee Advisory #11 for Fiscal Year 2003 issued by the Securities and Exchange Commission on February 21, 2003, equals0.008090% of the transaction valuation.

_ Check box if any part of the fee is offset as provided by Rule 0-11(a)(2) and identify the filing with which the offsetting fee waspreviously paid. Identify the previous filing by registration statement number, or the Form or Schedule and the date of its filing.

Amount Previously Paid: Not applicable. Filing Party: Not applicable.

Form or Registration No.: Not applicable. Date Filed: Not applicable.

file:/\\Amy\Economatrix%20Folder\Employee%20Folders\Current%20Employees\Iris\Schedule%20T 11/30/2005

(资料来源：美国，证券与交易委员会 www.sec.gov/edgar.shtml.)

附表2　13D计划表

UNITED STATES
SECURITIES AND EXCHANGE COMMISSION
Washington, D.C. 20549

SCHEDULE 13D

Under the Securities Exchange Act of 1934
(Amendment No. _____)*

XXXXXXXXXX
(Name of Issuer)

XXXXXXXXXX
(Title of Class of Securities)

XXXXXXXXXX
(CUSIP Number)

XXXXXXXXXX
(Name, Address and Telephone Number of Person
Authorized to Receive Notices and Communications)

XXXXXXXXXX
(Date of Event which Requires Filing of this Statement)

If the filing person has previously filed a statement on Schedule 13G to report the acquisition that is the subject of this Schedule 13D, and is filing this schedule because of §§240.13d-1(e), 240.13d-1(f) or 240.13d-1(g), check the following box.

Note: Schedules filed in paper format shall include a signed original and five copies of the schedule, including all exhibits. See §240.13d-7 for other parties to whom copies are to be sent.

* The remainder of this cover page shall be filled out for a reporting person's initial filing on this form with respect to the subject class of securities, and for any subsequent amendment containing information which would alter disclosures provided in a prior cover page.

The information required on the remainder of this cover page shall not be deemed to be "filed" for the purpose of Section 18 of the Securities Exchange Act of 1934 ("Act") or otherwise subject to the liabilities of that section of the Act but shall be subject to all other provisions of the Act (however, see the Notes).

CUSIP No. 000000000   13D   Page 2 of 4 Pages

1.	NAMES OF REPORTING PERSONS I.R.S. IDENTIFICATION NOS. OF ABOVE PERSONS (ENTITIES ONLY) XXXXXXXXXX	
2.	CHECK THE APPROPRIATE BOX IF A MEMBER OF A GROUP (see instructions) (a) ☐ (b) ☐	
3.	SEC USE ONLY	
4.	SOURCE OF FUNDS (see instructions) XXXXXXXXXX	
5.	CHECK BOX IF DISCLOSURE OF LEGAL PROCEEDINGS IS REQUIRED PURSUANT TO ITEMS 2(d) or 2(e) ☐	
6.	CITIZENSHIP OR PLACE OF ORGANIZATION XXXXXXXXXX	
NUMBER OF SHARES BENEFICIALLY OWNED BY EACH REPORTING PERSON WITH	7.	SOLE VOTING POWER 00,000
	8.	SHARED VOTING POWER 00,000
	9.	SOLE DISPOSITIVE POWER 00,000
	10.	SHARED DISPOSITIVE POWER 00,000
11.	AGGREGATE AMOUNT BENEFICIALLY OWNED BY EACH REPORTING PERSON 00,000	
12.	CHECK BOX IF THE AGGREGATE AMOUNT IN ROW (11) EXCLUDES CERTAIN SHARES (see instructions) ☐	
13.	PERCENT OF CLASS REPRESENTED BY AMOUNT IN ROW (11) 000%	
14.	TYPE OF REPORTING PERSON (see instructions) XXXXXXXXXX	

CUSIP No. 000000000　　　　　　　　　　13D　　　　　　　　　　Page 3 of 4 Pages

　　Item 1.　Security and Issuer.

　　Item 2.　Identity and Background.

　　Item 3.　Source or Amount of Funds or Other Consideration.

　　Item 4.　Purpose of Transaction.

　　Item 5.　Interest in Securities of the Issuer.

　　Item 6.　Contracts, Arrangements, Understandings or Relationships with Respect to Securities of the Issuer.

　　Item 7.　Material to Be Filed as Exhibits.

CUSIP No. 000000000   13D   Page 4 of 4 Pages

SIGNATURE

After reasonable inquiry and to the best of my knowledge and belief, I certify that the information set forth in this statement is true, complete and correct.

COMPANY NAME

_____/s/ Insert Name_____

Insert Name

_____Insert Title_____

Insert Title

_____Insert Date_____

Insert Date

(资料来源：美国，证券与交易委员会 www.sec.gov/edgar.shtml.)

第6章 恶意并购

教学目标

通过本章的学习，掌握友好并购以及恶意并购的优缺点、主并公司在恶意并购中的进攻策略、目标公司在恶意并购中的防御策略。

教学要求

知识要点	能力要求	相关知识
恶意并购与友好并购	(1) 掌握友好并购与恶意并购的定义 (2) 掌握友好并购与恶意并购的优缺点 (3) 掌握目标公司拒绝并购的原因及影响	(1) 恶意并购 (2) 友好并购
主并公司的进攻策略	(1) 熟练掌握立足点的原理和优缺点 (2) 了解非正式门票的原理 (3) 掌握熊抱的原理、与要约收购的区别 (4) 熟练掌握要约收购的原理和相关法律 (5) 熟练掌握代理权争夺的原理、形式、法律、步骤	(1) 立足点 (2) 非正式门票 (3) 熊抱 (4) 要约收购 (5) 代理权争夺
目标公司的防御策略	(1) 理解目标公司在并购前的未雨绸缪的措施 (2) 熟练掌握十三种反并购策略的原理和适用性	(1) 毒丸 (2) 交错选举董事会 (3) 超级多数条款 (4) 公平价格条款 (5) 双资本结构 (6) 金色降落伞 (7) 雇员持股计划 (8) 焦土政策 (9) 皇冠上的宝石 (10) 绿票讹诈 (11) 反垄断法 (12) 反收购 (13) 分手费

第6章 恶意并购

> 没有永恒的朋友,也没有永恒的敌人,只有永恒的利益。
>
> ——帕麦斯顿

 基本概念:

恶意并购　立足点　非正式门票　熊抱　要约收购　代理权争夺　毒丸　交错选举董事会　超级多数条款　公平价格条款　双资本结构　金色降落伞　雇员持股计划　焦土政策　皇冠上的宝石　绿票讹诈　反垄断法　反收购　分手费

 **导入案例**

卡夫收购吉百利

2009年9月7日,美国卡夫食品(Kraft)向英国巧克力生产商吉百利(Cadbury)发起恶意收购。12月14日,吉百利猛烈抨击卡夫的敌意收购,声称一颗"企业宝石"被这家美国食品集团收购没有任何战略或财务上的好处。

吉百利董事长罗杰·卡尔(Roger Carr)表示,该公司将不会采用"180度战略逆转、金融工程或反噬防御(Pac man defence)等遭遇敌意收购的弱小企业经常采取的做法"。他呼吁股东拒绝卡夫提出的103亿英镑(合168亿美元)敌意收购报价。卡尔说,吉百利无须诉诸"保卫英国"的民族情绪,因为卡夫的收购将减缓吉百利的增长,"抑制管理层的企业家精神"。他发表这番言论之际,吉百利发布了一份致股东的反收购文件,敦促投资者不要让卡夫"窃取"他们的公司。该文件提出了一系列修正后的业绩目标,表示吉百利要在2010—2013年期间实现5~7%的有机销售增长,高于其当前战略"愿景—行动"(Vision into Action)中4~6%的增长率。2008年,吉百利实现了7%的有机销售增长,公司预计2009年的增长率约为5%,尽管销售量已经下滑。卡尔说,吉百利尚无计划与美国好时(Hershey)、意大利费列罗(Ferrero)等潜在的竞争收购方进行认真谈判,除非它们提交"有充分资金支持的"要约。"我们把游戏规则很清楚地告诉了他们。"上述两家公司表示正在考虑出价,但都还没有正式提交。

在经过几轮恶意并购拉锯战之后,2010年1月19日,吉百利宣布,接受卡夫食品经过改进的117亿英镑(合190亿美元)的收购价,并为自己出售给这家美国食品集团的决定进行辩护,称其为全球化的代价。

 点评:

两者的合并具有多重战略意义。鉴于吉百利拥有英联邦血统,并在2003年收购了在拉美拥有很大市场的口香糖公司亚当斯(Adams),该公司可带来卡夫长期欠缺的新兴市场实力。合并后的集团将成为在巴西、俄罗斯和中国市场的一支重要力量。在其他方面,将卡夫对沃尔玛(Wal-Mart)等零售商的影响力,与吉百利在"快速消费"渠道——便利店和报摊——的优势结合起来,应会增加营收。6.25亿美元的估计成本协同效益看上去是可以实现的;折算为现值的税后价值约为44亿美元,弥补了卡夫支付的31%的溢价。

不过,作为一家发展艰难的食品集团企业,卡夫比吉百利更需要这笔交易。卡夫表示,收购吉百利会将其收入增长目标提高一个百分点,至5%,每股收益提高2个百分点。但吉百利的规模仅是卡夫的四分之一。此外,卡夫对吉百利企业价值(EV)的估值为2009年利息、税项、折旧及摊销前利润(EBITDA)的13倍,低于近来食品业重大交易的水平。

(资料来源: http://www.ftchinese.com/story/001030297,http://www.ftchinese.com/story/001030903,http://www.ftchinese.com/story/001028586#adchannel=NP_Other_story_page)

6.1 友好并购与恶意并购

友好并购(friendly takeovers)指的是主并公司和目标公司管理层通过协商谈判来实施的并购，在并购过程中目标公司没有采取任何反并购措施。

恶意并购(hostile takeovers)指的是主并公司在收购一家上市的目标公司时遭到目标公司管理层反对的并购。在实证研究中，Jenkinson 和 Mayer(1994)将恶意并购定义为主并公司的首次并购提议遭到目标公司管理层反对的并购。

在全球的并购事件当中，绝大多数并购都属于友好并购。相对于恶意并购，友好并购有如下三个优点。

(1) 友好并购的风险更低：与恶意并购相比，友好并购的主并公司在尽职调查阶段能更好地获得目标公司的信息、对目标公司未来的发展情况更加了解，这将减小并购整合的不确定性。

(2) 友好并购的成本更低：与恶意并购相比，友好并购遭受的防御更少、并购过程持续的时间更短、并购涉及的中介机构费用更低。

(3) 来自目标公司管理层的合作将有助于并购后期的成功整合。

以上三个因素预示着友好并购与恶意并购相比，会给主并公司带来更高的股价效应。但同时，恶意并购也具有自身的优点。

(1) 与友好并购相比，主并公司在恶意并购当中会更加清晰地分析并购的目的、更加仔细地研究并购所带来的价值，在并购前做充分的计划安排。

(2) 恶意并购更容易被置于公众监督之下，这将减弱主并公司过高支付的问题，并促使主并公司的管理层在并购后期的整合阶段更加高效地工作。

以上两个因素预示着恶意并购会给主并公司带来更高的股价效应。

恶意并购产生的原因，即目标公司管理层为何会拒绝主并公司的收购提议，一直受到企业界和学术界关注。Ruback(1988)提出三个促使目标公司管理层拒绝并购的原因。

(1) 目标公司管理层认为目标公司具有隐藏价值，而这种隐藏价值没有在当前股价和收购报价中体现出来。

(2) 目标公司管理层认为，他们拒绝当前的报价，会促使主并公司接下来提出更高的报价，这将使目标公司的股东获得更高的回报。

(3) 并购发生的原因常常是，目标公司管理层经营不善导致股价下跌，因此目标公司成为主并公司抄底的对象。在这种情况下，如果目标公司被并购，它的管理层往往会被解雇。目标公司管理层拒绝收购提议可能仅仅是为了保住自己的职位。

Ruback 认为，目标公司的股东只关心该公司股票的市场价值，而任何一家公司的市场价值都是由两个因素决定的：保持公司管理层不变的情况下的公司预期的价值，以及通过改变公司控制权所带来的价值改变。改变公司控制权所带来的价值改变由被并购的概率乘上并购所带来的价值改变决定：

从以上公式可以看出，目标公司的管理层拒绝并购虽然有可能促使主并公司提高报价，但这也会降低并购成功的概率，因而影响目标公司总的市值。因此，目标公司管理层从股东利益出发，一味提高报价并不一定有利于股东。

6.2 主并公司的策略

6.2.1 立足点

立足点(toe holds)指的是主并公司在并购消息公布前，秘密地从股票市场上购买目标公司的股票的策略。

在进行恶意并购时，主并公司在使用各种的并购策略之前，第一步就是积累目标公司的股票。主并公司会通过立足点来发动恶意并购。建立立足点能给主并公司带来如下五点好处。

(1) 市场对并购不知情，因此主并公司在购买目标公司股票时可以避免支付溢价。

(2) 立足点可以向主并公司提供与目标公司其他股东相同的权力比如受托责任，因此主并公司既是目标公司的股东又是恶意并购者，目标公司在对换股并购进行防御时不能够抵御已经作为股东的主并公司。这在目标公司与主并公司之间常常引起诉讼。

(3) 主并公司通过立足点获得控股权，可以逼迫目标公司坐下来谈判。

(4) 主并公司在与其他竞标者竞争时，立足点可以增加主并公司获胜的几率。

(5) 如果主并公司输掉竞标，它仍然可以以高价将手中的目标公司股票出售给获胜的竞标者。

Betton and Eckbo (2000)[①]发现，立足点会大大降低主并公司的要约收购成本。Walking(1985)[②]发现，立足点会增加主并公司要约并购成功的几率。有趣的是，尽管从理论上讲，在发动要约收购之前建立立足点会给主并公司带来诸多好处，证据表明绝大多数主并公司在并购前并未建立立足点。Bris(1998)[③]发现在英美两国的 327 个并购样本中，只有15%的公司建立了立足点。根据威廉姆斯法案的规定，主并公司在持有目标公司 5%股份以后，必须在十个交易日内公开宣布并购信息，在这十天当中它还可以继续从公开市场购买目标公司股票，这使它可以在这十天当中尽可能多地积累股票。但奇怪的是，Jennings and Mazzeo(2000)[④]和 Betton and Eckbo (2000)都发现，绝大多数建立了立足点的主并公司所获得的股票都大大低于 5%的限制。

鉴于许多主并公司选择不建立立足点、或只积累份额很少的目标公司股票，应该有一

[①] Betton, S. and Eckbo, B., 2000, "Toeholds, Bid Jumps and the Expected Payoff in Takeovers", *Review of Financial Studies*, Volume 13, Issue 4, pp. 841-882.

[②] Walking, R., 1985, "Predicting Tender Offer Success: A Logistic Analysis", *Journal of Financial and Quantitative Analysis*, Volume 20, pp. 461-478.

[③] Bris, A., 1998, "When Do Bidders Purchase a Toe Hold? Theory and Tests", Yale University Working Paper.

[④] Jennings, R. and Mazzeo, M.,2000, "Competing Bids, Target Management Resistance, and the Structure of Takeover Bids", *Review of Financial Studies*, Volume 6, Issue 4, pp. 883-909.

个符合逻辑的解释。Goldman and Qian (2005)[①]从理论角度考察了这一问题，他们的分析表明主并公司可能比大家公认的更加理性。之前该领域的大多数研究只关注了建立立足点所带来的好处，但没有考虑到所有的潜在成本，包括并购失败后的成本。他们的研究表明，并购失败所带来的成本可能远远高于建立立足点所带来的好处。立足点带来的成本包括以下三点。

(1) 根据威廉姆斯法案，如果主并公司收购的目标公司股票达到5%，就必须公开并购信息，这就暴露了主并公司的意图。

(2) 如果并购竞标失败且目标公司保持独立，主并公司持有的目标公司股票就变成了鸡肋(而在要约收购中，如果主并公司未收购到预设份额的目标公司股票，可以宣布要约收购作废，因而不用支付费用)。

(3) 如果主并公司在过去12个月内通过现金方式购入了目标公司超过10%的股票，它就必须以过去12个月的最高支付价格支付给目标公司所有股东，这将大大增加它的成本。

6.2.2 非正式门票

非正式门票(casual pass)指的是主并公司通过非正式途径向目标公司表达并购的意图。在发动恶意并购之前，主并公司有可能通过非正式的途径向目标公司管理层传达信息。传达这种信息的人有可能是主并公司的管理层或他的代表，或者是主并公司的投资银行。当主并公司不确信目标公司管理层对并购持有的态度时，它会使用非正式门票。如果目标公司已经成为它之前拒绝的竞标者的收购目标，或者目标公司公开宣布它要保持独立性，非正式门票就没有多大意义。非正式门票可能会给主并公司带来负面影响，因为它等于是事先警告目标公司主并公司的意图。潜在的目标公司的管理层会被他们的法律顾问警告，不要与主并公司进行非正式的对话，因为这会传达出他们对并购感兴趣的错误信号；法律顾问会建议目标公司明确无误地表明，它想保持独立。

6.2.3 熊抱

主并公司在发起要约收购之前，有时会试图给目标公司的管理层施加压力。他们可能通过联系目标公司的董事会成员以表达收购目标公司的兴趣，并暗示，如果这种友好姿态不被接纳，他们将直接向目标公司的股东发起要约收购。这种策略被称为熊抱(bear hug)，它常常是公开宣布的要约收购的前奏。熊抱逼迫目标公司董事会考虑公众的立场，因为遭受熊抱的公司的董事会通常被认为违背了对股东负有的受托责任。

一旦熊抱被公开宣布，套利者就会开始积累目标公司的股票。套利者同时还会卖空主并公司的股票，因为主并公司的股价常常在并购宣布之后下跌。套利者积攒目标公司股票使得主并公司和其他的竞标者更加容易获得目标公司的大宗股权，这迫使目标公司参与到并购游戏中来，因为它们要继续保持独立似乎是不可能的。例如，在2004年，Jones Apparel Group 公司对 Maxwell Shoe Company 公司发起了熊抱。Jones Apparel 向 Maxwell 提出的纯现金报价为每股20美元，在 Maxwell 2004年2月24日的每股18.4美元的股价基础上有溢

[①] Goldman, E. and Qian, J. 2005, "Optimal Toeholds in Takeover Contests", *Journal of Financial Economics*, Volume 77, Issue 2, pp. 321-346.

价。Jones 在向 Maxwell 报价的同时，将消息公开，以通过公众股东向 Maxwell 管理层施压。Maxwell 的董事会拒绝了该收购提议，称报价太低。Jones 于是直接向 Maxwell 的股东发起要约收购，报价每股 22.5 美元。Maxwell 的董事会继续抵抗，但是在 2004 年 6 月终于同意 Jones 提出的每股 23.5 美元报价，使并购总金额达到了 3.46 亿美元。这宗并购后来并没有创造价值，Jones 在 2006 年委托高盛公司为 Maxwell 寻找新的买家，但未能如愿以偿。

熊抱的一个更具进攻性的版本是，主并公司出价的目的是为了使得目标公司管理层在拒绝报价之后被目标公司股东告上法庭。这种策略给目标公司董事会增加了压力，因为它会成为诉讼的对象。如果目标公司董事会拒绝收购，它通常会找到一家投资银行提供一份客观报告，说明报价过低，这就给了目标公司董事会一个"合法"的借口。如果主并公司在熊抱的同时公开宣布并购，主并公司需要根据威廉姆斯法案 14d-2 提交要约收购的材料或者在五个工作日内放弃并购。如果目标公司公开宣布了并购消息，主并公司就不需要提交材料了。

从战略角度讲，如果主并公司觉得有进行协商并购的现实可能性，熊抱就是比要约收购更具有吸引力的选择。同样是进行恶意并购，熊抱比要约收购费用更低，而且耗时更少。熊抱还可能降低恶意并购所带来的负面结果，比如目标公司主要员工的离职以及企业员工情绪的恶化。如果目标公司强烈抵制并购，熊抱很可能不会成功，主并公司就需要寻求其他方法比如要约收购。

6.2.4 要约收购

威廉姆斯法案是联邦立法中专门管理要约收购(tender offers)的法案，具有讽刺意味的是，它甚至没有对要约收购进行定义。相反地，它把定义要约收购的权利留给了法院。这种模糊性自然地导致了对构成要约收购的因素的混淆。在一些案例中，主并公司认为它们的行为不构成要约收购，因此未能遵照威廉姆斯法案的条款和步骤行事。

关于公开市场收购，法院通常认为公开市场收购不能代替要约收购，法院要求进行公开市场收购的主并公司提交 TO 计划表。公开市场收购的一个版本叫做"爬行要约收购"(creeping tender offer)，在这种收购中，主并公司通过公开市场交易或私下交易逐渐地收购目标公司的股票。尽管在特定情况下，这种收购需要提交 TO 计划表，法院通常不认为这是一种合法的要约收购。法院多次判决，从结构复杂的机构投资者那里购买股票，不属于威廉姆斯法案的管辖范围；但是，法院坚持，公开宣布竞购一家公司的控制权并迅速地积累该公司的股票，就是一种要约收购行为。

当主并公司认为，通过友好协商进行并购并不是一个可行的方案时，它通常会斥之于要约收购。通过要约收购，即使目标公司的管理层反对，主并公司也能够绕过目标公司管理层并获得控制权。与要约收购相关的成本，比如提交法律文件的费用和媒体公告的费用，使要约收购比协商收购更加昂贵。要约收购会把目标公司拖入并购战当中来，这使得目标公司可能被参与并购战的其他主并公司收购。竞标的过程会极大地增加使用要约收购的成本，但它同时也会增加目标公司股东的收益。

许多要约收购都不是竞争性的。根据对 1990—2005 年并购案例的统计，对上市公司的竞争性要约收购的加权平均的成功率为 5%，那些没有被主并公司收购的目标公司，要么保持了独立，要么被白骑士(white knight，友好竞标者)收购，而白骑士收购占了绝大部份额。主并公司不得不面对这样的事实,即如果它们发动恶意并购,接近一半的竞争性并购都是失败的(目标公司保持独立,或被其他竞标者收购)。

发动要约收购的主并公司,可能使用纯现金支付、纯股票支付或部分股票支付。对一些目标公司的股东来说,股票支付更具有吸引力,因为它们在特定情况下可以免税。主并公司可能为目标公司的股东提供一种更灵活的支付方案,即目标公司的股东既可以接受现金支付,也可以接受股票支付。如果主并公司选择股票支付,根据《1933 年证券法》,这些股票必须向 SEC 注册,并遵守相关州的法律。SEC 的审查过程可能会减缓要约收购的进程。

目标公司的股东通常将要约收购视为一种有利的行为,因为它会带来高溢价。目标公司的管理层对要约收购的反应具有双重效果。一方面,如果抵制要约收购能够增加股东的收益,这种抵制就是一种合适的行为,因为它可以促使主并公司提高报价。通过抵制要约收购,目标公司还有可能吸引其他竞标者加入到竞标过程中来。竞标的结果可能使主并公司面临赢家的诅咒,这会立即给目标公司的股东带来好处。另一方面,目标公司抵制要约收购,可能促使主并公司撤回要约,这会降低目标公司股东的收益。目标公司的管理层需要仔细评估究竟是保持独立还是被并购能给股东带来最大收益。

沃达丰收购曼内斯曼

英国的沃达丰公司(Vodafone)于 1985 年创立,是英国乃至世界上最大的移动电信服务商。曼内斯曼公司(Mannesman)是德国的一家多元化经营的企业,其业务以生产无缝钢管和汽车零部件著名,并且是欧洲最大的手机制造厂。曼内斯曼在 1999 年以 330 亿美元的价格收购了英国的 Orange 公司,成为英国的移动电信服务商。

曼内斯曼最初希望以友好并购的方式进行合并,这样可以使它的股东在新公司中控制多数股权。沃达丰拒绝了这一提议,并警告说它将通过要约收购的方式以 2030 亿美元的价格直接向曼内斯曼的股东进行纯股票收购。曼内斯曼的股票被全球的投资者分散持有,因此民族主义在这宗并购中发挥不了作用。与法国和意大利政府不同,当时德国政府特别欢迎外国投资者收购本国的企业。在曼内斯曼被沃达丰并购之后,德国政府改变了它的策略,从此开始保护本国企业不轻易被外国投资者并购。

曼内斯曼采取了白骑士措施进行防御,引入了法国的 Vivendi 电信公司参与并购。Vivendi 持有法国移动通信公司 Cegatel 公司 44% 的股份。但 Vivendi 却背叛了曼内斯曼,宣布与沃达丰联合起来进行并购。由于沃达丰出价太高,最终曼内斯曼的股东悉数将股票转让给了沃达丰,使曼内斯曼在该并购战中失利。为了回报 Vivendi,沃达丰将自己持有的 15% Cegatel 股票出售给了 Vivendi,使它可以对 Cegatel 控股。

(资料来源: Gaughan, P., 2007, "Mergers, Acquisitions, and Corporate Restructurings", 4th edition, New Jersey: John Wiley and Sons Inc.)

6.2.5 代理权争夺

代理权争夺(proxy fight)指的是一位股东或者一组股东通过公司投票选举的方式获得公司控制权或者对公司进行重大改革。代理权斗争是一种政治斗争,即公司的当权派和反对派通过一系列方式比如邮件、报纸上刊登广告、电话征集的方式来争夺股东的投票权。通过代理权争夺,主并公司可以使用它的投票权和其他股东的支持来驱逐现任的董事会或管理层。

第 6 章
恶意并购

　　确定董事会席位的公司选举，通常在每年一次的股东大会上进行。董事会对公司来说特别重要，因为董事会将选出管理层，而管理层将负责公司的日常运营。股东大会的日期和时间，都是由公司章程规定好的，大会的日期通常选择在公司财政年度结束时，因为此时公司的年报和财务数据的结果都可以呈现给股东。SEC 要求公司在年会之前将年报呈送给股东，但实际上，因为制作年报非常耗时，年会通常在公司的财务年度结束后 4～5 个月才召开。股东选举通常受到选民的冷落。一些理论学家认为，向公司提供资金的股东，并不是一定对管理公司的事务有兴趣，因为这些股东可以用脚投票，即当公司和它的管理层表现不如意时，股东可以卖掉他们手中的股票。这些学者认为，股东出售手中的股票，比采取行动来改变公司或驱逐管理层成本更低。联邦代理权法案要求密集的信息披露，这增加了反对派团体的成本，进一步打击了股东进行代理权争夺的积极性。

　　私人小股东由于持有的股票份额很低，自然对投票选举十分冷漠，但奇怪的是，大的机构投资者也表现出类似的冷漠。机构投资者在股票市场中的作用越来越重要：在 20 世纪 80 年代晚期，他们持有的股票占据了美国股票市场超过 42.7%的份额，这种份额在 2000 年以后持续增加，到今天已经超过了 50%。但是，机构投资者通常与管理层勾结，而一些公司直接向机构投资者施压，要求他们与管理层勾结起来共同对付股东中的反对者。

　　当机构投资者越来越主动地参与到管理中来，尽管他们有能力获得极大的控制权并主导代理权斗争，证据表明他们不太经常使用这种权利。尽管基金经理的首要目标是最大化他们的投资组合的价值，他们对所投资的公司的日常运营并不感兴趣。机构投资者出售手中持有的股票的巨大份额会打压股价。在这种情况下，机构投资者会选择锁定他们的持仓并积极参与管理被持股的公司。机构投资者的投资组合往往包含数百家公司的股票，这会增加他们管理公司的难度，这解释了为何机构投资者没有积极地参加公司的管理。

　　在美国，大约 80%的股东年会都是在春季召开，地点由管理层选定。不是所有有兴趣参加股东年会的股东都有空出席年会以行使他们的表决权，因为他们有别的安排或他们分散在世界各地无法出席。代理权使得这种情况下的投票变得更加容易，在代理权制度下，股东可以授权其他人代替他们进行选举，并行使代理权。绝大部分公司的选举都是通过代理权方式进行的。

　　对于已经成为目标公司股东的主并公司来说，号召举行股东大会的权利是非常重要的。通过在目标公司持股，恶意并购的主并公司希望解散现有的董事会以建立一个对自己有利的董事会。这种新的董事会将同意目标公司与主并公司的合并。这种股东大会还可能被用来使股东批准其他的公司行为，比如冻结公司的反收购条款、冻结所要出售的资产、冻结通过出售资产所进行的股利分发。如果距离下一次正常年会的时间很久远，主并公司将会希望立即召开一次特别股东大会，在会上讨论并购和选举事宜。特别股东大会是由公司章程约束的，而公司章程又受到州立法案的管制。在获得相当份额的股东同意后，许多州立法案都是允许召开这种特别股东大会的。作为反收购条款的一部分，一些公司修改了公司章程以限制特定的股东召开这种特别股东大会的权力。

　　代理权争夺有两种典型的形式：一是，争夺董事会的席位。股东中的叛乱分子会通过这种方式来更换管理层。如果反对派的董事们被选举出来，他们将利用手中的权利来移除管理层并建立新的管理团队。近年来，股东中的叛乱分子因为缺乏足够的权利来移除董事，因而选择投弃权票来表达他们对管理层的不满。第二，争夺管理层提案。这些提案关系到对并购的批准，管理层反对并购，而股东中的叛乱分子则支持这种并购。其他的提案则关系到在公司章程中加进反收购条款，管理层希望加进这些条款，而股东中的叛乱分子则反对加进这种条款，他们认为反收购条款会造成股价下跌并降低公司被收购的可能性。

SEC 对代理权争夺进行监管，它的员工时刻监视着代理权争夺的过程，以确保代理权争夺的参与者遵从了相关的代理权监管规则。代理权征集需要遵从《1934 年证券法》的 14(a)条款，并且要求所有的征集都需要按照 14(a)条款披露信息。所有的用来影响代理权争夺结果的材料都必须在事前提交给 SEC 的监管者。这些材料包括：在报纸上的公开声明、向股东邮寄的材料、媒体信息。如果任何信息引起监管者的反感，监管者将要求当事方对这些信息进行重新陈述或披露额外信息。

代理权争夺提案的写法都比通常的证券文档更直接和更具有火药味。SEC 允许双方以这种方式来向股东传递信息。在 14a-7 条款的监管下，公司需要向股东中的叛乱分子提供股东名单以便于这些叛乱分子直接与股东联系。

SEC 要求代理权征集遵从 14(a)条款。该条款的第 14 条确定了在需要股东投票同意并购、出售大量资产、对公司进行清偿破产情况下，代理权声明中需要包含的信息。关于并购的代理权声明，必须包含并购的条款、原因、会计处理手法、税收影响及联邦和相关州对财务报表所要求的相关信息。

公司有时会申请 SEC 颁布一封"无行动"文书（"no action" letter）以阻止股东的中叛乱分子进行代理权争夺。"无行动"文书将阻止股东的提案。SEC 根据证券交易法第 14(a)8 享有这种权力，当 SEC 觉得股东提案仅代表了少数股东利益而对其他股东不利时，将签发这种文书。

代理权争夺分为以下三个步骤。

第一，发起代理权争夺。以控制一家公司为目的的代理权争夺通常是由已成为目标公司股东的恶意竞标者发起的，恶意竞标者试图在下一次股东大会上改变公司的控制权。这些股东中的叛乱分子(恶意竞标者)有权利要求公司召开特别股东大会，在会上正式讨论更换管理层。代理权争夺也可能由管理层提议的公司重大变更事项引发，比如管理层提议将公司出售或者在公司章程中写入反收购条款。

第二，征集的过程。在股东大会召开之前，股东中的叛乱分子会试图联系其他股东，说服他们对管理层提出的董事候选人投反对票、对并购投赞成票、或对修改反收购条款投反对票。联系股东的过程通常由股东中的叛乱分子所雇佣的律师来完成。管理层通常会雇用一家专业的代理权公司随时待命，如果代理权争夺具有争议性，管理层还可能雇用其他的代理权公司。这些代理权公司通过各种途径收集它们自己的股东列表，它们可能通过员工不停地给股东打电话以说服他们接受自己客户的立场。接下来，代理权公司会向股票的实益所有人(beneficial owners of stock)分发材料。股票保管公司(depository)将把股东的列表和他们持有的股票数量提交给股票发行公司(目标公司)。

股票发行公司(目标公司)会试图直接与实益所有人打交道。股东中的叛乱分子(主并公司)会试图起诉股票发行公司以迫使它分享股东信息。当股票被注册在银行或信托公司名下时，这些金融机构对这些股票可能有投票权、也可能没有投票权：他们在小事情上可以自主投票，但是在像公司并购这样的大事情上必须征求股票的实益所有人的意见。如果作为经纪人的金融机构无投票权，他们必须联系股东以获得对投票的指令。通常，如果经纪人

第6章 恶意并购

在股东大会的15天前还没有获得股东的答复,他们可自行投票;但是,在控制权争夺中,如果经纪人没有从实益所有人那里获得指示,他将不能投票。

第三,投票过程。在收到代理权的信息后,股东有可能将他们的投票权提交给特定的收集人,比如经纪人公司。这些选票将被交给经纪人公司的代理权书记员进行制表。经纪人公司会对收到的选票进行统计,并在股东大会前提交给发行股票的公司(目标公司)。股票发行公司会指定制表员清点选票,专门的选票监督员会监督制表过程以确保精确性。在代理权斗争中,股票发行公司(目标公司)以及持不同政见的股东(主并公司)会让各自的代理权律师到场以监督整个制表过程,确保他们客户的利益被公平地维护。代理权律师会被告知任何有疑问的代理权选票,以介入调查。如果相同的股票重复选举、或没有获得授权方的签名,这种代理权选票将受到挑战。如果同一股票选举超过两次,制表过程只接受最近日期的选票。如果投票过程出现巨大差异,输掉的一方将通过采取法律行动来使投票结果作废。

案例 6-2

黄光裕未扳倒陈晓 代理权争夺将继续

2010年9月28日,国美电器控股有限公司股东投票否决了身陷囹圄的公司创始人黄光裕要求罢免国美电器主席的动议,不过黄光裕依然是公司最大股东,这一切说明,中国这个家电零售业巨头的控制权之争未来还会继续。

直击国美特别股东大会现场,股东投票以微弱优势否决了黄光裕要求罢免现任董事局主席陈晓、让黄光裕胞妹接任主席的动议,但是股东投票通过了黄光裕阻止增发20%新股的动议,增发新股会稀释黄光裕股权。这让黄光裕得以继续持有32.47%的国美股权。

国美董事会权力之争是中国公司历史上最为激烈的争夺战之一,而股东投票则是这场权力斗争的关键,但投票结果不太可能消除围绕国美电器产生的不确定性。黄光裕现年41岁,白手起家创立国美电器,因贿赂和其他非法业务操作被判处14年有期徒刑,现正在服刑。《中国私有化:中国股市内幕交易》的作者侯伟(Fraser Howie)说,一个拥有公司30%股权的股东权力是很大的,我认为不可能无视他的话语权。

股东大会结束后,国美管理层表示,很高兴得到这样强有力的支持,希望可以与黄光裕保持顺畅、有效的沟通。国美表示,未来如果需要拓展资本业务,公司管理层将在增发新股之前寻求股东批准。陈晓没有置评。

黄光裕通过其发言人表示,很遗憾两项动议未能都获得通过。黄光裕在书面声明中表示,他和他的家人作为股东继续积极参与国美的相关事务,并且仍然确信国美已经偏离了快速、健康发展的轨道。黄光裕的律师邹晓春与胞妹黄燕虹代表黄光裕参加了股东大会。黄光裕以4%的投票差距未能赢得罢免陈晓的动议,但以10%之差获得阻止增发新股的投票支持。黄光裕批评陈晓管理不当,说他未拓展国美的业务,从而让竞争对手有了获得发展的可乘之机。另外,黄光裕还不满陈晓将国际公司引入国美。

股东大会召开之前,代表国美股东的投票顾问公司 Glass Lewis & Co.与 Institutional Shareholder Services Inc.均声称支持陈晓,后者在黄光裕2008年末被捕后掌舵国美,带领公司度过了当时的危机,随后引入美国私募股权公司贝恩资本作为公司投资人。这次股东大会上,贝恩获得国美董事会三个席位,拥有国美9.98%的股权。贝恩没有置评。陈晓还拉来麦肯锡公司为公司制定新战略,从门店数量看,国美是中国第二大家电零售商。

(资料来源:http://cn.wsj.com/gb/20100929/bch085636.asp)

6.3 目标公司的防御策略

6.3.1 并购前的未雨绸缪

明智的目标公司管理层，需要在上任的伊始就开始强化公司内部治理、修改公司章程、改善与利益相关者的关系，这样在面临潜在的恶意并购的威胁时，才能充分利用公司章程的反收购条款保护自己、并获得利益相关者的支持。目标公司的未雨绸缪包括对内和对外两方面的措施。

在对内措施方面，目标公司可以从五方面着手：第一，提高公司经营效率、降低成本、增加利润；第二，专注于公司的核心业务；第三，改变股权结构，使外部股东难以控股；第四，优化管理层的结构和激励机制；第五，培养企业文化，提高工会对管理层的忠诚度。

在对外措施方面，目标公司可以从四方面着手：第一，改善与股东的关系；第二，增强社会责任感，提高企业的社会形象；第三，对恶意并购进行战略防御，比如可以跟其他企业进行交叉持股，使恶意并购者难以控股；第四，随时监控自己公司的股票是否有异常交易。

6.3.2 毒丸

毒丸(poison pills)指的是由潜在的目标公司发行的证券，它们使得目标公司在主并公司眼中变得没有吸引力。毒丸通常分为"外翻"(flip-over)和"内翻"(flip-in)两种类型。毒丸是恶意并购者不可轻视的有效的防御措施。

第一代毒丸主要指优先股计划。毒丸由美国著名的并购律师 Martin Lipton 发明，他在 1982 年使用毒丸帮助 El Paso Electric 公司抵御 General American Oil 公司的恶意并购，在 1983 年使用毒丸帮助 Lenox 公司抵御 Brown Foreman 公司的恶意并购。在后一宗并购中，Martin Lipton 建议 Lenox 公司向每股普通股股东发放一股优先股作为股利，如果 Brown Foreman 收购 Lenox 成功，则每一股 Lenox 优先股可以转换为 40 股 Brown Foreman 公司普通股。这种优先股严重地削弱了 Brown 家族的 60%控股权，因此是一种有效的反并购策略。这种毒丸被称为优先股计划。尽管它可以阻止恶意并购，但是它有两个主要的缺点：第一，优先股发行方只能在很长一段时间之后(比如 10 年)才能执行债转股，因此它的杀伤力有限。第二，优先股在资产负债表上会被增加到长期负债一栏，这会大大提高目标公司的杠杆率，使它在股东眼中风险提高。

第二代毒丸主要指"外翻认股权证"(flip-over rights)。1985 年，Martin Lipton 对毒丸进行了改进，这种"完美毒丸"大受公司追捧。这种完美毒丸允许目标公司的股东在一段时期内以特定价格购买主并公司特定数量的股票。这种认股权证是以股利的形式发放给股东，它在以下任意一种情况下会被自然激活：第一，任何个人、合伙制企业或公司收购了目标公司 20%的流通股；第二，要约收购目标公司的流通股超过 30%。被激活以后的毒丸只有在主并公司收购了目标公司 100%股份以后才可以执行。

第三代毒丸是指"内翻认股权证"(flip-in rights)。第二代毒丸只有在主并公司收购目标公司 100%股份以后才可以执行，它对部分股权收购的交易不适用；主并公司只要没有收购目标公司100%的流通股,就可以避免毒丸的副作用。为了弥补第二代毒丸的缺陷,第三代毒丸允许持有者购买目标公司的股票,而不是主并公司的股票。持有毒丸的目标公司股东可以以低价认购目标公司股票,这既达到了稀释主并公司手中目标公司股份的目的,也提高了主并公司收购的成本。在实践中,目标公司往往将第二代毒丸的"外翻认股权证"和第三代毒丸的"内翻认股权证"混合使用。

 案例6-3

"毒丸策略"即将寿终正寝?

近30年来,各大公司一直将"毒丸"作为重要的法律工具来抵御外界的敌意收购。但现在这颗"毒丸"自身也遭到了攻击。在未来几周,特拉华州联邦地区法院的一名法官将对"毒丸"策略的使用做出裁决,这项裁决将作为他审议围绕工业气体公司Airgas长达一年的敌意收购战的考虑结果。从事公司法律业务的律师将其称做30年来最有影响的裁决之一,足以影响董事会和股东之间的力量平衡。平衡的打破会对公司如何选择战略,安排资本支出,选拔企业高管等问题造成重大影响。

在佳利律师事务所(Cleary, Gottlieb, Steen & Hamilton LLP.)的合伙人卢科(Victor Lewkow)看来,如果真有一天法院会责令废除"毒丸"策略,那么很可能就是Airgas这个案子了。无论法院最终如何判决,这都是一个非常重要的决定。这里涉及的案件是指美国气体化工产品有限公司(Air Products & Chemicals Inc.,以下简称"美国气体")对竞争对手Airgas发起的敌意收购。第一次收购报价是2010年2月份给出的,现在美国气体给出的报价是59亿美元。所谓"毒丸"策略是指被收购方使用一系列手段让收购方收购部分股票的成本大大增加,相关收购比例通常在20%以上。美国气体在Airgas的董事会(由10人构成)中占有三个席位。许多股东似乎乐见Airgas被售出。这和Airgas的创始人麦考斯兰(Peter McCausland)以及其他董事会成员的意愿相违背。在这些人看来,美国气体的报价大大低估了Airgas的价值。

现在特拉华州衡平法院的法官钱德勒(William Chandler)必须裁定是否终止"毒丸"策略。这项裁定将给所有公司抛出一个重要问题,即企业面临敌意收购时,董事会的权力和责任何时该向股东转移。

"毒丸"策略的合法性直到1985年才被确立,当时Wachtell, Lipton, Rosen & Katz律师事务所在诉讼中成功说服了法官,证明了"毒丸"的合法性。当时的这项裁决涉及Household公司(Household International Inc.)的一位叫做莫兰(John Moran)的董事,他和其他高管一道发起了对公司的管理层收购。作为Household最大的股东,莫兰提起诉讼,制止公司采取"毒丸"策略,认为公司的做法会伤害股东的利益,因为这剥夺了股东考虑相关提案的权利。特拉华州法院最终认定了"毒丸"策略的合法性,称这种策略符合企业的经营宗旨,该策略的实施不会在董事会和股东之间偏向前者。这个判例给了董事会一种自由,即公司面临敌意收购时,董事会可以实施"毒丸"策略作为合理的反击。在当时这个判例让很多敌意收购者感到了不安。

(资料来源: http://cn.wsj.com/gb/20110120/bus093858.asp)

修改公司章程,是一种常见的反并购措施,这种措施实施的程度在美国的州与州之间有所不同。公司章程的修改通常需要得到股东的批准。在绝大多数情况下公司章程的修改都会被股东批准;在一些极端情况下,如果管理层的表现不尽如人意,股东会积极反对管理层修改公司章程。管理层在修改公司章程时占有优势,主要有三点原因:第一,管理层比股东中的反叛分子更能有组织性地对其他股东进行游说。第二,美国大公司的股东绝大部分都是机构投资者,这些机构投资者往往与管理层非常亲近。第三,机构投资者相互之间并不团结。Brickley et al. (1998)①指出，特定类型的机构投资者，比如银行、保险公司、信托公司，比其他机构投资者，比如共同基金、公共养老基金、捐赠基金、基金会，更可能进行有利于管理层的投票。后一种机构投资者更加独立于公司管理层，因为他们不从管理层掌控的业务中获得收入。如果修改公司章程的决定会降低股价，机构投资者会倾向于反对修改公司章程。

反并购的公司章程修改主要包括交错选举董事会、超级多数条款、公平价格条款、双资本结构。

6.3.3 交错选举董事会

交错选举董事会(staggered board of directors)，又称为分级董事会(classified boards)，是一种反并购措施，指的是董事的任期交错，因此每年只有一部分董事职位(比如 1/3)需要重新选举。交错选举董事会的制度在防御恶意并购时十分重要，因为现任的董事会是由同情管理层的人员构成的，且董事会本身也包含了管理层人员。在主并公司多数控股的情况下，交错选举董事会的制度可以阻止主并公司通过选举新的管理层以实现它的目标，目标包括在并购过程中出售资产以偿还并购的债务。交错选举董事会的制度需要股东批准才能实施。

在美国特拉华州，交错选举的董事在他们的任期届满之前不能被解雇；而非交错选举的董事，只要多数股东投票同意，就可以被解雇。交错选举董事会制度本身，对于那些势在必得的恶意竞标者并不是一项有效的防御措施，但当它同其他许多反并购措施同时实施，就会增加并购的难度和成本。

6.3.4 超级多数条款

超级多数条款(supermajority provisions)要求比多数投票(majority vote)更多的票数来批准并购——通常是 2/3 以上的选票或 80%以上的选票。在极端情况下，这种条款要求 95%以上的选票。当目标公司的管理层、或支持管理层的股东持有足够多的股份时，这种条款使主并公司获得股东对并购行为的批准变得更加困难。例如，如果管理层和员工持股达到流通股的 21%、公司章程要求 80%以上的股东投赞成票才能通过并购，外部投资者就很难实施并购。

超级多数条款通常包含豁免条款，允许一家公司免除或者取消超级多数条款。如果董事会批准并购，超级多数条款将得到豁免。豁免条款的用词非常讲究，它会将持有目标公司股份的主并公司排除在该条款投票资格之外。

超级多数条款通常与其他反并购策略同时使用或者在其他反并购策略实施之后使用。如果超级多数条款规定必须获得超级多数股东支持才能修改公司章程，主并公司将很难移除已经通过的其他反并购条款。

6.3.5 公平价格条款

公平价格条款(fair price provisions)是一种修订的公司章程，它要求主并公司对目标公

---

① Brickley, J., Lease, R. and Smith, C., 1988, "Ownership Structure and Voting on Antitakeover Amendments", *Journal of Financial Economics*, Volume 20, pp. 267-291.

司的少数股东支付公平的股票价格。这种价格可能是以具体的价格表示，也可能以市盈率(P/E ratio)表示。具体的价格是主并公司需要支付的最低价格；市盈率的标准以目标公司的历史市盈率决定，或者以该公司的市盈率与行业市盈率来综合决定。当主并公司提出收购报价，公平价格条款就被激活。

美国许多州的法律都包含了公平价格条款。目标公司对公司章程中公平价格条款的修改会进一步放大这种效应。对于制定了公平价格条款的州，公司章程中的相应条款会进一步提高并购需要支付的股价。目标公司有权豁免该条款。

6.3.6 双资本结构

双资本结构(dual capitalization)指的是将公司的权益重组为两个等级的股票，两种股票具有不同的选举权。公司只有在得到股东同意之后才能重组权益。典型的双资本结构指的是上市公司向现有的所有股东发行一种新的股票，新股票比旧股票拥有更多的投票权，比如新股票每股拥有10票或者100票投票权。福特汽车公司有A、B两种股票，A股每一股股票对应一票投票权，B股每一股股票对应16.561投票权，这使得福德公司B股东以相对少的资金控制了公司40%的投票权。由于新股票(拥有更多投票权的股票)缺乏销路、支付的股利较低，多数股东都会选择出售新股票；作为股东的管理层，则会选择增持新股票，以增加自己的投票权。

6.3.7 金色降落伞

金色降落伞(golden parachute)，是公司向高级管理人员提供的特别薪酬条款。"金色"指的是受该条款保护的公司高管会收到特别丰厚的补偿。"降落伞"意指高管可以规避被解雇所带来的冲击。典型的金色降落伞条款为一些无论是自愿离职还是被迫离职的高级管理人员提供了一次性的支付补偿。尽管许多公司是因为与并购无关的原因而制定这样的条款，但是该条款也可以被做为预防性的反并购措施。由于对公司高管的赔偿金额与并购金额相比微不足道，单独使用这项条款并不能阻止并购，它需要被与其他反并购措施一起使用以提高并购的成本。高管如果被解雇，从该条款中得到的经济补偿将非常丰厚，一方面，目标公司高管因为无后顾之忧，因而可能更尽职地为股东谋取更高的并购溢价；另一方面，目标公司高管为尽快拿到赔偿，可能低价出售公司。

金色降落伞的赔偿金额由高管的年薪和工作年限决定。与金色降落伞相对应的是银色降落伞(silver parachuts)，即对公司的大多数底层员工都适用的赔偿条款。

金色降落伞的批评者指出，它给公司和股东带来了双重负担。批评援引道德风险的原理，说金色降落伞是管理层的自我奖励，是对并购的滥用。批评者将金色降落伞称之为"金色手铐"，他们说，治理不善、股价下跌的公司的管理层，最终会获得对治理不善的丰厚奖励。

从税务角度讲，如果金色降落伞的赔偿金额超过了公司高管之前五年平均年薪的三倍，高管将按20%的不可抵扣税率缴税，公司的这部分支付也不能计算在可抵扣税项当中。

6.3.8 雇员持股计划

雇员持股计划(employee stock ownership plan，ESOP)指的是，通过让广大雇员持有公司股票，从而提高公司的凝聚力和雇员的工作积极性。在美国，政府对雇员持股计划提供税收上的优惠。雇员通常对管理层保持忠诚，并且雇员持股增加了外部投资者控股的难度，因此雇员持股计划是一种反并购措施。公司管理层推出雇员持股计划时，一般都声称是利用税收优惠为雇员谋福利。在抵御恶意并购时，目标公司必须确保雇员持股计划购买公司股票的出价是公平的：如果出价过高，则该交易可能违反联邦雇员优惠的相关法案；如果出价过低，则董事会违反了对非雇员持股计划股东的受托责任。

6.3.9 焦土政策

焦土政策(scorched earth)，指的是目标公司大量出售公司资产、或者破坏公司特性，以挫败主并公司的收购意图的策略，这是一种以自残为代价打退恶意收购者的政策。自残之举包括大量举债买入一些无利可图的资产(此类资产要么盈利性差，要么与目标公司的经营无关，会增加公司的负担)、故意进行一些低效益的长期投资(使目标公司短期内资本收益率大幅度降低)、大量增加公司负债(恶化财务状况，增加公司破产成本)、将公司债务安排在并购完成后即刻到期偿付。广义的"焦土政策"还包括小鱼吃虾米，即目标公司通过并购在短期内迅速增大规模，使得恶意并购方需要筹集更多的资金来完成收购。

焦土政策是一种两败俱伤的策略，会严重损害公司股东和债权人的利益，故这种策略被各国法律严格限制。英国法律规定，被收购公司的董事会获知收购要约后，不得再使用"焦土政策"。

6.3.10 皇冠上的宝石

皇冠上的宝石(crown jewels)指的是，目标公司在遭遇恶意并购时，剥离自己最优质的资产以保持独立的策略。皇冠上的宝石一般都具有以下特点：深具盈利潜力但价值被市场严重低估的资产；发展前景极为广阔，有条件在短期内形成大批量生产和拥有高度市场份额的业务或专利条件；对主并公司的发展构成竞争威胁或供需环节威胁的某项业务或某部门。因为主并公司收购目标公司的主要原因是看中了它的皇冠上的宝石，目标公司可将皇冠上的宝石剥离，使主并公司失去收购兴趣。

6.3.11 绿票讹诈

绿票讹诈是由 Green(美元的俚称)和 Blackmail(讹诈函)两个词演绎而来。绿票讹诈(greenmail)指的是目标公司通过支付高溢价向大股东回购股票，以换取该股东在将来不会并购目标公司的承诺。美国法院裁定，对大股东的高价支付只要有合理的商业理由，就是合法的。"合理的商业理由"是如此的宽泛以至于它给了公司管理层损害股东以获取私利的空间。管理层可能声称，为了实现公司未来增长的宏伟蓝图，他们需要在当前阻止任何企业对该公司的并购，以确保该公司在正确的方向上发展。一些人认为法院的解释确立了管理层的牢固地位却损害了股东，另一些人认为该解释有利于使管理层有能力保持公司的长期发展战略。管理层辩解说，法院的解释使他们有能力抵御那些仅仅是为了在短期内收购并变卖公司资产的恶意并购。

由于各种各样的原因，绿票讹诈变得越来越不流行：第一，20世纪90年代恶意并购的案例急剧下降，因此对绿票讹诈的需求也下降了。第二，联邦税收法案对绿票讹诈的收入征收50%的惩罚性税收。在该法案中，绿票讹诈被定义为目标公司支付给任何进行要约收购或宣称要进行要约收购的人的款项。第三，许多公司在章程里都加入了反绿票讹诈条款以保护股东，这大大限制了该条款的实施。

6.3.12 反垄断法

反垄断法(anti-monopoly law)指的是目标公司以并购违反反垄断法为理由,将并购提交给政府监管机构的策略。寻求反垄断法的保护,对目标公司来说是一种理想的"坐山观虎斗"的策略。由于并购很可能会损害市场竞争力,各国政府都对并购有严格的反垄断限制。如果目标公司以反垄断为由,要求政府对并购进行审查,这不仅会增加主并公司的法律成本和时间成本,还可以给目标公司充裕的时间制定下一步的防御措施。

6.3.13 反收购

反收购(Pac-man),或称帕克曼防御,以20世纪80年代初一部流行的电子游戏命名。在该游戏中,每一个角色都试图在被敌手吞下之前吞下敌手。这是一种个性鲜明的反并购措施,当目标公司面临主并公司的收购时,目标公司会主动收购主并公司的股票,这样一来,目标公司和主并公司的角色便发生了互换。由于它的极端性,这种方式通常被认为是"末日机器"(doomsday machine)。

帕克曼防御可使实施此战术的目标公司处于进退自如的境地。"进"可使目标公司反过来收购袭击者;"守"可迫使袭击者撤退以保护自己的阵地,无力再向目标公司挑战;"退"可因目标公司拥有部分主并公司的股权,即使战败也能分享到主并公司的收益。

目标公司使用帕克曼式反并购措施有几点注意事项:第一,帕克曼防御者须有较强的资金实力和融资能力;第二,目标公司若使用帕克曼反并购,则说明目标公司已经同意并购,只是双方角色进行了互换,此时目标公司就必须放弃反垄断诉讼等法律手段;第三,目标公司需谨慎使用帕克曼策略,因为该策略有牺牲股东权益的嫌疑。

 案例6-4

American Brands 公司应对 E-II 公司的并购

在1988年,American Brands 公司使用帕克曼式防御措施成功地挫败了 E-II 公司的恶意并购。

1988年1月,E-II公司的董事会主席 Donald Kelly 向 American Brands 公司发起了价值60亿美元的并购。Kelly 宣布,他的公司已经持有 American Brands4.6%的股份,并且将在并购成功以后拆分 American Brands 公司。之前,Kelly 在 KKR 的协助下通过杠杆收购使 E-II 退市。

E-II 是一家多元化经营的消费产品公司,它通过15次拆分和与 Beatrice 公司的合并建立。在宣布并购 American Brands 之前的九个月,E-II 已经损失了12亿美元,其中1.32亿美元的损失来自于利息成本,1.475亿美元的损失由1987年的股市崩溃导致。E-II债务重重,而它必须要借更多的债才能完成对 American Brands 的收购。

American Brands 的主营业务是烟草、酒精、办公用品、金融服务,它的财务状况与 E-II 形成了鲜明对比。American Brands 通过出售非核心业务来改善财务状况,它之前的销售额达到了92亿美元,与之相对应的净利润是11亿美元。

American Brands 以帕克曼防御回应 E-II 的并购,并最终以27亿美元的价格反收购了 E-II 公司。在接下来,American Brands 开始拆分并出售 E-II,并获利颇丰。

(资料来源:Gaughan, P., 2007, "Mergers, Acquisitions, and Corporate Restructurings", 4th edition, New Jersey: John Wiley and Sons Inc.)

6.3.14 分手费

分手费(termination，breakup，and topping fees)指的是，如果目标公司是被某主并公司之外的主并公司收购，目标公司同意对该主并公司进行赔偿的条款。这些赔偿是为了弥补主并公司在并购过程中发生的费用。分手费会鼓励那些因为并购成本高昂、并购结果不确定而对实施并购不太情愿的主并公司积极参与到友好并购中来；分手费也会使进行恶意并购的主并公司望而却步，因为它们一旦并购成功，就需要为目标公司向前主并公司进行赔偿。

本 章 小 结

本章首先介绍了友好并购与恶意并购的区别。然后介绍了主并公司在恶意并购中主要使用的进攻策略，包括立足点、非正式门票、熊抱、要约收购、代理权争夺。最后介绍了目标公司在恶意并购中通常使用的十三种反并购策略，包括毒丸、交错选举董事会、超级多数条款、公平价格条款、双资本结构、金色降落伞、雇员持股计划、焦土政策、皇冠上的宝石、绿票讹诈、反垄断法、反收购、分手费。读者需要深刻理解恶意并购的进攻策略和防守策略背后的经济学含义，以及每一种策略的优缺点。

习 题

1. 友好并购与恶意并购各有何优缺点？
2. 立足点有何优缺点？
3. 熊抱与要约收购各适用于什么情况的并购？
4. 要约收购对主并公司和目标公司的股东各有什么影响？
5. 为何机构投资者没有兴趣积极参与公司的治理？
6. 三代毒丸的区别是什么？
7. 阅读以下案例资料，并回答相关问题：

案例一

2007年4月3日，新华社独家报道了"法国达能集团欲以低价强行并购娃哈哈"后，在社会上产生强烈反响。看到非合资公司经营蒸蒸日上，经济效益明显，达能便以未经合资公司董事会批准擅自使用娃哈哈商标为名，要求收购非合资公司的同等股权，也就是51%的股份。宗庆后表示，当时娃哈哈投资建立非合资公司时，达能并不想投资。此后非合资公司的发展过程中，商标使用是经过合资公司许可的，产品也是通过合资公司销售的，应该说一直是信守合同的。现在非合资公司利润丰厚，达能就违背一贯的政策要对非合资公司进行并购，这是不合情理的。

宗庆后进一步指出，商务部等六部委去年颁布的《关于外国投资者并购境内企业的规定》中明确提出，一旦外资并购在资金规模、销售规模包括企业数量方面触及相关标准，或者并购涉及中国著名品牌的，都要进行反垄断等方面的审查。无论是娃哈哈非合资公司的规模数量，还是娃哈哈本身就是驰名商标、中国名牌，所有的条件都符合相关审查的标准。

(资料来源：21世纪经济报道)

问题：

(1) 娃哈哈抵御法国达能集团的恶意并购的措施是什么？

(2) 并购能够起到资源优化配置的作用，但同时也会产生相应的问题。请问并购会带来哪些问题？这些问题应该如何解决和权衡？结合案例谈谈你的看法。

案例二

卡尔·瑟雷安·伊坎(Carl Celian Icahn)是一位72岁高龄的老人。根据2012年3月8日福布斯报道的全球最新富豪排行榜，伊坎的净资产已经达到了140亿美元，居世界富翁排名第50位。我们常见他的名字之前被冠以诸如"投机家"、"激进投资人"甚至是"企业掠夺者"如此骇人的名目。

1985年，因对环球航空公司漂亮的恶意收购，伊坎成为"企业掠夺者"的代言人。最新一期《财富》杂志称伊坎为"美国最热门的投资者"，他为股东赚的钱比这个星球上的其他任何投机者都多。伊坎的主要法宝就是恶意收购看中的公司，之后推进公司管理或策略的改革，让公司股票在短时期内快速上升，然后套现。

伊坎的主要投资工具之一是他的对冲基金。该基金所需最低投资额为2500万美元。作为发起人，伊坎自己的公司将收取2.5%的年费和25%的年度净利润，这比一般的对冲基金都要高(其他对冲基金通常分别只收取1%和20%)。如今，该基金管理着70亿美元的资本，其中伊坎本人出资15亿美元。该基金主要投资于伊坎擅长的恶意收购领域：通过持有公众公司股票，之后努力推进公司管理或策略的改革，让公司股票和价值在短时期内快速上升。据投资者说，成立不足3年的伊坎合作基金年投资回报率高达40%，税后净利润率为28%。

曾被伊坎恶意并购的公司有：纳贝斯克公司(RJR Nabisco)、德士古石油公司(Texaco)、环球航空公司(TransWorld Airlines)、西联汇款(Western Union)、维亚康姆公司(Viacom)、时代华纳公司(Time Warner)、英克隆制药公司(Imclone)和雅虎(Yahoo)等。伊坎一直使美国企业界痛苦不堪、怒火中烧。

(资料来源：《对外经贸实务》2011年第2期 卡尔·伊坎——敌意并购大师)

问题：

(1) 请问伊坎用的是哪种恶意并购的方式？

(2) 目标公司应当如何抵御像类似伊坎发起的恶意并购？请从公司内部和外部以及并购前和并购后几个方面谈谈你的看法。

第 7 章 公司重组与杠杆收购

教学目标

通过本章学习，了解公司重组的形式和主要步骤，掌握杠杆收购如何创造价值，其融资特点及各类融资工具。

教学要求

知识要点	能力要求	相关知识
公司重组与杠杆收购概述	(1) 掌握公司重组的概念 (2) 掌握杠杆收购的概念	(1) 公司重组 (2) 杠杆收购
公司重组的主要形式	(1) 掌握剥离、分立、股权出售的概念 (2) 理解剥离、分立的动因 (3) 理解股权出售与IPO、分立的不同	(1) 剥离 (2) 分立 (3) 股权出售 (4) IPO
公司重组操作	(1) 了解公司重组需要考虑的问题 (2) 掌握如何选择重组方式	(1) 重组方式的选择 (2) 公司重组后的问题
杠杆收购	(1) 了解杠杆收购的由来 (2) 了解杠杆收购的分类 (3) 了解杠杆收购的参与者 (4) 理解目标公司特征 (5) 理解杠杆收购创造价值的原理 (6) 了解杠杆收购各种融资工具 (7) 了解杠杆收购的退出方式	(1) 杠杆收购的五种类型 (2) 金融投资者、私募股权基金、风险投资基金 (3) 杠杆收购原理 (4) 进行杠杆收购的五种融资工具及其关键因素

> 天下大势，分久必合，合久必分。
>
> —— 罗贯中《三国演义》

第 7 章 公司重组与杠杆收购

 基本概念

公司重组　剥离　分立　股权出售　杠杆收购

 **导入案例**

拿破仑兵败莫斯科

1812 年 6 月 24 日夜间，不可一世的法皇拿破仑突然向俄国发起大规模的进攻。法军迅速向俄国腹地进军，很快占领了维尔诺、明斯克、波洛茨克等地。俄皇亚历山大一世是个庸碌无能而又刚愎自用的人，缺乏指挥才能，俄军节节败退，举国上下一致要求尽快任命具有全权的统帅。8 月，亚历山大迫不得已再次起用库图佐夫(Kutuzov)为总司令。

库图佐夫一面抓紧整顿军队，提高战斗力，一面进行战略撤退，实行坚壁清野，消耗和迟滞法军，争取时间，寻机歼敌。拿破仑急于和俄军主力决战，一举击败俄国，气势汹汹，长驱直入，迅速占领了很多地方，但是占领地方愈多，用于进攻的兵力就愈少。当法军占领斯摩棱斯克以后，法军已失去了数量上的优势。于是，库图佐夫决定以波罗西诺作为会战之地。9 月 7 日的早晨会战开始，双方都投入十万多人，几百门大炮，激战十多个小时，双方损失四五万人，拿破仑大伤元气，库图佐夫也因没有新的预备队而撤出战场。

波罗西诺会战之后，库图佐夫决定进一步进行战略退却，他说服大家放弃莫斯科，留一座空城给拿破仑，退到纳拉河附近。拿破仑占领莫斯科后，等着俄皇提出签订和约，谁知俄皇对拿破仑的讲和倡议竟不予理睬。拿破仑一来担心法国国内会出事，二来担心库图佐夫有阴谋，于是决定从莫斯科撤走。

当拿破仑占领莫斯科时，库图佐夫已完成了反击拿破仑的战略部署。当拿破仑从莫斯科向南撤退时，库图佐夫已在马洛雅罗斯拉维茨部署就绪，单等法军到来。10 月下旬，拿破仑军队在马洛雅罗斯拉维茨同俄军遭遇，双方展开一场恶战，马洛雅罗斯拉维茨易手八次，10 月 24 日，俄军终于把法军彻底击败。

 点评：

故事中，俄军总司令放弃莫斯科的决定受到了俄国众多王公贵族的反对，但是这一战略撤退却让俄国保存了实力，赢得了组织反击的时间，最后战胜了法军。商场如战场，公司经营的过程中同样有可能陷于各种困境，有时候只能壮士断腕以保全公司主要资产，毕竟，生存是最重要的。2011 年全球移动通信行业巨头摩托罗拉和诺基亚等公司进行的系列资产重组行为，便是出于实现公司资产价值最大化的目的，将公司重要资产剥离甚至放弃的案例。

(资料来源：http://baike.baidu.com/view/8661539.html。)

在前面的章节中，介绍了公司为了实施其战略，会进行兼并和收购，这会导致更多的业务被归入并购公司的所有或者控制之下。本章将介绍并购的反面——公司出售其部分业务如分公司，或者重新安排旗下业务部门的股权结构。公司这么做的原因很多，不同的行动给公司的价值也会带来不同的影响。需要注意的是，在中国的传统思想中，有着牢固的守业思想，公司出售自己的资产常常被认为是经营失败的表现。而本章要介绍的是通过公司重组能够帮助企业创造更多的价值。

公司兼并、收购等大宗股权交易中有一种很特别的收购类型，就是本章后半部分将详细介绍的杠杆收购。萨德沙纳姆(Sudarsanam, 2003)指出，杠杆收购兴起于 20 世纪 80 年代，那时有许多大公司进行公司重组，以突出公司核心业务和竞争力。此后，杠杆收购在融资结构、目标公司选择、收购目的等方面都展现了自己的特点，并且出现了诸多经典案例。本章后半部分将详细介绍杠杆收购如何创造价值。

7.1 公司重组与杠杆收购概述

7.1.1 公司重组及其动因

公司重组(corporate restructuring)，广义指扩张或者收缩公司经营业务或者从根本上改变公司资本或者财务结构的行动(De Pamphilis，2010)。但是为了与本书前面章节所介绍的为扩张业务而采取的并购行为区别，本章介绍的公司重组特指公司为了最大化股东利益而重新部署公司资产，收缩公司规模的行为。并购与重组的关系，可以用"天下大势，合久必分，分久必合"来说明，重组很可能是对并购之后的调整。

根据重组方式给母公司带来的资金、股权结构、从属关系等方面的变化，一般将公司重组的方式分为剥离(Divestiture)、分立(Spin-off)和股权出售(Equity Carve-out)三种主要类型，后面将进行详细介绍。

公司进行重组的动因是多方面的，学术研究提出了各种理论解释公司为什么退出某项义务。这些理论概括的原因包括提高公司专注度、退出亏损业务、退出与公司战略不符业务、合法避税、融资、降低被收购风险，另外从前期失败的收购中脱身、避免与客户的直接冲突及增加财务透明度等都可能促使公司进行重组。公司不同的调整和融资需要通过不同的重组方式实现，采用任何一种重组方式都有其特定的原因。

7.1.2 杠杆收购及其动因

杠杆收购(Leveraged Buyouts，LBO)指运用债务资金来购买公司的资产或者股权，以取得公司的控制权的收购方式(Gaughan，2007)。具体来讲，杠杆收购是一种收购融资技术，收购发起人(sponsor)通过银行贷款、发行债券等负债方式筹集资金，收购目标公司的股权或资产，从而取得目标公司的控制权。

20世纪80年代的并购浪潮中一类新的买家异军突起。这些新的买家就是金融投资公司，它们通过少量的股权和大量的债务为并购融资，这种少量股权大量债务的高杠杆组合正是杠杆收购(LBO)这一名称的由来。杠杆收购的目的是通过杠杆放大其高负债的少量权益投资的收益，事实上，历史数据表明杠杆并购投资者常常能够获得超过其他投资渠道的巨额的投资回报。杠杆收购的发起人主要有私募股权基金、公司管理层、对冲基金等，这和其他并购手段中发起人以一般实业公司为主不同，这类发起人往往专业从事并购等金融投资，对资本市场有着深刻的理解，对目标公司的价值非常了解(如公司管理层)，对目标公司所处行业有深入分析。他们深谙投资之道，资本运作手段高超，在金融行业有着广泛的人脉。他们对业绩良好、收入稳定但是有着很大改善空间的目标公司进行杠杆收购，通过对公司重组和资本运作，使得公司价值大大提升。借助财务杠杆的使用，他们在退出投资时获得巨额回报。

7.2 剥 离

7.2.1 剥离的定义

剥离(divestitures)是指公司将其部分资产(可以是子公司、事业部、工厂等)出售的行为,剥离后公司对被剥离资产不再具有施加影响的能力。公司剥离资产,意味着缩减规模,同时获得现金、有价证券等;相应地对资产的购买方意味着付出对价,扩张规模。

资产剥离可以分为自愿剥离的和非自愿剥离。其中,非自愿剥离主要是由于受反垄断法的约束,公司被迫将其部分资产拆分。美国标准石油公司、微软公司等就经历过这种非自愿剥离。自愿剥离的原因则是多样的,这也是本节讨论的重点。

7.2.2 剥离的动因

并购和资产重组都是公司寻求利润最大化的投资战略中的主要部分。与并购一样,资产剥离的原因也是多样的。公司非自愿剥离资产主要是由于管理当局认为公司过大的规模压制了行业内部的竞争,将公司分拆有利于破除垄断,促进行业竞争。而公司自愿剥离更为常见,其原因也是多方面的,主要包括以下几点。

1. "鸡肋"部门

"鸡肋"部门指的是不再适合作为公司的一部分的资产或者部门,这些部门成为"鸡肋"的原因有公司战略改变、前期收购计划失败等。这些部门并不一定经营不善,单独地看这些资产或许还是优质资产,只是它们与公司其他资产不能良性共存,不能给公司带来长期的竞争优势使其成为"鸡肋"。

由于技术进步、市场环境改变甚至管理者个人意志等原因,公司常常会调整其发展战略,对公司发展方向重新进行定位,撤离某个业务领域以进入新的领域。这时候不符合新战略的部门或者业务就需要进行处理。公司可能宣布解散某个部门或者某项业务,更多时候是把这部分资产出售给其他公司,因为这些资产更适合收购方的发展需要,从而得以继续经营下去。当收购方认为能够更有效经营这些资产,从而愿意支付合理的价格时,原公司选择对这部分资产进行剥离而不是继续经营,或许是更好的选择。此外,在中国,如果剥离的资产来自上市公司,买家希望通过买"壳"上市,使被剥离的资产获得好的报价。

前期并购活动被证明失败是公司进行资产剥离的另一个主要原因。在前面提到过,公司并购活动并非完成交易那么简单,后续对新资产的整合,使其融合到公司中才是并购成功的关键。但是并购市场也存在着信息不对称、管理者自负及经营环境改变等情形,导致初始选择的"理想"并购目标到后来却被证明不如所愿,甚至成为了公司的包袱。在并购史上,公司被新购资产拖入深渊的案例不在少数。在这种情形下,公司最该采取的措施是将购入资产进行剥离,虽然承认前期并购决策错误需要勇气。有时候,作为并购交易达成的条件,并购公司被迫购买目标公司某些不需要的业务,在交易完成之后,并购公司常常会把这部分资产剥离。

2. 业绩不佳

将经营业绩不好的部门剥离是资产剥离中最常见的一个原因,但是却常常成为管理者最不愿意提起的原因。公司管理层或者股东对资产收益率都有着能够容忍的下限(心理的或者现实的,如资本成本),将资产收益率长期低于该下限并且改善无望的部门进行剥离无疑是明智的,否则将会拖累公司整体业绩,影响公司价值。但是公司管理层往往不愿承认公司某个部门经营不善的现实,虽然有时候部门业绩不佳的责任不属于管理层(如行业整体衰退)。在面对业绩不佳或者存在亏损部门时,公司管理层往往选择继续持有,并且期望改善其业绩,但是有时候这种坚持不如勇于承认部门经营不善将其剥离更受股东欢迎。

3. 现金需求

现金一直是最有诱惑力的资产,资产剥离能带来企业最需要的现金流入,这也使得资产剥离成为公司解决财务困境或者为重大投资准备资金的一个方法。陷入财务困境的公司往往主动或者被债权人要求出售其部分具有稳定现金流的资产以换取大量现金,渡过财务危机。

4. 融资便利

投资者投资时首先需要避免的就是信息不对称,他们往往喜欢行业定位明确、经营领域专一的公司,诸多研究也表明多元化经营并不一定带来更高的资本利用效率。公司通过资产剥离,使得原先复杂的公司结构清晰,凭借专注、专业的经营风格获得投资者的信赖,利于其在资本市场融资。

此外,通过资产剥离,还能创建一些市场上没有的、投资者愿意投资的公司类型,即所谓的单纯公司(pure plays),这样不仅能够满足投资者的需求,还能创造出市场原本不存在的证券,使得市场更加完善。这种类型的公司往往受到整个市场的关注和欢迎,其融资活动成本也会降低。

5. 瘦身计划

当公司多元化发展过度,以致业务部门过于繁多,超出了董事会监管能力时,公司股东将要求公司进行"瘦身",以保证所有业务部门都处于董事会的有效监管之下,防止部门经理违背股东利益。这种"瘦身计划"目的是为了保证整个公司围绕股东利益最大化地健康运转。

6. 皇冠上的宝石

皇冠上的宝石特指公司面对并购威胁时的防御计划,采取这种计划的公司在面临被并购的威胁时,将公司最有价值的业务部门剥离,出售给值得信赖的友好的第三方(通常称为"白骑士"),使得公司对恶意并购者失去吸引力,从而解除并购威胁。

当然,促使公司进行资产剥离的原因可能是上述原因中的一个,也可能是多个共同作用。并且可以相信,随着经济环境和行业的发展,在未来的公司重组实践中,会出现更多促进公司剥离资产的动因。

从上述公司进行资产剥离的动因可以看到,资产剥离作为公司重组的一种方法,并不一定意味着公司陷入困境,不得不出售其资产以渡过危机。资产剥离说到底只是实现利润最大化的手段。与并购类似,资产剥离也会带来有趣的经济效应。

第 7 章 公司重组与杠杆收购

案例 7-1

UBS 剥离高风险业务挽回声誉

2011年9月15日,瑞士联合银行集团(Unique Broadband Systems Ltd.,UBS)风险控制管理人士发现了据称由该行员工阿杜伯利(Kweku Adoboli)进行的未授权交易。该员工随后承认进行了上述交易。该未授权交易导致该行蒙受大约20亿美元的损失,UBS股价当日重挫10%,同时该行5年期债券一年信用违约掉期(credit default swap,CDS)费率上升15个基点,至225个基点。这一事件对UBS的经营和利润产生了直接的影响。截至9月30日的第三季度,该行当季收入下降4%,至64.1亿瑞士法郎,净利润降至10.2亿瑞士法郎(合11.6亿美元),而上年同期为16.6亿瑞士法郎,当季净利润下降39%。截至2011年12月31日的第四季度中,UBS当季收入下滑16%,至59.7亿瑞士法郎;净利润从上年同期的16.6亿瑞士法郎降至3.93亿瑞士法郎,低于分析师平均预期的7.39亿瑞士法郎。

为应对未授权交易丑闻,UBS于2011年11月18日概要介绍了外界期待已久的重组计划,包括大力收缩业务、把重点重新放在核心的财富管理业务上,以及在投资银行部门大规模裁员。UBS财富管理业务主要是为高端客户提供量身定制的全面服务,业务涵盖资产管理、遗产规划、企业融资顾问和艺术品投资服务等。UBS计划进一步精简投资银行人手,在今后5年内,将投资银行部门的风险加权资产削减近一半。不过,为了安抚投资者,2011年该银行现金派息每股0.10瑞士法郎。这也是其自金融危机以来的首次派息,今后还将加大派息力度,以表明自己的信心。

UBS在纽约的一次投资者会议上宣布了上述计划。该公司高管在会上承认,UBS的投资银行部将忍痛退出一些风险加权回报率缺乏吸引力的领域。新任CEO塞尔吉奥·埃莫蒂(Sergio Ermotti)表示:"我们已决定要大力减轻本银行的风险状况。"这是埃莫蒂11月被任命为CEO后首次在大型公开场合亮相。

根据重组计划,UBS投资银行部将从总额3 000亿瑞士法郎的风险加权资产中,剥离出大约1 450亿瑞士法郎,撤出商业资产证券化和复杂结构性产品这两个领域,尽管这些计划将使该行年收入减少大约5亿瑞士法郎。但是这些措施有助于使该行的股本回报率(return on equity,ROE)提高到12%~17%的水平——这与危机前的目标水平相去甚远,但在当前严峻的交易和监管环境下仍属不俗。今年前9个月,该行的ROE为10.7%。UBS表示:"投资银行部将得到简化,风险加权资产将会减少,为股东创造可持续回报所需的资金也将大为减少。"通过重组,该集团的资本比率(按照巴塞尔协议Ⅲ新规中最严格的定义)有望提高到13%,远高于全球最具系统重要性的银行所适用的最低资本比率。UBS同时宣布,除了之前宣布的裁员1 575人之外,计划再削减300个岗位。这次精简将主要通过自然减员方式完成。

点评:

UBS出售上述高风险资产后,将着重关注财富管理这项盈利业务。在财富管理方面,UBS是全球领先的财富管理机构,享有稳重和优质的声誉。集团拥有超过140年的财富管理经验和遍布全球的庞大网络;在美国,UBS是最大的私人银行之一。UBS将高风险的业务出售,专注于擅长的财富管理业务,虽然公司的规模因此缩小,但是其核心业务财富管理却将因此受益。

(资料来源:http://www.ftchinese.com/story/001024341,http://www.ftchinese.com/story/001043506。)

7.3 分 立

7.3.1 分立的定义

分立(spin-off)指公司将其某个部门或者业务独立出来成立新的公司,并且将新公司的股票按照原母公司股东持股比例分配给原股东的行为。可以看到,分立产生了新的法律实体，并且由于新公司股份分配参照原母公司股东持股比例，新公司成立时的股份结构与原母公司是一样的。当然，新公司有自己的管理团队、公司章程和管理制度，它独立于原母公司运作。

分立并不会给原公司带来现金或者其他的收入，分立后两个公司是平等的法律实体，原公司管理层对新公司不再拥有管理权限，而是由股东选举新的董事会，聘用新的管理层经营公司。虽然股权结构与分立前完全一样，但它们在法律意义上却是两个不同的公司。分立可以看成是兼并的逆过程，有时候英文文献中也称分立为"demerger"。

7.3.2 分立的动因

由分立的定义可以看到，分立本身并不会给原公司带来现金或者其他有价证券收入。除了由于反垄断限制造成的非自愿分立外，公司自愿将其部分资产分立，成立新的公司的动因，前文介绍剥离时提到的"鸡肋"部门、业绩不佳、融资便利、瘦身计划等均可能促使公司将部分资产分立，还存在另外的因素，它们包括但是不限于以下四点。

1. 防御策略

与资产剥离中将公司部分资产出售给白骑士类似，分立也常常作为一项防御策略被采用。管理层说服董事会决议将公司的部分资产独立成新的公司，并且在新公司的公司章程中写入各种预防收购调控策略，如毒丸计划、超多数条款、特别投票权、金色降落伞等。当然，这些防御性条款可能被质疑对管理层提供过度保护，不符合股东利益而受到指责。

2. 负协同效应

和资产剥离一样，将公司部分资产分立可能给股东带来额外的价值，这是因为在未分立前，公司与该部分资产间的协同效应是负的。由于股东结构不变，如果预期分立可以避免负的协同效应，将受到股东欢迎。此外，分立出来的公司常常以更加专注、高效的面貌出现在投资者面前，增加了公司对投资者的吸引力，实现了股东价值最大化。

3. 隔离措施

公司将其具有成长潜力的优质资产分立出来，防止其他经营困难的资产"拖后腿"，为其发展增值创造最好的内部环境，实现高速增长。在国有企业重组过程中，为了减轻历史负担，常常将其优质核心业务分立发展，与其非经营性资产隔离，将非经营性资产纳入统一社会服务体系，减少企业社会功能，加快构建现代企业治理结构。当然，也有企业将其经营不善的资产分立，防止经营困难扩散影响企业整体。

4. 代理权争夺

管理层内部代理权争夺也会导致公司分立。特别是管理公司部分资产的团队表现突出时，他们往往会试图争夺更大的控制权，并且以集体离职作为威胁。优秀的管理团队作为公司宝贵的资产，任其流失不是明智的选择，公司董事会此时可能会选择将其管理的资产分立成独立公司，充分利用其才能，实现这部分资产价值最大化。当然，为了掩盖公司内部权力斗争的事实，公司往往会以其他借口将该资产分立。此外，家族企业、集体企业可能由于其他内部利益斗争而发生分立。

同样，具体分立的动因可能是单一的也可能是多重的，在实际分析时需要综合考虑。

案例7-2

东北高速分立案：A股首例分立上市案

2010年3月18日上海证券交易所晚间公告，东北高速(东北高速公路股份有限公司)将分立成吉林高速(吉林高速公路股份有限公司)和龙江交通(黑龙江交通发展股份有限公司)两家公司，两家公司A股股票将在3月19日起上市交易。分立日在册的所有股东持有的每一股公司股份将转换为1股龙江交通和1股吉林高速。新成立两家公司分别持有的对方公司股份无偿转让给对方。东北高速的主营业务及相关资产依据属地原则，分别划归两家新公司。

东北高速分立的主要原因是公司大股东间意见不合。东北高速分立前三大股东及其持股比例如下：黑龙江高速持有26.9%，吉林高速持有22.3%，华建交通持有17.9%。这种制衡型股权结构没有起到很好的股权制衡作用，导致公司出现了严重的治理问题。三大股东之间自公司1998年成立起就一直矛盾不断，经常发生意见冲突。矛盾集中爆发于2007年5月，三大股东同时否决了管理层做出的公司2006年所有年度报告，在6月21日召开的董事会上亦未对解决上述问题达成一致意见，且未发出召开股东大会的通知。东北高速因此成为A股第一家不是因为亏损而是因为公司治理结构出现问题被"ST" (special treatment，特别处理)的上市公司。公司股价从5月24日最高的9.6元一路下跌至6月29日收盘价5.86元，下跌幅度接近40%。2007年12月31日，东北高速召开临时股东大会，在距离会议开始还有10分钟时，前来出席大会的吉林高速股东代表遭到殴打。其后，吉林高速提请总经理继续留任，又遭到了另外两大控股股东的强烈反对。2008年7月8日来自吉林高速的公司原董事会成员、总经理陈耀忠带领部分原高层管理人员及几十名员工声言董事会违法，向另两大股东下"战书"，并查封账本，占领东北高速的办公地，公司因此无法经营。

上述一系列事件都表明东北高速前两大股东的矛盾已毫无弥合的可能，公司已难以正常经营，东北高速只能分立成两家公司各自独立经营。公司分立受到了公司股东的欢迎，资本市场对此也做出了非常积极的反应，两家新公司一上市就迎风而涨，吉林高速和龙江交通当日涨幅分别为140.22%和108.65%。

虽然最后的结果是皆大欢喜，但是东北高速分立的实际操作并非一帆风顺。在中国资本市场上，吸收合并交易很常见，但分立则前所未有。在东北高速最初的方案设计过程中，也曾讨论可否采用派生分立(Split-off)模式，但派生分立需要新设股份公司，还要配比30%的现金出资，同时还涉及资产转让和税务问题，过于复杂，最终被否决，最终的分立方案参考了IPO对公司治理结构的要求，来设计新公司的治理结构，即所有的机构设置、制度、信息披露、公司章程等都尽量按照IPO公司的标准进行。

在IPO模式要求下，公司应该满足持续经营时间应当在3年以上的要求。但是作为新设公司，两家上市公司显然不满足3年的门槛。但是毕竟东北高速在持续经营方面不存在大的问题，因此中国证监会进行了特殊处理。同时分立出的两家公司控股股东对股票禁售和增持均做出承诺。分立报告书中明确称，拟注入龙江交通的意向性资产为鹤大公路牡丹江至杏山段高速公路资产；拟注入吉林高速的意向性资产为长营高速公路、长春绕城高速公路南段和长平一级公路等高速公路资产。控股股东明确注入资产的内容，并且根据上市规则有关要求对持股进行锁定承诺，能够起到保护中小投资者的利益的作用。

 点评：

对此案例，有评论称："只有中国才能出现这样一家上市公司——两条毫不相干的高速公路拼凑成了一家上市公司，这主要是被当时的额度制上市制度所害。分立使东北高速诞生是旧决定的宿命，现在倒好，两个大股东，一人领一条，从此各不相干，快乐分手。"

(资料来源：张冰. 东北高速分立记[J]. 新世纪周刊, 2010(14).)

7.4 股权出售

7.4.1 股权出售的定义

股权出售(equity crave-out)指的是母公司将所持有的子公司的权益出售。母公司可以出售所持有的子公司的全部权益，也可以只出售部分权益。根据出售权益比例不同，母公司不一定继续拥有子公司的控制权。由于股权出售对象并不特定，被出售的子公司作为独立的法律实体，其股权结构很可能与母公司股权结构不同。子公司一般有新的管理团队，独立经营。

股权出售具有很大的灵活性，它可以用来为是否进一步出售该部分资产试水。如果股权出售受到外部投资者的广泛欢迎，公司则能够以更高的价格进一步出售该部分资产的权益，直到完全出售；如果股权出售的行为并未引起市场的正面反应，则企业可以停止出售股权，等待更佳的时机。由此看来，股权出售比分立和剥离更加灵活，它不是一次性完成，同时具有试探市场的功能。

7.4.2 股权出售的动因

与前面讨论过的资产剥离和分立两种公司重组方式类似，股权出售也存在母公司战略调整、融资、分散经营风险和防御收购方面的动因，这里不再赘述。

案例 7-3

AIG 变卖资产以脱离政府控制

2012年3月6日，友邦保险控股有限公司(01299.HK，友邦保险)发布公告称，公司大股东美国国际集团(American International Group Inc.，AIG)以每股27.15港元的价格减持了17.2亿股公司股票。27.15港元的减持价较友邦保险前一周收盘价29.20港元低7%，公司IPO价格为19.68港元。此次交易后，美国国际集团持有友邦保险已发行普通股总数从2011年财务报告披露的32.89%降至约18.6%，仍然保持对友邦保险的控制权。

据悉，美国国际集团此次交易所得将用于部分偿还所欠美国政府约500亿美元债务。美国政府曾先后投入1 823亿美元的巨额救助资金，使2008年处于金融危机漩涡中的美国国际集团免于破产，其中475亿美元购买了美国国际集团92%的股权，其余为贷款。

其实，为了还清所欠债务，美国国际集团此前进行了一系列"卖股偿债"交易。2009年，美国国际集团将汽车保险部门21世纪保险以19亿美元售予苏黎世金融服务集团(Zurich Financial Services Group)；同年，出售其日本总部大楼，获12亿美元；2010年3月，美国国际集团将旗下投资管理公司Pine Bridge公司以5亿美元出售给盈科拓展集团；2010年11月，美国国际集团又将其旗下美国人寿保险公司(Alico)的非美国部分业务以162亿美元售予美国大都会人寿保险公司(MetLife)；2011年5月，美国国际集团自身与美国财政部以每股29美元合计出售3亿股美国国际集团股票，共套现87亿美元，其中美国财政部减持了2亿股美国国际集团股票，其持股比例从92%下降至77%；2012年3月2日清空了所持私募股权巨头黑石集团(Blackstone Group)股份，套现5亿美元。

尽管旗下资产已经被悉数变卖，美国国际集团目前尚欠美国政府400多亿美元债务，可以预见在不久的将来，美国国际集团将进一步出售所持有的友邦保险等其他公司的股份套现偿债，剩余部分将通过美国政府出售所持美国国际集团77%股份的所得来补足。因为只有这样，美国国际集团才能从美国政府的直接控制中脱身。这对于奉行市场经济的美国政府来说,也是为了退出 2008 年金融危机而直接干预市场的必要举措。

据《华尔街日报》2011 年 11 月 27 日报道,曾长期担任美国国际集团 CEO 的格林伯格(Greenberg)对美国政府 2008 年接管美国国际集团的做法提起诉讼,指控政府此举违宪。格林伯格的律师周一代表胜达国际集团(Starr International Co.)和美国国际集团其他股东起诉美国政府和纽约联邦储备银行(Federal Reserve Bank of New York),指责美国财政部(Treasury Department)和纽约联邦储备银行错误地接管了美国国际集团,并将美国国际集团当做一个平台,向美国国际集团的贸易伙伴注入了数百亿美元的资金,其中包括美国和欧洲的大型银行。诉讼称,美国政府 2008 年 9 月同意借给美国国际集团多达 850 亿美元的时候,政府接管了美国国际集团近 80%的股份,并从胜达国际集团和美国国际集团其他股东那里拿走了宝贵财产,这种做法违背了《宪法第五修正案》的规定:如果没有合理补偿,私人财产不得充公。诉讼中,胜达国际集团为自己和其他股东寻求至少 250 亿美元的损害赔偿。

尽管诉讼本身目前仍然未有结论,但是可以相信美国政府将在未来继续出售持有的美国国际集团公司股份,或者是公司旗下其他资产,尽快从金融危机救援措施中退出,让公司重归投资者手中。

点评:

美国政府为了从美国国际集团中退出干预政策,需要将持有的美国国际集团股份卖出,偿还债务。为了不引起公司股价大幅波动,只能一步步实行退出计划,多次股权出售是必然选择。

(资料来源:http://www.ftchinese.com/story/001024341,http://www.ftchinese.com/story/001043506)

7.4.3 股权出售与 IPO(首次公司发行)、分立的比较

同为将公司的部分资产或股权与母公司股东分离,剥离、股权出售、分立及 IPO 既有相似点又有很大不同。其中资产剥离后被剥离资产与母公司就不再有关联,情况较为简单,而其余两种重组方式中母公司并未与子公司完全断绝关系。比较它们的异同有利于加深对各种公司重组方式的理解。

1. 股权出售与 IPO 的比较

IPO 实质上也是改变股权结构的一种方式,公司将部分权益通过资本市场出售给公众融资,并且实现公司股权结构重组。不同的是 IPO 只是公司的第一次在公开交易市场的股权出售,而且也是最后一次,之后的股权出售就不再称为 IPO。与股权出售的双方谈判交易为主不同,公司 IPO 的对象是不特定的公众,公司 IPO 后会产生很多的小股东,他们的持股比例很小,但是公司董事会同样要考虑他们的意见。一般来讲,众多小股东的产生,使得上市公司大股东购回股票私有化退市成本比股权出售后购回的成本要高。

监管当局对 IPO 和股权出售的监管要求也是不同的,公司 IPO 需要满足较高的条件,需要有良好的历史业绩和合规的信息披露。资本市场对 IPO 公司和上市公司出售的股权的需求也是不一样的,IPO 公司由于信息不对称等原因,往往需要抑价发行(即发行价少于公司每股真实价值的现象)以吸引投资者,总体来说 IPO 融资的成本(以抑价程度衡量)是极高的。而上市公司出售股份可选择的手段和工具则更为丰富,同时由于投资者对其具有更加充分的信息,受关注的程度更高,这些都能降低融资成本。

另外,股权出售除了融资和分散风险的功能之外,往往是资产剥离的前奏。前文提到,公司能够选择股价高的时候逐步将某部分业务剥离,一方面能获得更高的收入;另一方面,

通过若干次股权出售剥离某些业务逐步转移战略重心，能够使公司的战略转换衔接更加平稳，这些都是 IPO 不具备的作用，因为 IPO 仅仅是一次交易。

2. 股权出售与分立的比较

股权出售与分立有着较大的不同。首先，股权出售能够使母公司获得较大的现金流入，而分立则不具有这一特点，这也是为什么股权出售常常用于母公司募集资金。其次，分立后新成立的公司虽然与母公司有相同的股权结构，但是，它们却是完全不同的法律主体，其股权的分离是彻底的，母公司法人对子公司法人不再有权益上的影响力。股权出售则不同，尽管新公司的股权结构已经改变，子公司也是独立的法律主体，但是由于母公司仍然持有子公司的股份，它们之间的分离不像分立那样彻底，母公司根据持股份额，对子公司仍然具有影响力。母公司可以多次出售子公司的股权，直至持股比例为零，并且一旦反悔，再回购股份也比较容易。相比之下，子公司只能被分立一次。

从分离后的情形看，如果分离出去的资产能够持续盈利，母公司一般偏向于进行股权出售而非分立，并且保留该部分资产的控制权，这样既能获得眼前的现金流入，又能长期依靠该子公司利润改善母公司财务表现，维持母公司对投资者的吸引力，一旦母公司财务状况好转，也利于购回股份。当然，如果期望通过股权出售来改善公司治理，由于母公司对子公司还具有控制力或者重大影响，即便子公司选举新的董事会也要受母公司董事会的控制或影响，对公司治理的改善仍然是有限的，此时，股权出售就不如分立来得彻底。

7.5 公司重组操作

公司重组操作(corporate restructuring)主要分三个阶段。第一阶段是公司重组决策。公司董事会和管理层应该对公司经营的内外部环境时刻保持敏感。如果公司内外部环境中存在公司重组的各类动因，公司明智的选择是进行公司重组，这样才能增加公司的价值。公司应该对旗下资产继续按照过去的方式进行经营及重组后经营将会产生的现金流进行分析，如果重组后的现金流现值更高，就应该实行重组。第二阶段是选择重组方式。在做出公司重组决策之后，公司管理层应该根据公司实际情况和外部市场的条件，选择合适的重组方式，制定重组方案。第三阶段是实施重组方案。这一部分与前文所介绍的并购交易相似，只不过彼时是站在收购者角度，此时站在出售者角度考虑问题。下面重点介绍选择重组方案的要点和公司重组开始前需要考虑的、公司重组之后可能会出现的问题，因为前瞻性地看问题总是有益的。

7.5.1 选择重组方式

从上面的分析可以看到，三种重组方式既有联系又有区别，在实际操作中，有时候使用一种重组方式，有时候会使用多种重组方法。每一次重组都是不同的，但是在制定重组方案时要考虑的问题却基本类似。这些问题也正是不同重组形式的差别所在，主要包括公司业务的分离程度、公司治理结构、经营权限的分配、管理层激励措施、对母公司和子公司流动性的影响、债务的分担与相应的公司信用风险评级、公司信息的可得性和财务透明度，以及对评级机构、分析师、投资者的吸引力。

第7章 公司重组与杠杆收购

上述几点概括起来可以分三个方面：业务之间的协同效应、母公司对现金的需求、潜在的出售价格。结合公司重组的动因，表7-1说明公司重组的前两个阶段应该如何进行。

表7-1 公司重组的战略选择

重组动因	渴求现金	出价高/协同效应明显	重组战略
改变战略/集中业务	YES	YES / YES	股权出售
		NO/ YES	剥离
		YES /NO	剥离
		NO/NO	股权出售
	NO	YES / YES	股权出售
		NO/ YES	分立
		YES /NO	分立
		NO/NO	剥离
业绩不佳	YES		分立
	NO		剥离/分立
不符合反垄断法			
与公司其他业务不协调	YES		分立
	NO		分立
税赋因素			
融资/更适合其他公司			
降低风险			
退出行业			
摆脱前期失败的并购			
避免客户冲突	YES		分立
	NO		

7.5.2 公司重组后可能出现的问题

萨德沙纳姆(2003)指出，与并购类似，交易的完成只是迈向成功的第一步，公司重组还需要考虑很多的后续问题，主要包括以下方面：

(1) 新的公司或者分离出去的部门会不会与原公司在业务上形成竞争？例如，他们会不会争抢客户和项目？

(2) 新分立出去的公司能进行供应商到客户关系管理吗？这种转换需要付出什么代价？是否需要原公司的协助？

(3) 公司重组后双方能否共享原有的服务，成本如何负担？平摊还是以原公司为主？

(4) 子公司具有自主经营的权限吗，还是仍然受到母公司的背后控制？

(5) 在新公司走上正轨，正常运转之前，还需要母公司哪些支持？

在资产剥离前思考这些问题并且做出相应的安排，是大有裨益的(Sudarsanam 2003，259页)。

7.6 杠杆收购

7.6.1 杠杆收购的历史

1. 杠杆收购的兴起与发展

尽管杠杆收购(leverage buyout)在中国是一个相对比较新的术语,但是在国外已经有50多年的历史。杠杆收购始于20世纪60年代美国股市牛市时期。当时许多非上市公司趁市场上股票价格高涨的时机上市融资。进入70年代,股票市场急转直下,很多60年代上市的混合兼并形成的公司此时选择退市。其中一部分通过股权出售逐渐分解,另外一些则是通过杠杆收购出售分支机构实现的。

提到杠杆收购的兴起,就不得不提杠杆收购界无冕之王——KKR集团。KKR集团在1976年由杰里·科尔伯格(Jerry Kohlberg)、亨利·克莱维(Henry Kravis)和乔治·罗伯茨(George Roberts)三人创立。KKR集团开杠杆并购之先河,执杠杆并购之牛耳,是美国最早、最大、最著名的专业从事杠杆收购的私人合伙企业。KKR集团在1979年完成了70年代最大的杠杆收购交易——3.43亿美元收购乌达耶公司(Houdaille),80年代10亿美元以上的21笔杠杆收购交易中,KKR集团占有8席,当时最大的杠杆收购交易也是KKR集团完成的——251亿美元收购雷诺兹-纳贝斯克RJR Nabisco公司,直到2006年才被KKR集团参与完成的HCA公司杠杆收购案(210亿美元),以及2007年的TXU杠杆收购案(445亿美元),刷新了全球杠杆收购交易记录。1976年KKR集团创立时只有12万美元,1990年,它可以从机构投资者处筹集到580亿美元,而至今,KKR集团已经完成了超过4 000亿美元的私人股权投资。

2. 20世纪80年代的高潮与衰落

杠杆收购在20世纪80年代开始盛行,当时公开市场发展迅猛,向借贷人敞开了方便之门,允许他们借贷数百万美元去购买那些本来是很勉强的项目(先前是绝不可能的)。在杠杆收购发展之初的1980年,其累计交易额达到了17亿美元,1988年是杠杆收购的发展巅峰时期,当时累计交易额已经达到了1 880亿美元。

投资的巨额收益使杠杆收购成为20世纪80年代获利性最高的投资手段,它吸引了众多参与者,包括银行、保险公司、华尔街的公司、养老基金和财力雄厚的个人。1981—1989年,共发生了1 400宗"私有化"交易。而这一时期杠杆收购交易的繁荣与垃圾债券(Junk Bond,又称高收益债券)是分不开的。米尔肯(Milken)使"垃圾债券"点石成金,垃圾债券的应用是杠杆收购在资本形成机制上的巨大创新。

米尔肯很早就认为人们排斥垃圾债券是一种偏见,评级较低的公司债券的违约率远远低于市场估计,也就是其实风险没有市场预期那么高,而这类垃圾债券的收益高于风险,是比可投资级债券更好的投资。最初的杠杆收购,收购资金主要靠银行贷款,条件苛刻,利率也高。其收购价往往只是公司账面价值的贴现,多数收购者不能支付公司账面价值的溢价。1981年美国国会通过了法律为个人退休金账号提供税收庇护,突然增加的退休基金为融资市场提供了雄厚的资金来源。投资银行家和米尔肯都看中了这一机会,把垃圾债券变成企业并购的融资机制,开始"举债买企业"。整个20世纪80年代,美国各公司发行垃圾债券1 700多亿美元,其中德崇证券公司(Drexel Burnham Lambert,DBL)发行了800亿美元,占垃圾债券总数的47%。1983—1987年短短4年间,德崇证券公司的收益从10多亿美元翻到超过40亿美元,一举成为华尔街盈利最高的公司,米尔肯也因此被称为"垃圾债券大王"。

尽管早期的杠杆收购市场通过巨额股东收益和提高运营效率创造了价值,但是到了20世纪80年代末期情况发生了恶化。由于垃圾债券带来的避税效应引起了美国政府的不满,1989年8月,美国政府通过了《金融机构改革、复苏与执行法案》(Financial Institutions Reform, Recovery and Enforcement Act),规定存贷款机构被禁止购买垃圾债券,导致了垃圾债券二级市场的萎缩。同年的前8个月,出现了价值40亿美元的垃圾债券被违约和延期偿付。而且,米尔肯也被以造假罪判处监禁。

不久,更多坏消息接踵而至:许多美国大型公司申请破产保护。1990年,负债金额在1亿美元以上的破产公司总数达到了24家,这些公司的总负债额超过了270亿美元。1991年大额破产案上升到31宗,负债总额为210亿美元。1992年,大宗破产案的数量急剧下降,但涉案负债金额仅略有下降。杠杆收购市场萎缩幅度如此惊人,以致人们预言杠杆收购和垃圾债券将会灭绝。

3. 20世纪90年代后期的复苏

1996年杠杆收购基金实现了成功复苏。该年杠杆收购机构数量出现了自20世纪80年代末期以来最快的增长。但90年代的杠杆收购交易和80年代有很大的差别。90年代的杠杆收购是在理想目标公司数量减少、竞争加剧、资本结构杠杆水平下降、价值创造源泉发生变化及行业平均回报大幅下降的背景下进行的。

这一轮复苏一直持续到2007年,2008年因为金融危机的影响,交易数量和交易额都大幅下跌。1999—2008年全球杠杆收购数量和金额如图7.1所示。

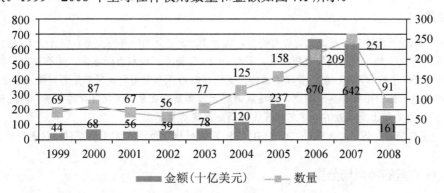

图7.1　1999—2008年全球杠杆收购数量和金额

(资料来源:Thomson Reuters SDC Platinum,不包含交易价值小于250万美元的杠杆收购.)

受我国国内债券发行政策限制,杠杆收购发展很慢,直到近年才出现。2012年3月,中国证监会正式放行高收益债券,可以预见国内杠杆收购案例将会越来越多。

兼并与收购

  案例 7-4

好孩子——国内首例杠杆收购案例

好孩子集团公司(Goodbaby Group,以下简称好孩子)创立于 1989 年,在被收购前的 5 年内,好孩子的年利润增长率达到 20%~30%。截至 2005 年,年生产各类童车 300 万辆,销售额 25 亿元,纯利润超过 1 亿元,位居世界同行业前几名,在中国中高档童车市场当时已占据近 70%的份额,它在美国的童车市场占有率也已达到了 30%以上。2006 年 1 月,私人股本公司太平洋同盟团体(Pacific Alliance Group,PAG)以 1.225 亿美元完成对好孩子的收购时,它达到了一箭双雕的效果:一方面,它得到了中国最大的婴儿用品制造商;另一方面,成功完成中国首宗杠杆收购交易也让它名声大噪。

好孩子之所以被 PAG 相中,主要得益于好孩子的长期负债少,市场占有率高,流动资金充足稳定,企业的实际价值超过账面价值。并且,好孩子拥有一个庞大且良好的分销网络,可以推广其他品牌。此次收购前后耗时不到 4 个月,2005 年 10 月 PAG 接触好孩子,12 月 13 日就签署了股权转让协议。从开始谈判到最后达成协议所耗费的时间约为两个月,效率极高。

按照市盈率 20 倍计算,好孩子当时的市场价值在 20 亿元人民币以上,折算成 PAG 67.5%的持股比例,该部分股权的市场价值超过 1.7 亿美元,而双方协商的收购价格为 1.225 亿美元,说明此项收购具有投资价值。PAG 确定用自有资金支付的金额不超过 1 200 万美元。经过精心的测算和设计,通过资产证券化及间接融资等手段,在确定收购意向后,PAG 先通过好孩子管理层组成的集团筹集收购价 10%的资金,然后以好孩子公司的资产为抵押,向银行借入过渡性贷款,相当于整个收购价 50%的资金,并向 PAG 的投资人推销约为收购价 40%的债券。

参与收购的原始投入最后都顺利实现战略退出,并获得良好回报。第一上海卖出价格接近收购价 5 倍,软银中国创业投资有限公司与美国国际集团售价接近收购价 2 倍。PAG 进入好孩子后,对该集团法人治理结构进行了改造。其董事会从原来的 9 人缩为 5 人:PAG 方面 3 人,好孩子管理层 2 人,董事长还是由好孩子的创办人担任,PAG 没有更换好孩子的 CFO,也没有派出参与管理层的执行董事。

2010 年 11 月 24 日好孩子在香港联合交易所有限公司(Stock Exchange of Hong kong Ltd., SEHK)上市,IPO 价格定在每股 4.9 港元,总计发行 3 亿股,募集资金净额达 8.95 亿港元。

  点评:

案例中,PAG 只以 1 200 万美元的自有资金,撬动 1.225 亿美元的并购交易,相当于 10 倍杠杆,其余的均以负债的方式筹集,是典型的杠杆收购。另外,PAG 是一家股权投资基金,并不追求长期的产业控制,不会引起好孩子内部人事、生产管理方面的大变化。PAG 获取收益的途径就是通过将好孩子运作上市,达到资本增值的目的。而对好孩子来讲,则可以通过上市募集的资金,实现自身的发展。因此管理层的利益和 PAG 的利益实际上是一致的,这起杠杆收购因此具有标杆意义。

(资料来源:苏昕. 详解 GOODBABY GROUP(好孩子集团)杠杆收购案[J]. 科教导刊,2011(1).)

7.6.2 杠杆收购的特点与分类

杠杆收购本质就是一种负债收购方式,即以少量的自有资金,以被收购企业的资产作为抵押,筹集部分资金用于收购的一种并购活动。这种收购方式,在国内曾有过变相的运用。一些地方政府在出售国有企业时,收购方无力即时支付全部收购金额,便请地方政府给予一个宽限期。在宽限期内先支付部分定金,然后办理产权交割手续。产权交割之后收购方立刻将产权抵押贷款,然后将贷款用于支付收购余款。从形式上看,这种方式和杠杆收购一样，都是将被收购方的资产进行抵押融资支付收购金额。但二者有着本质区别，杠杆收购是严格的"一手交钱一手交货"，而国内的变相模式是"先交货后付款"，因而常常处于灰色地带。一个标准的杠杆收购，通常而言有如下几大特点。

(1) 杠杆收购是一种负债收购，借助负债来扩大收购杠杆。中国第一起杠杆收购案PAG杠杆收购好孩子的案例中，其杠杆比例为10倍。

(2) 以收购对象的资产进行抵押，获得债权融资，进而完成收购。

(3) 一般都谋求对收购对象的绝对控股，甚至100%收购，以便于后期整合及偿还债务。

(4) 收购对象一般都要求低资产负债率，而且有稳定的现金流。资产负债率低意味着易于获得银行贷款，有稳定现金流意味着后期还款有保障。这个特征意味着，杠杆收购更多地适用于经营稳定的传统行业。

杠杆收购有多种类型，各类杠杆收购之间的区别主要表现在以下方面。

(1) 目标公司现有管理层是否参与并购，是否在未来获得新公司的股份。

(2) 目标公司是否为上市公司，其股东是否包括机构和个人投资者。

(3) 目标公司现有管理层是否留任，还是由外部人员担任或者是两者兼具。

据此可以将杠杆收购分为以下几类。

(1) 投资者收购(investor buyout，IBO)，这是最常见的类型。通常所说的杠杆收购指的就是投资者收购。

(2) 内部管理层收购(management buyout，MBO)，即常说的管理层收购。公司现有管理层发起收购获得上市公司控制权，并且留任。

(3) 外部管理层收购(management buyin，MBI)，与MBO不同的是，收购的发起者是外部的管理团队，他们通过杠杆收购获得公司控制权，代替原管理层经营公司。

(4) 内外管理层联合收购(buyin management buyout，BIMBO)，这种杠杆收购类型兼具MBO和MBI的特点，新的管理层由原管理人员和外来人员共同组成。

(5) 收购退市(going private buyout)，通过杠杆收购退市。

事实上，不论何种杠杆收购，都需要机构投资者的支持，如投资银行、私募股权基金(private equity，PE)等，即任何杠杆收购都是IBO，只是由于新管理层构成不同，而产生了所谓的MBO\MBI\BIMBO。而实现收购退市的手段则可以是上述方式中的任何一种。下面主要介绍杠杆收购和管理层收购。

7.6.3 杠杆收购的参与者与目标公司

1. 杠杆收购的参与者

根据在一项杠杆收购交易中扮演的角色不同，通常将杠杆收购的参与者分为以下几类：金融投资者(financial sponsors)、投资银行(investment bank)、银行及其他贷款机构(bank and institutional lenders)、债券投资者(bond investors)、目标公司管理层(target management)。

各参与方在杠杆收购中起的作用不是一成不变的。例如，某项杠杆收购交易中甲机构可能是金融投资者，在另外一项交易中可能作为投资银行提供交易的技术支撑，又如各类参与者都可能是债券投资者。总的来说，上述各类参与者在一项杠杆收购中分别起着以下作用。

1) 金融投资者

金融投资者是杠杆收购的发起人(sponsor)和主要投资方。它们可能是产业公司、私募股权基金(PE)、投资银行、对冲基金、风险资本(venture capital，VC)及其他投资者。其中，私募股权基金、对冲基金、VC管理者通过向第三方募集资金来组建其投资基金的主要部分，这些第三方可能是公司养老基金、保险公司、主权财富基金等。当然，在某些好的投资机会出现时，上述投资基金的合伙人和投资专家也可能将自身财富投入其中。各类投资基金往往以有限合伙制组织，并且固定投资期限。此外，各类投资基金还对单个收购投资最高投资额有限制，通常不超过基金总额10%~20%。

在评价投资机会时，金融投资者要进行尽职调查，以尽可能地了解目标公司的各个方面情况，以便判断投资是否符合各合伙人的利益及基金的投资标准。尽职调查能够帮助金融投资者建立金融模型、提出报价及设计融资结构。尽职调查常常要雇用会计师事务所、律师事务所、咨询公司、行业和运营专家提供专业支持。有时候目标公司的管理层也被雇用参与尽职调查。当然，投资银行在尽职调查中也扮演者重要的角色。

2) 投资银行

投资银行在杠杆收购中扮演着关键角色，它们既提供融资渠道又提供并购战略建议。金融投资者倚重投资银行建立并且向各类投资者(如杠杆收购债券的购买者)推销杠杆收购的融资结构。投资银行不仅为收购方提供专业咨询意见，而且利用其与市场各方及监管层的关系，为收购方降低收购成本。杠杆收购的被收购方即目标公司也会聘请投资银行提供专业意见，以阻止杠杆收购或为自己争取一个较好的报价。需要注意的是，无论是杠杆收购的并购方还是目标公司，都可以选择多家投资银行为自己提供专业服务。

投资银行通过对目标公司尽职调查(常常与金融投资者一起进行)，求证目标公司的商业计划，评价公司支持高杠杆资本结构及向投资者推销这种资本结构的能力。投资银行与金融投资者紧密合作，为每项交易设计特定的融资结构。当然，有时候金融投资者自己事先就设计好了融资结构，只是咨询投资银行的意见。然后，投资银行的并购项目小组将金融投资者选择的融资方案(往往是从多家投资银行的融资建议中择优选择整合而成)提交投资银行的内部信用委员会(internal credit committee)。内部信用委员会审核认为该融资方案可行后，投资银行做出融资承诺支持金融投资者的报价。

该融资承诺在融资方案约定条款和条件下为交易的债务部分提供资金(包括最坏情况出现时的利率上限、金融投资者的持股比例等)并获得佣金收入。这一过程又称为承保融资(underwritten financing)，这种融资方式能使出售方确信并购方能够完成交易。在投资银行作为主承销商向其他投资者推销为并购发行的垃圾债券时，也常做出类似的融资承诺，以吸引投资者购买债券为并购注资。尽管它们希望最终将所有的债券都销售出去，而不需要持有它们作为自己的资产，投资银行还是会为这些债券提供过桥贷款(bridge loan)，以确保有足够的资金保障交易完成。

3) 银行和其他贷款机构

银行和其他贷款机构是杠杆收购的资金提供者。尽管两者之间有重叠，一般来说，银行提供的是循环贷款和可展期贷款(revolvers and amortizing term loans)，其他贷款机构提供更长期限的定期贷款。银行主要指的是商业银行、储蓄银行、信贷公司和财务公司等。其他贷款机构包括对冲基金、养老基金、保险公司和诸如担保债权凭证(collateralized debt obligations，CDOs)等结构化工具。

和投资银行一样，银行和其他贷款机构也要进行尽职调查及内部信用委员会的审核才能为杠杆收购提供资金。这些调查包括目标公司的业务和信用状况(主要侧重于并购项目的现金产生能力和信用统计)，以确保将来能够获得足额利息支付和到期本金偿还。它们还会通过贷款合同的必要和附属条款最大限度地减弱风险。尽管如此，银行和其他贷款机构很大程度上还是依赖于投资银行尽职调查提供的有关资料。

作为贷方尽职调查的一部分，它们会参加并购交易主要推动者——投资银行组织的集体会议，称为"银行会议"(bank meeting)。会上，目标公司管理层和投资银行会分别介绍目标公司的业务经营状况和并购债券的情况，作为贷款银行内部信用委员会审核投资的依据。当然，会后贷款银行还可能会索取其他必要信息。

4) 债券投资者

债券投资者指的是垃圾债券的购买者，垃圾债券是杠杆收购中融资结构中的一部分。债券投资者包括高收益共同基金、对冲基金、养老基金、保险公司、风险债券基金(distressed debt fund)及CDOs。

作为投资评估和决策的一个必要程序，证券投资者会参与债券承销商的债券推介活动，即所谓的"路演"。路演前，债券投资者会收到承销投资银行寄来的初步发行备忘(preliminary offering memorandum)，介绍所发行债券的相关信息及有关的法律文书。路演往往持续一到两个星期(取决于交易和债券发行规模)，期间承销商、收购方(金融投资者)及目标公司的管理层与潜在投资者会面，向他们介绍目标公司的价值及交易的细节。路演后承销商与债券发行人(收购方)共同确定债券的最终发行价格，并向投资者发放最终发行备忘(final offering memorandum)。

5) 目标公司管理层

管理层在贷款融资和推销债券时起着极为重要的作用，他们需要与投资银行紧密合作准备路演材料及公司的财务信息。管理层代表着公司的形象，他们必须向投资者和贷款人展示公司的投资价值，一个强有力的管理层能够通过展示优良的财务记录创造价值，并且促使收购方做出较高的报价。

从融资结构角度看，管理层通常继续持有公司股份，并且在收购后占公司的较高的股票份额。高层管理人员还会持有基于公司价值增长的股票期权(如股价上涨15%以上时，有以原价购买股票的期权)，管理层通过股价上涨后卖出这些期权或者再次IPO获得受益。这样的融资结构能够给管理层以足够的经济激励，使他们努力改善公司的业绩。以此使得管理层和收购方(金融投资者)的利益达成一致，他们都会致力于提供公司的价值。这种股权激励机制正是杠杆收购公司(公司往往通过杠杆收购退市)与上市公司关键差异之一。

2. 杠杆收购的目标公司

通过杠杆融资收购目标公司，最重要的是保证交易后的偿债能力，债务融资的成功与否不仅在于收购方的信用还要求目标公司具备一些必要的特征。

(1) 稳定的现金流。目标公司的历史现金流可以作为未来现金流的估计。除了要保证公司的现金流能够支付因债务产生的利息之外，现金流的稳定性也是需要重点考察的。历史现金流的方差、标准差等统计指标可以作为未来现金流波动性的参考指标。但是仅仅考察公司的历史是不够的，因为公司的经营环境时刻都在改变，收购方需要对目标公司的现金流做出预测，这需要经验和优秀的财务顾问。

(2) 稳定和有经验的管理团队。这是公司未来具有稳定现金流的主要保证，虽然收购方可以任命新的管理团队，但是这也不能保证在别处保持高效率的团队在目标公司能保持高效。

(3) 良好的增长机会。高于市场平均水平的增长速度能够产生高额回报，为偿还债务提供大量现金同时提高税息折旧摊销前利润(EBITDA)和公司价值。高增长还减少了金融投资者退出年限，增加了退出机会。例如，如果金融投资者计划通过IPO退出，那么目标公司的高增长将会是IPO是否成功的关键性因素。

(4) 低的资本支出需求。较低的资本支出需求增强了公司现金流的产生能力。最佳的杠杆收购目标往往不需要更多的资金投入。当然，如果公司具有高成长、高边际利润等特点，并且尽职调查也证实了其经营战略的可行性，需要大量后续投资的公司也是好的杠杆收购标的。

(5) 尽职调查中，金融投资者与财务顾问(投资银行)需要区分公司资金支出的用途。要分析是用于运营还是投资未来增长。运营资本支出用于维持现有资产(如各类固定资产)保持产出，增长资本支出主要用于购买新的资产或者更新现有资产。当经济环境变差或者经营水平下降时，增长资本支出会减少甚至取消。

(6) 经营改善的空间。目标公司被并购的重要原因之一是收购方有信心改善公司的经营，提高现金流入，因而，具有巨大改善空间的公司往往能够受到债权人的欢迎。

此外，收购方还要考虑杠杆收购成功的可能性。如果目标公司股东对现有管理层工作非常满意，而且公司业绩很好，管理层具有较高的忠诚度，通过杠杆收购获得控制权的可能性就低，即便能够获得，其成本也是高昂的。市场当前对目标公司的估值也是需要考虑的因素，选择目标公司被低估的时机下手就能获得更高的收购溢价。

总体来说杠杆收购主要的目标公司来源如下：①期望出售的个人或者家族经营的公司；②公司期望剥离或者已经分立的资产；③已经通过并购退市的公司(public to private，PTP)；④正在破产清算的公司；⑤对其他投资者收购的公司的二次收购。

案例 7-5

KKR 集团杠杆收购

1. 背景信息

KKR集团是美国最有名的LBO收购基金，成立于1965年，1965—1988年的13年间完成30例杠杆收购，购买价格总计超出300亿美元，而KKR使用的自有资金仅22亿美元，复合年回报率达60%。1988完成的RJR Nabisco杠杆收购案，更是达到了20世纪80年代美国杠杆收购高潮的巅峰，248亿美元的交易价格及304亿美元的总投资成为当时最大的杠杆收购事件。

雷诺兹-纳贝斯克公司是1985年由当时美国第一大卷烟企业RJR与美国的食品业托拉斯企业Nabisco合并而成。成立于1875年的雷诺兹烟草公司在1967年进行一系列收购兼并，扩展其业务范围进入食品业，后于1985年收购纳贝斯克公司，主要业务有香烟(含Winston, Salem, Camel, Vantage等品牌)、食品(有软饮料、布丁、Davis面粉、Vermont Maid糖浆、饼干、麦片、黄油、牛排酱、狗食等)及其他业务。

19世纪初，雷诺兹公司借"骆驼"牌香烟的崛起，成为美国烟草业领头羊。但是在其灵魂人物雷诺兹(Reynolds)死后，公司开始变得陈腐落后，不得不于1985年寻求重组，与Nabisco公司合并。两家巨头公司"联姻"后，表面强大，但在经营策略、管理体制和企业文化等方面存在巨大漏洞，这为以后的融资并购埋下了伏笔。到了1988年，公司CEO罗斯·约翰逊(Ross Johnson)决意卖掉公司，虽然他并不拥有公司大部分股份,但是他想尽办法说服董事会,并在华尔街放出风声,希望把事情变复杂,然后从中渔利。

RJR Nabisco公司成为收购目标是因为其资本运营存在潜在回报。1987年10月19日,公司股票市场价格为55.875美元,市值138亿美元,竞标人认为企业价值在股票市场上被大大低估,RJR Nabisco公司的现金流很强且稳定,可以利用更为有利的资本结构(高负债)来节省税收,提高企业价值。此外企业管理效率提升额将带来潜在回报。MBO团队和后来的KKR集团都认为RJR Nabisco公司的现有经营战略存在问题,不能使得股东利益最大化。

2. 收购大战过程

1988年10月20日,RJR Nabisco公司的经营管理团队首先发出MBO收购要约。发起人有RJR Nabisco公司副董事长兼任RJR Tobacco Company总裁Edward A. Horrigan。他们提出的收购价格是每股75美元,总购买价170亿美元,比其股票市场价格55.875美元高出34%。MBO团队认为股票市场低估了公司烟草业务产生强现金流的获利能力,受其烟草业务的影响其食品业务价值也被股票市场低估了。MBO团队提出的RJR Nabisco公司新战略包括卖出其食品业务,保留其烟草业务,从上市公司转化为非上市公司。MBO团队相信新战略能够使RJR Nabisco公司股票得到正确评估,并产生高回报。

1988年10月24日,在管理团队宣布其MBO要约的4天后,KKR集团提出收购要约,总购买价为207亿美元,比公司股票市值高出61% 比管理团队出价高出20%。KKR集团提出的收购后公司发展战略计划与MBO团队的主张形成鲜明的对照。KKR集团提出的RJR Nabisco公司新战略核心是保持RJR Nabisco公司现有业务的完整性,保留所有的烟草业务,保留食品业务的绝大部分,从上市公司转化为非上市公司。

此后,第三个竞标者出现。Forstman Little & Co 和 First Boston Corp组成的First Boston团队也在考虑收购雷诺兹烟草公司。Forstman Little团队也与RJR签订了保密协议书,First Boston团队收购要约的主要内容:仅购买RJR Nabisco的烟草业务,出价为157.5亿美元现金,加上新公司的股票权证,估价在每股RJR Nabisco股票权证价2~3美元,全部股票权证可购买20%的普通股股票。同时出售RJR Nabisco公司的食品业务,预计出售收入130亿,RJR Nabisco公司的现有股东将收到其出售其食品业务的全部现金收入。

经历几轮报价调整后,RJR Nabisco公司委派的特别委员会向董事会推荐KKR集团的收购要约。特别委员会推荐KKR集团标的的原因:①继续谈判可能导致竞标者退出;②KKR集团标的提供更多的新股权成分(KKR集团为25%,MBO团队为15%);③KKR集团将保留烟草业务和绝大部分食品业务;而MBO团队则仅保留烟草业务;④KKR集团的标的中含更少的PIK证券;⑤MBO团队的标的所提供的现金比KKR集团多3美元/股;⑥KKR集团将为离开的RJR雇员提供福利,而MBO团队不提供任何福利;⑦KKR集团同意不进行大幅度的裁员计划。

1989年3月公司宣布任命具有丰富管理经验的郭士纳(Louis Gerstner)为RJR Nabisco公司新总裁。4月28日KKR集团正式完成RJR雷诺兹烟草公司收购相关工作,最终成交金额251亿美元。

从雷诺兹-纳贝斯克公司委派的特别委员会最终接受KKR集团报价的原因中可以看到,杠杆收购中,支付的总额、支付的方式、收购后经营战略、对公司员工及管理层的安置办法,都可能成为影响收购结果的因素。

 点评:

这是杠杆收购历史上引起关注最多的经典案例,整个收购过程包含杠杆收购所有重要元素。

(资料来源: http://wenku.baidu.com/view/co7966757284b73f242505d.html.)

7.6.4 杠杆收购的融资特点

与其他并购和公司重组方式相比，杠杆收购最大的特点就是其高杠杆的融资方式。传统的杠杆收购中，债权融资往往占了收购资金的 60%～70%，股权融资占剩下的 30%～40%。这种看似不正常的高债务比例是由目标公司预期的自由现金流(与通常所说的"未杠杆化"的自由现金流不同，杠杆收购中说的自由现金流是"杠杆化"的自由现金流)及资产支撑的。目标公司这一特征使得杠杆收购投资者能够以少量的股权投资"撬动"目标公司，获得可观收益。

1. 杠杆收购的经济原理

要理解杠杆收购的融资方式，首先要分析杠杆收购获利的经济原理。杠杆收购的现金流是债务偿还现金流出和公司价值增长实现的现金流入的合并效应。图 7.2 为两个杠杆收购项目(项目 A 和项目 B)五年投资期内的现金流情况，收购时金融投资者支付的对价均为 1 000 万，其中 250 万元为金融投资者股权投资，750 万元为负债融资。两个杠杆收购主要区别在于五年投资期内项目 A 的金融投资者偿还了杠杆收购融资时所欠部分债务，项目 B 的金融投资者没有偿还债务，但是将期间公司的现金流入重新投入公司发展中，实现了 50% 的增长。

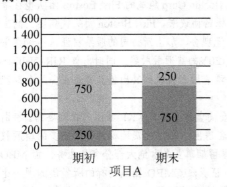 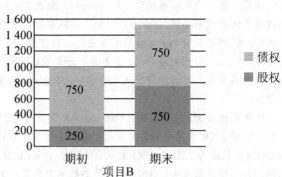

图 7.2　不同偿债方式与股权价值(单位：万元)

表 7-2　不同偿债方式与投资收益

现金流	项目A	项目B
收购对价	1 000	1 000
股权投入	250	250
债务偿还	500	0
出售价格	1 000	1 500
投资回报		
股权投入	250	250
公司价值增长	0	500
债务偿还	500	0
退出时股权价值	750	750
内部收益率/%	24.60	24.60
现金回报率/%	300	300

项目 A 中,假设目标公司在五年内总共产生了 500 万元的自由现金流,这些现金被用于偿还债务。股权的价值随着债务的偿还增长,假设金融投资者通过出售公司退出,获得 1 000 万元收入。尽管公司价值没有增长,偿还剩余的 250 万元债务后,金融投资者股权投资的价值却由收购时支付的 250 万元对价增长为出售公司时的 750 万元。可计算得到这一为期五年投资的内部收益率为 24.6%,现金回报率为 300%。

项目 B 中,假设目标公司在五年内没有偿还任何债务,而是将期内自由现金流全部投入公司发展,五年后实现 50% 增长,出售时实现的公司价值为 1 500 万元。偿还债权人 750 万元债务后,金融投资者仍然获得 750 万元现金收入。同样可以算得项目 B 的内部收益率为 24.6%,现金回报率为 300%。

比较项目 A 和项目 B,不同的债务偿还方式带来了公司价值的不同增长方式。项目 A 中,由于每年的自由现金流都用于偿还债务,公司的价值没有增长,但是由于公司价值中债权所占部分不断减少,股权价值仍然是增长的。项目 B 中公司每年的自由现金流都投入到公司的发展中,公司的价值不断增长,第五年年末相比初始价值已经增长了 50%。由于期间没有偿还任何债务,债权的价值也未减少,除去债权后,公司价值中股权价值增长与项目 A 是一样的。

考虑债务的成本及纳税情况将上述投资过程细化,分析杠杆是如何增加投资回报的。假设收购时政府对价均为 100 万元,退出时公司价值均为 1 500 万元,其中项目 C 在收购时债务融资占比为 25%,项目 D 收购时债务融资占比为 75%,如图 7.3 所示。

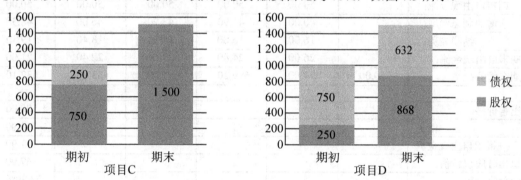

图 7.3 不同融资结构与股权价值(单位:万元)

项目 C 中,假设目标公司每年偿还利息费用后还有 50 万元的自由现金流,并且于当年偿还债务本金,在第五年年末完全偿还 250 万债务本金。在第五年年末出售目标公司退出投资时,金融投资者的 750 万元股权投入总共获得 1 500 万元的现金回报(出售时公司资本结构中已经没有了债务),这项投资的内部收益率为 14.9%,五年的投资现金回报率为 200%。如图 7.4 所示。

项目 D 中,假设金融投资者支付的对价仍然是 1 000 万元,但是融资结构为 25% 股权融资,75% 债权融资。第五年年末出售公司时价格与项目 C 一样,也是 1 500 万元。如图 7.5 所示,由于要支付多出的 500 万元债务所产生的利息费用,收购项目 D 每年的自由现金流减少了。假设债务的利率为 8%,边际税率为 40%,则第一年多借的 500 万债务产生的递增利息费用为 40 万元(500×8%),其中 40%(16 万元)可视为纳税减免,即实际增加的利息费用为 24 万元,第 1 年年末自由现金流为 26 万元,用于偿还债务。依此类推,项目期间计算每一年项目 D 与项目 C 相比递增的利息费用均是用两个项目年初负债之差乘以 8%(考虑纳税减免后实际增加的利息费则乘以 4.8%(8%×60%))。

项目 C 现金流分析：初始 75%股权，25%债权投入						
	收购年	第一年	第二年	第三年	第四年	第五年
股权投入：	750.00					
期初债务：		250.00	200.00	150.00	100.00	50.00
自由现金流：		50.00	50.00	50.00	50.00	50.00
期末债务：	250.00	200.00	150.00	100.00	50.00	—
出售价格：						1 500.00
-债务						-250.00
+累积自由现金流						250.00
退出时股权价值：						1 500.00
内部收益率：						14.90%
现金回报率：						200%

图 7.4　不同融资结构与股权价值(单位：万元)

项目 D 现金流分析：初始 25%股权，75%债权投入						
	收购年	第一年	第二年	第三年	第四年	第五年
股权投入：	250.00					
期初债务：		750.00	724.00	699.20	675.50	653.10
期初自由现金流：		50.00	50.00	50.00	50.00	50.00
递增的利息费用：		40.00	41.90	43.90	46.00	48.30
纳税减免：		16.00	16.80	17.60	18.40	19.30
期末自由现金流：		26.00	24.80	23.60	22.40	21.00
期末债务：	750.00	724.00	699.20	675.50	653.10	632.10
出售价格：						1 500.00
-债务						-750.00
+累积自由现金流						117.90
退出时股权价值：						867.90
内部收益率：						28.30%
现金回报率：						350%

图 7.5　不同融资结构与股权价值(单位：万元)

　　从图中可以看到，金融投资者初始的 250 万元投入最终获得了 867.9 万元的回报，内部收益率为 28.3%，现金回报率为 350%。比较 C 和 D 两个项目可以看到，不同的融资结构给股权投资价值带来了不同的增长，杠杆率越高，股权价值增长速度越快。这是因为如果公司价值增长超过了负债的利息支出，则超出部分归属公司股东所有。这种公司可能的高增长与固定的利息支出之间的差异，就是杠杆收购的经济动力。

　　杠杆收购除了基于公司高增长预期，采取较少股权投资较多负债的方式，能够给股权投资带来高收益之外，还在公司治理方面能够给股东带来价值。Michael Jensen(1986)研究了公司自由现金流(free cash flow，指公司拥有的超出所有净现值为正的投资项目所需资金的现金或其等价物)的代理成本，认为高杠杆的融资结构增加了利息成本，减少经理人员可随机处理的现金流量，增加股东的破产成本，对企业代理问题产生积极影响，并提高企业的市场价值。杠杆收购创造了一种在控制自由现金流代理成本方面优于上市公司的组织形式。杠杆收购的目标通常是大型集团公司的子公司或者业务部门,它们普遍持有大量的自由现金流,这些资金的代理成本通常可能较高。杠杆收购的融资结构中,债务占了很大部分,通常占 70%~90%,股权融资中公司的高层管理人员通常持有 15%~20%,其余为金融投资者持有,他们共同控制公司董事会。由于公司破产时股权的偿还顺序在债权后面,因此高负债的公司如果破产,股东要承受巨大的破产成本。因此,公司的管理层和金融投资者有极强的激励辛勤工作,高效管理公司,将资金投资与高收益的项目,以支付高额利息并且提升公司股权的价值。

当然,杠杆收购投资者均要牢记,尽管更高的杠杆能增强股权投入的获利能力,高杠杆还会增加公司的风险(如财务危机的可能性加大),降低财务灵活性。在行业环境变差或者经济进入下行周期时,高杠杆的公司更容易因为外部环境变化出现财务危机。总之,在杠杆收购的使用和股权投入之间,需要投资者权衡。

2. 杠杆收购的融资来源

在典型的杠杆收购中,债务融资占比通常为 60%~90%,其余的资金来自于金融投资者的股权投资和目标公司管理层的股权投资,包括换股(rollover equity)和自有资金投资。基于杠杆收购融资结构的高杠杆,评级公司常常将为杠杆收购融资所发行的债券评级为"非投资级别"(non-investment grade),如穆迪公司的"Ba1 级"及以下级别和标准普尔公司的"BB+级"及以下级别。在美国及其他西方资本市场发达国家,杠杆收购中债务融资有不同组成类型,有贷款、债券和其他债务融资工具。这些债务融资工具根据其投资级别不同,有不同的期限和限制或保证条款。

图 7.6 为杠杆收购主要的融资来源,它们按照在资本结构中的索取权优先级别从高到低排序。

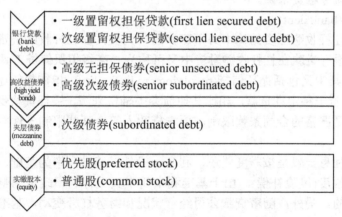

图 7.6 杠杆收购融资来源(按照偿还顺序排序)

1999—2008 年的杠杆收购各类融资来源占比,如图 7.7 所示。

从图中可以看到,2003—2007 年融资来源中银行贷款占比一直在增加,这与期间美国信贷扩张的政策有关。2007 年下半年开始的次贷危机导致银行体系信贷急速紧缩,这一比例从 53%迅速降为 39%。而实缴股本占融资来源的比例则一直比较稳定。

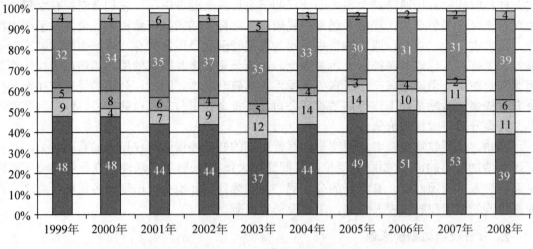

图 7.7 杠杆收购各类融资来源占比

注：实缴股本包括 HoldCo debt/seller notes、优先股及普通股。
(资料来源：Standard & Poor's Leveraged Commentary & Data Group，主要是美国杠杆收购数据。)

总的来说，债务融资工具在资本结构中所处层级越高，其投资风险越低，对于融资者来说其成本也越低。然而，每种债务融资工具的融资成本与其允许的灵活性成反比。例如，杠杆收购融资中银行贷款成本是最低的，但是却需要各种抵押物做担保，并且要求贷款者确保某些财务比率达到贷款合同规定的标准以维持公司良好的信用状况。下面简单介绍杠杆收购中重要的债务融资来源。

1) 银行贷款(bank debt)

银行贷款是杠杆收购融资结构中必不可少的一大类，在杠杆收购融资来源中一直占据着很大的比重。银行贷款在杠杆收购融资中又可称为"高级担保信贷工具"(senior secured credit facilities)，其中又包括循环信贷(revolving credit facility，指贷款偿还后可以再贷款的一类信贷工具)和若干种定期贷款。相比其他债务类融资来源，银行贷款受证监会等机构监管较少，但是却受严格的合同条款限制，要求贷款人符合某些限制条件并且合同期内均要接受财务检查。

银行贷款的利息一般是按季度偿还，利率一般是以基准利率为基础，依据贷款者的信用状况上调一定幅度(风险补偿)。由于基准利率随中央银行利率政策调整变化，这种贷款的利率也是浮动的。另外，随着贷款公司经营状况和财务杠杆变动，基准利率基础上增加的风险补偿也是变动的。

2) 高收益债券(hight yield bonds)

高收益债券又称为垃圾债券，是非投资级别债券。融资者需要定期(往往是半年)向债券持有者支付利息，到期(通常是 7～10 年)偿还本金。与银行贷款不同，高收益债券不能分期偿还，而是到期一次性偿还本金。由于高收益债券索取权在银行贷款之后、期限更长并且没有像银行贷款那样的限制性条款，债券购买者承担的风险更高，相应的债券支付的利息也高于银行贷款。

尽管债券的利息可以设定为浮动的，但是在杠杆收购融资中往往采用的是固定利率债

第7章 公司重组与杠杆收购

券,即在发行时就参照长期国债利率加上风险补偿确定自己的固定利率。

从杠杆收购的历史中可以看到,高收益债券是杠杆收购融资的支柱。金融投资者利用高收益债券及银行贷款两种手段,大大提高了收购报价,降低实缴股本额。高收益债券还给发现者提供了更多灵活性,因为相比银行贷款,高收益债券的条款没那么严格,还款期限更长,没有强制性的分期偿还规定。但是高收益债券不能提前赎回,这对金融投资者的退出战略有负面影响。

在 2005 年前后美国信贷扩张时期的高收益债券市场,出现一种新的利息支付手段,称为 PIK(pay in kind,实务偿付)利息,即用新的债券偿付利息。债券发行者能够通过支付 PIK 利息保留现金,应对外部竞争和经济环境变化,特别是在投资初期的几年,公司的财务杠杆最高,PIK 利息能够极大减少偿付压力。当然,使用 PIK 利息代替现金支付,要在原有债券利率的基础上上浮一些,在美国通常为 75bps(book value per share,每股净资产)。

3) 过桥贷款(bridge loan)

过桥贷款是一种临时性的贷款工具,用于在发行人获得长期资本时(如发行高收益债券前)为其提供资金。在杠杆收购中,投资银行常常会承诺为金融投资者提供银行贷款和过桥贷款。过桥贷款通常为无担保定期贷款,只有高收益债券无法在收购交易完成之前发行并且售完时才会使用。

过桥贷款对于杠杆收购融资非常重要,它保证金融投资者能够按时支付对价,即便债券融资不如预期顺利。如果在未来高收益债券成功发行,可以置换过桥贷款。

实践中,过桥贷款作为最后的融资手段,在杠杆收购中极少被使用。从金融投资者角度看,因为过桥贷款一般利息很高,并且需要支付投资银行额外的费用,过桥贷款的成本高昂。从投资银行角度看,它们也不愿意资本被绑在杠杆收购上长期不能收回,并且还是在目标公司的偿还能力受到质疑,无法发行债券的情况下。为了避免债券融资失败独自承担提供过桥贷款的风险,主承销投资银行往往会引入其他同行联合向债券发行人做出必要时提供过桥贷款的承诺。

4) 夹层债券(mezzanine debt)

顾名思义,夹层债券是介于传统债券和股票之间的一类融资工具,主要类型有次级债券。夹层债券是发行人和投资者密切商讨达成的为特定交易融资而定向发行的债券。正因如此,夹层债券在条款上给了发行人和投资者双方很大的灵活性。

对于金融投资者来说,当其他资金来源受限时(如市场对高收益债券需求量很少时),夹层债券为他们提供了低于股权融资成本的资金,使融资结构能达到目标杠杆水平,融资额达到支付所需量。夹层债券利率可能是固定的也可能是浮动的,利息支付方式可以是现金也可以是 PIK 利息(以其他证券代替现金支付的利息),这些条款的设计取决于其他替代性融资工具的发行情况及市场环境,目的是为了突破其他融资手段在利率、期限等方面的限制。

夹层债券的投资者包括夹层债券投资基金和对冲基金等。对于投资者来说,夹层债券提供了比高收益债券更高的收益,通过在其结构中设计可拆分支付条款(detachable warrants),还能将其转换为普通股。

5) 实缴股本(equity)

实缴股本包括金融投资者实缴股本和管理层的股权投资。实缴股本占杠杆收购融资来源的 30%~60%，具体的比例取决于债券市场环境、公司类型及支付手段。在大型杠杆收购案例中，为了减少单个金融投资者的股本投入，常常会组建银团买家，成为俱乐部收购(club deal)。

金融投资者投入的股本为债券投资者和贷款银行铺就了应对公司价值下跌的缓冲垫，因为公司价值减少时，股权价值先于债权价值承受损失。例如，如果一项杠杆收购交易中金融投资者股本投入占30%，则在公司价值下跌超过支付对价 30%前，债权持有人不需要担心其投入的本金受损。金融投资者还可以在开始时投入较高的股本，为未来增发债券做准备。

管理层或者重要股东股本投入或者换股一般占所有股本投入的 2%~5%。金融投资者通常期望管理层投入股本，这样能激励其提高公司业绩。

3. 债权融资的关键要素

杠杆收购与其他收购方式最大的不同就是杠杆的利用，这里主要介绍的也是在设计债权融资结构时需要考虑的重点因素。这些因素主要包括担保(security)、偿还顺序(seniority)、期限(maturity)、利率、提前偿还/赎回条款(call protection)、约束条款(covenants)。

下面主要分析银行贷款、高收益债券、夹层债券在上述几个方面的不同。图 7.8 概况了三类债权融资工具的特点。

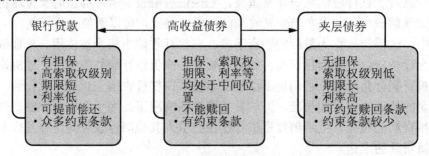

图 7.8　杠杆收购债务融资工具的特点

1) 担保(security)

实践中，金融投资者可以用目标公司的应收账款、存货、厂房设备、有价证券等作为担保物。贷款银行根据目标公司现金流的波动情况决定担保覆盖(collateral coverage)水平，以匹配风险。

2) 偿还顺序(seniority)

索取权优先级指的是相对于其他种类债券的持有人，某种债券持有者在公司破产时获得补偿的顺序。这种先后顺序取决于融资工具的种类和合同条款。更高的索取权级别意味着更小的风险，当然更高的风险也有更高的利率作为补偿。各种融资工具索取权级别可参考图 7.4。

3) 期限(maturity)

如果其他条件相同，期限越短，债权人承担的风险越低，债务人承担的投资成本也越低。在一项杠杆收购交易中，会使用不同期限的融资工具作为债务融资的手段。银行贷款的偿还期限相对较低，通常为 5~6 年，高收益债券通常为 7~10 年，夹层贷款期限类似。

4) 利率

利率直接关系到融资成本。债务融资的利率可能是固定的或浮动的。银行贷款的利率通常是在银行基准利率基础上加一定的利率升水，债券的利率则常常是在相同期限国债利率上加一定的升水。银行贷款通常每季度支付一次利息，债券则通常为半年。影响贷款和债券利率的因素有很多包括债务的类型及其投资级别、担保、偿还优先级、期限、约束性条款和市场氛围。典型的杠杆收购融资结构中，银行贷款的利率最低，因为相对高收益债券，它具有投资级别最高、一级担保、优先偿还、较短的期限、更多的约束条款等特点。

5) 提前偿还/赎回条款(call protection)

杠杆收购融资来源中的银行贷款、高收益债券一般禁止提前还贷/赎回，或者需要支付一定的赎回溢价。赎回溢价使得债券投资者避免了因为高收益债券被提前赎回而承担的再投资风险，因为市场利率可能在赎回后下跌。

禁止赎回期通常是约定俗成的。例如，7/8 年固定利率债券的禁止赎回期是 4 年，10 年固定利率债券的禁止赎回期是 5 年。提前赎回有固定的程序并且要支付赎回溢价。

6) 约束性条款(covenants)

约束性条款指的是合同中为保证债务人的信用状况不下降、债权价值不下跌而设置的条款。限制性条款规定了融资者在合同期内不能或者必须做出特定行为，如确保公司在合同内存续、定期报告财务状况、不改变主营业务、维护固定资产等担保物价值、购买保险、遵守法律、照章纳税等。高收益债券和银行贷款的约束性条款基本类似，不同在于前者的约束性条款不如后者多，也没有后者严格。

7.6.5 杠杆收购的退出机制

绝大部分金融投资者期望在 5 年内收回投资，这主要通过股权出售、首次公开发行(IPO)及公司清算(corporation liquidation)三种方式来实现。何时退出和选择何种方式退出取决于公司的业绩及市场的情况。

1. 股权出售

金融投资者将其持有的公司股份售予其他任何人，称为股权出售。一般来讲金融投资者寻求将股份出售给特定的战略投资者，因为战略投资者有能力实现公司的最大价值，从而支付的对价也更高。另外，公司的管理层也可以通过股权回购获得公司的控制权，金融投资者也从此退出投资。选择股权出售方式退出投资的公司往往是因为达不到上市要求，无法公开出售其股份，但是这种方式也能给金融投资者带来可观的收益。

2. IPO

IPO 某种程度上说也是股权出售，但是它的股权出售后能够在交易所交易，与其他股权出售方式相比，有标准的程序，需要满足很高的要求。IPO 是金融投资者最向往的退出方式，因为通过 IPO 上市能给金融投资者带来巨大的经济利益，同时产生极大的广告效应。尽管金融投资者不能通过 IPO 一次性将所有股份售出，但是即便是部分出售，也足以收回全部投资并且获得巨大利润。剩余的股份也因为上市而具有充分的流动性，一旦过了限售期，就能很快出售。

由于 IPO 存在折价发行，公司股票公开上市后一般还有巨大的上涨空间。因而在 IPO

中出售多少股份，需要金融投资者根据公司实际价值、对后市的判断及收回投资的迫切程度来决定。

3. 公司清算

任何投资都有失败的可能，杠杆收购也不例外。当金融投资者无法继续经营公司，又不能以合适的价格将其出售时，退出投资的唯一方式就是清算。公司清算是最坏的结果，往往只能收回部分投资。清算包括自愿清算和非自愿清算，自愿清算指公司出售其资产收回所得超过其发行的证券的市场价值时，清算可能是股东最有利的资产处理方式；非自愿清算是指公司濒临破产，不得不出售现有资产以偿还债务，由清算公司接管，对企业财产进行清算、评估、处理和分配。

本 章 小 结

本章首先重点介绍公司重组的三种基本方式，公司重组的动因，公司重组的三大步骤及公司重组战略的选择。其次，介绍了杠杆收购的历史、经济原理，并且详细介绍了杠杆收购在融资结构、目标公司选择等方面的特点。最后，本章介绍了杠杆收购的各类融资工具及退出投资的方式。

公司重组的三种基本方式为剥离、分立和股权出售，公司会根据相似或不同的原因而采取这三种方式进行重组。

杠杆收购在经历过 20 世纪 80~90 年代的起伏发展之后，形成了一种成熟的运作模式。运用金融杠杆，各种类型的投资者能够以少量的资金和被收购企业作为抵押撬动巨额资本用于收购，并且不同的退出方式可以给投资者以丰富的获利选择。而且形式多样的融资工具也给杠杆收购提供了极大的便利。

习 题

1. 制定公司重组战略时，需要考虑哪些因素？这些因素最终又是如何决定重组战略选择的？
2. 剥离、分立和股权出售的异同点有哪些？
3. 选择杠杆收购目标时，需要考虑哪些因素？有哪些融资途径？
4. 垃圾证券真的是"垃圾"吗？说说它的出现对兼并和收购的影响。
5. 杠杆收购有哪些参与方？在收购过程中，他们各自起什么作用？
6. 某公司投资总监建议公司出售旗下物业公司所有的一栋写字楼，并且将所获得的资金用于一个新的投资项目。其中写字楼已经整体出租给某大型集团，租约为期 10 年，每年租金 1.5 亿人民币，预计租约到期时出售大楼可获得 45 亿元人民币。公司 A 有意以 30 亿的价格买下该写字楼，或者按照同样的价格作为计算基础，购买写字楼的任意股份。已知投资总监建议的新项目的现金流见表 7-3。假定公司使用的内部折现率为 10%，银行存款年利息为 3%，公司没有其他可投资新项目。以 NPV 法为分析工具，说说你作为公司总经理，将如何决策？如果打算投资新项目，你会与 A 公司订立什么样的合同？

表 7-3 新项目的现金流

单位：亿元

年份	1	2	3	4	5	6	7	8	9
现金流	−25	0	0	1	2	5	5	10	40

7. 阅读以下案例资料，并回答相关问题。

案例一

据彭博新闻社 2012 年 3 月 9 日报道，AT&T 正与私募股权公司 Cerberus Capital Management LP(以下简称 CCM)接触，希望将旗下黄页业务子公司的多数股权出售给 CCM。据知情人士称，AT&T 对所持的黄页业务股份估值为 15 亿美元，并已经与多家收购公司进行了谈判。担任 AT&T 本次出售交易顾问的企业是花旗集团和美银美林集团(America Merrill Lynch)。由于互联网搜索引擎的广泛应用，黄页业务已经逐渐没落。2011 年第四季度，AT&T 在财务报告中计入了与其黄页业务相关的每股 0.48 美元的减值开支。早在 2006 年，AT&T 的竞争对手 Verizon 就出售了其黄页业务。

问题：
(1) 你认为 AT&T 将旗下黄页业务出售的原因有哪些？
(2) AT&T 采取的公司重组方式是什么？为什么要采取这种方式？

案例二

根据路透社报道，2011 年 11 月美国私募股权基金贝恩资本(Bain Capital)与中国消防安全集团有限公司(China Fire&Security，以下简称中消安)高级管理层以 3 亿美元收购该公司，并从纳斯达克退市，杠杆收购融资委托主办行兼额度承销行是美银美林集团、花旗集团和汇丰控股有限公司(HSBC Holdings Plc)。私有化完成后，贝恩资本将持有中消安 75.8%的股份，剩余 24.2%将由中消安董事局主席李伟刚、CEO 林斌和战略规划副总裁张伟森持有。该收购协议已于当年 5 月 20 日签署，并获得所有相关方面批准。上述三家承销行同意在收购协议签署的同时提供贷款。

消息人士称，收购发起方正向该公司注入约 2.2 亿美元股本，以用于收购，其余收购款项将以杠杆/管理层收购融资来支付。这笔 8 000 万美元等值的债务融资等于杠杆比约 2.8 倍，分为 6 000 万美元 5 年期分期偿还定期贷款和 2 000 万美元等值 5 年期循环信用额度两部分。后者又包括 830 万美元境外部分和 7 380 万元人民币(1 170 万美元)境内部分。整个美元贷款部分利率为伦敦银行间拆放款利率(libor)加码 500 个基点，人民币部分的利率为中国人民银行基准贷款利率的 120%。初始利率基于 2.75 倍或更高的杠杆比例得出，并将随融资期内杠杆比例下降而下调。该贷款工具平均年限为 3.5 年。潜在参贷行可获得 250～300 个基点的费用，含全部成本在内最高费用为 libor 加码 571.43～585.71 个基点。

(资料来源：http://cn.reuters.com/article/cnBizNews/idCNnCN121371420111111.)

问题：
(1) 上述案例是哪种类型的杠杆收购，与前文中"好孩子"杠杆收购案有哪些不同？
(2) 网上搜集该公司历史股价变化情况，分析中消安为何选择此时进行私有化？
(3) 上述收购案中采取了哪些融资方式？结合第二个问题，论述为何不采取发行债券方式进行融资？

第 8 章 私募股权基金

教学目标

通过本章学习,了解私募股权基金的内涵及外延、投资流程和中国私募股权基金的相关情况。

教学要求

知识要点	能力要求	相关知识
私募股权基金定义	(1) 掌握私募股权基金的概念 (2) 了解私募股权基金的发展历史 (3) 理解私募股权基金的组织形式和优缺点 (4) 了解评价私募股权基金绩效的指标	(1) 私募股权基金 (2) 私募股权基金的历史 (3) 风险资本、成长资本、并购基金、夹层资本、重振资本 (4) 复合收益率、资本倍数法、平均收益率、上四分位数
私募股权基金投资流程	(1) 掌握私募股权基金投资流程 (2) 理解私募股权基金如何创造价值	(1) 商业计划书、投资意向书 (2) 尽职调查、交易结构设计、增值服务、重组整合 (3) 退出投资
私募股权基金在中国的历史与发展	(1) 了解中国私募股权基金发展的历史与现状 (2) 了解中国各类私募股权基金 (3) 理解中国私募股权投资发展的问题与未来发展方向 (4) 了解中国私募股权基金所面临的挑战	产业投资基金、券商直投、主权财富基金

基本概念

私募股权基金　有限合伙制　商业计划书　投资意向书　尽职调查

第8章 私募股权基金

 导入案例

航海探险的投资回报

欧洲大陆的崛起,首先从葡萄牙向海洋探索开始。对于当时所有人来讲,海洋是神秘莫测的,葡萄牙的探险者希望绕过非洲大陆再向东,找到通往印度的航路。葡萄牙航海家是勇敢的,皇家支持的航海事业就如一项投资回报丰厚的项目,收获的源源不断的香料,使得位于伊比利亚半岛一隅的葡萄牙居然成了"欧洲首富"。其实,通向东方的道路不只这一条,当时哥伦布曾向葡萄牙国王建议向西航行,但是航海知识丰富的葡萄牙专家却认为:向西航行到达东方的实际距离,将远远超过哥伦布的预测。正是葡萄牙专家这个"正确的判断",使葡萄牙王国丧失了一次更大的发财机会。

葡萄牙的迅速崛起,让整个欧洲国家十分嫉妒,雄心勃勃的西班牙伊莎贝尔女王用23年时间缔造了统一的西班牙,她开始关注海洋探险事业,哥伦布转而求助于西班牙。1492年1月,刚刚完成统一大业的伊莎贝尔女王第三次召见了哥伦布。哥伦布与西班牙王室的谈判进行了3个月。1492年4月17日,双方签订协议,哥伦布被任命为其"发现地"的统帅,可以获得从"发现地"得到一切财富和商品的1/10且一概免税;对于以后驶往这一属地的其他商业船只,哥伦布可以收取其利润的1/8。

带着女王授予的海军大元帅的任命状和收益分配契约,哥伦布率领着女王资助的3艘帆船向西驶入了大西洋的腹地。两个多月后,几近绝望的船队终于看到了陆地。哥伦布和他的船员看到的陆地,就是今天位于北美洲的巴哈马群岛,是一块欧洲人从来不知晓的新大陆。伊莎贝尔女王兑现了向哥伦布允诺的所有物质和精神奖励,据统计,1502—1660年,西班牙从美洲得到18 600吨注册白银和200吨注册黄金,到16世纪末,世界金银总产量中有83%被西班牙占有。

 点评:

哥伦布发现新大陆的历史,某种程度上就是西班牙王室对其探险事业进行投资的历史,西班牙王室资助哥伦布的资金某种程度上也可以看成本章介绍的私募股权基金(private equity fund/PE fund,PE),这为西班牙带来其在大航海时代崛起所需的初始财富和机遇。私募股权基金在中国的发展历史并不长,但是国外历史经验表明,私募股权基金对于促进经济增长特别是技术创新和提高经济效益具有重要的作用。

(资料来源:郑磊. 聚变——中国资本市场备忘录[M]. 北京:清华大学出版社,2010.)

8.1 私募股权基金概述

8.1.1 私募股权基金的概念与历史

私募股权基金(Private Equity Fund,PE Fund,简称PE)是指向特定对象非公开募集投资资本并以非公众公司股权(private equity)为主要投资对象的基金。习惯上以PE来指代私募股权基金。私募股权基金与经常提到的另一概念公募基金(public offering of fund)有所区别,两者之间的区别主要表现在以下三个方面。

首先,从发行的对象来看,私募股权基金主要针对特定的少数投资者,对投资者的资金要求较高,一般来说,私募基金的投资者以机构投资者如养老基金、保险公司和资金量较大的个人投资者为主。而公募基金的发行对象为不特定的多数投资者,投资门槛较低,对投资者的资金要求不高。

其次，从基金的投资对象来看，私募股权基金主要投资于非上市公司的股权，很少涉及已经公开发行公司的股权投资，在某些特殊情况下，私募股权基金也对公开发行的公司进行投资，但这种操作的主要目的是便于对该企业进行兼并和重组。公募基金(如证券投资基金)则主要投资于已经上市的证券。虽然在中国也有很多基金通过私募方式筹集资金，并且投资于上市公司股票，以赚取短期(一般是 1 年内)买卖价差及股票分红为目的。因此，将其视为证券投资基金更合适，通常说的私募股权基金不包含这类基金。

最后，从信息透明程度上来看，由于私募股权基金的非公开募集性，其信息透明度较差。在外部环境方面，国家对私募基金的监管较宽松，法律管制较少，相关的法律、法规对私募基金的信息披露要求较低，因而私募股权基金的投资信息是隐秘受保护的。公募基金则受到较多的法律限制，包括证券投资的范围限定于已经公开发行的证券，如上市公司股票、债券及一些衍生金融工具，如期货和期权，基金的运作信息必须定期向公众进行披露，做到信息透明，便于公众投资者对基金的业绩和交易进行追踪。

现代私募股权基金的产生与发展与第二次世界大战之后世界经济的发展紧密相连，大概经历了三个阶段，现阶段正处于私募股权基金的第四次浪潮之中。

1. 私募股权基金的产生与初步发展

私募股权基金的发展历程开始于 20 世纪 40 年代的美国，当时有充足资金的大家族期望将闲置的财富投资于具有丰厚利润的工业领域，但他们对这些未曾涉足的领域缺乏专业的投资管理经验和知识，于是他们就把这些闲置的资金集中起来，再聘请对行业较为熟悉的专门人员进行管理经营。这些少数投资者的个人行为就是私募股权基金的雏形，只不过这个时期的私募股权基金并未成为专门意义上的具有法律地位的私募股权基金，而且这个时期的私募股权基金也仅偶然存在于一些行业和部门，并未在真正意义上形成一种宏大的、涉及经济生活各方面的发展趋势。

1946 年美国研究与发展公司(American Research and Development Corporation，ARDC)的建立，标志现代私募股权基金的出现。ARDC 是第一个私募股权基金管理机构，其资金来源于机构投资者而非富裕家庭。这一时期的私募股权基金主要是创投资本(Venture Capital，VC)也称风险资本，主要投资于初创的高科技公司。美国硅谷的成长与这些创投资本的推动是分不开的，一些著名的高科技公司，如仙童半导体公司(Fairchild Semiconductor)、苹果公司、康柏公司等就是在这一时期通过创投资本的投资成立与发展起来的。红杉资本投资公司(Sequoia Capital)、凯鹏华盈风险投资公司(Kleiner Perkins Caufield&Byers，KPCB)等至今仍然活跃的私募股权基金管理机构就是在那时候建立的。沿用至今的 2%～3%的管理费和 20%～25%的投资利润的激励机制也是那一时期形成的。

2. 并购时代

私募股权基金所带来的巨大利润让其得到了迅速的发展。在 20 世纪 70～80 年代，美国颁布了《雇员退休收入保障法》、《经济复兴税法》等新的法律、法规，放松了对私募股权基金投资者的限定，并且减低了资本利得税，使得一些较大规模的退休基金可以将其资金的一定比例用于投资私募股权基金。这一规定的出台让 20 世纪 80～90 年代成为了私募股权基金发展的黄金时期。许多著名的并购基金都是起步于这个时期，如黑石集团(The Blackstone Group)，KKR(Kohlberg Kravis Roberts & Co. L.P.，简称KKR)。退休基金的巨额资金注入对于并购基金的发展起到了很大的推动作用,加快了以私募股权投资方式进行的行业兼并与收购的步伐。由于私募股权基金的投资对象主要锁定在一些经营不善但具有较大规模的公司,这些公司通过兼并与重组之后能够为投资者带来高的投资回报率,私募股权基金的投资规模也随着巨大的利益回报而不断扩大,促进了私募股权基金市场的繁荣发展。第 7 章所介绍的杠杆收购浪潮就是在并购基金和垃圾债券繁荣发展下形成的。可以说,整个 20 世纪 80 年代都是和杠杆收购联系在一起的。

3. 曲折发展阶段

20 世纪 80 年代末,随着一些大规模收购公司的破产,预示着收购基金的发展过度。随着德崇证券公司的破产和高收益债券市场的崩溃,杠杆收购开始进入低谷期,直到 1992 年才开始逐渐恢复。

新科技革命的出现带来了互联网和高新技术的空前发展。到 20 世纪末这种发展更进入一种空前繁盛的阶段,跟随着这种空前繁荣而来的是互联网的泡沫。互联网泡沫的出现使得私募股权基金的数量不断增加,大量的私募股权基金开始介入这个竞争激烈且利润丰厚的行业。但这种繁荣背后却潜伏着深深的危机。2001 年,不断吹嘘的股价终于难以支撑,巨大泡沫的破裂为创投资本带来了不可估量的损失。而 2001 年众多电信公司的破产使得高收益债券市场再度崩溃,收购基金又一次跌入低谷。直到 2003 年年初,并购基金开始复苏,并且开创了长达 5 年的"黄金时代",出现了许多价值 10 亿美元以上的超大型收购。

2008 年金融危机使得私募股权基金行业再一次跌入了低谷,直到现在,仍然处于复苏之中。后危机时代,私募股权基金管理机构开始在新兴市场快速发展。

8.1.2 私募股权基金的组织形式

私募股权基金主要有有限合伙制私募股权基金、公司制私募股权基金和契约型(如信托制)私募股权基金三种组织形式。

有限合伙制(limited partnership)私募股权基金,其各方权利与义务关系受《中华人民共和国合伙企业法》调整。私募股权基金的合伙人包括普通合伙人(General Partner,GP)与有限合伙人(Limited Partner,LP)。普通合伙人在美国就是指私募基金经理人,由于私募基金通常采取有限合伙制,因此法律要求其必须具有一般合伙人来经营基金公司。普通合伙人可以表示基金管理层或其中的个体。有限合伙人一般指私募股权基金的出资人。

与这两类合伙人相对应的是两类不同的投资方式:直接投资和基金投资。有限合伙人用其资金对基金进行投资,以自己的出资额承担有限不连带责任,但他们并不直接运用资金进行管理和决策,这种投资的方式也被称作基金投资。普通合伙人通常由基金管理公司担任,普通合伙人通常需要缴纳基金份额的 1%~2%。普通合伙人管理基金资本,他们可以运用资金管理私募股权基金的投资,将资金直接投向公司,但普通合伙人需要承担无限连带的法律责任,这种投资方式被称为直接投资。目前,大多数私募股权基金都采取有限合伙制的组织形式。

公司制私募股权基金受《公司法》制约,是指基金以股份有限公司或者有限责任公司为其组织形式。公司的投资人以其出资额为限对公司承担有限责任,采取公司制的组织形式可以将企业的风险控制在一定范围内。国外私募股权基金极少采取公司制形式,中国的私募股权基金由于历史和法律环境的原因,有较多支付主导的基金采取公司制,如深圳市创新投资集团有限公司。

兼并与收购

契约型私募股权基金是指投资者和管理人之间通过订立契约形成一定的权利和义务关系，由管理人来对基金进行运作，投资者对基金的管理人进行监督的一种基金的组织方式。契约型私募股权基金一般与基金托管机构订立信托契约，投资者投资于管理人发起的信托计划，管理人进行投资和管理，托管机构对基金的资产进行定期核算，对投资者的资产进行保护。较常见的契约方式为信托制。

不同组织形式具有不同的优点与缺点，有限合伙制和信托制相比公司型私募股权基金能够避免缴纳公司所得税。而信托资金往往是一次性募集，但是私募股权基金业务运作时需要根据每个具体项目投资进行资金的分阶段投入，信托募集资金可能出现暂时闲置现象，因而较少被采用。公司制要求同股同权和同股同利，并不适合私募股权基金行业的专家投资性质，有限合伙制则由普通合伙人负责基金的管理，出资占90%以上的有限合伙人并不直接干预投资决策，而普通合伙人尽管投资少，却能够获得20%~25%的投资利润。另外，私募股权基金一般有一定的存续期，到期基金将清算，而公司制却假设公司可以"永续经营"。正是由于上面的一些原因，绝大部分私募股权基金都选择有限合伙制的组织形式。

 案例 8-1

东海创投封盘之谜

东海创业投资有限合伙企业(以下简称东海创投)是浙江温州第一家合伙制私募股权基金，由八家乐清民营企业、一名自然人和北京杰思汉能资产管理有限公司(以下简称杰思汉能)共同发起组建。其中佑利集团董事长胡旭苍为温州方面主要发起人之一，由他主导的民营企业为有限合伙人，另一主要发起人王伟东在北京注册成立杰思汉能，杰思汉能作为普通合伙人负责管理东海创投旗下基金。

如果按照海外有限合伙制私募股权基金组织形式，基金的管理由普通合伙人杰思汉能负责，胡旭苍等有限合伙人并不参与基金运营管理，但是各有限合伙人并不接受这种有限合伙制文化，希望在具体投资中仍然保留投票权。在胡旭苍的主导下，东海创投把现有的公司法和合伙企业法做了一个衔接。在所谓的有限合伙制下，东海创投成立了一个合伙人联席会议，对企业的投资进行决策。东海创投的投资决策流程是，先由普通合伙人提供决策依据，然后提交到联席会议，联席会议讨论投票后最终决策，最后交给执行合伙人王伟东去执行。

然而这种中西结合的架构并没有发挥原先预期的优势。在不到一年的时间里，胡旭苍领头的有限合伙人与其管理团队北京杰思汉能分道扬镳。其实在东海创投成立之初，在投资项目的取舍和分析方面，双方就存在分歧，主要原因是投资思路的不同。

此外，在对基金管理方面，双方也存在权力之争。胡旭苍于2008年8月成立了温州环亚创业投资中心(以下简称环亚创投)，撤出东海创投后，企业所有股权关系及剩余资本转入环亚创投，基金被封盘。现在，环亚创投是东海创投的控股股东。而东海创投执行合伙人王伟东则对这一说法表示坚决反对，称东海创投还将继续运营下去。但由于管理费需要3个合伙人的印章，目前由于种种原因而无法凑齐，只能由自己自行垫付。至今，东海创投封盘后遗留问题如何处理也不得而知。

胡旭苍表示，环亚创投和东海创投最大的不同就在于，环亚创投的普通合伙人和一般合伙人是合二为一的，环亚创投会考核专家的意见，并聘请不同的专家来对彼此的意见进行"反证"，最后做出合理的判断，但不会让专家握有投资权。普通合伙人和一般合伙人合二为一的最大好处，即使双方的利益趋于一致，又能够降低运营成本，不必要支出管理费和利润分成。但是，胡旭苍显然忽略了作为有限合伙人，他只需要以出资额为限承担有限责任，作为普通合伙人他则需要承担无限连带责任。他将不得不对这其间的利益冲突进行平衡。

点评：

从长远来讲，普通合伙人和有限合伙人各司其职肯定是对的，也是发展趋势，但中国私募股权基金行业目前发展阶段是无法避免有限合伙人参与基金具体管理的。从有限合伙人的角度看，第一代企业家仍在岗，他们都是白手起家积累的财富，让他们相信普通合伙人比他们有能力是很难的，有限合伙人也很难证明；此外中国第一代企业家现在精力仍然很旺盛，即便他们信任有限合伙人，也希望自己能参与一把。从普通合伙人的角度讲，大多数机构面临起步不长、历练较少的状况，品牌、信任度还需要一段时间的建立和培养。如何把握有限合伙人参与投资决策的程度，是目前中国私募股权基金行业尚不成熟、合伙制企业文化尚不被广泛认可的情况下，所有中国私募股权基金从业者需要考虑的问题。

(资料来源：http://www.cs.com.cn/cyb/07/200809/t20080922_1591629.htm，

http://bjyouth.ynet.com/article.jsp?oid=38322359。)

8.1.3 私募股权基金的类型

根据所投资企业所处的不同发展阶段，私募股权基金可以分为五种类型。

风险资本(venture capital，VC)，这类私募股权基金主要将资本投资于一些快速发展且有较大增值潜力的初创企业，以支持其早期的发展和研发。这类基金的投资通常具有较高的风险，而且他们的投入为权益资本，目的并不是为了获得企业的实际控制权，而是为了从企业的经营中获取丰厚的利润回报，故这类基金又被称为天使基金。著名的风险投资基金有 IDG 技术创业投资基金、软银中国创业投资有限公司(Softbank China Venture Capital，SBCVC)、凯雷集团、红杉资本投资公司等。

成长资本(growth capital)主要投资于处于成长期的企业，这些企业已经形成一定的规模并且有急剧扩张趋势。成长资本主要通过 IPO 方式退出，当企业上市之后，基金可以从公开资本市场出售股票退出。由于新股发行的 IPO 估价较高，市场对新股的投资需求也较大，因此，该基金的投资具有风险小、回报高的优点。但由于新股出售的锁定期限制，这类基金也面临较大的股票价格波动风险。著名的成长资本有德太投资(TPG)。

并购基金(buyouts fund)通过收购企业股权，并对其进行整合重组，来改善内部结构，提高经营管理效率，从而提升企业的竞争力，最后通过出售来获取回报。通常所说的狭义的私募股权基金即是指并购基金。并购基金的规模通常较大且多投资处于稳定发展期、有良好的发展能力及现金流充足的企业。国内外知名的并购基金包括 KKR 集团、黑石集团、凯雷集团、北京弘毅远方投资顾问有限公司。

夹层资本(mezzanine capital)是长期无担保的债权类风险资本，这种债务附带有投资者对融资者的权益认购权。其收益和风险介于企业债务资本和股权资本之间，当银行贷款不能满足企业的发展需求时，夹层资本能够发挥类似于次级债务的作用，为企业提供资金。夹层资本与传统的银行贷款是有区别的，银行贷款属于优先债务，拥有最优先清偿等级；其次是夹层资本提供者，属于次级清偿；最后是公司的股东。因此，夹层资本的风险介于优先债务和股本之间。

重振资本(turnaround fund)，这类资本主要投资于企业的衰落期，目的是为企业提供转危为安的资金，助其渡过财务危机。

上述五种分类法并不是绝对的，因为它们中有些是根据所投资企业所处的发展阶段来分(如风险资本、成长资本和重振资本)，有些却是根据为投资企业提供的融资方式来分(如夹层资本)。大型私募股权基金机构旗下一般管理着数只基金，这些基金可能属于上述五种中的某一种，也可能同时被划归为其他类型。

风险资本和并购基金是私募股权基金中最主要的两大类。其中，并购基金主要通过债务为所投资企业融资，它们主要在熊市时进行并购，因为这时债务的成本相对低；风险资本的则主要依赖 IPO 方式退出。因此，风险资本的表现常常与小盘股市场指数同步波动，它们在牛市中表现较好。并购基金和风险资本的区别，见表 8-1。

表 8-1 并购基金与风险资本的区别

区别\项目	并购基金	风险资本
风险程度	成熟行业，可衡量的风险	新兴行业或技术，无法衡量
利润来源	财务杠杆，公司治理	公司经营，吸引后续投资者
估值重点	现金流产生能力	成长性
商业模式	成功可能性大，少量失败	成功可能性小，大部分被淘汰
发展阶段	稳定增长，成熟期	种子期、初创期、高速增长期
目标选择	密集的财务尽职调查	密集的行业/产品尽职调查
行业特点	行业发展前景明朗，基本稳定	行业技术前沿，尚不明朗
融资特点	"俱乐部"式大规模投资	少量多轮投资
投资管理	现金流管理	增长管理
增值服务	资本运作，公司重组	行业经验，产品发展和商业化经验

当然，现实中私募股权投资不一定都以私募股权投资基金的形式运作，如伯克希尔·哈撒韦公司(Berkshire Hathaway Inc.)。这家世界著名的保险和多元化投资集团，总部在美国，公司的董事会主席就是大名鼎鼎的沃伦·巴菲特(Warren Buffett)先生。公司业务主要有保险、股权投资、经营实业。保险业务为巴菲特提供了源源不断的巨额低成本保险资金，让他能够通过伯克希尔·哈撒韦这家上市公司，大规模收购企业或投资股票，然后通过精简式管理提高所收购公司业绩。在取得很高的投资回报后，巴菲特保险业务的资本实力大大增强，从而有更多的资金收购更多的企业或股票，更多的回报再带来更多的保险，如此形成一个良性的循环。伯克希尔·哈撒韦公司股权投资的对象既有未上市公司，又有上市公司。2008 年 9 月，在金融危机最严重的时刻，公司宣布将以 50 亿美元购买高盛集团优先股。此举被认为是向高盛集团投出一张极为重要的信任票。伯克希尔·哈撒韦公司获得的优先股股息率为 10%。此外，该公司还获得今后 5 年内任意时间购入 50 亿美元高盛集团普通股的认股权，价格为每股 115 美元，公司股票价格在后续几天内马上从之前的 119.50 美元/股上涨到 147.00 美元/股。2011 年高盛集团如期支付 55 亿美元，完全赎回在金融危机时出售的优先股，并支付了当年的股利。而且，伯克希尔·哈撒韦公司仍然拥有 50 亿美元的认股权证在手。

8.1.4 私募股权基金的收益分析

私募股权资产的收益与其他金融资产相比，有相似之处，也有很大的区别。私募股权资产作为一项金融资产，与其他金融资产一样能够给投资者带来一定的回报，同时，投资者需要承担一定的风险。在私募股权的投资期内也会产生一系列的现金流，这些现金流入和流出构成私募股权的收益要素。这时，有人可能要问私募股权资产与债券资产，这两种资产都能够在投资期内产生现金流,那二者的区别在哪里呢?私募股权投资与债券投资之间最大的区别就在于现金流产生的不确定性。简单说来,当投资者买入某一债券时,他需要立即一次性支付购买债券的价款,此后,在债券的存续期内,定期收到债券所给付的利息,到了投资期末回收本金。债券的现金流入和流出是确定的,其内部收益率[1](internal return rate,IRR)是可以明确计算出来的,是先验性的投资。从资产的流动性上来看,债券的投资较易变现,投资的退出时间和现金流入也是投资人可以预期和把握的。私募股权投资虽然在本质上是一种权益投资,与传统的股票投资较为相似,但投资现金流的时点、数量、方向等,对于投资人来说是不确定的,私募股权的收益通常只有在资金全部投资之后才能够计算,具有后验性特征。这就使得私募股权基金投资的收益与债券投资的收益相比,具有其自己的鲜明特征。

在实际投资中,投资者需要对私募股权基金的收益进行衡量,以便于其与不同类别的金融资产进行比较,做出投资决策。既然私募股权基金具有不同于其他金融资产的现金流特征,那应该借助于什么手段对其收益进行分析呢?这就是我们接下来要解决的问题。下面将介绍几种主要用于衡量私募股权基金收益的指标。

1. 复合收益率

复合收益率是将基金从创立到指定计算日的现金流进行折现、求和,使净现值等于 0 的收益率,即此时的内部回报率。如果将不同年份计算得出的复合收益率画成曲线,一般可以得出如图 8.1 所示的类似曲线。

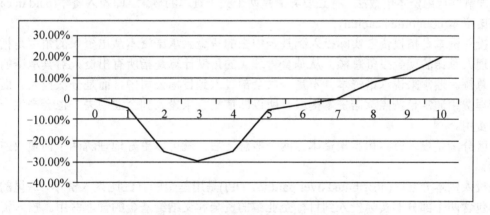

图 8.1 私募股权基金的复合收益率随年份的变化

从图中可以看出,在整个投资期内,私募股权基金的复合收益率先呈现出下降的趋势,之后逐渐上升,形成 J 曲线变化。这就是 J 曲线[2](J-curve)现象。

从图 8.1 中,可以得出一定的结论:首先,由于私募股权基金投资的现金流出、流入的时间和数量具有不确定性,收益是后延性的。故在基金存续的后期,对基金收益的估算

---

[1] 内部收益率是将不同时期的现金流折现求和使净现值等于 0 的收益率,用于比较不同规模投资项目的回报,也是衡量私募股权基金收益率的指标之一。

[2] 盖伊·弗雷泽·桑普森. 资产的博弈:私募股权投融资管理指南[M]. 窦尔翔,等译. 北京:中信出版社,2008.

就越精确。其次,从图上可以看出,基金的收益在初期一直呈现负值,而且收益率逐年降低,这种现象对于大多数基金来说较为普遍。原因在于,在基金存续的早期,此时主要是对外进行投资,基金所提取的管理费用也会造成显著的现金流出,而没有投资的收益产生、现金流的流入,因此基金投资早期的收益均为负值。最后,需要注意到的一点是,图中所描述出的收益率变化并非是某个年份与另一个年份之间的年收益变化,而是基金从创立之日到某个特定日期的收益率的变化,因此基金投资的收益率也称为持有期收益率[①](vintage year returns)。

复合收益法是计算基金投资收益较为常用的方法,其优点是,该法考虑了投资的时间价值,能够很好地衡量投资与回报之间的关系。但这一方法也有较大的缺陷,那就是内部收益率的使用局限性。内部收益率虽然能够很好地衡量投资与回报的关系,但它不适合用来衡量和比较不同投资初始时间和投资期的投资项目,两个相同内部收益率的项目可能具有不同的投资期限。而且,内部收益率的计算相对复杂,有时可能会得到多个结果。因此复合收益法多用来评估单个基金投资的收益,一般不能用于比较投资期限或创立年份不同的基金的投资收益。

2. 资本倍数法

内部收益率对于私募股权收益的衡量有其自身的合理性但也存在着一定的缺陷,为了弥补内部收益率难以考虑到投资期长短的这一缺陷,引入另外一种评价私募股权基金收益的指标——资本倍数。由于资本倍数法是以资本作为评估基金投资收益的分母,因此为了正确理解并运用资本倍数法,有必要弄清楚两个关于资本的概念。即投入资本(paid in capital)和承诺资本(committed capital)。

投入资本是指投资者实际投入到基金中去的资金。承诺资本从出资人的角度是指对基金管理人承诺的现金投资总额。从基金管理人的角度计算是指所有出资人对其承诺的现金投资总额。通常来说承诺资本并不是一次全部投入到目标公司中,而是分次投入。而基金的管理费用通常是按照承诺资本提取,所以即使资金未投入到企业中去,也会产生一笔不小的费用。

区分清楚投入资本和承诺资本这两个概念之后,就可以更好地理解两个衡量收益率的指标。

投入资本分红率(distributed over paid in, DPI)是用基金的分红比投入资本,这里的投入资本包含两个部分即实际投入到目标企业中的资金和交纳给基金的管理费用。投入资本分红率的波动性较大,在投资的前期,基金几乎不进行分红,而在末期,几乎所有收益都将以分红的方式返还给投资者。鉴于以上原因,我们经常使用另一指标来衡量基金投资所产生的收益,这就是接下来要介绍的承诺资本分红率(distributed over committed capital, DCC)。

承诺资本分红率(distributed over committed capital, DCC)不同于投入资本分红率,承诺资本分红率是用基金的投资分红比投资者承诺的资本得出。与投入资本分红率一样,这个指标一般也在基金末期使用才有意义。

投入资本的现值倍数(residual value to paid in, RVPI)指投资项目的现值与迄今为止投入资本间的比率。在基金早期没有产生很多分红的情况下,这一参数尤为有用,它能够大致

---

① 指基金从创立到指定计算日的复合收益率,即内部收益率。

反映投资组合中的公司被重新定价的程度。其缺点在于在项目的早期，项目的净现值一般低于其市场价格，所以投入资本的现值倍数给出的收益预期往往较低，会误导出资人。

投入资本的总值倍数(total value to paid in，TVPI)，这一参数是评估基金投资收益率的参数中最有用的比率之一。投入资本的总值倍数是将基金投资项目的现值和迄今为止分红的和比投入资本，这个指标能更全面地反映基金的投资活动产生的收益，包括已经产生的和未来可能产生的投资收益。需要指出的是，这个指标与投入资本的现值倍数一样，在基金存续的早期使用这一参数存在低估投资收益率缺陷。

3. 平均收益率

在计算平均收益率时有两种方法，简单平均和资本加权平均法。

简单平均收益率是将单个基金收益率相加再除以基金的个数。计算公式如下：

$$\text{ARR} = \frac{\sum r_i}{n}$$

式中，r_i 为私募股权基金管理人所管理的 n 只基金中单只基金 i 的收益率。用简单平均收益率来代表基金的收益，优点在于数据的搜集较为便利，且避免了复杂的计算方法，看上去较为直观。但是简单平均并没有考虑到基金的规模，将小基金和大规模的基金赋予同样的权数是不恰当的。

资本加权平均收益率(capital weighted average return rate，CWARR)，计算公式如下：

$$\text{CWARR} = \frac{\sum r_i C_i}{\sum C_i}$$

式中，C_i 指单只基金 i 的投资额。资本加权平均收益率考虑了基金的规模大小，将各只基金的收益按照其规模大小进行加权得出平均收益率。资本加权平均的方法克服了简单平均法的不足，解决了不同规模基金收益率的权数问题，但是却也正好夸大了这一差别，很多时候投资者关注的是单只基金的实际收益率而并非私募股权基金管理的所有资金规模大小，资本加权平均则可能夸大规模的因素而淹没了实质的收益率因素。

4. 上四分位数

上四分位数(upper quartile)是将基金的收益率按照从小到大的顺序进行排序，找出基金收益的上四分位点，即是一组数据中从上到下 1/4 处的数值。用上四分位数来衡量基金的投资收益有其一定的合理性，因为投资者一般会将其大部分的资金投入投资收益处于行业前 1/4 的基金，而且上四分位点只给出了最高的 1/4 投资收益率中的最低收益率，这是对投资收益率的一个保守估计。上四分位数的缺陷也在于它遗漏了上四分位数据的信息，并没有考虑到整体数据的偏差程度(标准差)。

8.2 私募股权基金的运作

私募股权基金的投资过程主要分三个阶段，第一阶段主要涉及投资项目的选择和尽职调查，第二阶段主要涉及签署购买协议(sale & purchase agreement)到交易结束(deal closing)，第三个阶段则从交易完成到退出投资。下面主要以并购基金为例，如图 8.2 所示，风险投资和成长基金等类型私募股权基金投资流程与此类似，只是由于收购股权的比例较少，一般不具控股权，从而有一些不同。

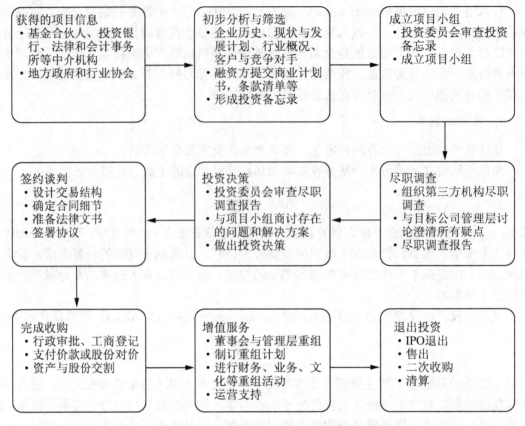

图 8.2　私募股权基金投资主要流程

8.2.1　第一阶段：项目的筛选与尽职调查

项目的分析、筛选与尽职调查是私募股权基金实现成功收购的第一步，也是实现后续价值增长与盈利的基础。由于收购方与被收购方之间存在着信息不对称，收购方需要尽可能地从行业或者相关分析投资机构处搜集目标企业的信息，包括财务信息、信用度、关联企业对其的评价、贷款偿还状况等。如何选择一个最具投资价值的项目，如何评估目标企业的价值以确定合理的收购成本都是在进行一个收购之前应该调查与分析的问题。

在这个阶段，基金将通过不同的渠道获取不同的项目信息，以供最后的筛选，这其中，投资银行、资讯公司、律师和会计师及基金自身的合伙人是主要的信息来源渠道，政府和行业协会等组织也是项目信息的可能来源。在获取项目信息之后，私募股权基金就对项目信息进行初步调研分析，对企业的优势、行业竞争力、经营管理团队、财务报表信息、项目的地理位置、将来发展可能遇到的问题等多种因素进行深入研究。此外，融资方也将向私募股权基金提供商业计划书(business plan)及条款清单(term sheet)，其中商业计划书力图向私募股权基金介绍清楚企业"过去做什么、现在做什么、计划做什么、为什么会有这些计划、需要私募股权基金提供哪些帮助"等问题，而条款清单则是企业在其法律顾问帮助下起草的，包括企业估值、计划融资量、双方的权利义务及达成交易的前提条件等主要内容。条款清单需要双方谈判协商签字确定,包括了正式投资协议中的主要内容,但是并不具有法律效力,条款清单也可以由私募股权基金方起草,此时称为投资意向书(letter of intent,LOI)。

案例 8-2

凯雷集团、云锋基金收购环球数码创意科技

2011年10月17日,全球著名私募基金凯雷集团携手云锋基金宣布,已经完成从北京首钢股份有限公司、李嘉诚等现有股东手中收购亚洲最大数字影院服务器供应商——环球数码创意科技有限公司(以下简称环球数码创意科技)约80%股权的交易,公司的管理层仍然留任。凯雷集团为此支付了约7500万美元,云峰基金出资也将近一半。凯雷方面,投资主要由凯雷亚洲增长基金IV牵头完成,该基金的资产规模为10亿美元,主要投资高增长公司;而云峰基金则是由马云、虞锋联合史玉柱、刘永好等众多成功创业者、企业家和行业领袖共同发起创立的私募基金,专注于投资互联网、文化传媒、环保与清洁能源等行业。

环球数码创意科技于12年前在中国香港创立。据全球已安装服务器的公开数据显示,环球数码创意科技截至2011年9月已安装服务器11 000台,位列全球第二,其主要竞争对手包括杜比公司(Dolby)、索尼公司(Sony)和美国Doremi。环球数码创意现在在中国内地保有超过4 500台已安装服务器,是中国内地最大的数字影院服务器供应商,占有54%的市场份额,此外,公司以6 800多台已安装服务器居亚洲之首。随着在日本和中国内地等市场的份额逐步扩大,公司在2011年头9个月的净利润同比增长了约25%。

截至2011年第一季度末,全球影院数字化率为25%,比2009年年底的11%有所提高。中国影院的数字化水平高达70%,但是中国目前共拥有约7 000块商用电影银幕,仅相当于美国的1/7左右,不过增长均速达每天3块,大大领先于世界其他国家。目前,全球影院数字化浪潮已经掀起,二十世纪福克斯电影公司等电影制片公司已经表示,在更多的地区只供应数字拷贝。此外,中国各地都在新建影院,第二波新建影院浪潮将为相关设备供应商提供巨大的机会。

 点评:

基于中国国内文化市场的成长预期,中国影院银幕数还有很大增长空间,国外对现有影院改造使用数字放映设备已是必然趋势,行业增长前景乐观。环球数码创意科技是行业中的领军公司,市场占有率大,利润增长速度快,股权相对集中于大股东手中。凯雷集团、云锋基金此次收购选择环球数码创意科技,伴随国内外数字影院的发展,有望给所管理的基金带来很好的收益,相对集中的股权结构,也减少了收购的成本。此外,文化创意和传媒领域作为云锋基金的主投方向之一,通过投资内容、渠道和硬件技术等领域的公司,将享受文化传媒整个产业增长带来的收益。此前,云锋基金曾宣布入股香港寰亚传媒及投资中国大型实景演出印象系列等文化传媒内容及服务提供商。

(资料来源:http://www.ftchinese.com/story/001041204。)

通过前期对目标公司进行的调研,综合商业计划书、行业分析、公司调研等信息后,形成投资备忘录(investment memo),简要概括上述信息,提交投资委员会审查。如果私募股权基金管理层投资委员会(investment committee)初步认可项目的投资价值,则会成立项目小组负责该项目的投资,其工作首先就是进行尽职调查(due diligence)。

尽职调查指对潜在投资目标或私募基金公司的经营管理进行严格的背景调查和财政分析,由于耗时且成本高昂,只有在私募股权基金投资委员会初步认可项目的投资价值后才会实施。尽职调查一般委托第三方机构进行,以避免主观感情因素约束项目小组人员为了

工作业绩产生的投资冲动，获得更加客观的调查结果。尽职调查包括对企业的尽职调查和对相关法律和市场环境的尽职调查。

企业的尽职调查内容包括财务和税务尽职调查(financial & tax due diligence)、运营尽职调查(operational due diligence)，视具体情况有时候还涉及产品和技术尽职调查等。

财务和税务尽职调查是对目标企业财务和税务状况的评估和调查，尽职调查的内容通常包括目标企业所遵循的会计准则和所实行的会计政策；公司的一些基本情况如成立时间、股本和主要的股东；公司成立以来内部的一些较大的变动；资产负债表项目分析如存货、应收账款、长短期借款；利润表项目分析如主营业务收入、主营业务成本、营业外支出和收入；现金流量表项目分析如经营现金净流量、实体现金流量、债务和股权现金流量；财务比率分析如现金比率、资产负债率、权益乘数、销售净利率、存货周转率等资本结构分析；企业的税收环境和税收水平、企业存在的税收风险和潜在问题等。

运营尽职调查是对企业管理层的经营管理效率和企业内部运作和风险控制的调查。这其中涉及目标企业的内部权力结构设置，决策传导效率及执行力度、管理层的管理业绩历史、决策效果、员工对管理层的评价、同行对管理层的评价等。在尽职调查中还要处理好并购后管理层的去向问题。

针对产品和技术的尽职调查是对企业主要产品和技术及核心竞争力的调查。在并购以后，收购者往往会对企业的资产结构进行调整，如剥离原来企业的一些非主营业务，成本较高收益较低、市场发展潜力不大、竞争力不强、容易被其他同业模仿进而失去竞争力的业务。前期尽职调查的目的就是找出目标企业的核心竞争力所在，哪一些资产是可以用于发展具有行业领先优势和强劲竞争力业务的资产，并对企业的相关技术进行评估，确定后期投资所需要的资金、新技术转化成产品的能力，这时，私募股权基金可能会聘请专业的机构一同进行分析调查。

法律尽职调查(legal due diligence)的内容主要是对相关并购法律、法规和税法的调查。法律调查主要是对目标公司财产权利的合法、合规性进行调查，如与固定资产租赁或使用权相关的文件合同是否齐全、手续是否完备、是否过期，目标公司的资产负债表上所列负债是否完备，是否有未列入资产负债表的负债。公司的规章制度对于并购的限制和条件有哪些，公司与其他机构、企业之间是否存在法律纠纷和未决诉讼、公司与员工和管理层签订的合同和一些奖励机制是否合法、被收购公司所在地的法律、法规对于收购的规定、被收购公司所在地对于收购的征税问题、税负豁免问题、对外商投资的一些优惠和限制、目标企业的税收环境和税负、税务机关对于目标企业纳税所出具的报告、并购所要缴纳的税款、相关的关联事项等。

针对市场环境的尽职调查称为商业尽职调查(commercial due diligence)，是对企业经营的行业和产业环境、企业所在地的市场环境、企业的市场地位的调查。具体包括企业所处的环境及企业与其上游供应商的关系、销售渠道和网络的架构、行业的饱和程度、当地政府对于行业的态度和支持力度、当地的一些政策、企业所在地的交通和环境、当地消费者的习惯比如支付习惯、行业内的竞争程度和创新程度、产品的市场定位等与企业经营密不可分的其他环境因素。

通过尽职调查，私募股权基金能够详细了解目标公司的状况，进而判断是否符合投资标准，最后做出投资决策。通常来说，风险投资主要依据目标公司创业团队素质、目标公司所在行业增长前景、目标公司技术等在行业中地位来考虑是否投资;收购基金则对处于成长阶段的企业比较感兴趣,企业处于上升期,则意味着其未来增长潜力巨大,另外,那些处于行业领先地位,并具有行业整合能力的初阶段企业也受到并购基金的青睐。

8.2.2 第二阶段:谈判签约及完成收购

谈判签约是完成收购的一个重要环节。谈判过程中一般会涉及三个方面的问题。

1. 确定并购标的

由于目标公司目前可能存在着种种经营与财务问题,基金会与目标企业所有者就收购以后的经营战略、结构调整和改革策略进行谈判和商讨。例如,出于提高目标企业核心竞争力的意图,收购基金会要求在收购以后对目标企业的业务进行兼并与重组,剥离出不良资产和一些非主营业务的附属机构,缩小经营业务范围,裁减员工以减小成本开支等,因此收购基金并购的可能只是企业所有资产中的一部分。如何在这些问题上与目标企业所有者达成一致是私募股权基金在谈判过程中首先应该研究的问题。

2. 交易结构设计

对目标公司的收购交易分为资产的交易和股权交易两种方式。资产的交易是指私募股权基金完成对目标公司的资产的收购。这种交易方式有自身的优点即是将或有债务和与债务、税务相关的潜在风险都转移给企业的出售者,获得的资产已经屏蔽了相关的责任与风险,有利于收购者。但是资产交易对于出售企业的股东来说较为不利,一方面企业出售所得要征收企业所得税;另一方面,股东在获得企业出售所得收入时还要缴纳个人所得税。股票交易指的是私募股权基金仅仅对目标公司的股权进行收购,与资产交易相对应,这种收购方式虽然能避免对出售企业的股东的重复征税问题(股东只需要缴纳个人所得税),但是对于私募股权基金来说却必须承担目标企业的一些或有负债和债务、税务风险。

交易结构的设计要考虑的因素非常复杂。其中税收因素、法律风险和退出便利性等是需要考虑的最主要的因素。稳健的私募股权基金花在考虑上述因素上的时间远远多于考虑投资收益上的时间。一般来讲,交易所面临的上述因素风险范围和强弱程度,直接决定了交易结构设计的复杂程度,这也是最体现私募股权基金机构智慧的地方。

3. 确定价格和支付方式

价格的确定是业主和收购基金双方进行博弈的过程。双方在对收购价格达成一致之后就要确定交易对价的支付方式(采用现金支付还是股权置换),交易的地点和时间,在外资收购时还应考虑到汇率风险、行业因素、相关部门审批时间、法律规章等因素。

价格的确定需要对目标企业的价值进行评估。在对目标企业进行估值时常用的方法有现金流折现(discounted cash flow)法、息税折旧摊销前利润(EBITDA)倍数法、账面价值法、重置成本法。前两种方法是根据企业的预期收益对企业价值的估计,体现了企业的发展前景和未来价值。账面价值法是根据账面数据对企业价值的估计,是历史价值的体现。重置成本法是根据目前相似资产的重置成本对企业的价值进行的估计,体现了企业的现时价值。这三种估价方法,各有其优点和缺点。常用的是前两种方法,根据企业未来的收益进行估计能体现未实现的企业的未来价值,对价格的确定更为合理。这里主要介绍这两种估值方法。

现金流折现法进行估值的步骤：①确定企业未来各期预期现金流入和流出，求出每期自由现金流量(free cash flow，FCF)；②评估企业的风险，确定现金流的贴现率；③将各期的自由现金流用该贴现率进行贴现；④求出各期自由现金流贴现的现值之和。

$$企业当前价值 = \sum_{1}^{T}[\frac{FCF_t}{(1+r)^t}] + \frac{V_T}{(1+r)^T}$$

式中，T 是收益年限，指企业能够存续的年限或者能够被预见的未来期限；r 是贴现率，一般使用相应的资本成本或者加权平均资本成本(weighted average cost of capital，WACC)；FCF_t 指 t 年企业预期自由现金流量，企业自由现金流量=EBITDA-所得税-资本性支出-营运资本净增加；V_T 是企业 T 年的终值。

根据现金流量折现法，私募股权基金倾向于选择未来实体现金流量更大，资本成本较低的企业。现金流量折现法的使用也有一定的限制条件，要求企业必须要有正的现金流，而且企业的风险水平是可以进行可靠的估计的。

用息税折旧摊销前利润倍数法估值时，计算公式如下：

$$目标企业的价值 = EBITDA \times 适用的倍数$$

适用的倍数是对目标企业未来发展盈利能力和承担的风险的反映。这个数值可以根据类似收购交易的价格计算得出，或者参照上市公司市盈率指标及行业数值。

用 EBITDA 作为估算企业价值的财务指标，有一定的合理性。EBITDA 是不考虑财务费用和税负的企业实际现金流量，这个指标更能体现摒除了债务税盾效应和财务杠杆之后企业主营业务所产生的经营现金流，是无杠杆的现金流，这部分现金流对于私募股权基金来说才是真正具有价值的。

4. 筹资

筹资过程是私募股权基金为进行实际收购所做的资金准备，目前私募股权基金最常采用的是杠杆收购的方式。杠杆收购是加入债务的收购方式，一般来说，在大规模的企业并购中杠杆收购很常见。这在第 7 章中已经有了详细的介绍，这里不再赘述。

5. 签署协议，完成收购

在上述事项都已确定之后，就要进行文件和合同的起草与修订。这主要包括收购协议(acquisition agreement)、股东协议(shareholders agreement)、注册协议(registration rights agreement)。协议中应明确上述的各类事项、相关的责任人和各自承担的风险，对特殊事项和条款做出相应的说明。

6. 交割

交割是完成收购的最后一步。私募股权基金将相应的对价形式(现金或股权)支付给目标企业即完成收购过程。收购的价款可能是一次支付也可能是分期支付，具体的支付方式以双方的协定为依据。

  案例8-3

无锡尚德私募股权基金融资和股权结构

无锡尚德太阳能电力有限公司(以下简称尚德公司)是一家集研发、生产、销售为一体的外商独资高新技术光伏企业，主要从事晶体硅太阳电池、组件、光伏系统工程、光伏应用产品的研究、制造、销售和售后服务。

第8章 私募股权基金

1. 尚德公司成立

2001年1月,施正荣先生全资所有的PSS公司(Power Solar System Pty. Ltd.)和江苏小天鹅集团有限公司(以下简称江苏小天鹅)、无锡国联信托投资有限责任公司、无锡高新技术风险投资股份有限公司、无锡水星集团有限公司(以下简称无锡水星集团)、无锡山禾集团有限公司(以下简称无锡山禾集团)等共同组建了尚德公司,经过几次增资,最终PSS公司持有尚德公司31.389%的股权。尚德公司重组前股权结构如图8.3所示。

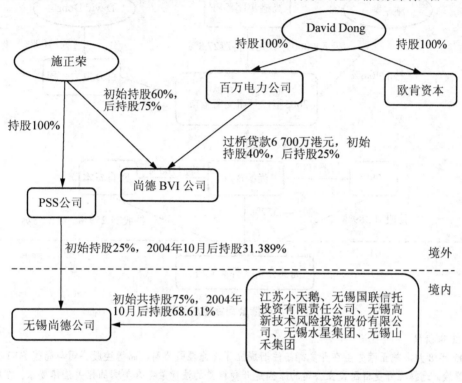

图8.3 尚德公司重组前股权结构

2. 第一轮融资

2005年1月,施正荣先生和百万电力公司(Million Power Finance Ltd.)在英属维尔京群岛(BVI),共同设立无锡尚德BVI公司。施正荣先生与大卫·东(David Dong)掌控的百万电力公司设立合资公司的目的在于获得百万电力公司提供的过桥贷款,用于收购尚德公司。双方于2005年1月签订了《过桥贷款协议》。百万电力公司向尚德BVI公司提供了6 700万港元的过桥贷款。根据过桥贷款协议,这6 700万元的过桥贷款可以转换成为尚德BVI公司的股权。转换的过程:首先,在尚德BVI公司收购尚德公司68.611%的剩余股份后,百万电力公司的过桥贷款转换成为对尚德BVI公司的股本;然后,尚德BVI公司从施先生控股的PSS公司收购31.389%的股份;完成收购尚德公司100%股份后,施正荣先生持有75%的股份,百万电力公司持有尚德BVI公司25%的股份。

3. 第二轮融资

在2005年5月,尚德BVI公司引进了高盛集团和其他一些私募股权基金。这些私募股权基金以8000万美元认购了尚德BVI公司27.8%的股权。在引进这些私募股权基金之后,尚德BVI公司的股权结构为百万电力公司持股 25.4%(普通股)、施正荣先生持股 46.8%(普通股)、高盛集团等私募股权基金持股27.8%(优先股)。

这一轮融资中,私募股权基金对自己的权力做出了一系列的要求:

尚德BVI公司随后对尚德公司进行了股权重组:尚德BVI公司收购了江苏小天鹅、无锡山禾集团、无锡创业投资集团有限公司、无锡Keda风险投资公司持有的共36.435%的股权,从无锡高新技术风险投资股份有限公司收购了 7.917%的股权。百万电力公司旗下欧肯资本有限公司(以下简称欧肯资本)收购了无锡国联信托投资有限责任公司和无锡水星集团所持有的尚德公司 24.259%的股份。尚德 BVI 公司收购了欧肯资本 100%股权。尚德 BVI 公司收购了 PSS 所持有的尚德公司 31.389%的股权。尚德公司重组后的股权结构如图 8.4 所示。

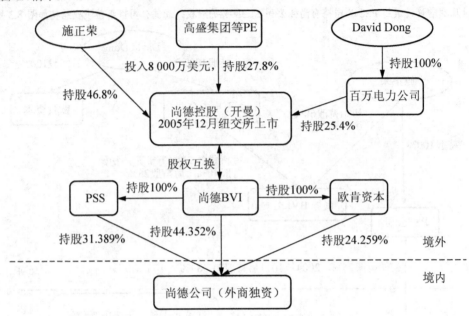

图 8.4　尚德公司重组后股权结构

4. 上市阶段

2005 年 8 月，施正荣先生在开曼群岛注册成立了尚德控股公司，尚德控股公司与尚德 BVI 公司进行了股权置换。选择在开曼群岛设立公司的原因是开曼群岛的法律最符合美国的相关法律要求。在股权置换之后，尚德控股公司持有了尚德 BVI 公司 100%股份，尚德 BVI 公司全体股东成为尚德公司的股东。尚德控股公司在 2005 年 12 月于美国证券交易所成功上市，以当日收盘价计算的市值达到了 30.67 亿美元。无论是国有股股东、百万电力公司还是私募股权基金投资者都从该项投资中获得了不少于 10 倍的回报。当地政府退出时股份估值虽然远少于公司上市后股价，但是国有股的完全退出，是公司海外上市成功的重要前提，尚德公司也因此成为外商直接投资最成功的案例之一，很好地宣传了当地的投资环境，后来当地的光伏产业快速发展也证明了这一点。

点评：

虽然公司注册成立于 2001 年，由于股东资金不到位等原因，直到 2002 年 5 月才开始投产。一家运营仅 3 年时间的国有控股公司能够"闪电上市"，在如此短时间内造就如此高额市值，其资本运作可谓高明。其中，百万电力公司提供的 6 700 万港元过桥贷款是整个过程中最关键的部分，施正荣正是利用该资金做保证与国有股股东签订了国有股收购协议，使尚德公司成为外商独资企业。成为外商独资企业后，就避免了通过国有企业国外上市时需要的复杂审批程序，也利于股东对管理层实施激励机制改善公司业绩，吸引海外投资者关注，使得上市前景明朗，高盛集团等风险投资机构才愿意向尚德 BVI 公司溢价入股。开曼群岛的法律环境最符合美国上市要求，在开曼群岛注册的公司是最理想的上市主体，在海外上市实务操作中，"换股"是搭建上市主体最常用的方式，于是才有了图 8.4 中通过尚德控股公司(开曼)与尚德 BVI 换股的设计。

(资料来源：本案例根据叶有明，复旦大学出版社，《股权投资基金运作——PE 价值创造的流程》，2012 年第二版，第 320 页—324 页以及有关新闻报道改写。)

7. 交易中的法律及其他问题

在私募股权基金交易中涉及的法律文件主要包括条款文件、增资协议、股东协议、雇员协议等。下面主要介绍条款文件和增资协议。

在条款文件中的主要内容包括以下方面。

(1) 收购的估价方式,包括私募股权基金的投资额度和折算成为股份的数量。

(2) 收购的支付方式,现金支付、股权支付、混合支付。

(3) 反稀释(anti-dilution)条款。在进行多轮投资时,私募股权基金可能面临股份稀释的问题,这时,私募股权基金通常会在法律文件中要求对再融资的股份计算方法做出一些规定,这就是反稀释条款。

(4) 退出条款包括对何时目标公司上市做出的要求,以及上市不成功时股份回购等保证。

增资协议是私募股权基金对于目标企业一系列投资规定的法律文件。增资协议主要包含以下内容。

(1) 目标公司的承诺,即目标公司已对公司未来的财务状况、经营状况、内部治理等相关事项进行承诺,作为私募股权基金下一步投资的前提条件。

(2) 私募股权基金的承诺,当目标公司达到规定的要求和条件,如业绩或者销售收入达到某一规定值时,私募股权基金要对目标公司进行新一轮的注资。

(3) 肯定性及否定性限制条款(affirmative and negative covenants)。肯定性限制条款规定了公司必须做的事情,如定期对其财务报表和现金流量表进行披露,内部主要管理人员的变动要事前告知并共同协商,对公司的日常管理事务进行监督。否定性限制条款则规定了公司不能做的事,如公司的举债规模必须限制在一定的水平,限制公司的内部交易等。

8.2.3 第三阶段:收购后增值服务及退出投资

在收购完成之后,企业还面临着一个更为重要的问题:如何将被收购企业进行转型和改造以实现并购的价值。收购方应对被收购企业有一个战略性的规划和调整策略,包括现有经营业务、未来的发展战略、管理层和董事会的更迭、内部风险的控制、组织结构的设置、企业文化的塑造等方面。内部整合重组及后续的经营管理是整个收购的中心环节。发现价值被低估的优良企业对于私募股权基金来说固然重要,但是如何将企业带入一个更高更广的发展平台,实现长远而稳定的增长,以此实现并购的价值对于私募股权基金来说却是更值得关注的。

1. 投资项目的管理

财务控制。私募股权基金在接管公司之后需要对目标企业内部的一系列经营利益与关系进行重新整合,企业的资金投入及收益进行衡量与校正,目的是确保企业能够达到目标及为达到此目标所制订的财务计划得以实现。财务控制必须以确保经营的效率性和效果性、资产的安全性、经济信息和财务报告的可靠性为目的。

财务控制有助于实现公司经营方针和目标,既是工作中的实时监控手段,又是评价标准;财务控制有利于保护各项资产的安全和完整,防止资产流失;财务控制可以保证业务经营信息和财务会计资料的真实性和完整性。私募股权基金在对目标企业进行收购以后面临重组与整合企业内部资源的问题，进行重组与整合的首要步骤即是进行财务控制，对企业的财务计划进行重新规划、控制与监管，确保各项计划的顺利实施。财务控制的基本原则包括目的性原则、及时性原则、经济性原则、客观性原则、适应性原则、协调性原则。

财务控制的具体内容包括以下内容。

(1) 授权批准控制。授权批准控制指对内部企业部门或职员处理经济业务的权限控制。企业内部的某个部门或某个职员在处理经济业务时，需要经过特定部门或者机构的授权批准才能进行，否则就无法进行。授权批准控制可以保证企业内部的日常运作按照既定的方针进行，限制了职权滥用的现象。授权批准的基本要求：①明确一般授权与特定授权的界限；②明确每类经济业务的授权批准程序；③要建立必要的检查核查制度，以确保经授权后所处理的经济业务的工作质量。

(2) 预算控制。预算控制是财务控制的一个重要方面。包括筹资、融资、采购、生产、销售、投资、管理等经营活动的全过程。其基本要求：①所编制的预算必须要体现企业的经营和管理目标，并明确相关责任；②预算在执行的过程中，一旦与实际情况不符，应当允许经过授权批准对预算进行调整，以便预算能够更加贴近实际；③应当及时或定期反馈预算的执行情况。

(3) 成本控制。成本控制分粗放型成本控制和集约型成本控制。粗放型成本控制是指从原材料采购到产品的出售进行控制的方法。具体包括原材料采购成本控制、材料使用成本控制和产品销售成本控制三个方面；集约型成本控制是通过提高生产技术和方法来降低成本或者是通过产品生产工艺的改善来降低成本。

(4) 风险控制。风险控制就是防止和避免出现不利于企业经营目标实现的各种风险。在风险控制中，经营风险和财务风险是最重要的组成部分。经营风险是指因生产经营方面的原因给企业带来损失的可能性，而财务风险是指由于企业对外举债而造成的破产风险。在进行风险控制时，需要对两种风险进行衡量，对投资项目的风险进行评估。在进行融资决策和决定资本结构时，要考虑到企业的举债能力和承受能力，将资产负债率和流动比率、现金比率、利息偿还倍数等财务比率纳入到评价体系中来，尽量降低企业的财务风险。

(5) 审计控制。审计控制主要是指内部审计，它是对会计的控制和再监督。内部审计是在企业内部对各种经营活动与控制系统的评价，这种评价是独立的。审计控制的目的是检查企业制定的既定政策是否得到执行，建立的标准是否能够最有效地利用现有的经济资源，企业的目标是否达到。内部审计的内容很广泛，一般包括内部财务审计和内部经营管理审计。内部审计对会计资料的监督、审查，不仅是财务控制的有效手段，而且是保证会计资料真实、完整的重要措施。

2. 重组与整合

私募股权基金对于企业的重组与整合涉及资产的出售与剥离，资本结构的重组，核心竞争力的形成，企业机构和人员的设置与重组、业务机构和管理体制的调整，企业文化的重塑，人力资源的整合。

被收购企业在经营与营销方面可能会存在诸多问题，包括经营效率低下、行业竞争力下降、市场份额锐减、资金周转较慢等。这都与企业的经营策略有很大关系，如果企业的规模大，业务多，则很难集中资源和营销渠道来推出具有竞争力和发展潜力的产品或业务。

在这种情况下，私募股权基金需要对企业的经营业务和产业竞争优势、新技术进行重新评估与分析，对被收购企业的产品的市场需求和发展前景做出系统性调查。在调查完毕之后，私募股权基金将对被收购企业进行资产或债务的重组。

资产重组(assets restructuring)是指进行资产的内部整合或者将一些生产效率低下或者不具有行业竞争力的部门和业务以对外出售或者资产置换的形式进行重组，以减小企业的运营成本，集中资源和网络对主要的业务进行规模的扩大和拓展。同时，资产的剥离也能够提高资产的利用效率，增大资产回报率，有利于企业的进一步发展，如 IPO 融资。

资产重组分为内部重组(internal reorganization)和外部重组(external reorganization)。内部重组是指企业将其内部资产按优化组合的原则，将企业的资产和一系列经济资源重新调整和配置，以发挥其部分和整体效益，从而为企业带来最大的经济利益。内部重组仅仅是资产的分配、在企业内部的管理机制与资产配置发生变化，其所有权不发生转移。外部重组是企业和企业之间通过资产的买卖、互换等形式，剥离不良资产。这种形式的资产重组，企业将买进或卖出部分资产，资产的所有权将发生转移。

债务重组(debts restructuring)是将改变原有负债的偿还条件，如收回负债再重新以股权形式进行融资，或者调整负债的期限结构，以达到提高企业价值和优化资本结构的目的。

债务重组的方式主要有三种：①用现金资产偿还部分或者全部债务；②债务偿还条件，包括还款期限、利率、计息方式、本金等的改变；③发行股票清偿全部或部分债务。

3. 人力资源的整合与企业文化的形成

人力资源是企业的宝贵资源。人是组成企业的核心因素，生产工人直接参与到生产过程，企业管理者参与企业的管理及经营决策，财务人员核算企业的财务报表，出纳人员保管企业的现金等。没有职工的共同参与，一个企业的经营是无法持续下去的。所以，企业经营成败的关键在于如何组织这一宝贵的资源。私募股权基金在对企业内部人力资源进行整合的过程中，要特别注意企业文化融合与重塑、内部人事关系的处理和各方利益的协调。这其中，企业文化的塑造对于企业长久的生存发展是至关重要的。

企业文化(corporate culture)是一个企业的价值观、信念、制度、原则等组成的企业的形象。企业文化中核心价值观具有很重要的地位。如何塑造具有丰富内涵又能引领企业进步的企业文化是企业在经营管理当中不能忽视的问题。

企业文化作为一种当代企业管理理论，在于把企业价值观渗透到企业经营管理的各个方面、各个层次和全过程。用文化的手段、文化的功能和文化的力量，去促进企业整体素质、管理水平和经济效益的提高。企业文化运作包括以下内容。

(1) 激励机制。企业文化管理的首要任务是调动人的积极性，其激励方式有目标激励、参与激励、强化激励、领导者言行激励。

(2) 纪律约束机制。要有明确的规范，将企业理念贯穿到制度、纪律与行为规范中。

(3) 凝聚机制。确立广大职工认同的企业价值观，确立企业目标，确立企业人际关系。

在企业文化管理上，一要处理好借鉴与创新的关系，把握企业文化的个性化、特色化；二要处理好用文化手段管理文化，坚持以文化引导人、培育人；三要处理好虚与实、无形与有形的关系，坚持内外双修、软硬管理相结合。

4. 运营支持

在进行收购之后，私募股权基金会利用自己的资源和优势为被收购企业提供各种支持。主要包括销售渠道支持和技术开发支持。

(1) 销售渠道支持。私募股权基金在长期的运作与发展中积累了广大的客户网络与关系，这部分客户网络可以帮助企业扩大市场规模或者以较低的成本获得经济资源。多元化的销售渠道也有利于企业开辟不同的市场，扩大市场份额，进行跨国投资与销售，并且获得一系列的优惠政策和支持。私募股权基金也有自己成功的一套管理营销理念，这些都是企业的宝贵财富，对企业改善自己的营销手段和方法，丰富营销渠道，提高资金的运作效率有很大的益处。

(2) 技术开发支持。私募股权基金会同时投资多个项目，因此这些项目所具有的丰富的资源都是企业可以利用的资源，如新的技术和工艺，私募股权基金可以将这些技术和工艺以较低的成本引入企业，对于企业降低成本，提高生产效率和利润率很有帮助，这对私募股权基金来说是一个互惠互利的做法，私募股权基金既可以将技术投资于企业使得企业改进生产方法，提升生产管理效率，同时，也可以为自己所投资的其他研发项目开辟市场，为其他项目的投放市场作铺垫和预热。

TPG 操盘"再造"达芙妮

7.65 港元——达芙妮国际(210.HK)2010 年 5 月 13 日的收盘价，相比上一年 TPG 宣布投资达芙妮国际控股有限公司(以下简称达芙妮)时不到 3 港元/股的价格上涨逾150%。

但这并不是 TPG 能满足的价位，因其对达芙妮的"改造"才刚刚开始。

2009 年 6 月，TPG 以 5.5 亿元人民币对达芙妮进行策略性投资。根据双方协议，TPG 认购达芙妮于 2014 年到期的无担保可转换公司债券，并可按指定条款转换为达芙妮的普通股股份，初步行使价格为每股 3.5 港元。同时，TPG 还将购入达芙妮 1 亿份的认股权证，行权价为 4 港元/股。按照协议，如果 TPG 所有的债券及认股权证被全面行使，其将最多可获得达芙妮国际扩大股本后 14.5%的股权。

1. 达芙妮式"去家族化"

2010 年 1 月，在 TPG 的引荐下，达芙妮的新任 CFO 林哲立走马上任，此前他曾在一家美国汽车公司服务近 20 年，其中有 15 年是在总部负责财务工作。同时，TPG 引入达芙妮的还有人力资源总监陈俐丽。陈俐丽此前曾任百安居中国投资有限公司执行副总裁，在人力资源方面经验颇丰。达芙妮希望在人力资源上也能跳出家族式的管理模式，走制度化、专业化路线。 几乎在同一时期，TPG 还为达芙妮引入了新的营运总监胡焕新。据了解，达芙妮的家族成员中，陈英杰主要负责战略工作，而目前负责工厂业务的陈贤民计划于 2010 年年底退休，届时达芙妮股东家族中参与具体执行的将主要是陈英杰一人。

2. 供应链升级

2009 年达芙妮一个很明显的改变是，尝试将订货会由原来的每年 4 次改为 6 次，在每次下单的时候，量比较小，用第一次的订单来测试市场的反应，再根据这个结果来做第二次订单，依此更贴近市场。如此前所期，无论是董事会还是执行层，达芙妮都实现了自己所定义的"去家族化"。

3. 多品牌出击

2010 年伊始，达芙妮国际宣布已与 Full Pearl International Ltd(以下简称 Full Pearl)达成协议，以 1.95 亿港币的总价收购后者 60%的股权。而 Full Pearl 间接控股爱意精品鞋业(上海)有限公司(以下简称爱意鞋业)主要在中国内地一、二线城市及中国台湾地区和香港地区经营中高档女鞋的零售业务。TPG 发挥专业优势，参与了整个项目的评估过程。

爱意鞋业旗下共有4个品牌：爱意(AEE)、爱魅(Ameda)、ALDO 和 Jessica Simpson。此前达芙妮已通过取得两个国际品牌 Arezzo 和 Sofft/Born 在中国内地的独家分销权，进入中高端市场。通过入股爱意鞋业，达芙妮将获得一个有中高端品牌经营经验的团队，而且会将此前代理的2个高端品牌交由这个团队管理，而达芙妮原来的团队将专注在达芙妮和 Shoe Box 两个品牌。达芙妮据此转型为多品牌鞋类产品零售商，并为以后的增长做好了准备。

通过这一系列改造，达芙妮2010年和2011年财务报告显示现金/净资产比例分别为62%和72%，而2008年这一数据仅为8%；存货/净资产比例也从2008年的73%下降到2010年的33%和2011年的49%；现金也由2009年前的1.2亿变为20亿左右。公司财务状况得到了极大的改善，抗风险能力显著增强。

点评：

这是一个典型的先提供企业运营解决方案，再谈投资的投资案。TPG 开始给达芙妮提供了一份改进运营的方案，建议达芙妮对自己的运营模式进行根本性调整，从原来的厂商推动型，走向消费者拉动型。换言之，是从代工商脱胎成为零售商。TPG 通过帮助企业发现问题，再看是否可以利用自身资源解决问题，并且提出解决方案，成功地战胜竞争对手获得投资机会，并且这一系列增值服务的实施，也保证了私募股权基金投资的盈利。

(资料来源：http://cn.wsj.com/gb/20090526/BCH000344.asp?source=NewSearch.)

5. 退出投资

退出(exit)是私募股权基金实现其投资价值的环节。私募股权基金退出的机制有很多种，主要退出策略包括 IPO、出售(trade sale)、二次收购(secondary buy-out)及清算(liquidation)。其中，IPO 与出售是较为常见的私募股权基金退出方式。

IPO 退出方式是实现被收购公司的上市公开发行。IPO 退出方式的优点是投资者可以从新股上市中获得丰厚的 IPO 溢价。在公司上市之后将面临更加严格的信息披露及监管，需要定期公开财务报表，报告重大事项，这样就可以减少投资者的监督成本。在资产的流动性方面，IPO 使得公司的股票可以在二级市场进行交易，这样投资者就可以将公司的股票变现获取收益。

IPO 也存在着缺陷，最大的缺陷在于上市发行股票的成本很高。IPO 发行存在着很大的直接成本和间接成本，直接成本来源于支付给承销商、会计师、律师、审计师的费用及公司董事会所付出的精力和时间。IPO 发行的间接成本来源于股价的低估。为了吸引更多的投资者，通常 IPO 发行倾向于低定价，这就会导致企业筹集的资金低于企业实际应筹集到的资金，产生发行的间接成本。

近年中国私募股权基金支持企业境内外 IPO 情况如图8.5所示。

以中国为例，账面投资回报方面，2011年私募股权基金通过境内外资本市场退出投资获得了14.70倍的平均账面投资回报，其中境内上市的企业为 VC/PE 带来的平均账面投资回报为16.59倍，海外上市的企业为投资者带来的平均账面投资回报为5.71倍。从具体的市场来看，2011年1月份华锐风电科技股份有限公司在上海证券交易所上市，新天域资本顾问有限公司等多家机构平均获得480倍的账面投资回报，使上海证券交易所乃至境内资本市场的平均账面投资回报被整体拉高。如果剔除华锐风电的影响，上海证券交易所的平均账面投资回报为6.07倍，境内资本市场的平均账面回报为8.22倍，境内外的平均账面回报为7.78倍。与2010年全年境内外9.27倍的平均账面投资回报相比，VC/PE 机构通过 IPO

退出所获得的收益在逐步减少。这与近年中国私募股本基金兴起,投资估值被抬高及 A 股持续的熊市密切相关。

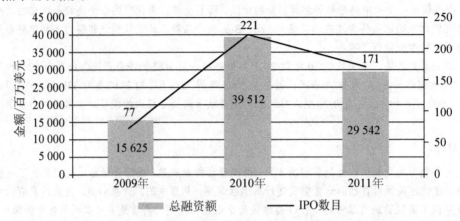

图 8.5　近年中国私募股权基金支持企业境内外 IPO 情况

出售是将被收购公司出售给其他收购者(一般是目标企业的战略投资者)进而退出的一种方式。出售的方式可以节省通过 IPO 退出的高额成本,让私募股权基金的投资可以尽快变现,避免了上市的长时间审核所带来的流通不便,而且被收购企业通常可以获得更多的资源和渠道用于其自身的发展和经营。但是出售的方式也会带来很多的不利,出售将会使得企业的内部管理结构或者股权结构进行再一次的调整,加大了企业经营的不确定性和不稳定性,不利于企业稳定而持续的经营,出售所产生的成本和费用也是一笔不小的开销,对于企业的经营来说也是不利的。

二次收购是由另一个私募股权基金对公司进行再次收购的方式。在信息不对称的情况下,作为卖出方的私募股权基金希望尽快将公司以高价卖出,以实现自己的收益,作为买方的私募股权基金则要对公司的价值做出评估,判断买入是否合理。此时,两者之间的矛盾通常由保险方式解决,卖出方会提供一个保险给买入方,如果卖出方没有履行相关的义务那么卖出方将对买入方提供补偿,补偿的金额大于卖出方卖出企业所得到的资金,差额部分由保险公司提供。在提供保险的方式下,二次收购可以克服信息不对称所带来的交易弊端。

8.3　私募股权基金在中国的历史与发展

8.3.1　私募股权基金在中国的发展历史

中国的私募股权基金从产生到现在只经历了不到 30 年。与国外私募股权基金的产生与发展过程类似,中国的私募股权基金也是在政府推动下从以政府为主导的风险投资开始的[①]。1984 年国家科技促进发展研究中心在《新的科技革命与我国的对策》中,提出了"风

---

① 本节讨论的私募股权基金特指中国内地的私募股权基金,由于内地与香港、澳门特别行政区和台湾省的经济发展阶段与相关法律均不一样,文中的"中国"均特指中国内地。

险投资"的概念。1985年中共中央《关于科学技术体制改革的决定》(以下简称《决定》)中提出"对于变化迅速,风险较大的高新技术开发工作,可以设立创业投资给予支持。"1986年,中国第一家创业投资公司——中国新技术创业投资公司(以下简称中创公司)在北京成立,主要发起股东为原国家科委(持股40%)、财政部(持股23%)等,成立时资金只有约1 000万美元,成立的最初目的是为了配合"火炬计划"的实施。中创公司对早期的中国风险投资业做出过重要贡献。以《决定》的实施为标志,中国的私募股权基金业进入了起步阶段。

起步阶段的中国私募股权基金业最大的特点就是政府的强力推动。除了上面提到的《决定》之外,1991年国务院推出《国家高新技术产业开发区若干政策的暂行规定》,1996年更是颁布实施《中华人民共和国促进科技成果转化法》第一次将风险投资有关政策写入法律。上述规定和法律给风险投资的发展提供了巨大的政策支持。在财政经费、银行贷款、设立风险基金等方面为风险投资的发展提供了法律依据和政策保障。政府的强力推动下,中国设立了一批风险投资机构,如江苏省高新技术风险投资公司等就是彼时成立的。另外,为了推动"火炬计划"的实施,全国创立了96家创业中心及一大批大学科技园和海外归国人员科技园。这些创投机构大多是中央和地方财政出资成立的国有企业或者事业单位。1989年IDG技术创业投资基金(IDGVC)在中国成立了第一个外资私募股权投资基金。此后华登国际投资集团、汉鼎亚太等具有美籍华人背景的创投公司也进入中国市场。许多国企也和外资联合成立合资公司。

尽管政府强力推动,但是受管理体制和经济金融发展环境方面的先天因素所限,风险投资的盈利模式无法在当时条件下的中国生存,投资的对象尽管大多是高科技企业,却并不具有足够的商业价值。另外,当时外资进入中国只能够通过成立合资公司的方式,这导致国外风险投资基金无法退出投资项目。证券市场那时也只主要服务于国有企业的股份制改革。盈利模式的失败和退出渠道的匮乏导致当时的许多企业陷入亏损,投资者也纷纷逃离中国市场。

1998年成思危领导的民建中央《关于尽快发展我国风险投资事业》的提案在当年的政协会议上引起高度关注。此后中共中央、国务院及各部委出台了一系列促进风险投资的政策。适逢以信息技术及互联网技术为代表的美国新经济和纳斯达克市场的空前繁荣,风险投资创造IT富豪的故事也传到了中国。在北京、深圳、上海、广州和江苏等中国IT行业率先发展的地区,创投公司如雨后春笋般出现。资本市场也开始积极筹备"创业板",这一时期中国风险投资机构出现了高速的发展。与起步阶段不同,此时政府推动成立的各类风险投资公司虽然绝大部分仍然是国有控股,但是它们的资金来源不再主要依靠财政支持,而是来自国有企业。企业制度尽管仍然存在国有企业的通病,却也有不小进步。1999年成立的深圳市创新投资集团有限公司至今仍然是中国国有风险投资公司最优秀的代表之一。同时,民营风险投资机构也有了长足的进步。1998—2000年可以称为中国私募股权和风险投资的第一个高速发展期。网易(1997成立、2000年上市)、新浪(1998成立、2000年上市)、搜狐(1998年成立、2000年上市)、腾讯(1998成立、2004年上市)等中国目前最大的几家互联网公司均成立于这一时期,并且无一例外得到了国外风险投资机构注资,之后在纳斯达克成功上市。

2001年"9·11"恐怖袭击事件发生之后,世界经济进入了大调整时期,美国互联网泡沫也随即破灭。中国的风险投资受其影响迅速收缩。资本市场"创业板"计划的搁置更是打破了诸多创投公司的"IPO 暴富"梦。退出渠道的匮乏，促使中国风险投资业开始思考投资理念和行业的盈利模式，业内人士开始将目光转向非高新技术产业，更将投资目标扩大到非初创公司。这一次风险投资业的寒冬淘汰了大批规模小、运作不规范的风险投资机构，剩下的本土风险投资机构也开始加强内部管理，形成自己的投资理念。与本土风险投资机构收缩不同，此时进入中国的海外风险投资机构对中国 IT 和互联网公司的投资并没有大幅减少。这主要是因为中国宏观经济稳定的增长好于西方国家。另外，相对于新生的中国风险投资机构，国外风险投资机构的投资理念成熟，看好中国 IT 和互联网行业的长期前景。另外，他们对国外资本市场熟悉，能够促进所投资企业海外上市，拥有更多的退出渠道。

　　2004 年 2 月，国务院《关于推进资本市场改革开放和稳定发展的若干意见》发布，中国资本市场开始股权分置改革，股票市场迎来了一场大牛市，一直持续到 2007 年。2004 年 5 月，经国务院批准，中国证监会批复同意深圳证券交易所在主板市场内设立中小企业板块，中国风险投资机构通过 IPO 退出的渠道终于畅通。外部环境看，全球经济回暖，IT 和互联网业重新变为风险投资家热衷行业。国外资本市场的回暖也使得投资中国企业的风险资本得以通过促进企业国外上市退出投资。前期互联网泡沫破灭后仍然坚持的国内外风险投资机构获得了高额回报。内外部环境的转好、成功榜样的号召重新点燃了中国风险投资和私募股权基金参与者的热情。中国的"PE 热"从此进入新的时期，国外对华直接投资(FDI)除了前期的新建投资(greenfield investment，也称"绿地投资")，还出现了跨国并购投资(cross-board M&A，也称"褐地投资")。2004 年新桥资本(New Bridge Capital)收购深圳发展银行标志着海外收购基金正式进入中国内地。中国国外对华直接投资政策的放开吸引国外私募股权基金巨头纷纷进入中国市场，国内大型企业和地方政府也成立私募股权基金，开始"与狼共舞"。这一时期，我国首只在内地注册以人民币募集资金的产业投资基金——天津渤海产业投资基金成立。

　　随着风险投资和私募股权基金在中国的繁荣发展，国内相关政策日趋规范，逐步法制化。2005 年，由国家发改委等十部委联合起草的《创业投资企业管理暂行办法》推出实行。对创业投资企业的设立，创业投资资金的投资运作，创业投资企业的法律保护、政策扶持、监督管理做出了明确规定。标志着中国风险投资制度的重大创新。2006 年 1 月 1 日新修订的《公司法》开始实施。新《公司法》区分了发起人股与风险投资基金持股，创业发起人仍将实行 3 年禁售期，而风险投资基金的禁售期可能缩短至 12 个月，极大方便了风险投资基金的套利退出。大幅降低了有限责任公司和股份有限公司的最低注册资本要求，降低设立公司的门槛以鼓励创业。之后商务部、国家外汇管理局等部门相继推出了相关部门规章，对国内民营企业实际控制人通过在国外设立公司并购国内资产，然后在境外上市的所谓"小红筹模式"进行了规范，减少了国内企业海外上市可能面临的资本管制等方面的政策风险。2007 年 6 月 1 日，新修订的《中华人民共和国合伙企业法》(以下简称《合伙企业法》)正式施行，为合伙制这一最适合风险投资和私募股权基金的组织形式提供了法律依据。经过 20 多年的发展，中国私募股权基金逐渐形成了外资基金(如凯雷集团、红杉资本投资公司等)、国有基金(如天津渤海产业基金、深圳市创新投资集团有限公司等)、民营基金(如昆吾九鼎投资管理有限公司等)三分天下的格局。

　　2008 年爆发的金融危机使得欧美各大经济体都陷入衰退的漩涡，尽管中国仍然保持着较高增长速度，但是中国的私募股权基金仍然受到了巨大的影响。

8.3.2 中国主要私募股权基金的发展现状

经过 20 多年的发展,中国私募股权基金业取得了长足的发展。各级政府、各类企业及国内外金融机构、富裕家庭都参与了私募股权基金的投资,从而形成了各类私募股权基金。外资私募股权基金机构进入中国市场后,一般做法是在国内成立分支机构,聘请有海外职业经历的华人管理其在海外募集的基金,其管理方式与其海外投资基金运作方式差异较小。本土私募股权基金则相对混乱,业界根据这些基金的背景、组织形式等方面的不同,产生了许多分类。但是这些分类的标准不是绝对的,它们之间也存在交叉,往往让人感觉到混乱。为了更好地了解它们与国外"私募股权基金"、"风险投资基金"的区别,主要介绍以下几种基金类型。

1. 创投公司

创投公司指的是以公司制为组织形式成立的风险投资机构。这一类公司的名称往往包含"创业投资(venture capital)"等字样,它们可能是股份有限公司,也可能是有限责任公司。公司制创投公司为中国本土私募股权基金的主体,占总数一半以上。这其中既有地方政府及国有企业主导设立的政府背景创投公司,也有由民营企业及专业人士以自然人身份设立的创投公司。公司制创投公司生命力核心在于建立市场化运作和激励约束机制,特别是政府背景的创投公司,如何解决政府一股独大、内部人控制等所产生的代理人问题是其生存的根本。公司制创投公司的实际发展已经证明,只有公司制度设计科学、股东结构合理、拥有优秀人才的创投公司才能逐步建立核心竞争力,从市场竞争中脱颖而出。公司制创投代表机构有深圳市创新投资集团有限公司等。

2. 产业投资基金

这里说的所谓"产业投资基金"是指 2006 年 12 月—2008 年 8 月国家发改委批准设立的十只产业投资基金,以及其他由政府计划经济思维下主导设立的类似基金,而不是指由市场化运作成立的名称中含有"××产业投资基金"的私募股权基金。"产业投资基金"是中国人在以政府为主导的传统思维下凭空发明的概念。这一说法源于 20 世纪 90 年代外资在境外设立了一些主要投资于国外"中国概念"企业及部分境内企业的投资基金,名称一般是"中国××产业投资基金"。实际上"××产业"主要指的是该基金的投资战略重点和目标行业定位,这一说法传到国内变成了一种私募股权基金类别。正是因为如此,直到现在,国内也没有一部法律对产业投资基金这一中国特有"新鲜事物"进行规范,各地产业投资基金只能以"试点"的方式运作。

2006 年 12 月,中国第一只大型人民币产业投资基金——天津渤海产业投资基金经国家发改委批准在天津设立。此后,山西能源基金、广东核电基金、上海金融基金等产业投资基金成立。到 2008 年 8 月,共成立了 10 只产业投资基金,此后未再批准设立,只是各地以各种方式设立了各类"产业投资基金"。这些所谓产业投资基金均有官方背景,由各地地方政府、国有大型企业等出资设立,归根到底与各地国有资产监督管理委员会及国企投资没有任何区别,只是以所谓"产业投资基金"的新概念可以获取土地、资金、税收等方面的优惠,甚至可以成为新的地方融资平台。另外,从其投资对象和操作手法来看它是模仿国外私募股权基金投资模式而不得要领,尚且可以归为私募股权基金,只是考虑到"私募"这个词比较敏感,改称"产业投资基金"。归纳起来,所谓"产业投资基金"至少引发了下列疑虑和争议。

(1) 以地方政府为主体申报，由国家发改委审批，带有强烈计划经济旧体制色彩。

(2) 基金和基金管理公司同时设立，管理公司无历史业绩，缺乏市场信誉，不符合市场选择管理人的原则，管理公司投资能力受到质疑。

(3) 投资地域范围和目标被人为设定，限制了基金管理人的自主决策。

(4) 偏离了国际私募股权业有限合伙制的通行规范，采取了股东持股基金管理公司的管理方式，基金管理人的选择和运作难以市场化，约束和激励机制难以到位。

(5) 产业投资基金政府主导与市场化运作要求这一内在矛盾，决定了这种所谓"中国特色私募股权基金"不应该也不可能成为中国私募股权业发展的主流。

3. 券商直投

券商直投即券商直接投资，指的是券商以自有资本或募集基金投资非上市企业的股权，通过企业上市或者股权转让获得投资收益。

其实，中国证券业实业投资曾经有过惨痛的教训。早期南方证券有限公司投资实业和房地产遭受巨大损失、国泰君安证券公司争夺万科控制权失败等都曾引起证券业巨大震动和洗牌。2001年4月，中国证监会发布券商直接投资禁令。直到2007年9月，中信证券股份有限公司、中国国际金融有限公司获得中国证监会批准开展直投业务试点，券商直投之门再次开启。此后直投业务试点券商逐步增加，2011年7月8日，中国证监会发布《证券公司直接投资业务监管指引》(以下简称《指引》)标志券商直投业务由试点转入常规监管，这意味着其他证券公司只要符合条件即可申请开展直接投资业务。

券商直投在进行私募股权投资时，具有获取优质项目的天然优势，券商直投的对象常常是上市前融资和大型并购，这与其母公司是投资银行密切相关。另外，基于投资银行背景，券商直投所投资公司在选择上市时机和上市定价方面具有优势，能够利用投资银行的专长在较好的时机以较低的成本上市，这也保证了券商直投的收益。截至2012年2月底，已经获批设立直投子公司的券商共计36家，注册资本合计达243.10亿元。券商直投业务有可能成为券商新的利润增长点。

不过，由于企业上市受市场周期影响很大，在熊市之中，企业通过上市募资的难度和成本都将增加，这也增加了以拟上市企业投资(Pre-IPO)为主要投资模式的券商直投的风险。相比其他私募股权基金，券商直投部门在为企业提供增值服务方面并没有优势，它们并不善于做长期投资，这就提高了资金的机会成本，增加了投资风险。另外，由于券商直投公司上市承销商如果是关联投资银行，则在直投业务和投资银行业务之间存在着利益冲突：作为上市公司股东，券商直投部门希望以较高的价格发行上市，而投资银行部门则可能希望通过较大折价保证上市，以获得承销收入，券商需要在两者利益之间权衡。另外，投资银行也有对直投部门投资企业过度包装的动力，最终受损的是上市公司投资者的利益。

需要注意的是，目前券商直投业务资金主要来自券商自身资本，但是上述《指引》规定，证券公司投资到直投子公司、直投基金、产业基金及基金管理机构的金额合计不得超过公司净资本的15%。2011年，中国净资本规模高于100亿元的证券公司仅为10家，高于200亿元的也仅中信证券和海通证券两家。受制于净资本规模，券商直投公司可用于开展直投业务的资金并不充裕。未来券商直投必然要借鉴传统私募股权基金运作模式，采取有限合伙制方式，引入专业管理人团队，发挥投资银行和传统私募股权基金两方面的优势，增强通过并购、股权回购和次级市场出售等渠道退出的能力,避免目前依赖于 Pre-IPO 投资造成的困境,减少市场周期对退出的影响。

4. 有限合伙制基金

中国本土私募股权基金业历史很短,以国际流行的有限合伙制方式运作私募股权基金的历史就更短了。2001 年 7 月我国第一家有限合伙制创业投资机构——北京天绿创业投资中心(以下简称天绿投资)在北京成立,普通合伙人为北京新华信企业管理咨询有限公司,有限合伙人为新疆天业股份有限公司和新疆石河子开发区经济发展总公司,但是并没有关于有限合伙制的法律规定,天绿投资于 2002 年 5 月被中国证监会叫停。

直到 2007 年 6 月 1 日《合伙企业法》正式施行,中国的合伙制私募股权基金机构才有了合法地位。同年 6 月 28 日,深圳南海成长创业投资有限合伙企业成立,成为《合伙企业法》生效后第一家以有限合伙方式组织的创业投资企业。

由于有限合伙制基金目前主要依赖于民营企业和富裕家庭,但是由于股权产业发展尚不成熟,国外私募股权基金文化尚未得到广泛认可和接受,民营有限合伙制基金面临着募资困难、有限合伙人和普通合伙人职责扭曲、增值服务能力弱等发展困境。

首先,民营企业自身融资困难,并且缺乏通过资产配置分散风险的理念,加上对私募股权基金收取固定管理费等运作模式接受度不高,出资意愿不强;另外私募股权基金"承诺出资"的方式对有限合伙人缺乏实质约束,他们可能不履行承诺,直接影响基金存续和运作稳定性。其次,民营企业家出身的有限合伙人热衷于插手基金日常管理,将投资私募股权基金当做自己办公司,这常常导致有限合伙人和普通合伙人及有限合伙人之间的分歧和矛盾,案例 8-1 讲的就是这样的案例。

尽管国内有限合伙制在中国的私募股权业应用的时间短,问题多,但是欧美私募股权基金业发展的经验告诉我们,有限合伙制能够较好地处理基金各方当事人的权利义务关系,比较有效地解决委托代理条件下的激励与约束难题,符合基金投资这种专业投资方式,必将成为中国私募股权业未来的主流。另外,随着券商直投向传统私募股权基金运作方式转型,全国社保基金等投资人将更多资产配置于私募股权基金,以及国内大型企业通过设立投资公司等方式作为普通合伙人发起有限合伙制私募股权基金,中国将有望出现大型私募股权基金,成为能够和国外私募股权基金巨头直接竞争的私募股权基金机构。

  案例 8-5

九鼎投资:王的诱惑

昆吾九鼎投资管理公司(以下简称九鼎投资)是近两年中国私募股权基金界发展最快、风头最劲的公司。2009 年之前九鼎投资还默默无名,同年 10 月创业板启动,第一批上市公司中有两家九鼎投资的公司。2011 年更获得清科集团评选的"中国私募股权投资机构 30 强"第一名的成绩,以及"杰出贡献奖"。

1. 九鼎投资的逻辑

公司总裁黄晓捷认为中国还处于证券化初期,进程越来越快。改革开放 30 多年,沉淀了一大批优秀的企业家所领导的中小企业,客观上它们都需要上市。九鼎投资的逻辑很简单,2020 年前中国上市公司要扩容到 8 000 家,目前上市公司只有 2000 多家。剩下的 5000 多家里,剔除大企业或国企 400 家,剩下的就是中小企业的天下,九鼎投资在其中能占有 10%,就是几千亿的收益。

在九鼎投资看来中国"小而美"的私募股权基金目前是没有竞争力的。九鼎投资是以做实业的心态做金融，做实业的人讲求效益第一，扛着风险也要想尽办法达成效益，市场份额最重要。为此，九鼎投资进行了诸多创新。

2. 募资模式创新

为了在"全民 PE"时代筹集资金，九鼎投资有很多创新，归结起来有零首付、投资人决策、一次性付3%管理费和投资款银行托管四点。

这些创新恰恰符合中国国情：一方面九鼎投资旗下基金的出资人大多是民营企业家，他们珍惜得来不易的财富，希望直接控制资金和投资；另一方面，企业家本身就是成功的管理者，对投资项目是否能够成功有较高的判断能力，这样做既能够利用这些宝贵的智力资源，又有利于控制投资风险。业界却有其他看法，与传统的私募股权基金募资方式比较，这些创新每条都对自己很"残忍"，被东方汇富创业投资管理有限公司总经理阚治东评价为"让同行业难受，自己也难受"。如果基金投资人同时充当投资决策人，那么九鼎投资基金管理人的角色就变为投资中介的角色了。如果投资失败，九鼎投资是承担投资中介的责任，还是承担基金管理人的责任？这必然引发冲突。

3. 投资模式创新

九鼎投资认为，传统私募股权基金投资方式项目都来得过于随机，主要依赖合伙人熟人推荐和亲自去寻找，效率太低。九鼎投资的做法是在各个省、区域找到合适的人员驻扎当地，负责联络和发现当地企业，跟当地政府、银行和券商等中介机构加强沟通。同时在北京建立庞大的研究所，对行业中的优质企业进行纵向筛选，以纵横交错两种方法"扫荡"全国的投资目标。找到目标企业后，由北京研究所的研究人员对企业进行尽职调查。

在九鼎投资内部，除了后台行政等支持岗位，九鼎投资大概有200多人工作在项目开发、行业研究、尽职调查等岗位当中，仅在行业研究团队，他们就有逾百人覆盖在消费、医疗、制造业等数十个细分行业中。如同一个隐形的网络，依赖模块化、标准化的行业研究和尽职调查体系。九鼎投资按照自己的脉络发现投资机会，如某行业内有几家龙头企业，其利润规模、核心竞争力等。

九鼎投资还有20人的专门团队做投后服务，每个企业都派专门的投后专员去跟进需求，整合资源，提供服务。这样，融资、找项目、尽职调查、评审、投后服务各个环节都有专人各司其职，业务速度大大加快。这是全世界私募股权基金行业都没有采用过的办法。

将高度依赖人的投资行为改良为"专业分工、精英团队的打法、系统性地做投资"，这就是传说中的"九鼎模式"。只是如此庞大的队伍，一个项目不同阶段由不同的团队负责，其间的激励和约束机制如何设计？现在一、二级市场高政策价差带来的高利润或许能够掩盖九鼎投资激励与约束机制的缺陷，一旦新股发行制度改为备案制，利润的减少必将使庞大团队产生的问题暴露。

4. 九鼎投资面临的挑战

九鼎投资依据的逻辑人人都同意，盈利模式也很简单，但是让其实现却不容易。庞大的员工队伍会带来巨大的风险，对资金和管理都提出了严峻的考验。直到2010年，九鼎投资才依靠管理费加上这两年开始退出一些项目的利润分成，实现收支平衡。公司合伙人蔡蕾也承认，员工众多，良莠不齐，业绩驱动太强烈，个别人就会出现用高价招揽项目的情况，造成不好的影响。

另外，九鼎投资主要依赖IPO退出投资的模式经不起任何风吹草动，潜在风险很大，一旦经济或资本市场出现问题，九鼎投资都可能中途停止。在已公开的九鼎投资的9家上市公司的数据中，平均回报率为5.74倍左右，只有行业平均的七成。这也许正是九鼎投资以高成本投资的结果。其现行的模式是否可以持续，如何改进，都需要时间来验证，毕竟，在投资江湖里，回报才是最重要的判断标准。

5. 九鼎投资的未来

黄晓捷估计现有投资方式5年内可能走到终点，九鼎投资彼时需要专注它所擅长的行业。其实九鼎投资已经开始做准备，如在旗下医药基金中有35%投资于初期企业；与紫金矿业合作成立矿业基金(基金投入55%，管理层10%，紫金矿业55%)，在探矿初期就投资。在转型后私募股权基金业务富余人员处理方面，黄晓捷则设想将公司专业研究和投资团队充分利用，成立投融资服务和资产证券化服务机构，甚至可以做投资银行业务。

九鼎投资年轻的合伙人们希望在中国能够打造出一家能够和 KKR、高盛集团、凯雷集团比肩的私募股权基金的梦想能否实现，只有时间才能够回答。

 点评：

九鼎投资基于目前中国私募股权基金行业发展尚处于初期阶段，中国资本市场规模正在快速扩张的基本现实，立足于 Pre-IPO 的成长基金，进行融资、项目选择等方面的创新，以快速实现规模的扩张是务实的做法。但是，面对外资私募股权基金的入侵，本土私募股权基金机构除了利用政策红利快速扩张规模，还要修炼为所投资企业提供增值服务的能力，才能够在"全民 PE"的大潮退去后生存下去。

(资料来源：http://news.chinaventure.com.cn/2/20111104/68591.shtml，
http://pe.pedaily.cn/201111/20111117233631.shtml.)

5. 主权财富基金

主权财富基金(sovereign wealth fund，SWF)是国际投资银行 2005 年创造出来的一个新词汇，主权财富与私人财富(private wealth)相对应，是指一国通过税收与预算分配、资源出口收入和国际收支盈余等方式积累形成的，由政府控制与支配的，通常以外币形式持有的公共财富。主权财富基金设立的目的主要有抗衡经济周期、稳定本国货币币值、储备养老基金和进行国家战略投资等。主权财富基金通常以各国政府的国家投资公司(state investment company，SIC)形式存在，如我国的中国投资有限责任公司(China Investment Corporation)、新加坡的政府投资公司(Government Investment Corporation，GIC)、挪威的政府养老基金。也有由各国中央银行直接管理的。

主权财富基金一般投资于国外资产，不投资本土私人股权。主权财富基金的管理主要考虑资产的长期收益，并不过分关注短期波动，但其投资组合的资产配置、货币构成、风险控制等都有严格要求，主要按照资产种类、货币、国别、行业、风险承受水平进行配置。近年来，各国主权财富基金投资策略都在动态变化中，但其变化趋势是逐步从传统的对外国政府债券投资扩张到对股票或股权投资，再到房地产投资等。

主权财富基金并不是传统意义上的私募股权基金，但却越来越具有私募股权基金的特征。而且，在第六次并购浪潮中，各国的主权财富基金业纷纷效仿私募股权基金，在世界范围内进行大手笔的收购。但是，因为种种原因，这些投资多以巨额亏损而告终。

除了投资亏损，主权财富基金的设立和运作模式还带来了以下争议：政府调动社会资源以提供公共服务的职能与追求资本收益最大化的传统投资目标存在着内在矛盾。一个国家的公众，原则上是该国主权财富基金的最终拥有者和受益人，而目前一些主权财富基金有关宗旨、投资方向、操作与监控方面的透明度较低，所在国公众应该在多大程度上具有对主权财富基金投资与管理决策方面的知情权及影响力是一个尚未解决的问题。

8.3.3 中国私募股权基金行业的变化趋势

中国的私募股权基金行业发展有 20 多年历史，初期主要以风险投资基金的形式运作，直到 2004 年新桥资本入股深圳发展银行，才出现了真正意义上的收购基金。为了便于分析，本节将中国的私募股权投资基金分为私募股权基金和风险投资基金，其中私募股权基金主要指并购基金，风险投资基金则是传统意义上的风险投资基金。

首先分析中国私募股权基金 2006 年以来的投融资情况。从图 8.6 和图 8.7 中可以看到，2008 年金融危机前中国私募股权基金募资规模快速增长。从 2006 年的约 142 亿美元快速增长到 2008 年的约 610 多亿美元，新募基金平均规模也迅速膨胀，由 2006 年的约 3.5 亿美元增长到 2008 年的近 12 亿美元。2008 年的金融危机给中国私募股权业带来了巨大的影响，2009 年募资总额从 2008 年的历史高点快速跌落至约 130 亿美元，新募基金平均规模也跌落至 4 亿多美元。尽管此后的两年行业募资总额快速回升，2011 年达到约 39 亿美元，但是新募基金的平均规模却持续下降，2011 年跌至平均 1.65 亿美元。这是由于新成立基金数目的急速增加，2010 年新成立基金 82 只，2011 年新成立基金 235 只，分别是 2009 年的 2.7 倍和 7.8 倍，而 2010 年和 2011 年募集资金总额分别为 2009 年的 2.1 倍和 3 倍。

从投资方面来看，中国私募股权投资总额在 2010 年前一直保持着 100 亿美元左右的投资额，2011 年却急速攀升至 275 亿美元；投资案例数目也急速上升，由 2009 年的 117 例增加到 2010 年的 363 例和 2011 年的 695 例。投资总额的快速增加，一方面是由于受金融危机影响而暂缓的投资计划重新开始实施；另一方面是新成立的基金投资增加。此外，由于单只基金的融资规模持续下降，为控制投资风险，单个案例所投资金也持续缩减，从 2009 年及之前的近 1 亿美元的单个案例投资额，迅速减少到 2010 年的平均 2 800 万美元及 2011 年的 3 900 万美元。

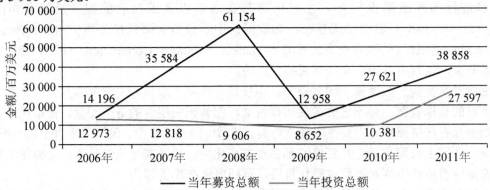

图 8.6　中国私募股权业募资和投资概况

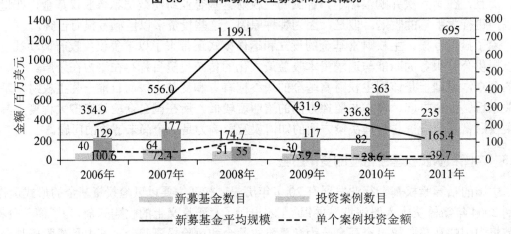

图 8.7　中国私募股权基金募资和投资情况

风险投资方面，由前面的分析知道，中国的风险投资基金先于私募股权基金(以并购基金为代表)出现,较长的发展历史也使得中国的风险投资相对私募股权投资更为成熟。这一点也可以从中国风险投资业募资和投资的历史数据中得以体现。从图 8.7 可以看到,中国风险投资业募资和投资总额一直都保持较稳定的增长,2008 年金融危机对中国风险投资业募资和投资总额的影响相对有限。2009 年后,无论募资和投资总额都经历了快速增长,2010 年与 2011 年募资和投资总额分别为 2009 年的 1.9 倍和 4.7 倍。出现这种快速增长的主要原因是 2009 年深圳证券交易所创业板的设立,大大降低了企业 IPO 门槛,为风险投资提供了一条获取高收益的退出渠道。

图 8.8 反映了中国风险投资基金在规模和投资方面的发展趋势。从基金规模来看,2005 年因为中国互联网投资狂潮而吸引了众多国外大型风险投资机构在中国设立投资基金,拉高了基金平均规模。此后,中国本土风险投资基金纷纷成立,单个基金规模逐渐缩小,最近的 4 年趋于平稳增长状态。在投资案例方面,除了因为金融危机的影响,2009 年风险投资项目数目稍有减少之外,其他年份均为稳步增长,最近两年则出现快速增长形势,这主要还是得益于创业板的推出。由于风险投资对象为初创公司,其规模均较小,因此单个案例投资额也较小,图 8.9 中可以看到,中国风险投资单个案例投资额基本维持在 500 万~700 万美元。

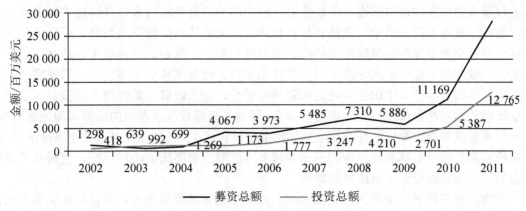

图 8.8　中国风险投资业募资和投资概况

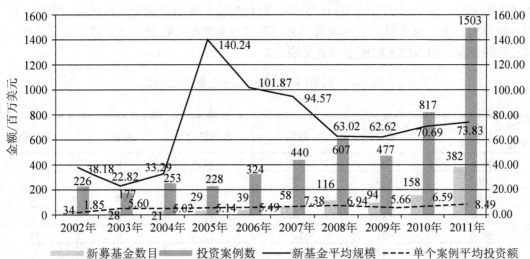

图 8.9　中国风险投资基金募资和投资情况

兼并与收购

从投资行业来看，中国私募股权基金和风险投资基金所投资企业所在的行业主要是高科技行业和新兴行业。以 2011 年为例，根据清科研究中心《2011 年度中国私募股权市场研究报告》和《2011 年度中国创业投资市场研究报告》披露，这一年中国私募股权基金投资行业按照投资案例数排名前五位的分别为机械制造(61 例)、化工原料及加工(56 例)、生物技术/医疗健康(55 例)、清洁技术(45 例)及互联网(44 例)；风险投资基金方面前 4 位则分别为互联网(276 例)、清洁技术(129 例)、电信及增值业务(107 例)及生物技术/医疗健康(103 例)，机械制造(101 例)和电子及光电设备(101 例)并列第五。

8.3.4 中国私募股权基金面临的挑战

中国经济快速发展给企业提供了众多的投资机会，民营企业的发展有着广泛的国内市场，这吸引了私募股权基金的积极参与，前文的分析也显示了中国私募股权基金和风险投资快速发展的态势。但是中国的私募股权基金业和风险投资的发展还是滞后的，行业成熟度不够，与我国市场经济发展阶段类似，仍然处于初级阶段。

首先，中国的私募股权基金业受政府直接影响大，发展法律环境不完善。发达国家私募股权基金的产生和运作都遵循市场规则，而中国的私募股权基金却是由政府自上而下推动产生的。政府不仅从政策、立法和税收优惠各方面支持风险投资业发展，还直接创立或者通过国有企业组建各类风险投资机构、引导基金和产业基金。但是对于收购基金，由于出现时间晚，各方面政策均未跟上，并且政出多门，相互间缺少协调统一。国家发改委、商务部、中国证监会、中国银行业监督管理委员会、地方政府都能够出台政策甚至法规，多头管理的结果是监管滞后及过度监管并存，国内私募股权基金发展的法律环境不容乐观。针对私募股权基金投融资的行业性法规始终处于缺位状态，私募股权基金关于基金的募集、管理机构和资质及私募股权基金的退出等诸多方面尚没有明确的法律规范，使得私募股权基金的进一步发展受到了制度性的制约。

其次，多元化退出渠道尚未完全形成。随着中国私募股权基金市场投资活跃度增加，其在资本市场的退出活动也加快了步伐。尽管 2006 年以来，中国私募股权基金市场的退出渠道不断拓宽，逐渐形成了以 IPO、并购、股权转让为主的退出渠道和机制。其中，随着创业板推出，IPO 退出渠道更加完善，并可获得较高的投资收益，逐渐成为退出主流。中国私募股权基金投资的主要退出方式见表 8-2。

表 8-2 中国私募股权基金投资主要退出方式

单位：例

退出方式 年份	IPO	并购	股权转让	其他	未披露
2006	76	20	30	19	9
2007	179	9	17	23	8
2008	62	7	27	49	14
2009	153	9	27	10	4
2010	491	26	25	2	11
2011	447	15	46	28	6

从表 8-2 中可以看到，目前我国私募股权基金的退出仍以 IPO 为主，并购、股权转让

等方式占比较少,并且场外交易市场也尚未成为基金的重要退出选择,因此,基金退出渠道的多元化不足,多层次资本市场有待完善。

另外,中国私募股权基金行业目前成熟度不高,投资策略和风格单一。从我国私募股权基金的历史发展中可以看到,投资对象已经从初期的互联网、IT 行业逐步扩展到生物技术、清洁技术等其他新兴行业和高科技行业。另外,机械制造等传统行业也吸引了不少私募股权投资。但是在投资行业逐渐丰富的同时,在同一时期,往往会出现"跟风投资"现象。一个成功退出案例的产生,往往会引来其他机构的效仿,使得行业投资阶段性过热,太阳能、风能、电子商务及移动互联网等行业就经历过或者正在经历投资过热。这种"羊群效应"的出现,一方面是行业高速处于发展期及市场主体为赢得竞争不甘落后所产生的必然现象;另一方面也使得基金承担的风险增加。这些现象显示我国私募股权基金投资行业的不成熟,基金管理人缺乏投前研究,未能建立自身的投资策略,投资风格单一。从前文中新募基金爆发式增加、单只基金规模日益变小的趋势也可以想象到这一点。在前期成功案例示范下,中国私募股权基金市场这些年经历了"野蛮生长"、"全民 PE"使得投资机构迅猛增加,由 1995 年的 10 家激增至 4 139 家。为了争夺有限合伙人资源,新成立的机构纷纷效仿老牌私募基金,跟随它们的脚步投资,扎堆热点行业,只重视退出收益,忽视增值服务。这些短期行为一方面使得被投资企业可选基金增多,基金的投资成本增加;另一方面由于依赖 IPO 退出,基金退出收益减少,风险增加,中国私募股权基金行业风险日益积聚。

过度地依赖现行 IPO 制度性溢价作为退出收益的主要来源,是目前中国私募股权基金业的现实,也是未来发展需要面对的主要问题。随着新股发行制度由审核制向着注册制方向改革,现在私募股权基金主要的利润来源将消失。通过为投资企业提供增值服务,提升企业价值,将成为下一阶段私募股权基金创造价值的源泉。只有具备提供增值服务能力的私募股权基金,才能够在"全民 PE"的潮水退去后仍然存活和发展。

从上面的分析和介绍中可以看到,中国私募股权基金业的进一步发展成熟需要解决多方面的问题,并且这与国家的经济环境、法制环境、投资文化等因素相关。中国私募股权基金业的发展依赖于中国经济发展和政治制度改革,这是一个经济金融生态系统培育、生长和繁荣的过程。最根本的是要坚持市场化和法制化的发展方向,政府应该改变目前过度监管和监管缺失并存的状态,从直接插手经营的方式中逐步退出,将职责重点放在法制建设和适度监管方向上。市场各参与主体要吸收国外私募股权投资经验,形成差异化的投资策略和投资文化,并且修炼为投资企业提供增值服务的内功。可以相信中国将在自身悠久的商业历史基础上发展起符合现代市场经济运作规律的私募股权基金业。

本章小结

本章首先介绍了私募股权基金的定义,重点分析了私募股权投资基金与其他投资基金的不同及私募股权基金的三种主要组织形式;接下来介绍了风险资本、并购基金等主要私募股权基金类型;随后介绍了私募股权基金收益衡量的几种方法,重点介绍了 J 曲线。

接下来介绍私募股权基金的投资流程、投资项目管理、退出投资方式等私募股权基金运作中最主要的问题。

兼并与收购

在介绍了私募股权基金相关基本知识之后,详细介绍了中国的私募股权基金业发展历史、现状及存在的问题。通过这些介绍,让读者深入理解私募股权基金的专家投资特点,以及私募股权基金是如何创造价值的。

习 题

1. 私募股权基金和人们常说的证券投资经济有什么区别和联系?
2. 私募股权基金有哪些分类?各自分类的依据是什么?
3. 私募股权基金的投资流程中有哪些主要环节?其投资收益如何评价?
4. 除了资金以外,私募股权基金还能给企业带来什么?从这个角度看,企业通过IPO融资和通过私募股权基金融资有什么异同?
5. 中国正加速进行新股发行制度改革,如果新股发行制度由目前的核准制改为备案制,将会对Pre-IPO投资产生什么样的影响?
6. 某私募股权基金机构旗下管理着五只基金,这五只基金存续期均为八年,采取一次性募集方式,某个项目退出获利立即分配给基金投资人,存续期现金流情况见表8-3。

表8-3 某项目存续期现金流情况

单位:亿元

基金	规模	第1年	第2年	第3年	第4年	第5年	第6年	第7年	第8年
A	5	−1	−3	−1	0.5	2	2	5	8
B	5	−3	−2	0	0	0	3	2	1
C	8	−4	−3	−1	0	0	6	2	3
D	10	−3	−4	−3	1	1	5	8	4
E	10	−6	−4	0	0	0	5	5	1

(1) 做出该私募股权基金机构的J曲线。
(2) 用资本倍数法、平均收益法分别衡量各基金的收益情况,对比不同衡量方法的异同。

7. 阅读以下材料,并回答相关问题。

凯雷集团"入住"桔子酒店

全球另类资产管理公司凯雷集团7月5日宣布,旗下凯雷亚洲基金Ⅲ已投资桔子酒店母公司Mandarin Hotel Holdings Limited,以大约5 000万美元获49%股权并成为最大股东,凯雷集团董事总经理张弛将出任该公司联席董事长。

Mandarin Hotel Holdings Limited成立于2006年,是中国最早以"设计师酒店"为定位的集团型酒店之一,旗下包括中高端品牌"桔子水晶酒店"及中端品牌"桔子酒店",目前在全国共有25家门店,覆盖的城市包括北京、天津、宁波、南京、杭州及大连。酒店房价区间为300~700元/晚。

中国酒店行业现状是"两头重、中间轻",即四、五星级酒店及经济型酒店数量集中,而中端酒店则相对分散,在中档酒店市场中,连锁酒店占的市场份额大概为13%。

"桔子系列酒店可谓是中高端酒店中的翘楚。"旅游行业分析师曾光认为,除了富有创意的设计外,桔子酒店最大的卖点在于差异化经营,通俗来说,是享受五星级的条件,但价格却低于一般的五星级酒店。

桔子水晶酒店、桔子酒店市场销售总监陈中表示,公司酒店设计强调现代感和科技感,尤其是桔子水晶酒店系列以创意闻名。在本次第三轮募资中引入凯雷集团作为长期战略投资者,主要因为其为全球最大的私募股权机构之一,具有庞大基金基础。此外,凯雷集团曾于2008年以1亿美元入股开元旅业集团,管理经验丰富。凯雷集团的加盟将加快公司扩张速度,保证直营店的覆盖率和影响力。陈中指出,此次是在双方目标一致及价值认可的前提下引入凯雷集团，以实现利益最大化，凯雷集团入股后尽管成为最大股东，并不影响公司正常运营，公司各项业务一切照旧。

桔子水晶酒店及桔子酒店此前业绩不俗。此次融资已是桔子酒店的第三轮融资，此前桔子酒店已先后两次融资，分别是在2006年融入了3 000万美元，2009年融入了2 000万美元，投资方包括挚信资本(Trustbridge partners)、曼图宏业(Mandra Capital)及其他个人基金等。本轮融资资金将用于桔子系酒店在一线和发达二线城市的网络布局，以及公司的品牌建设。

数据显示，2008年、2009年和2010年已经披露的酒店投资事件均为三例，披露投资金额总额分别为8 367万美元、2 732万美元和2 000万美元，三年来资本投向汉庭连锁酒店、7天连锁酒店、上海首席公馆酒店、布丁连锁酒店、桔子酒店等酒店项目。由于酒店市场形势低迷，2011年无投资案例。而2012年1月～7月初，已经披露的酒店投资事件5例，披露投资金额总额为1.9亿美元，投资项目有桔子酒店、布丁连锁酒店、尚客优快捷酒店等。

不过，与之相悖的是，2012年上半年国内酒店市场的持续低迷，经济酒店巨头如家连锁酒店、汉庭连锁酒店一季度出现季节性亏损。曾光认为，如家连锁酒店等目前处于成长期，仍追求规模扩张，且直营店一般都有培育期，入不敷出以致账面亏损。

（资料来源：http://www.eeo.com.cn/2012/0706/229442.shtml.）

问题：
(1) 目前中国连锁酒店行业并不景气，如家、汉庭等均出现亏损，你认为凯雷集团为什么还要投资桔子酒店，并且成为大股东？
(2) 你认为凯雷集团应该从哪些方面为桔子酒店提供增值服务？
(3) 有评论认为，两年内凯雷集团将通过桔子酒店IPO后退出投资，谈谈你的看法。

附 录

香港起诉摩根士丹利前银行家内幕交易

2009年9月,摩根士丹利亚洲有限公司(Morgan Stanley Asia)的一位前董事被香港法院判决10项内幕交易罪全部成立,并处以7年监禁和约2330万港元的高额罚款。案件的主人公杜军因与中信集团(Citic Group)的高管有密切的联系,于2007年年初加入摩根士丹利的两个项目团队中,为中信资源控股有限公司(Citic Resources)收购哈萨克斯坦的一处油田提供对冲交易和债券发行方面的相关咨询服务。此前,杜军是摩根士丹利亚洲有限公司定息部董事总经理。

在提供咨询服务期间,杜军利用其工作上的便利,在知晓了中信资源投资有限公司将收购国外油田的基础上,还了解到该公司即将对渤海湾的一处油田进行收购的内幕消息,便先后投入8600万港元囤积该公司的股票,并且建议他的妻子也进行购买。2007年7月,摩根士丹利公司对杜军进行停职审查,并在随后的不到30天的时间里将其解雇。

但这只是对杜军内幕交易行为惩罚的一个开始。2008年7月,香港证监会对杜军提起公诉,指控他犯有多达10项的内幕交易罪。经过漫长的调查和庭审后,杜军最终被定以重罪,并被处以本例开头所提到的惩罚。

本案的发生地——香港——在2003年便将内幕交易列为刑事犯罪。但是,直到5年后,才提起第一次诉讼。发生转变的主要原因是香港证监会在2007年左右强化了其执法体制,改为由香港警务处商业罪案调查科对证监会提交的案件进行调查。这和之前由香港市场行为适当审裁处对同类案件进行的民事调查相比,极大地提高了办案效率。而且,援引香港证监会官员施卫民的观点:"这次裁决向任何意图参与内幕交易的人发出了最强烈的讯号。"进一步表明了香港政府在打击内幕交易,保护普通投资者权利方面的坚定决心。

(资料来源:http://www.ftchinese.com/story/001020552,http://www.ftchinese.com/story/001028664,http://www.ftchinese.com/story/001026217,http://www.ftchinese.com/story/001026328/ce.)

*ST建机内幕交易玄机

2010年6月8日,中国证监会在官网上通报了六起证券违法案件,上市公司*ST建机高管的内幕交易位列其中。陕西建设机械股份有限公司在短短八个月间创造了470%的涨幅,在重组消息公布前的一个月股价即刻翻番,其背后的故事并不新鲜——重组概念。

根据记者的调查,多条线索显示,"明天系"公司是*ST建机重组方案公告之前内幕消息的获得者,但"明天系"公司及个人是否存在内幕交易行为则有赖监管当局的进一步彻查。

根据证监会调查,*ST建机曾于2007年3月26日发布公告,称其控股股东将股权划转给陕西煤业化工集团有限责任公司(以下简称陕煤集团)。陕煤集团总经理高仰才在重组消息公告前知悉内幕消息,同时高仰才本人及其亲属的账户在公告前集中大量买入*ST建机的股票,涉嫌构成《中华人民共和国刑法》第180条规定的内幕交易罪。但是,高仰才一个人能够买多少股?2007年一个月内,上市公司股价涨幅超过

100%，显然背后另有重量级机构。

拨开重重迷雾，一个资本市场的老相识——"明天系"公司的各种关联机构出现在*ST建机的飙升主浪中。*ST建机的股价从2007年1月4日—2007年9月28日，区间涨幅高达470.92%，远远超过同期大盘107.53%的涨幅。

在有关重大事项于2007年3月26日披露之前，*ST建机股价已经"先知先觉"出现了一轮波澜壮阔的上涨，2月26日—3月23日短短一月内飙涨114%。

按照证监会判定内幕交易的一个关键性时点，2007年3月26日*ST建机首次发布重组公告为线，"明天系"公司是否在此之前就已经埋伏？而"明天系"公司又从何提前得知重组的内幕信息？这是问题的两大关键。

2005年9月19日，陕煤集团给旗下的各单位发文，称为了提高集团公司的资本运营水平，聘请融丰行投资有限公司(以下简称融丰行)担任集团公司的常年资本运营顾问，称融丰行在资本运营方面经验丰富，并且与国内众多的证券公司、银行、上市公司及其他金融机构有密切的合作关系。

通知还称，融丰行的主要任务是为集团公司的资本运营提供全面的咨询服务，主持编制陕煤集团2005—2020年资本运营计划，并协助完成具体操作。融丰行负责下属单位的管理机制重组、主辅分离改制、内部融合和对外收购业务提供咨询，还要"帮助集团公司协调解决在北京的一些具体事务"。

融丰行自此进入陕煤集团资本运作平台，对陕煤集团借壳*ST建机方案不可能不知。不过自2007年3月陕煤集团董事长发生变更后，融丰行逐渐从陕煤集团淡去。

融丰行并不是一家单纯的小机构，而且种种迹象都指向，这家机构是"明天系"公司的一员。

资料显示，融丰行成立于2001年10月，注册资金为5 000万元，其中北京康海天达科技有限公司出资700万元，大连通易新达科技有限公司(以下简称通易新达)出资4 000万元，此外尚有包括樊延峰在内的五位自然人股东，樊延峰是融丰行的法人代表。

通易新达于2000年成立于北京，成立之初名为明天智胜软件科技有限公司，明天控股有限公司持股80%；2002年肖玉波等三人出资5 000万元入主公司，肖出资1 000万元，担任法定代表人，同时还出任"明天系"公司旗下陕西明天电子资源科技有限公司法定代表人，其时她年仅24岁。2002年12月，明天智胜软件科技有限公司更名为新易通软件科技有限公司，2005年12月迁址大连，并更为今名通易新达。

北京康海天达科技的前身是北京世纪讯联数码科技有限公司，根据世纪讯联数码科技的对外宣传，公司于2000年6月成立，初始注册资金只有500万元，有三个自然人投资成立，分别是肖建华、杨弘炜、周春生。肖建华即"明天系"掌门人。

2006年11月，北京世纪讯联数码更名为北京康海天达科技。2004年2月，公司一下增资至2亿元，法人代表也由肖建华变成了杨弘炜。此后，法人代表又一度变为潘海燕，如今法人代表为赵婷婷。

此后三年里，"明天系"的诸多关联公司在*ST建机里公然进进出出，形成一道引人注目的风景，一直到2008年中报后，"明天系"机构渐渐淡出*ST建机。

从*ST建机的前十大股东名单变更来看，主要的变动都发生在2007年一季报。公开资料只能显示到2007年一季报，"明天系"控股的恒泰证券出现在股东名单中，持股268万股。另外，持有明天控股14%股份的自然人杜云发也在一季报中出现，持有*ST建机88万股，名列前十大流通股股东。而3月26日公告后，还有四个交易日。恒泰证券和杜云发等是何时进去的？*ST建机当年一季度频繁进出的自然人股东里，有哪些有内幕交易的嫌疑？这些都有赖监管当局的进一步查实。

(资料来源：http://magazine.caixin.com/2010-07-18/100161850.html?p0#page2。)

附表 1　13D 计划表

UNITED STATES
SECURITIES AND EXCHANGE COMMISSION
Washington, D.C. 20549

SCHEDULE 13D

Under the Securities Exchange Act of 1934
(Amendment No.___)*

_____
(Name of Issuer)

_____
(Title of Class of Securities)

_____
(CUSIP Number)

_____
(Name, Address and Telephone Number of Person Authorized to Receive Notices and Communications)

_____
(Date of Event which Requires Filing of this Statement)

If the filing person has previously filed a statement on Schedule 13G to report the acquisition that is the subject of this Schedule 13D, and is filing this schedule because of §§240.13d-1(e), 240.13d-1(f) or 240.13d-1(g), check the following box. ☐

Note: Schedules filed in paper format shall include a signed original and five copies of the schedule, including all exhibits. See §240.13d-7 for other parties to whom copies are to be sent.

*　　The remainder of this cover page shall be filled out for a reporting person's initial filing on this form with respect to the subject class of securities, and for any subsequent amendment containing information which would alter disclosures provided in a prior cover page.

The information required on the remainder of this cover page shall not be deemed to be "filed" for the purpose of Section 18 of the Securities Exchange Act of 1934 ("Act") or otherwise subject to the liabilities of that section of the Act but shall be subject to all other provisions of the Act (however, see the Notes).

续表

CUSIP No. _____   Page ____ of ____

1. Names of Reporting Persons. I.R.S. Identification Nos. of above persons (entities only).

2. Check the Appropriate Box if a Member of a Group (See Instructions)
   (a) ☐
   (b) ☒

3. SEC Use Only

4. Source of Funds (See Instructions)

5. Check if Disclosure of Legal Proceedings Is Required Pursuant to Items 2(d) or 2(e) ☐

6. Citizenship or Place of Organization

Number of Shares Beneficially Owned by Each Reporting Person With

7. Sole Voting Power

8. Shared Voting Power

9. Sole Dispositive Power

10. Shared Dispositive Power

11. Aggregate Amount Beneficially Owned by Each Reporting Person

12. Check if the Aggregate Amount in Row (11) Excludes Certain Shares (See Instructions) ☐

13. Percent of Class Represented by Amount in Row (11)

14. Type of Reporting Person (See Instructions)

附表2 TO表

UNITED STATES
SECURITIES AND EXCHANGE COMMISSION

Washington, D.C. 20549

SCHEDULE TO

(RULE 14d-100)

Tender Offer Statement Pursuant to Section 14(d)(1) or 13(e)(1) of

the Securities Exchange Act of 1934

PEOPLESOFT, INC.

(Name of Subject Company)

PEPPER ACQUISITION CORP.
ORACLE CORPORATION

(Name of Filing Persons–offeror)

COMMON STOCK, PAR VALUE $0.01 PER SHARE

(Title of Class of Securities)

712713106

(Cusip Number of Class of Securities)

Daniel Cooperman

Senior Vice President, General Counsel and Secretary

Oracle Corporation

500 Oracle Parkway

Redwood City, California 94065

Telephone: (650) 506-7000

(Name, Address and Telephone Number of Person Authorized to Receive Notices

and Communications on Behalf of Filing Persons)

Copies to:

William M. Kelly

Davis Polk & Wardwell

附 录

续表

1600 El Camino Real

Menlo Park, California 94025

Telephone: (650) 752-2000

CALCULATION OF FILING FEE

Transaction Valuation*	Amount of Filing Fee**
$5,065,695,056	$409,815

*Estimated for purposes of calculating the amount of filing fee only. Transaction value derived by multiplying $16,605,941(number of shares of common stock of subject company outstanding as of May 27, 2003 (according to the Agreement and planof Merger, dated June 1, 2003, by and among subject company, J.D. Edwards & Company and Jersey Acquisition Corporationfiled with the J.D. Edwards & Company Form 8-K filed on June 3, 2003, with the Securities and Exchange Commission) by$16.00 (the purchase price per share offered by Offeror).

**The amount of the filing fee, calculated in accordance with Rule 0-11 of the Securities and Exchange Act of 1934, as amended,and Fee Advisory #11 for Fiscal Year 2003 issued by the Securities and Exchange Commission on February 21, 2003, equals0.008090% of the transaction valuation.

_ Check box if any part of the fee is offset as provided by Rule 0-11(a)(2) and identify the filing with which the offsetting fee waspreviously paid. Identify the previous filing by registration statement number, or the Form or Schedule and the date of its filing.

Amount Previously Paid: Not applicable. Filing Party: Not applicable.

Form or Registration No.: Not applicable. Date Filed: Not applicable.

file:/\\Amy\Economatrix%20Folder\Employee%20Folders\Current%20Employees\Iris\Schedule%20T 11/30/2005

参 考 文 献

[1] [英]盖伊·弗雷泽·桑普森. 资产的博弈：私募股权投融资管理指南[M]. 窦尔翔，等译. 北京：中信出版社，2008.
[2] 李寿双. 中国式私募股权基金：募集与设立[M]. 北京：法律出版社，2009.
[3] 李寿双. 中国式私募股权投资：基于中国法的本土化路径[M]. 北京：法律出版社，2008.
[4] 刘纪鹏，曾斌. 全球证券交易所并购浪潮对我国的启示[J]. 经济. 2011(4).
[5] [美]史蒂芬·大卫杜夫. 金融并购风云录[M]. 王世权，等译. 北京：机械工业出版社，2011.
[6] 苏昕. 详解 Goodbaby Group（好孩子集团）杠杆收购案[J]. 社会科学学科研究，2011(1).
[7] 陶启智，周铭山，刘玉珍. 杠杆率在公司并购后的变动：部分调整模型的应用[J]. 金融学，2011(2).
[8] 王燕辉. 私人股权基金[M]. 北京：经济管理出版社，2009.
[9] 叶有明. 股权投资基金运作：PE 价值创造的流程[M]. 2 版. 上海：复旦大学出版社，2012.
[10] 郑磊. 聚变：中国资本市场备忘录[M]. 北京：清华大学出版社，2010.
[11] Alexander G, et al. *Fundamentals of Investments*[M]. 3rd ed. US: Prentice Hall, 2001.
[12] Alti A. How Persistent Is the Impact of Market Timing on Capital Structure[J]. *The Journal of Finance*, 2006, 61(4).
[13] Andrade G, et al. New Evidence and Perspectives on Mergers[J]. *The Journal of Economic Perspectives*, 2001, 15(2).
[14] Armitage S. Event Study Methods and Evidence on Their Performance[J]. *Journal of Economic Surveys*, 1995, 9(1).
[15] Asquith P. Merger Bids and Stock Returns[J]. *Journal of Financial Economics*, 1983, 11(1).
[16] Asquith P, Kim E. The Impact of Merger Bids on the Participating Firms' Security Holders[J]. *The Journal of Finance*, 1982, 37(5).
[17] Baker M, Wurgler J. Market Timing and Capital Structure[J]. *The Journal of Finance*, 2002, 57(1).
[18] Bartholdy J, Riding, A. Thin Trading and the Estimation of Betas: the Efficacy of Alternative Techniques[J]. *Journal of Financial Research*, 1994, 17(2).
[19] Berger P, et al. Managerial Entrenchment and Capital Structure Decisions[J]. *The Journal of Finance*, 1997, 52(4).
[20] Bhagat S, et al. Do Tender Offers Create Value? New Methods and Evidence[J]. *Journal of Financial Economics*, 2005, 76(1).
[21] Billett M, et al. Bondholder Wealth Effects in Mergers and Acquisitions: New Evidence from 1980s and 1990s[J]. *The Journal of Finance*, 2004, 59(1).
[22] Black F, Scholes M. The Pricing of Options and Corporate Liabilities[J] *Journal of Political Economy*, 1973, 81(3).
[23] Bradley M, et al. On the Existence of an Optimal Capital Structure: Theory and Evidence[J]. *The Journal of Finance*, 1984, 39(3).
[24] Brealey R, Myers S. *Principles of Corporate Finance*[M]. 7th ed. London: McGraw-Hill/Irwin, 2003.
[25] Brennan M, Schwartz E. Optimal Financial Policy and Firm Valuation[J]. *The Journal of Finance*, 1984, 39(3).
[26] Bris A. Toeholds, Takeover Premium, and the Probability of Being Acquired[J]. *Journal of Corporate Finance*, 2002, 8(3).
[27] Brown S, Warner J. Using Daily Stock Returns: The Case of Event Studies[J]. *Journal of Financial Economics*, 1985, 14(1).

[28] Bruner R. The Use of Excess Cash and Debt Capacity as a Motive for Merger[J]. *The Journal of Financial and Quantitative Analysis*, 1988, 23(2).

[29] Bruner R. *Applied Mergers and Acquisitions*[M]. New York: John Wiley & Sons Inc., 2004.

[30] Bulow J, et al. Toeholds and Takeovers[J]. *Journal of Political Economy*, 1999, 107(3).

[31] Burch T. Locking Out Rival Bidders: The Use of Lockup Options in Corporate Mergers[J]. *Journal of Financial Economics*, 2001, 60(1).

[32] Campa J, Hernando I. M&As Performance in the European Financial Industry[J]. *Journal of Banking and Finance*, 2006, 30(12).

[33] Campbell C, Wasley C. Measuring Security Price Performance Using Daily NASDAQ Returns[J]. *Journal of Financial Economics*, 1993, 33(1).

[34] Campbell J, et al. *The Econometrics of Financial Markets*[M]. US: Princeton University Press, 1997, Chapter 4.

[35] Chandler A D. *The Coming of Oligopoly and Its Meaning for Antitrust, in National Competition Policy: Historian's Perspective on Antitrust and Government Business Relationships in the United States*[M]. Federal Trade Commission Publication, August 1981.

[36] Chandler A D. *The Visible Hand: The managerial Revalution in American Business, Cambridge*[M]. MA: Belknap Press, 1977.

[37] Chang S, Mais E. Managerial Motives and Merger Financing[J]. *Financial Review*, 2000, 35(4).

[38] Chernow R. *The House of Morgan*[M]. New York: Grove Press, 1990.

[39] Conlin J R. *The American Past,* Fort Worth[M]. TX: Harcourt Press, 1997.

[40] Copeland T, et al. *Financial Theory and Corporate Policy* [M]. 4th ed. UK: Pearson Addison Wesley, 2005, Chapter 12.

[41] Danbolt J. Target Company Cross-border Effects in Acquisitions into the UK[J]. *European Financial Management*, 2004, 10(1).

[42] DeAngelo, H. and Masulis, R. "Optimal Capital Structure under Corporate and Personal Taxation", *Journal of Financial Economics*, 1980, 8(1).

[43] Dennis D, McConnell J. Corporate Mergers and Security Returns[J]. *Journal of Financial Economics*, 1986, 16(2).

[44] Dimson E. Risk Measurement When Shares Are Subject to Infrequent Trading[J]. *Journal of Financial Economics*, 1979, 7(2).

[45] Donald M, Pamphilis D. *Mergers, Acquisitions, and Other Restructuring Activities, An Integrated Approach to Process, Tools, Cases, and Solutions* [M]. 5th ed. New York: Academic Press, 2010.

[46] Donaldson G. *Corporate Debt Capacity: A Study of Corporate Debt Policy and the Determination of Corporate Debt Capacity*[M]. Boston: Harvard Graduate School of Business, 1961.

[47] Dyckman T, et al. A Comparison of Event Study Methodologies Using Daily Stock Returns: A Simulation Approach[J]. *Journal of Accounting Research*, 1984, 22.

[48] Eger C. An Empirical Test of the Redistribution Effect in Pure Exchange Mergers[J]. *The Journal of Financial and Quantitative Analysis*, 1983, 18(4).

[49] Elton E, et al. Explaining the Rate Spread on Corporate Bonds[J]. *The Journal of Finance*, 2001, 56(1).

[50] Fabozzi F. *Bond Markets, Analysis and Strategies* [M]. 4th ed. New Jersey: Prentice-Hall, Inc., 2000.

[51] Fama E, French K. Testing Trade-Off and Pecking Order Predictions about Dividends and Debt[J]. *The Review of Financial Studies*, 2002, 15(1).

[52] Fan J, Goyal V. On the Patterns and Wealth Effects of Vertical Mergers[J]. *Journal of Business*, 2006, 79(2).

[53] Federal Trade Commission. *Statistical Report on Mergers and Acquisitions*[R]. Washington. D.C, 1977.

[54] Field A. *Discovering Statistics Using SPSS* [M]. 2nd ed. London: SAGE Publications, 2005.

[55] Fischer E, et al. Dynamic Capital Structure Choice: Theory and Tests[J]. *The Journal of Finance*, 1989, 44(1).

[56] Flannery M, Rangan K. Partial Adjustment Toward Target Capital Structures[J]. *Journal of Financial Economics*, 2006, 79(3).

[57] Fligstein N. *The Transformation of Corporate Control*[M]. Cambridge: Harvard University Press, 1990.

[58] Frank M, Goyal V. Trade-off and Pecking Order Theories of Debt[J]. *Handbook of Corporate Finance: Empirical Corporate Finance*, 2008, 2(12).

[59] Fuller K, et al. What Do Returns to Acquiring Firms Tell Us? Evidence from Firms That Make Many Acquisitions[J]. *The Journal of Finance*, 2002, 57(4).

[60] Galai D, Masulis R. The Option Pricing Model and the Risk Factor of Stock[J]. *Journal of Financial Economics*, 1976, 3(1).

[61] Garfinkel J A. New Evidence on the Effects of Federal Regulations on Insider Trading: The Insider Tradingand Securities Fraud Enforcement Act[J]. *Journal of Corporate Finance*, 3, April 1997.

[62] Gaughan P A. *Mergers, Acquisitions, and Corporate Restructurings*[M].4th ed. New Jersey: John Wiley & Sons, Inc, 2007.

[63] Ghosh A, Jain P. Financial Leverage Changes Associated with Corporate Mergers[J]. *Journal of Corporate Finance*, 2000, 6(4).

[64] Goergen M, Renneboog L. Shareholder Wealth Effects of European Domestic and Cross-Border Takeover Bids[J]. *European Financial Management*, 2004, 10(1).

[65] Goldman E, Qian J. Optimal Toeholds in Takeover Contests[J]. *Journal of Financial Economics*, 77, August 2005.

[66] Goyal V, et al. Growth Opportunities and Corporate Debt Policy: The Case of The U.S. Defense Industry[J]. *Journal of Financial Economics*, 2002, 64(1).

[67] Graham J, Harvey C. The Theory and Practice of Corporate Finance: Evidence from the Field[J]. *Journal of Financial Economics*, 2001, 60(2).

[68] Greene W. *Econometric Analysis*[M].4th ed. New Jersey: Prentice-Hall Inc, 2000.

[69] Gregory A, McCorriston S. Foreign Acquisitions by UK Limited Companies: Short- and Long-Run Performance[J]. *Journal of Empirical Finance*, 2005, 12(1).

[70] Grinblatt M, Titman S. *Financial Markets and Corporate Strategy*[M]. 2nd ed. New York: McGraw-Hill, 2002.

[71] McCall J. *The Economics of Information and Uncertainty*[M]. Chicago: University of Chicago Press, 1982.

[72] Harford J. What Drives Merger Waves[J]. *Journal of Financial Economics*,September 2005.

[73] Harford J, et al. *Do Firms Have Leverage Targets? Evidence from Acquisitions*[M]. SSRN working paper, November 2007.

[74] Hart O. Corporate Governance: Some Theory and Implications[J]. *The Economic Journal*, 1995, 105(430).

[75] Hayn C. Tax Attributes as Determinants of Shareholder Gains in Corporate Acquisitions[J]. *Journal of Financial Economics*, 1989, 23(1).

[76] Heron R, Lie E. Operating Performance and the Method of Payment in Takeovers[J]. *Journal of Financial and Quantitative Analysis*, 2002, 37(1).

[77] Hirshleifer D, Titman S. Share Tendering Strategies and the Success of Hostile Takeover Bids[J]. *Journal of Political Economy*, 1990, 98(2).

[78] Hong G, Warga A. An Empirical Study of Bond Market Transactions[J]. *Financial Analysts Journal*, 2000, 56(2).

[79] Houston J, James C. Bank Information Monopolies and the Mix of Private and Public Debt Claims[J]. *The Journal of Finance*, 1996, 51(5).

[80] Hovakimian A. Are Observed Capital Structures Determined by Equity Market Timing?[J]. *Journal of Financial and Quantitative Analysis*, 2006, 41(1).

[81] Hovakimian, A, et al. Determinants of Target Capital Structure: The Case of Dual Debt and Equity Issues[J]. *Journal of Financial Economics*, 2004, 71(3).

[82] Hovakimian A, et al. The Debt-Equity Choice[J]. *The Journal of Financial and Quantitative Analysis*, 2001, 36(1).

[83] Howells P, Bain K. *The Economics of Money, Banking and Finance (A European Text)* [M]. England: Addison Wesley Longman Limited, 1998.

[84] Jain P. Analyses of the Distribution of Security Market Model Prediction Errors for Daily Returns Data[J]. *Journal of Accounting Research*, 1986, 24(1).

[85] Jenkinson T, Mayer C. *Hostile Takeovers: Defence, Attack and Corporate Governance*[M]. London: McGraw-Hill, 1994.

[86] Jensen M. Agency Costs of Free Cash Flow, Corporate Finance and Takeovers[J]. *The American Economic Review*, 1986, 76(2).

[87] Jensen M. Takeovers: Their Causes and Consequences[J]. *Journal of Economic Perspectives*, 1988, 2(1).

[88] Jensen M, Meckling W. Theory of the Firm: Managerial Behavior, Agency Costs and Ownership Structure[J]. *Journal of Financial Economics*, 1976, 3(4).

[89] Jensen M, Ruback, R. The Market for Corporate Control: The Scientific Evidence[J]. *Journal of Financial Economics*, 1983, 11(1).

[70] Jensen M, Smith C. "Stockholder, Manager and Creditor Interests: Applications of Agency Theory", reprinted in *A Theory of the Firm: Governance, Residual Claims, and Organizational Forms.* [M]. Cambridge, MA: Harvard University Press, 2001.

[71] Johnson L T, Petrone K R. Is goodwill an asset?[J]. *Accounting Horizons*, 1998, 12(3).

[72] Kahle K, et al. Measuring Abnormal Bond Performance[J]. *Review of Financial Studies*, 2008, forthcoming.

[73] Kane A, et al. How Big is the Tax Advantage to Debt? [J]. *The Journal of Finance*, 1984, 39(3).

[74] Kaplan S N, A Clinical Exploration of Value Creation and Destruction in Acquisitions: Organizational Design, Incentives and Internal Capital Markets[J]. *Working paper from National Bureau of Economic Research*, 1997.

[75] Kayhan A, Titman S. Firms' Histories and Their Capital Structures[J]. *Journal of Financial Economics*, 2007, 83(1).

[76] Kennan J. The Estimation of Partial Adjustment Models with Rational Expectations[J]. *Econometrica*, 1979, 47(6).

[77] Kintner E W. *Primer on the Law of Mergers*[M]. New York: Macmillan, 1973.

[78] Kothari S, Warner J. Econometrics of Event Studies[J]. working paper, Tuck School of Business at Dartmouth, 2004.

[79] Kim E, McConnell J. Corporate Mergers and the Co-insurance of Corporate Debt[J]. *The Journal of Finance*, 1977, 32(2).

[80] Kinnear P, Gray C. *SPSS 12 Made Simple*[M]. UK: Psychology Press, 2004.

[81] Leary M, Roberts M. Do Firms Rebalance Their Capital Structures? [J]. *The Journal of Finance*, 2005, 60(6).

[82] Lev B, Mandelker G. The Microeconomic Consequences of Corporate Mergers[J]. *The Journal of Business*, 1972, 45(1).

[83] Lewellen W. A Pure Financial Rationale for the Conglomerate Merger[J]. *The Journal of Finance*, 1971, 21(2).

[84] Livingston M. *Bonds and Bond Derivatives*[M]. UK: Blackwell Publishers Ltd, 1999, Chapter 10.

[85] Lofthouse S. *Investment Management* [M]. 2nd ed. England: John Wiley & Sons Ltd., 2001.

[86] Lott T, Loosvelt D. *Vault Career Guide to Investment Banking*[M]. New York: Vault Inc, 2005.

[87] MacKinlay A C, Event Studies in Economics and Finance[J]. *Journal of Economic Literature*, 1997, 35(1).

[88] Maddala G. *Introduction to Econometrics*[M]. 3rd ed. Chichester: John Wiley & Sons, Ltd., 2001.

[89] Mallin C. *Corporate Governance* [M].2nd ed. New York: Oxford University Press, 2004.

[90] Maquieira C, et al. Wealth Creation Versus Wealth Redistribution in Pure Stock-for-Stock Mergers[J]. *Journal of Financial Economics*, 1998, 48(1).

[91] Markham J. *Survey of the Evidence and Findings on Mergers, in Business Concentration and Public Policy*[M]. NJ: Princeton University Press, 1995.

[92] Martin K. The Method of Payment in Corporate Acquisitions, Investment Opportunities, and Management Ownership[J]. *The Journal of Finance*, 1996, 51(4).

[93] Maxwell W, Rao R. Do Spin-offs Expropriate Wealth from Bondholders?[J]. *The Journal of Finance*, 2003, 58(5).

[94] Maxwell W, Stephens C. The Wealth Effects of Repurchases on Bondholders[J]. *The Journal of Finance*, 2003, 58(2).

[95] McDaniel, M. Bondholders and Stockholders[J]. *The Journal of Corporation Law*, 1988, 13(2).

[96] Melicher R, Rush D. The Performance of Conglomerate Firms: Recent Risk and Return Experience[J]. *The Journal of Finance*, 1973, 28(2).

[97] Meyer T, Mathonet P Y. *Beyond the J-curve: Managing a Portfolio of Venture Capital and Private Equity Funds*[M]. New Jersey: John Wiley & Sons, Inc, 2005.

[98] Milgrom P, Roberts J. *Economics, Organization & Management.* [M]. UK: Prentice Hall, 1992.

[99] Mitchell M L, Mulherin J H. The Impact of Industry Shocks on Takeover and Restructuring Activity[J]. *Journal of Financial Economics*, June 1996, 6(41).

[100] Mitchell M, et al. *Takeovers, Restructuring, and Corporate Governance* [M]. 4th ed. New Jersey: Pearson Education International, 2004.

[101] Modigliani F, Miller M. The Cost of Capital, Corporation Finance and the Theory of Investment[J]. *The American Economic Review*, 1958, 48(3).

[102] Modigliani F, Miller M. Corporate Income Taxes and the Cost of Capital: A Correction[J]. *The American Economic Review*, 1963, 53(3)

[103] Moeller S B, et al. *Wealth Destruction on a Massive Scale: A Study of Acquiring Firm Returns in the Recent Merger Wave*[J]. Journal of Finance, 2005, 60(2).

[104] Moellera S, et al. Firm Size and the Gains from Acquisitions[J]. *Journal of Financial Economics*, 2004, 73(2).

[105] Moellera S, et al. Wealth Destruction on a Massive Scale? A Study of Acquiring-Firm Returns in the Recent Merger Wave[J]. *The Journal of Finance*, 2005, 60(2).

[106] Morck R, et al. Characteristics of Targets of Hostile and Friendly Takeovers[J].National Bureau of Economic Research, 1988, Alan J Auerbach. In *Corporate Takeovers: Causes and Consequences*[M]. Chicago: The University of Chicago Press, 1988.

[107] Morellec E, Zhdanov A. Financing and Takeovers[J]. *Journal of Financial Economics*, 2008, 87(3).

参 考 文 献

[108] Muelbroek L. An Empirical Analysis of Insider Trading[J]. *Journal of Finance*, 1992, 47(5).

[109] Mulherin H, Boone A. Comparing Acquisitions and Divestitures[J]. *Journal of Corporate Finance*, 2000, 6(2).

[110] Myers S. Determinants of Corporate Borrowing[J]. *Journal of Financial Economics*, 1977, 5(2).

[111] Myers S. The Capital Structure Puzzle[J]. *The Journal of Finance*, 1984, 39(3).

[112] Myers S, Majluf S. Corporate Financing and Investment Decisions When Firms Have Information That Investors Do Not Have[J]. *Journal of Financial Economics*, 1984, 13(2).

[113] Nelson R. *Merger Movements in American Industry: 1895-1956*[M]. NJ: Princeton University Press, 1959.

[114] Officer M. Collars and Renegotiation in Mergers and Acquisitions[J]. *The Journal of Finance*, 2004, 59(6).

[115] Officer M. Termination Fees in Mergers and Acquisitions[J]. *Journal of Financial Economics*, 2003.

[116] Painter N I. *Standing at Armageddon: The United States, 1877-1919*[M]. New York: Norton, 1987.

[117] Parisi, et al. The Deal of the Century in Chile Endesa Espana's Takeover of Enersis[R]. *International Review of Financial Analysis*, 2000(9).

[118] Paulson E. *The Technology M&A Guidebook*[M]. New York: John Wiley & Sons, Inc., 2001.

[119] Penas M, Unal H. Gains in Bank Mergers: Evidence from the Bond Markets[J]. *Journal of Financial Economics*, 2004, 74(1).

[120] Peter T. Complementary Research Methods[J]. *Journal of Finance Economics*, 2001.

[121] Phillips P. *The Merrill Lynch Guide to the Gilt-edged and Sterling Bond Markets*[M]. England: The Book Guild Ltd, 1996.

[122] Rajan R, Zingales L. What Do We Know about Capital Structure? Some Evidence from International Data[J]. *The Journal of Finance*, 1995, 50(5).

[123] Rathinasamy R, et al. Mergers, Debt Capacity, and Stockholder-Bondholder Wealth Transfers[J]. *Journal of Applied Business Research*, 1991, 7(3).

[124] Reed S F, et al. *The Art of M&A:A Merger Acquisition Buyout Guide* [M]. 4th ed. New York: McGraw-Hill, 2007.

[125] Renneboog L, Szilagyi P. Bond Performance in Mergers and Acquisitions: The Impact and Spillover of Governance and Legal Standards[J]. *SSRN working paper*, 2007.

[126] Renneboog L, Szilagyi P. Corporate Restructuring and Bondholder Wealth[J]. *European Financial Management*, 2008, 14(4).

[127] Rhodes-Kropf M, Viswanathan S. Market Valuation and Merger Waves[J]. *The Journal of Finance*, 2004, 59(6).

[128] Robert C P. *American Economic History*[M]. New York: Dryden Press,1982.

[129] Roll R. The Hubris Hypothesis of Corporate Takeovers[J]. *Journal of Business*, 1986, 59(2).

[130] Rosenbaum J, Pearl J. Investment Banking: Valuation, Leveraged Buyouts, and Mergers & Acquisitions[M]. New Jersey: John Wiley & Sons, Inc, 2009.

[131] Auerback A. *In Mergers and Acquisitions*[M]. Chicago: University of Chicago Press, 1988.

[132] Sampson G F. *Private Equity as an Asset Class*[M]. New Jersey: John Wiley & Sons, Inc, 2007.

[133] Schwert W. Hostility in Takeovers: In the Eyes of the Beholder? [J]. *The Journal of Finance*, 2000, 55(6).

[134] Scholes M, Williams J. Estimating Betas from Nonsynchronous Data[J]. *Journal of Financial Economics*, 1977, 5(3).

[135] Settle J, Synergy, Diversification, and Incentive Effects of Corporate Merger on Bondholder Wealth: Some Evidence[J]. *The Journal of Financial Research*, 1984, 7(4).

[136] Seyhun N H. The Effectiveness of Insider Trading Regulations[J]. *Journal of Law and Economics*, 1992,35.

[137] Shastri K. The Differential Effects of Mergers on Corporate Security Values, in *Research in Finance*, Volume 8, ed. Chen, A., UK: JAI Press Inc., 1990.

[138] Shleifer A, Vishny R. Large Shareholders and Corporate Control[J]. *Journal of Political Economy*, 1986, 94(3).

[139] Shleifer A, Vishny R. Stock Market Driven Acquisitions[J]. *Journal of Financial Economics*, 2003, 70(3).

[140] Shrieves R, Pashley M. Evidence on the Association between Mergers and Capital Structure[J]. *Financial Management*, 1984, 13(3).

[141] Shyam-Sunder L, Myers S. Testing Static Tradeoff Against Pecking Order Models of Capital Structure[J]. *Journal of Financial Economics*, 1999, 51(2).

[142] Siegel S. *Nonparametric Statistics for the Behavioural Sciences*[M]. London: McGraw-Hill, 1956.

[143] Smith C. Investment Banking and the Capital Acquisition Process[J]. *Journal of Financial Economics*, 1986, 15(1).

[144] Steiner P O. *Mergers: Motives, Effects and Policies*[M]. Ann Arbor: University of Michigan Press, 1975.

[145] Stigler G. Monopoly and Oligopoly by Merger[J]. *American Economic Review*, 1950, 40.

[146] Strong N. Modelling Abnormal Returns: A Review Article[J]. *Journal of Business Finance & Accounting*, 1992, 19(4).

[147] Sudarsanam S. *Creating Value from Mergers and Acquisitions—The Challenges*[M]. England: Pearson Education Limited, 2003.

[148] Tao Q. Impact of Acquisitions on Short-Run Returns and Leverage: Two Studies in Corporate Finance[D]. PhD dissertation, University of Edinburgh, 2009.

[149] Titman S. The Effect of Capital Structure on a Firm's Liquidation Decisions[J]. *Journal of Financial Economics*, 1983, 13(1).

[150] Titman S, Wessels R. The Determinants of Capital Structure Choice[J]. *The Journal of Finance*, 1988, 43(1).

[151] Tobit J. Estimation of Relationships for Limited Dependent Variables[J]. *Econometrica*, 1958, 26(1).

[152] Travlos N. Corporate Takeover Bids, Methods of Payment, and Bidding Firms' Stock Returns[J]. *The Journal of Finance*, 1987, 42(4).

[153] Wang C, Xie, F. Corporate Governance Transfer and Synergistic Gains from Mergers and Acquisitions[R]. *The Review of Financial Studies*, 2008.

[154] Asher, M., Chung, E. and the Staff of Vault, *Vault Guide to the Case Interview*, Vault Inc.:2008.

[155] Walker M. Determinants of Bondholder Wealth Following Corporate Takeovers[J]. *Quarterly Journal of Business and Economics*, 1994, 33(1).

[156] Welch I. Capital Structure and Stock Returns[J]. *Journal of Political Economy*, 2004, 112(1).

[157] Weston J, Weaver S. *Mergers & Acquisitions*[M]. New York: McGraw-Hill, 2001, Chapter 5.

[158] Weston F, Mansinghka S. Tests of the Efficiency Performance of Conglomerate Firms[J]. *The Journal of Finance*, 1971, 26(4).

[159] Wooldridge J. *Introductory Econometrics: A Modern Approach*[M]. 3rd ed. Ohio: South Western, 2006.

北京大学出版社本科财经管理类实用规划教材（已出版）

财务会计类

序号	书名	标准书号	主编	定价	序号	书名	标准书号	主编	定价
1	基础会计（第2版）	7-301-17478-4	李秀莲	38.00	23	基础会计学学习指导与习题集	7-301-16309-2	裴 玉	28.00
2	基础会计学	7-301-19403-4	窦亚芹	33.00	24	财务管理理论与实务	7-301-20042-1	成 兵	40.00
3	会计学	7-81117-533-2	马丽莹	44.00	25	税法与税务会计实用教程（第2版）	7-301-21422-0	张巧良	45.00
4	会计学原理（第2版）	7-301-18515-5	刘爱香	30.00	26	财务管理理论与实务（第2版）	7-301-20407-8	张思强	42.00
5	会计学原理习题与实验（第2版）	7-301-19449-2	王保忠	30.00	27	公司理财原理与实务	7-81117-800-5	廖东声	36.00
6	会计学原理与实务（第2版）	7-301-18653-4	周慧滨	33.00	28	审计学	7-81117-828-9	王翠琳	46.00
7	会计学原理与实务模拟实验教程	7-5038-5013-4	周慧滨	20.00	29	审计学	7-301-20906-6	赵晓波	38.00
8	会计实务	7-81117-677-3	王远利	40.00	30	审计理论与实务	7-81117-955-2	宋传联	36.00
9	高级财务会计	7-81117-545-5	程明娥	46.00	31	会计综合实训模拟教程	7-301-20730-7	章洁倩	38.00
10	高级财务会计	7-5655-0061-9	王奇杰	44.00	32	财务分析	7-301-20275-3	张献英	30.00
11	成本会计学	7-301-19400-3	杨尚军	38.00	33	银行会计	7-301-21155-7	宗国恩	40.00
12	成本会计学	7-5655-0482-2	张红漫	30.00	34	税收筹划	7-301-21238-7	都新英	38.00
13	成本会计学	7-301-20473-3	刘建中	38.00	35	基础会计学	7-301-16308-5	晋晓琴	39.00
14	管理会计	7-81117-943-9	齐殿伟	27.00	36	公司财务管理	7-301-21423-7	胡振兴	48.00
15	管理会计	7-301-21057-9	彤芳珍	36.00	37	财务管理学实用教程（第2版）	7-301-21060-4	骆永菊	42.00
16	会计规范专题	7-81117-887-6	谢万健	35.00	38	政府与非营利组织会计	7-301-21504-3	张 丹	40.00
17	企业财务会计模拟实习教程	7-5655-0404-4	董晓平	25.00	39	预算会计	7-301-22203-4	王筱萍	32.00
18	税法与税务会计	7-81117-497-7	吕孝侠	45.00	40	统计学实验教程	7-301-22450-2	裴雨明	24.00
19	初级财务管理	7-301-20019-3	胡淑姣	42.00	41	基础会计实验与习题	7-301-22387-1	左 旭	30.00
20	财务管理学原理与实务	7-81117-544-8	严夏海	45.00	42	基础会计	7-301-23109-8	田凤彩	39.00
21	财务管理学	7-5038-4897-1	盛均全	34.00	43	财务会计学	7-301-23190-6	李柏生	39.00
22	财务管理学	7-301-21887-7	陈 玮	44.00	44	会计电算化	7-301-23565-2	童 伟	49.00

工商管理、市场营销、人力资源管理、服务营销类

序号	书名	标准书号	主编	定价	序号	书名	标准书号	主编	定价
1	管理学基础	7-5038-4872-8	于干千	35.00	28	市场营销学	7-301-21056-7	马慧敏	42.00
2	管理学基础学习指南与习题集	7-5038-4891-9	王 珍	26.00	29	市场营销学：理论、案例与实训	7-301-21165-6	袁连升	42.00
3	管理学	7-81117-494-6	曾 旗	44.00	30	市场营销学	7-5655-0064-0	王槐林	33.00
4	管理学	7-301-21167-0	陈文汉	35.00	31	国际市场营销学	7-301-21888-4	董 飞	45.00
5	管理学	7-301-17452-4	王慧娟	42.00	32	市场营销学（第2版）	7-301-19855-1	陈 阳	45.00
6	管理学原理	7-5655-0078-7	尹少华	42.00	33	市场营销学	7-301-21166-3	杨 楠	40.00
7	管理学原理与实务（第2版）	7-301-18536-0	陈嘉莉	42.00	34	国际市场营销学	7-5038-5021-9	范应仁	38.00
8	管理学实用教程	7-5655-0063-3	邵喜武	37.00	35	现代市场营销学	7-81117-599-8	邓德胜	40.00
9	管理学实用教程	7-301-21059-8	高爱霞	42.00	36	市场营销学新论	7-5038-4879-7	郑玉香	40.00
10	管理学实用教程	7-301-22218-8	张润兴	43.00	37	市场营销理论与实务（第2版）	7-301-20628-7	那 薇	40.00
11	通用管理知识概论	7-5038-4997-8	王丽平	36.00	38	市场营销学实用教程	7-5655-0081-7	李晨耘	40.00
12	管理学原理	7-301-21178-6	雷金菜	39.00	39	市场营销学	7-81117-676-6	戴秀英	32.00
13	管理运筹学（第2版）	7-301-19351-8	关文忠	39.00	40	消费者行为学	7-81117-824-1	甘瑁琴	35.00
14	统计学原理	7-301-21061-1	韩 宇	38.00	41	商务谈判（第2版）	7-301-20048-3	郭秀君	49.00
15	统计学原理	7-5038-4888-9	刘晓利	28.00	42	商务谈判实用教程	7-81117-597-4	陈建明	24.00
16	统计学	7-5038-4898-8	曲 岩	42.00	43	消费者行为学	7-5655-0057-2	肖 立	37.00
17	应用统计学（第2版）	7-301-19295-5	王淑芬	48.00	44	客户关系管理实务	7-301-09956-8	周贺来	44.00
18	统计学原理与实务	7-5655-0505-8	徐静霞	40.00	45	公共关系学	7-5038-5022-6	于朝晖	40.00
19	管理定量分析方法	7-301-13552-5	赵光华	28.00	46	非营利组织	7-301-20726-0	王智慧	33.00
20	新编市场营销学	7-81117-972-9	刘丽蔚	39.00	47	公共关系理论与实务	7-5038-4889-6	王 文	32.00
21	公共关系理论与实务	7-5655-0155-5	李泓欣	45.00	48	公共关系学实用教程	7-81117-660-5	周 华	35.00
22	质量管理	7-5655-0069-5	陈国华	36.00	49	跨文化管理	7-301-20027-8	晏 雄	35.00
23	企业文化理论与实务	7-81117-663-6	王水嫩	30.00	50	企业战略管理	7-5655-0370-2	代海涛	36.00
24	企业战略管理	7-81117-801-2	陈英梅	34.00	51	员工招聘	7-301-20089-6	王 挺	30.00
25	企业战略管理实用教程	7-81117-853-1	刘松先	35.00	52	服务营销理论与实务	7-81117-826-5	杨丽华	39.00
26	产品与品牌管理	7-81117-492-2	胡 梅	35.00	53	服务企业经营管理学	7-5038-4890-2	于干千	36.00
27	东方哲学与企业文化	7-5655-0433-4	刘峰涛	34.00	54	服务营销	7-301-15834-0	周 明	40.00

序号	书 名	标准书号	主编	定价	序号	书 名	标准书号	主编	定价
55	运营管理	7-5038-4878-0	冯根尧	35.00	72	新编现代企业管理	7-301-21121-2	姚丽娜	48.00
56	生产运作管理（第2版）	7-301-18934-4	李全喜	48.00	73	创业学	7-301-15915-6	刘沁玲	38.00
57	运作管理	7-5655-0472-3	周建亨	25.00	74	公共关系学实用教程	7-301-17472-2	任焕琴	42.00
58	组织行为学	7-5038-5014-1	安世民	33.00	75	现场管理	7-301-21528-9	陈国华	38.00
59	组织设计与发展	7-301-23385-6	李春波	36.00	76	现代企业管理理论与应用（第2版）	7-301-21603-3	邱彦彪	38.00
60	组织行为学实用教程	7-301-20466-5	冀 鸿	32.00	77	服务营销	7-301-21889-1	熊 凯	45.00
61	现代组织理论	7-5655-0077-0	岳 澎	32.00	78	企业经营ERP沙盘应用教程	7-301-20728-4	董红杰	32.00
62	人力资源管理（第2版）	7-301-19098-2	颜爱民	60.00	79	项目管理	7-301-21448-0	程 敏	39.00
63	人力资源管理经济分析	7-301-16084-8	颜爱民	38.00	80	公司治理学	7-301-22568-4	蔡 锐	35.00
64	人力资源管理原理与实务	7-81117-496-0	邹 华	32.00	81	管理学原理	7-301-22980-4	陈 阳	48.00
65	人力资源管理实用教程（第2版）	7-301-20281-4	吴宝华	45.00	82	管理学	7-301-23023-7	申文青	40.00
66	人力资源管理：理论、实务与艺术	7-5655-0193-7	李长江	48.00	83	人力资源管理实验教程	7-301-23078-7	畅铁民	40.00
67	政府与非营利组织会计	7-301-21504-3	张 丹	40.00	84	社交礼仪	7-301-23418-1	李 霞	29.00
68	会展服务管理	7-301-16661-1	许传宏	36.00	85	营销策划	7-301-23204-0	杨 楠	40.00
69	现代服务业管理原理、方法与案例	7-301-17817-1	马 勇	49.00	86	企业战略管理	7-301-23419-8	顾 桥	46.00
70	服务性企业战略管理	7-301-20043-8	黄其新	28.00	87	兼并与收购	7-301-22567-7	陶启智	32.00
71	服务型政府管理概论	7-301-20099-5	于千千	32.00					

经济、国贸、金融类

序号	书 名	标准书号	主编	定价	序号	书 名	标准书号	主编	定价
1	宏观经济学原理与实务（第2版）	7-301-18787-6	崔东红	57.00	22	金融市场学	7-81117-595-0	黄解宇	24.00
2	宏观经济学（第2版）	7-301-19038-8	寨令香	39.00	23	财政学	7-5038-4965-7	盖 锐	34.00
3	微观经济学原理与实务	7-81117-818-0	崔东红	48.00	24	保险学原理与实务	7-5038-4871-1	曹时军	37.00
4	微观经济学	7-81117-568-4	梁瑞华	35.00	25	东南亚南亚商务环境概论	7-81117-956-9	韩 越	38.00
5	西方经济学实用教程	7-5038-4886-5	陈孝胜	40.00	26	证券投资学	7-301-19967-1	陈汉平	45.00
6	西方经济学实用教程	7-5655-0302-3	杨仁发	49.00	27	证券投资学	7-301-21236-3	王 毅	45.00
7	西方经济学	7-81117-851-7	于丽敏	40.00	28	货币银行学	7-301-15062-7	杜小伟	38.00
8	现代经济学基础	7-81117-549-3	张士军	25.00	29	货币银行学	7-301-21345-2	李 冰	42.00
9	国际经济学	7-81117-594-3	吴红梅	39.00	30	国际结算（第2版）	7-301-17420-3	张晓芬	35.00
10	发展经济学	7-81117-674-2	赵邦宏	48.00	31	国际结算	7-301-21092-5	张 慧	42.00
11	管理经济学	7-81117-536-3	姜保雨	34.00	32	金融风险管理	7-301-20090-2	朱淑珍	38.00
12	计量经济学	7-5038-3915-3	刘艳春	28.00	33	金融工程学	7-301-18273-4	李淑锦	30.00
13	外贸函电（第2版）	7-301-18786-9	王 妍	30.00	34	国际贸易理论、政策与案例分析	7-301-20978-3	冯 跃	42.00
14	国际贸易理论与实务（第2版）	7-301-18798-2	缪东玲	54.00	35	金融工程学理论与实务（第2版）	7-301-21280-6	谭春枝	42.00
15	国际贸易（第2版）	7-301-19404-1	朱廷珺	45.00	36	金融学理论与实务	7-5655-0405-1	战玉峰	42.00
16	国际贸易实务（第2版）	7-301-20486-3	夏合群	45.00	37	国际金融实用教程	7-81117-593-6	周 影	32.00
17	国际贸易结算及其单证实务	7-5655-0268-2	卓乃坚	35.00	38	跨国公司经营与管理（第2版）	7-301-21333-9	冯雷鸣	35.00
18	政治经济学原理与实务（第2版）	7-301-22204-1	沈爱华	31.00	39	国际金融	7-5038-4893-3	韩博印	30.00
19	国际商务	7-5655-0093-0	安占然	30.00	40	国际商务函电	7-301-22388-8	金泽虎	35.00
20	国际贸易实务	7-301-20919-6	张 肃	28.00	41	国际金融	7-301-23351-6	宋树民	48.00
21	国际贸易规则与进出口业务操作实务（第2版）	7-301-19384-6	李 平	54.00					

法律类

序号	书 名	标准书号	主编	定价	序号	书 名	标准书号	主编	定价
1	经济法原理与实务(第2版)	7-301-21527-2	杨士富	39.00	5	劳动法和社会保障法（第2版）	7-301-21206-6	李 瑞	38.00
2	经济法实用教程	7-81117-547-9	陈亚平	44.00	6	金融法学理论与实务	7-81117-958-3	战玉锋	34.00
3	国际商法理论与实务	7-81117-852-4	杨士富	38.00	7	国际商法	7-301-20071-1	丁孟春	37.00
4	商法总论	7-5038-4887-2	任先行	40.00	8	商法学	7-301-21478-7	周龙杰	43.00

电子商务与信息管理类

序号	书 名	标准书号	主编	定价	序号	书 名	标准书号	主编	定价
1	网络营销	7-301-12349-2	谷宝华	30.00	6	电子商务概论	7-301-13633-1	李洪心	30.00
2	数据库技术及应用教程（SQL Server版）	7-301-12351-5	郭建校	34.00	7	管理信息系统实用教程	7-301-12323-2	李 松	35.00
3	网络信息采集与编辑	7-301-16557-7	范生万	24.00	8	电子商务概论（第2版）	7-301-17475-3	庞大莲	42.00
4	电子商务案例分析	7-301-16596-6	曹彩杰	28.00	9	网络营销	7-301-16556-0	王宏伟	26.00
5	管理信息系统	7-301-12348-5	张彩虹	36.00	10	电子商务概论	7-301-16717-5	杨雪雁	32.00

序号	书名	标准书号	主编	定价	序号	书名	标准书号	主编	定价
11	电子商务英语	7-301-05364-5	覃正	30.00	27	数字图书馆	7-301-22118-1	奉国和	30.00
12	网络支付与结算	7-301-16911-7	徐勇	34.00	28	电子化国际贸易	7-301-17246-9	李辉作	28.00
13	网上支付与安全	7-301-17044-1	帅青红	32.00	29	商务智能与数据挖掘	7-301-17671-9	张公让	38.00
14	企业信息化实务	7-301-16621-5	张志荣	42.00	30	管理信息系统教程	7-301-19472-0	赵天唯	42.00
15	电子商务法	7-301-14306-3	李瑞	26.00	31	电子政务	7-301-15163-1	原忠虎	38.00
16	数据仓库与数据挖掘	7-301-14313-1	廖开际	28.00	32	商务智能	7-301-19899-5	汪楠	40.00
17	电子商务模拟与实验	7-301-12350-8	喻光继	22.00	33	电子商务与现代企业管理	7-301-19978-7	吴菊华	40.00
18	ERP原理与应用教程	7-301-14455-8	温雅丽	34.00	34	电子商务物流管理	7-301-20098-8	王小宁	42.00
19	电子商务原理及应用	7-301-14080-2	孙睿	36.00	35	管理信息系统实用教程	7-301-20485-6	周贺来	42.00
20	管理信息系统理论与应用	7-301-15212-6	吴忠	30.00	36	电子商务概论	7-301-21044-4	苗森	28.00
21	网络营销实务	7-301-15284-3	李蔚田	42.00	37	管理信息系统实务教程	7-301-21245-5	魏厚清	34.00
22	电子商务实务	7-301-15474-8	仲岩	28.00	38	电子商务安全	7-301-22350-5	蔡志文	49.00
23	电子商务网站建设	7-301-15480-9	臧良运	32.00	39	电子商务法	7-301-22121-1	郭鹏	38.00
24	网络金融与电子支付	7-301-15694-0	李蔚田	30.00	40	ERP沙盘模拟教程	7-301-22393-2	周菁	26.00
25	网络营销	7-301-22125-9	程虹	38.00	41	移动商务理论与实践	7-301-22779-4	柯林	43.00
26	电子证券与投资分析	7-301-22122-8	张德存	38.00	42	电子商务项目教程	7-301-23071-8	芦阳	45.00

物流类

序号	书名	书号	编著者	定价	序号	书名	书号	编著者	定价
1	物流工程	7-301-15045-0	林丽华	30.00	31	国际物流管理	7-301-19431-7	柴庆春	40.00
2	现代物流决策技术	7-301-15868-5	王道平	30.00	32	商品检验与质量认证	7-301-10563-4	陈红丽	32.00
3	物流管理信息系统	7-301-16564-5	杜彦华	33.00	33	供应链管理	7-301-19734-9	刘永胜	49.00
4	物流信息管理	7-301-16699-4	王汉新	38.00	34	逆向物流	7-301-19809-4	甘卫华	33.00
5	现代物流学	7-301-16662-8	吴健	42.00	35	供应链设计理论与方法	7-301-20018-6	王道平	32.00
6	物流英语	7-301-16807-3	阚功俭	28.00	36	物流管理概论	7-301-20095-7	李传荣	44.00
7	第三方物流	7-301-16663-5	张旭辉	35.00	37	供应链管理	7-301-20094-0	高举红	38.00
8	物流运作管理	7-301-16913-1	董千里	28.00	38	企业物流管理	7-301-20818-2	孔继利	45.00
9	采购管理与库存控制	7-301-16921-6	张浩	30.00	39	物流项目管理	7-301-20851-9	王道平	30.00
10	物流管理基础	7-301-16906-3	李蔚田	36.00	40	供应链管理	7-301-20901-1	王道平	35.00
11	供应链管理	7-301-16714-4	曹翠珍	32.00	41	现代仓储管理与实务	7-301-21043-7	周兴建	45.00
12	物流技术装备	7-301-16808-0	于英	38.00	42	物流学概论	7-301-21098-7	李创	44.00
13	现代物流信息技术	7-301-16049-7	王道平	30.00	43	航空物流管理	7-301-21118-2	刘元洪	32.00
14	现代物流仿真技术	7-301-17571-2	王道平	34.00	44	物流管理实验教程	7-301-21094-9	李晓龙	25.00
15	物流信息系统应用实例教程	7-301-17581-1	徐琪	32.00	45	物流系统仿真案例	7-301-21072-7	赵宁	25.00
16	物流项目招投标管理	7-301-17615-3	孟祥茹	30.00	46	物流与供应链金融	7-301-21135-9	李向文	30.00
17	物流运筹学实用教程	7-301-17610-8	赵丽君	33.00	47	物流信息系统	7-301-20989-9	王道平	28.00
18	现代物流基础	7-301-17611-5	王侃	37.00	48	物料学	7-301-17476-0	肖生苓	44.00
19	现代企业物流管理实用教程	7-301-17612-2	乔志强	40.00	49	智能物流	7-301-22036-8	李蔚田	45.00
20	现代物流管理学	7-301-17672-6	丁小龙	42.00	50	物流项目管理	7-301-21676-7	张旭辉	38.00
21	物流运筹学	7-301-17674-0	郝海	36.00	51	新物流概论	7-301-22114-3	李向文	34.00
22	供应链库存管理与控制	7-301-17929-1	王道平	28.00	52	物流决策技术	7-301-21965-2	王道平	38.00
23	物流信息系统	7-301-18500-1	修桂华	32.00	53	物流系统优化建模与求解	7-301-22115-0	李向文	32.00
24	城市物流	7-301-18523-0	张潜	24.00	54	集装箱运输实务	7-301-16644-4	孙家庆	34.00
25	营销物流管理	7-301-18658-9	李学工	45.00	55	库存管理	7-301-22389-5	张旭凤	25.00
26	物流信息技术概论	7-301-18670-1	张磊	28.00	56	运输组织学	7-301-22744-2	王小霞	30.00
27	物流配送中心运作管理	7-301-18671-8	陈虎	40.00	57	物流金融	7-301-22699-5	李蔚田	39.00
28	物流项目管理	7-301-18801-9	周晓晔	35.00	58	物流系统集成技术	7-301-22800-5	杜彦华	40.00
29	物流工程与管理	7-301-18960-3	高举红	39.00	59	商品学	7-301-23067-1	王海刚	30.00
30	交通运输工程学	7-301-19405-8	于英	43.00	60	项目采购管理	7-301-23100-5	杨丽	38.00

相关教学资源如电子课件、电子教材、习题答案等可以登录 www.pup6.cn 下载或在线阅读。

扑六知识网(www.pup6.com)有海量的相关教学资源和电子教材供阅读及下载(包括北京大学出版社第六事业部的相关资源),同时欢迎您将教学课件、视频、教案、素材、习题、试卷、辅导材料、课改成果、设计作品、论文等教学资源上传到 pup6.com,与全国高校师生分享您的教学成就与经验,并可自由设定价格,知识也能创造财富。具体情况请登录网站查询。

如您需要免费纸质样书用于教学,欢迎登录第六事业部门户网(www.pup6.com.cn)填表申请,并欢迎在线登记选题以到北京大学出版社来出版您的大作,也可下载相关表格填写后发到我们的邮箱,我们将及时与您取得联系并做好全方位的服务。

扑六知识网将打造成全国最大的教育资源共享平台,欢迎您的加入——让知识有价值,让教学无界限,让学习更轻松。联系方式:010-62750667,wangxc02@163.com,lihu80@163.com,欢迎来电来信。